Pamela Watson wurde in Australien geboren und arbeitete als Unternehmensberaterin in London, ehe sie sich im Alter von 33 Jahren auf die lange Reise durch Afrika machte. Auf ihrer Fahrt engagierte sie sich als Botschafterin für die Organisation WOMANKIND, die weltweit Frauen in ihrem Bestreben nach mehr wirtschaftlicher Unabhängigkeit unterstützt. Heute lebt sie in Lagos, Nigeria, wo sie als Projektmanagerin unter anderem für staatliche Projekte zum Schuldenabbau des Landes arbeitet und als Beraterin für nigerianische Unternehmen tätig ist.

Die Deutsche Bibliothek – CIP-Einheitsaufnahme
Ein Titeldatensatz für die Publikation ist bei
Der Deutschen Bibliothek erhältlich.

NATIONAL GEOGRAPHIC ADVENTURE PRESS
Reisen · Menschen · Abenteuer
Die Taschenbuch-Reihe von
National Geographic und Frederking & Thaler

1. Auflage August 2004, erstmals im Taschenbuch
© 2002 Frederking & Thaler Verlag GmbH, München
© 1999 Pamela Watson
Titel der Originalausgabe: Esprit de Battuta
erschienen bei Aurum Press Limited, 25 Bedford Avenue, London WC1B 3AT
Alle Rechte vorbehalten

Aus dem Englischen von Ilse Rothfuss
Titelfoto oben: Michael Martin, München
Text und Fotos: Pamela Watson
Lektorat: Daniela Weise, München
Karten: Margret Prietzsch, Gröbenzell
Umschlaggestaltung: Dorkenwald Grafik-Design, München
Herstellung: Caroline Sieveking, München
Druck und Bindung: Clausen & Bosse, Leck
Printed in Germany

ISBN 3-89405-231-7
www.frederking-thaler.de

Das Papier wurde aus chlorfrei gebleichtem Zellstoff hergestellt.

PAMELA WATSON

DER TRAUM VON AFRIKA

Eine Frau, ein Fahrrad – die Freiheit

*Aus dem Englischen
von Ilse Rothfuss*

Für Mum und Dad,
Gwen und Frank Watson,
die mich die ganze Zeit begleitet haben

Inhalt

- 6 Karten

- 11 ERSTER TEIL: **Im Angesicht des Unbekannten**
- 13 Reisen mit Vorsicht
- 37 Ein Geist greift ein
- 80 Esprit de Battuta
- 110 Intermezzo zu dritt
- 138 Handelsplätze
- 170 Kein edles Nomadenleben
- 195 Was tun eigentlich die Männer hier?
- 234 Ein *whiteman* in einem Landrover
- 253 Programme und Paradiese
- 283 Roadfever

- 301 ZWEITER TEIL: **Loslassen und hinsehen**
- 303 Warum quälen sich die Weißen so?
- 342 Nichts los in Äquatorialguinea?
- 359 Ehrfurcht vor dem Leben
- 386 Geduld
- 405 Africa Moto!
- 447 Wie sonst nirgends

- 469 DRITTER TEIL: **Konterkariert und zum Scheitern verurteilt**
- 471 Die Straße zur Hölle
- 483 Der Weg nach Hause

- 519 Epilog
- 524 Danksagung

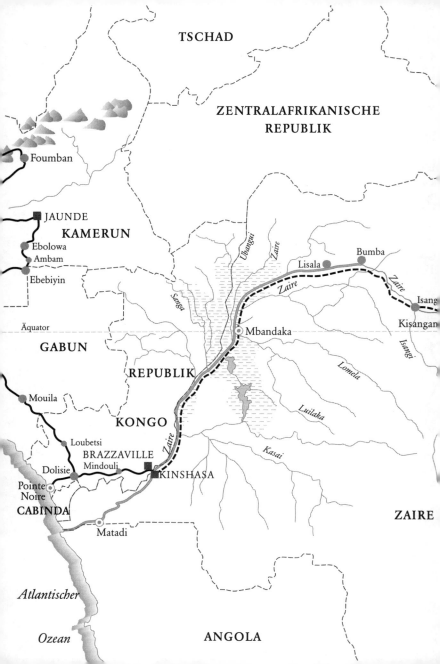

Erster Teil

Im Angesicht des Unbekannten

»Sie sagte sich, dass sie frei sei, Auge in Auge mit dem Unbekannten, und sie erkannte sich als das, was sie war.«

Cecily Mackworth über Isabelle Eberhardt in
»The Destiny of Isabelle Eberhardt«

»Einer der glücklichsten Momente im Leben des Menschen, so dünkt mich, ist der Aufbruch zu einer weiten Reise in unbekannte Länder. Mit einer mächtigen Anstrengung die Fesseln der Gewohnheit abstreifend, die bleierne Last der Routine, den Mantel mannigfaltiger Sorgen und die Sklaverei von Haus und Heim, ist der Mensch mit einem Mal wieder glücklich. Das Blut fließt im schnellen Rhythmus der Kindheit ... Aufs Neue dämmert der Morgen des Lebens herauf.«

Richard Burton, Tagebucheintrag vom 2. Dezember 1856,
zitiert in »The Devil Drives« von Fawn M. Brodie

Reisen mit Vorsicht
Dakar – Kounkané, Senegal

Jeder Reisende kennt dieses Dilemma zur Genüge, doch in Afrika ist die Aussicht, eine anständige Toilette zu finden, so gering, dass man den Augenblick mit aller Macht hinauszuzögern versucht. Am Ende siegt immer der Blasendruck. Irgendwann. Soll ich warten, bis ich im Busch bin, oder soll ich mich umsehen, ob es hier eine Latrine gibt? Ich drängte den Gedanken in meinen Hinterkopf zurück. Wieder einmal.

Ich sah mich unter den Männern um, die mit mir am Frühstückstisch auf dem staubigen Marktplatz bei der *gare routière* saßen, der Buschtaxi-Station einer abgelegenen Grenzstadt namens Kounkané.

An diesem Oktobermorgen war ich in Richtung senegalische Grenze unterwegs, um in die Republik Guinea einzureisen, ein isoliertes Land, in dem es weder einen nennenswerten Postdienst noch Telefonverbindungen noch Asphaltstraßen gibt. Der nächste Ort mit einem Postamt war Bamako in Mali, mindestens 1000 Kilometer und einen Monat weit weg.

Ich musste nicht erst Blickkontakt mit meinen Tischnachbarn aufnehmen – sie starrten mich an, so wie sie es die ganze Zeit gemacht hatten.

»*Toubab!*«, rief ein Neuankömmling, womit er eine neue Salve von aufgeregten Rufen in Gang setzte. »*Toubab*«, so hatte ich in Dakar, der Hauptstadt von Senegal, vor drei Wochen erfahren, bedeutet »Weiße(r)«. Es war eine Feststellung, weniger eine Frage, und wurde manchmal als Begrüßung, aber häufiger als Ausruf des

Erstaunens verwendet. Eine schwitzende, ziemlich ungepflegte weiße Radfahrerin, ganz allein unterwegs – das war eine Sensation. Es ist normal und logisch, dass die Leute neugierig sind, sagte ich mir. Und doch war ich durch die Tatsache, dass ich auf meine Hautfarbe reduziert wurde, durch den Aufruhr, den ich mit meiner Gegenwart verursachte, und das ständige Anstarren ziemlich verunsichert. Ich hatte diese Wirkung bisher überall im dörflichen Afrika gehabt, und vielleicht hätte es mir schmeicheln sollen, so im Mittelpunkt des Interesses zu stehen, aber die unablässigen Blicke der Leute waren wie scharfe Sonden, die meine Seele aufschürften.

Erstaunlich, wie meine Fantasie jetzt manchmal mit mir durchging. 24 Tage von Dakar entfernt, 23 Nächte in wechselnden Unterkünften, 1000 Kilometer löchrige, aber gepflasterte Straßen in Senegal und Gambia. Die Verwandlung von einer Londoner Komfortreisenden in eine afrikanische Abenteurerin fiel mir nicht leicht. Komisch die Dinge, die ich am meisten vermisste: saubere Spülklosetts, eisgekühlte Diät-Softdrinks, Elektrizität, um einen Ventilator in Gang zu halten, Badezimmerregale für meine Kleider und mein Shampoo. Anonymität. Privatsphäre. Einsamkeit.

Ein Knäuel von Kindern fiel mir ins Auge, ebenfalls starrend, kichernd und mit Fingern zeigend. Oh nein. Geht weg! Sobald diese Gedanken in mir hochkamen, versuchte ich sie zurückzudrängen, entsetzt über meine Ungeduld und Unfähigkeit, die Hand auszustrecken. Ich lächelte kurz. Es war nicht viel geboten in dieser abgelegenen Grenzstadt, und im Augenblick war ich die Sensation.

Mein Frühstückstisch, einer von mehreren, stand im tiefen Schatten eines wuchtigen Mangobaums, dessen arthritisch verkrüppelte Äste bis über den Taxi-Parkplatz ragten. Selbst das dunkle Grün seiner dicken, öligen Blätter war vom allgegenwärtigen roten Staub verfärbt. Fliegen summten um die klebrig-feuchten Stellen auf dem verwaschenen Plastiktischtuch. Es war unerträglich heiß, bestimmt an die 30 Grad, und das bereits um acht Uhr morgens. Wieder mal zu spät dran. Ich hatte mir vorgenommen, um sieben Uhr aufzubrechen und dann in der schlimmsten Hitze im Schatten auszuruhen. Aber davon konnte jetzt keine Rede mehr sein. Mein Magen war in Aufruhr.

Während meine Tischnachbarn ihr trockenes Brot in den Kaffee tunkten, den sie mit Kondensmilch gesüßt hatten, brachte mir meine Angewohnheit, die Kondensmilch aufs Brot zu gießen und den Kaffee schwarz zu trinken, ein verdutztes Lächeln aller Umsitzenden ein. Und dabei wusste ich, dass mein Unterhaltungswert gleich noch steigen würde. Meine Gedärme pressten und pumpten wie eine Waschmaschine im Schleudergang. Ich musste nach einem Klo fragen. Sofort.

Meine leise, zögernde Frage, an die Frau gerichtet, die den Kaffee servierte, wurde schnell an die versammelten Männer weitergereicht und löste heftige Diskussionen auf Wolof aus, jeder sagte etwas, unterstrichen von Händen, die in völlig verschiedene Richtungen deuteten. Einer meiner Tischnachbarn nahm die Sache in die Hand und rief ein kleines Mädchen her, das sofort zum Taxiparkplatz rannte. Sollte ich ihr folgen? Der Mann hob seine langfingrige blassbraune Hand. Einen Moment! hieß das wohl. Ich stand auf, scharrte mit den Füßen, krümmte mich vornüber, kreuzte die Beine. Alles Taktiken, um den Druck zu lindern. Minuten vergingen, die Männer unterhielten sich ruhig auf Wolof weiter, der wichtigsten Stammes- und Handelssprache im Senegal und in Gambia, und andere Tische ließen sich die Neuigkeit berichten. Mir war heiß und höchst unbehaglich zumute. Endlich kam das Kind mit einem Schlüssel an einem dünnen, verbogenen Draht zurück, und der Mann machte mir ein Zeichen, dass ich ihr folgen sollte. Es war nicht so weit – die staubige Straße entlang bis zur Rückseite eines Hauses, das nach einem ehemaligen Verwaltungsgebäude aussah. In der entlegensten Ecke des Grundstücks stand ein Lehmziegelbau, der tatsächlich nach einem Klohäuschen aussah. Die Holztür war mit einem Schloss verriegelt, und das Öffnen dauerte seine Zeit, sodass die nachfolgende Kinderhorde Zeit hatte, uns einzuholen und zu umzingeln. Die *toubab* ging auf die Toilette.

Wie kamen andere Abenteurer mit so viel unerwünschter Aufmerksamkeit zurecht?

Der Gestank in der Toilette war entsetzlich. In Afrika wird man ständig von Gerüchen attackiert, seien es die penetranten Ausdünstungen von verfaultem Fisch und Scheiße oder die überwältigenden Duftschwälle der Bougainvilleen und Frangipani-Blüten. Der Gestank in dieser Latrine war so durchdringend, dass ich ihn beinahe schmecken konnte. Ich hielt die Luft an. Wenn ich den Blick senkte, konnte ich weiße Maden in der Jauchegrube herumkrabbeln sehen. Ich schaute weg und zog mich mit einer Hand aus, während ich mit der anderen die Tür zuhielt und meine kostbare Toilettenpapierrolle umklammerte. Ich machte meinen Pobeutel ab und klemmte ihn zwischen die Zähne. Dann T-Shirt und Geldgürtel hochziehen und mit dem einen verkrampften Oberarm festhalten. Shorts und Unterhose klebten mir an der schweißnassen Haut, als ich sie herunterzerrte. Es half ein bisschen, wenn ich aus mir heraustrat und die Situation mit unbeteiligteren Augen betrachtete, so als ginge mich die Sache gar nichts an. Aber einfach war das nicht. Bitte lass meinen Pobeutel nicht runterfallen, dachte ich unglücklich, während ich über dem Loch hockte. Als ich wieder zu atmen anfing und Erleichterung in den unteren Regionen spürte, kehrte mein Geist nach London zurück, dorthin, wo alles angefangen hatte und weshalb ich jetzt hier in dieser schrecklichen Latrine saß.

Es begann an einem regnerischen Montagabend in der Royal Geographical Society (RGS) in Kensington Gore. Ich liebte die RGS. Sie war wie eine andere Welt, ein verstaubtes Reich von Entdeckern und Abenteurern, mein Zufluchtsort vor der schnöden Welt des Management Consulting. An dem besagten Abend hatte ich früher als sonst mein Büro verlassen, um mir den Vortrag eines exzentrischen Engländers anzuhören, der eine Radtour von der äußersten nördlichen zur äußersten südlichen Spitze Südamerikas gemacht hatte. Er hatte viel durchgemacht, und doch war er so ungeheuer lebendig, und während er redete, brach etwas aus mir hervor – ein latent masochistisches Gen oder vielleicht mein unterdrückter Geist –, wie ein Schmetterling, der sich aus seinem Kokon befreit.

»Ich weiß, was ich mache«, dachte ich plötzlich, während ich auf das Dia starrte, auf dem man ihn einen vereisten Anden-Hang hinaufwanken sah, das Rad über der Schulter. »Ich fahre mit dem Rad durch Afrika!«

Ich war mit dreiundzwanzig als Rucksacktouristin am Weißen Nil entlang von Ägypten nach Uganda gereist, und dann weiter nach Daressalam in Tansania. In Alexandria hatte mich ein Ägypter überfallen und versucht, sich in meinen Schlafsack hineinzuquetschen; ich hatte eine Wüste auf dem Dach eines Eisenbahnwaggons unter der heißen sudanesischen Sonne durchquert; in einem abgelegenen Dorf im Südsudan war ich angegriffen und zusammengeschlagen worden; in Uganda schließlich, das noch unter den Nachwirkungen von Idi Amin litt, war ich verhaftet und brutal verhört worden, und ich war ahnungslos mit Drogenschmugglern nach Tansania eingereist. Abenteuer hatte ich also genug erlebt, und mit dreiunddreißig hätte ich gesetzter sein und mehr an meine Karriere und künftigen Kinder denken sollen. Stattdessen quälte mich seit Jahren, und in den letzten Monaten immer heftiger, ein wachsendes Verlangen, wieder nach Afrika zu gehen. Das wahre Leben erfahren, meine Grenzen austesten, die Welt wieder spüren – eine echte Abenteurerin sein. Urspünglich hatte ich vor, mit dem Landrover von einem

Ende zum anderen zu fahren, aber diese Idee musste ich bald als zu teuer und unpraktikabel verwerfen – ich war keine Mechanikerin, und keiner meiner Bekannten wollte mit mir kommen. »Wenn ich noch jünger wäre, vielleicht«, hieß es immer. Oder: »Und was ist mit meiner Beförderung?« Oder mit der Heirat oder den Kindern oder der Hypothek oder ...

Das war ihr Problem, sagte ich mir. Ich brauchte sie nicht. Ich wusste, dass ich auf dem richtigen Weg war – etwas, das ich allein machen konnte. Eine Welle von Adrenalin und Zuversicht schoss in mir hoch. Ich hatte zwar noch nie eine Radreise gemacht, aber das war unerheblich, eine Lappalie, mit der ich problemlos fertig werden würde.

So zumindest erschien es mir in meinem ersten Begeisterungstaumel, als ich in der RGS saß und dem Vortrag lauschte.

Ich fuhr gern mit dem Rad zur Arbeit, und ich würde schon lernen, wie man ein Rad repariert. Per Rad würde ich mehr Leute kennen lernen und lebensnahere Erfahrungen machen. Ich war körperlich und geistig robust und ausdauernd, aber vor allem – und das war der Hauptgrund – wollte ich es, wollte es aus tiefster Seele.

Als ich meine Pläne laut werden ließ, vorsichtig zuerst, um zu sehen, wie die Leute reagierten, glaubte mir keiner. Schließlich redete ich seit Jahren davon, dass ich nach Afrika wollte, wie meine Freunde zu Recht sagten. Mit der Zeit erkannte ich, dass ich in Wahrheit meine eigene Reaktion testete, indem ich andere Leute einweihte, und dass ihre Skepsis mich lediglich in meinem Wunsch bestärkte: Diesmal, das wusste ich, war es nicht nur so dahingeredet.

Es ging mir auf die Nerven, wenn die Leute immer wissen wollten, warum – vielleicht weil es keine einfache Antwort darauf gab, vielleicht auch, weil ich meinen Beweggründen nicht so genau nachspüren wollte. Auf jeden Fall hörte mir bald keiner mehr zu, wenn ich zum x-ten Mal die Geschichte meines Lebens auspackte, meine Leidenschaften und Neurosen, und in den Gesprächen nach einer Antwort suchte. Schließlich beschränkte ich mich auf den knappen Kommentar: »Midlife-Krise.« So konnte ich die Leute mit etwas Konkretem abfertigen, etwas leicht Verständlichem, mit einem Augenzwinkern, und vielleicht – aber wirklich nur vielleicht – steckte ja tatsächlich ein Körnchen Wahrheit darin.

Das Schwerste war jedoch, dass ich meinen Job aufgeben musste. »So mutig wäre ich nie«, sagten die Leute. Ich winkte meistens ab, doch die Kündigung war (und ist bis heute noch) die mutigste Handlung, die ich vollbringen musste.

Ich war Projektmanagerin und Unternehmensberaterin in leitender Stellung bei einer internationalen Firma in London, und ich hatte viel in meine Karriere investiert. Nach meinem Betriebswirtschafts-Magister in Kanada hatte ich zehn Jahre lang für international tätige Körperschaften über große Themen wie Akquisition und Veräußerung, Personaleinsparung, Wachstums- und Veränderungsstrategien gearbeitet – die gesamten Modethemen der Business-Welt der Achtziger- und Neunzigerjahre. Wenn mich jemand auf einer Party »Was machst du?« fragte, erntete ich mit meiner Antwort: »Ich bin Unternehmensstrategieberaterin« verständnislose Blicke bei Leuten, die nichts mit der Businesswelt zu tun hatten, aber das war nicht so wichtig. Meine Freunde von damals waren meistens in derselben Branche, und ich definierte mich wie viele von uns nur über meine Arbeit. Schließlich war sie das Einzige, wofür ich Zeit hatte.

Im Lauf der Jahre beschlich mich jedoch immer mehr das Gefühl, dass ich mich selbst aus den Augen verloren hatte – dass ich nicht mehr wusste, wer eigentlich hinter dieser Manager-Fassade steckte. Ich kam ins Grübeln, und es ließ mir keine Ruhe mehr.

Als der Kündigungstermin näher rückte, wurde ich schrecklich nervös, so als müsste ich von einer Klippe hinunterspringen, aber ohne Bungee-Seil. Es war wie ein Abschied von meinem bisherigen Leben, mit der Hoffnung, aber keineswegs der Garantie, ein neues, befriedigenderes Leben zu finden. Ich war sehr unsicher, ob ich das Richtige tat oder nicht.

Mein Boss, der seine Kindheitsliebe geheiratet hatte, Geschäftsfreunde nach Ascot ausführte, einen Bentley fuhr und ein Landhaus besaß, wäre hell entsetzt gewesen, dass andere seinen Lebensstil etwa nicht für erstrebenswert halten könnten, während mir der bloße Gedanke daran Schauer über den Rücken jagte. Nicht, dass ich etwas gegen den Luxus und Komfort in seinem Leben gehabt hätte; was ich so schrecklich fand, war die Enge, das Eingesperrtsein in einer erstarrten, vorhersagbaren Welt.

»Gehen Sie zur Konkurrenz oder in die Industrie, Pamela?«

Das Leben hielt nicht viele Alternativen für diesen konservativen, fantasielosen Mann bereit.

Aber ich verfolgte einen Traum, und nachdem ich ihm erklärt hatte, dass ich von einer Seite Afrikas zur anderen radeln wollte, trat ein langes, ominöses Schweigen ein. Auf eine solche Antwort war er nicht gefasst gewesen.

Schließlich sagte er: »Glauben Sie, dass das gut für Ihre Karriere ist, Pamela?« Ich fand sein Unverständnis beruhigend. Irgendwie war es Balsam für mich, für meine eigene Unsicherheit. Mag sein, dass ich nicht genau sagen konnte, warum ich diese Reise machen wollte (anstatt ein Baby zu bekommen, einen Alfa Romeo zu kaufen oder auf einen Berg zu steigen), aber zumindest wusste ich, dass es mehr im Leben gab als die Karriere und dass es mir nicht genügte, so zu leben wie mein Chef. Ich war bereit, das Risiko in Kauf zu nehmen und etwas Neues zu probieren.

Nach der Kündigung war ich in London vier Monate lang mit den praktischen Reisevorbereitungen beschäftigt – ich hatte meine Projektmanager-Mentalität noch nicht abgestreift. Am spannendsten fand ich die Routenplanung, mit der ich viele Stunden zubrachte. Ich redete mit erfahrenen Radreisenden und brütete in der RGS über den Originalkarten viktorianischer Entdecker. Ich machte nicht den Fehler, Afrika zu romantisieren (dachte ich jedenfalls). Ich war schließlich schon dort gewesen. Hingegen hatte ich sehr hohe Vorstellungen von Abenteurer- und Entdeckertum; die Geschichten von Mungo Park, Sir Richard Burton, Mary Kingsley, Sir Samuel und Florence Baker, Henry Morton Stanley, Isabelle Eberhardt und ganz besonders Ibn Battuta gruben sich tief in meine hungrige Seele ein. Ich wollte nicht wirklich in ihre Fußstapfen treten – was sie vollbracht hatten, war ja nur eine kurze Leuchtspur in der afrikanischen Geschichte. Und erst recht nicht war ich auf eine »schnellste« oder »längste« Reise à la Guinnessbuch der Rekorde erpicht. Ich wollte die Realität erfahren, das wirkliche Leben im heutigen Afrika, und vielleicht würde ich dabei das Abenteuer und – wer weiß – mich selber finden.

Meine 15 000-Kilometer-Expedition sollte eine West-Ost-Durchquerung sein, beginnend in Dakar, Senegal, an der nördlichen Atlantikküste von Afrika, von dort aus weiter mäandernd durch West-, Zentral- und Ostafrika, bis zum Endpunkt in Daressalam, Tansania, dem wichtigsten Hafen des Indischen Ozeans und zugleich dem Ort, an dem ich meine erste Rucksackreise erfolgreich abgeschlossen hatte. Ein gutes Omen, dachte ich mir. Außerdem hatte ich bei Gesprächen mit anderen Radfahrern in Erfahrung gebracht, dass die besten Radreisen einen Start- und Endpunkt hatten, der mit demselben Buchstaben anfing: Birmingham-Belgrad oder Manchester-Melbourne. Ich würde also von Dakar nach Dar radeln.

Was die Route anging, wollte ich mich von meinen Eingebungen führen lassen, aber im Großen und Ganzen würde ich dem Lauf zweier großer afrikanischer Ströme folgen, dem Niger und dem Zaire (inzwischen wieder in Kongo umbenannt, aber ich werde für das Land wie für den Fluss die Namen verwenden, unter denen ich sie kannte). Bei meiner ersten Afrikareise war ich dem Lauf des Weißen Nils gefolgt, und jahrelang hatte ich davon geträumt, diese beiden anderen großen afrikanischen Flüsse zu erkunden. In Zaire würde ich allerdings gezwungen sein, mit dem Rad für zusätzliche 1750 Kilometer auf ein Boot zu gehen, da es keine Straßen von Kinshasa nach Kisangani gab.

Ibn Battuta, ein Marokkaner aus Tanger, der im 14. Jahrhundert lebte, war jahrelang, von unstillbarer Neugier getrieben, durch die bekannte Welt gereist: Er war ostwärts bis nach China gekommen und in Westafrika bis nach Timbuktu. Ich wollte reisen wie er, die Menschen kennen lernen, deren Pfade ich kreuzte, mich dem Schicksal überlassen, was immer es mir zugedacht haben mochte. In seinem Geist wollte ich reisen, und ich nannte meine Expedition »Esprit de Battuta«, Geist von Battuta. Beflügelt von den Geschichten, die ich in den Büchern der RGS-Bibliothek gelesen hatte, sah ich mich als Heldin einer großen Expedition, eines echten Abenteuers. Vorwärts geradelt, Sir Richard Burton alias Pamela Watson!

»Wie willst du dich fit machen?«, fragte William, mein Lover. Ich einigte mich auf folgendes Pensum: Workout im Fitness-Center und mehrmals täglich im Hyde Park radeln sowie am Wochenende zu Williams Haus in Reading. Ein lasches Programm, wie ich später feststellte – stark wurde ich erst, als ich in Afrika war und mein voll beladenes Rad über miserable Straßen schieben musste.

»Was willst du nachts machen?« Ebenfalls William. Er war erst auf der Bildfläche aufgetaucht, als ich meinen Job bereits gekündigt hatte. Er gehörte demnach zu meinem neuen Leben, obwohl er auch Unternehmensberater war. Es war zunächst eine lockere Beziehung, weil das Ende ja absehbar war, obwohl William nie ernsthaft daran glaubte, dass ich ihn verlassen würde. Armer lieber, konservativer, gut aussehender William. Ich war nach wie vor auf meine

Reise fixiert, auch als die Beziehung für uns beide wichtiger wurde. Und so ließ ich William zurück, in der Hoffnung, dass er mir folgen oder auf mich warten würde.

»Ich übernachte in Dörfern«, erwiderte ich tapfer. Ich hatte keine Ahnung, wie man mich dort aufnehmen würde.

»Und wie willst du dein Rad reparieren?« Das war eine gute Frage, denn mit der Technik stand ich auf Kriegsfuß. Es grauste mir bei dem Gedanken, Schmieröl auf die Haut und unter die Nägel zu bekommen – zumindest in dieser Hinsicht war ich noch immer die Karrierefrau mit den teuren Kosmetika und den Designer-Klamotten von Harvey Nichols. Ich war zweifellos mit einem Hang zum Nomadentum geboren, aber Schmutz und Dreck waren mir verhasst. Weil ich diese Widersprüche in meiner Persönlichkeit nicht auflösen konnte, ging ich vorerst die praktischen Probleme an, indem ich einen Fahrradreparaturkurs absolvierte.

»Was für ein Fahrrad willst du nehmen?« Das fragten alle. Bisher hatte ich ein Tourenrad gehabt, superleicht, wie geschaffen, um durch den Londoner Verkehr zu rollen und um Marble Arch herum zu beschleunigen, aber für Afrika brauchte ich etwas anderes. Zum Glück lernte ich Ninon Asuni kennen, die Besitzerin vom »Bicycle Workshop«. Sie war in Nigeria aufgewachsen und gab mir viele vernünftige Ratschläge, während ich mir den Kopf zerbrach, welche neuesten technischen Kinkerlitzchen ich in mein maßgeschneidertes Fahrrad einbauen sollte – eine hybride Konstruktion mit einem Tourengestell und einem Mountainbike-Antriebsmechanismus, -Lenker und -Reifen.

»Du brauchst ein starkes Rad«, sagte sie. »Und ein einfaches – du musst es mit den Ersatzteilen reparieren können, die es in Afrika zu kaufen gibt.«

Zum Glück war ich vernünftig genug, auf sie zu hören. Tom Bord vom »Bicycle Workshop« baute den Rahmen mit Reynolds-503-

Leichtmetallröhren. Ich entschied mich der Einfachheit halber und um Gewicht zu sparen gegen eine Aufhängung. Ich wählte ein Suntour-Mikroantriebssystem, das ein niedriges Zahnradprofil hatte und sich folglich nicht so oft in Ästen und anderer Vegetation auf den Feldwegen verheddern würde. Ich wählte Lenkerschaltung, den Suntour Accushift, und ich hatte 21 Gänge. Suntour war damals nicht die gängigste Marke, aber Ninon hatte die Reparaturerfahrung und sagte, bei diesen Systemen hätten die Kunden weniger Probleme gehabt. Die eigentliche Kraft ging in die Räder – Michelin-Reifen mit Kevlar-Isolierung und doppelwandige Alesa-Felgen mit elf Radspeichen: so dick und robust, dass ich auf der ganzen Reise nur eine gebrochene Speiche hatte, obwohl der größte Teil meines Gepäcks über dem Hinterrad angebracht war.

»Was machst du, wenn du krank wirst?« Das waren natürlich meine Eltern. Gwen und Frank. Immer schnell bei der Hand, Interpol einzuschalten, wenn ich auf einer meiner Reisen verloren ging.

Nachdem meine Pläne langsam Gestalt annahmen, wurde mir manchmal selber angst und bange, so ungeheuerlich erschien mir diese Unternehmung. Ich ließ mir nichts anmerken vor den anderen, und ich merkte, dass ich eine ernsthaftere Aufgabe brauchte als nur das große Abenteuer oder »mich selber finden« oder etwas in der Richtung.

Zufällig hörte ich von WOMANKIND Worldwide, einer Wohltätigkeitsorganisation mit Sitz in London, die Frauen in Entwicklungsländern unterstützt und ihnen hilft, sich selber zu helfen. Die Organisation leistet gezielte Basisarbeit, das heißt, sie bietet den Frauen konkrete Hilfen in ihrer dörflichen oder städtischen Lebenssituation an – mit einem Gesundheitszentrum, Leseunterricht, einem Kreditfonds, einer Getreidemühle oder Ähnlichem. Aber die Frauen sollen selber bestimmen, womit ihnen am besten geholfen ist.

Ich hatte früher einmal am anderen Ende des Entwicklungshilfe-Spektrums gearbeitet, als Leiterin eines Teams, das die Aufgabe hatte, staatliche Unternehmen in Madagaskar für eine Privatisierung zu bewerten, und dabei hatte ich aus erster Hand die Probleme kennen gelernt, die mit bilateralen und institutionellen Großprojekten verbunden sind; Hilfsprojekte, von denen die Geberländer profitieren und nicht die Empfänger; Entwicklungshilfe, die in die Taschen der Mächtigen fließt und auf Bankkonten verschwindet. Ich war auf dem besten Weg, selber in die Entwicklungshilfe zu gehen, als Beraterin im Bereich Privatisierung und Kommerzialisierung von öffentlichen Unternehmen, doch der Zynismus vieler Afrika-Spezialisten, mit denen ich in Berührung kam, schreckte mich ab. So blieb ich lieber bei der Business-Kultur, mit der ich vertraut war, und nahm mir vor, stattdessen Wohltätigkeitsorganisationen zu unterstützen, die greifbare Ergebnisse auf Basisebene lieferten.

Die Arbeit von WOMANKIND war folglich in meinem Sinn, und wenn ich schon Afrika durchquerte, in Dörfern übernachtete und das Alltagsleben der Frauen aus nächster Nähe mitbekam, war es nur logisch, dass ich mich einer Organisation zur Verfügung stellte, die Frauen unterstützte. Was mich besonders faszinierte, war die Initiative, armen Dorffrauen Kredite zu verschaffen, damit sie ein eigenes Geschäft aufmachen konnten. Ich muss allerdings zugeben, dass ich damals nur ein oberflächliches Verständnis für das Leben der Dorffrauen aufzubringen vermochte– ich hatte die Poster gesehen und die Literatur gelesen.

Durch die Entscheidung, Gelder zu sammeln und die Werbetrommel für WOMANKIND zu rühren, wurden meine Vorbereitungen weitaus komplexer. Wo sollte ich Sponsoren hernehmen? Wie sollte ich Nachrichten aus Afrika herausbekommen? Wie mir Publicity verschaffen?

Ich nahm die Sache wie einen Consulting-Auftrag in Angriff. Ich ließ ein »Esprit-de-Battuta«-Logo entwerfen und Stickers und T-Shirts anfertigen, organisierte einen Stand auf dem Markt, um Geld für WOMANKIND einzutreiben, holte Informationen über Firmen ein, die vielleicht interessiert sein könnten, mich und WOMANKIND zu unterstützen; ich schrieb Briefe und erhielt viele Absagen. »Wie fühlt man sich so als Müßiggängerin?«, fragte mich eine Freundin. Ich war sauer.

Ich schrieb weiter Briefe – und erhielt weitere Absagen. Unternehmen, die in England ansässig sind, unterstützen lieber Hilfsprojekte, die Engländern zu Gute kommen, besonders Kindern, stellte ich fest. So war es äußerst populär, die Great-Ormond-Street-Kinderklinik zu unterstützen. Eine gute Sache, klar, aber wie wäre es, wenn auch mal für andere gute Zwecke gespendet und Menschen außerhalb Englands geholfen würde? Ich entwickelte mich zur Zynikerin, noch bevor ich nach Afrika kam. Als ich mich in meiner Verzweiflung ans Telefon hängte, hatte ich mehr Erfolg: Gerry Bridge vom Bridge The World Travel Centre in Camden Town spendete mir ein Flugticket nach Dakar, und meine Freundin Barbara Cassani von British Airways sorgte dafür, dass ich mit dieser Fluglinie von Daressalam nach London zurückfliegen konnte – falls und wenn ich schließlich dort ankommen würde. DHL erklärte sich bereit, kostenlos Expresspakete für mich aus Afrika heraus- und hineinzubefördern – eine absolute Notwendigkeit, um an Ersatzteile heranzukommen. Ich überredete sogar meinen Ex-Boss, das Fahrrad zu bezahlen! Was mir jedoch nach wie vor fehlte, war die lebenswichtige Basisunterstützung in Afrika.

Dann kam mir das Glück oder das Schicksal zu Hilfe – oder die Geister, mit denen ich später noch Bekanntschaft schließen sollte.

Ich lernte Catherine Shovlin, Treuhänderin von WOMANKIND und leitende Angestellte bei Shell, knapp vier Wochen vor meiner

Abreise kennen: Wie sich herausstellte, hatte Shell Vertriebsbüros in jedem der 17 Länder, die ich besuchen wollte, ausgenommen Äquatorialguinea, und selbst dort hatte Shell einen Vertreter. Ich glaube nicht, dass es ein anderes Unternehmen mit einem derart weit gespannten Netzwerk gibt.

Ob es mir nichts ausmachte, mich mit einer Ölgesellschaft zusammenzutun? Nun, das war, bevor die Umweltkritik an der Shell-Niederlassung in Nigeria laut wurde und die Ogoni-Leute von Rivers State, Nigeria, Shell benutzten, um ihre politische Unterdrückung publik zu machen. Außerdem hatte ich während meiner gesamten beruflichen Laufbahn für große internationale Gesellschaften gearbeitet. Die meisten Unternehmen könnten zwar viel mehr tun im Hinblick auf ihre soziale Verantwortung, aber ich sehe sie trotzdem nicht als böse Moloche. Ein Unternehmen, das ist für mich eine Gruppe von Leuten, die Geld zum Ausgeben haben – und meine Aufgabe war immer gewesen, diese Leute zu überzeugen und ihnen auf die Sprünge zu helfen, wo und wie sie ihr Geld ausgeben können. Im Moment wollte ich, dass sie ihr Geld für mich ausgaben. Also fällte ich keine Werturteile über Shell, den Konzern. Ich wollte meiner Sache dienen, und wenn diese Leute bereit waren, mir zu helfen, super. Ich hatte keine Ahnung, wie unsere Geschicke sich miteinander verflechten würden.

Catherine war begeistert und fragte mich, welche Art Hilfe ich brauchte. Weil ich die Shell-Leute nicht verschrecken wollte, hielt ich meine Forderungen auf bescheidenem Niveau. Ich bat darum, dass ich in jeder der afrikanischen Hauptstädte, die ich besuchte, zum Shellbüro gehen und mit Catherine telefonieren durfte, die meine »Nachrichtenzentrale« für besorgte Verwandte und Freunde sein sollte. Bei der Fahndungswut meiner Eltern eine Notwendigkeit! Außerdem bat ich darum, einen Computer für meine Rundschreiben an WOMANKIND benutzen zu dürfen und, wo möglich, mit ortsansässigen Geschäftsfrauen und Frauengruppen bekannt gemacht zu werden. Und schließlich wollte ich die Büros als *poste restante* für meine Vorauspakete mit Geld, Ersatzteilen und Kleidung benutzen und die Hilfe der Shell-Leute bei den Visa für die Weiterreise in Anspruch nehmen. Innerhalb weniger Tage erklärten sich alle Shell-Vertriebsbüros bereit, mir die erbetene Hilfe zukommen zu lassen. Es war bemerkenswert, aber die Sache hatte einen Haken.

»Lassen Sie es mich so sagen – wir unterstützen Sie, aber wir sponsern Sie nicht«, bekam ich von einem Büro-Fuzzi (also gut – Bürochef) zu hören. »Sponsoring bringt zu viel Verantwortung mit sich, und wir wissen ja nicht, ob Sie die Sache überleben werden.«

Zumindest war er ehrlich – ich wusste es selber auch nicht. Wie auch immer, es war symptomatisch für die Vorsicht und Skepsis, die anfangs meine Zusammenarbeit mit Shell beherrschte, und für die gedämpften Erwartungen auf beiden Seiten.

Dann waren es plötzlich nur noch drei Wochen bis zu meinem Abflug nach Dakar Mitte September. Der Countdown lief, und ich war immer noch mit Planen beschäftigt.

Im Radfahren hatte ich hingegen nicht allzu viel Praxis gesammelt. Immer war etwas Wichtiges dazwischengekommen. Doch was konnte wichtiger sein als mein Radtraining? Erst jetzt kam mir der Gedanke, dass es vielleicht nicht schlecht wäre, mir eine Vorstellung von den Strapazen meiner bevorstehenden Reise zu verschaffen, bevor ich in Afrika landete. Ich nutzte also meine »Air Miles«, um nach Nizza zu fliegen.

Meine »strapazenreiche« Trainingstour bestand darin, dass ich zwei Wochen in der Provence herumradelte.

Na ja ... zumindest war mein Hintern im Sattel.

Und dann, noch viel plötzlicher, war es Zeit, ein Testament aufzusetzen, tränenreichen Abschied von William und anderen Freunden zu nehmen, ins Flugzeug zu steigen und einfach loszuradeln.

Afrika. Senegal. Dakar.

Selbst als ich schon dort war, als »Esprit de Battuta« tatsächlich begonnen hatte, kam mir die Reise immer noch unwirklich vor. Es war nichts weiter als ein Spiel, ein Jux, der allmählich ein bisschen zu weit ging.

Um mir den Start zu erleichtern und Selbstvertrauen zu gewinnen, hatte ich beschlossen, noch eine zweite Trainingstour anzuhängen. So konnte ich mich an die afrikanischen Straßen gewöhnen und hatte trotzdem noch Telefone und Städte in Reichweite, ich würde fitter werden und musste mich nicht sofort entscheiden, welche von meinen Sachen ich mitnehmen wollte – und schlimmstenfalls konnte ich immer noch einen Rückzieher machen. Dakar – St. Louis und zurück: jeweils 268 Kilometer an der Küste entlang. Ich ging davon aus, dass es ziemlich eben sein musste, und der Karte nach war die Straße auf der ganzen Strecke asphaltiert (damals ahnte ich nicht, welch ein Luxus asphaltierte Straßen sein würden).

Shell stellte mir Übernachtungsmöglichkeiten bei den *gérants* – den Managern – diverser Shell-Tankstellen zur Verfügung, in Abständen, die meine derzeitige Kondition auf die Probe stellten, aber in Wahrheit nicht allzu groß waren. Wie sich herausstellte, war es ein sehr leichter Start: Teerstraßen, Elektrizität, guter Käse und sexy Männer, die »*bon courage*« brüllten. Nicht so viel anders als in der Provence.

Die Trainingstour hatte außerdem eine unverhoffte positive Nebenwirkung, weil die Shell-Leute Zeit genug hatten, sich mit meiner Reise anzufreunden, und ich mich mit ihnen. Alle zeigten großen Enthusiasmus für das, was ich vorhatte. An dem Tag meiner echten Abreise, am 2. Oktober, wollte ich mich in aller Stille verabschieden, aber während ich noch im Hauptgebäude war, schrillte plötzlich der Feueralarm.

»Was ist das?«, rief ich Balla Lo zu, dem allzeit gut gelaunten Verkaufsleiter, mit dem ich mich angefreundet hatte.

»Das ist für dich!«, rief er und schob mich eilig zum Hintereingang hinaus und um die Ecke zur Vorderseite herum.

Mir blieb der Mund offen stehen. Mindestens hundert strahlende Angestellte waren auf der Vordertreppe versammelt. Männer und Frauen in reichen und farbenprächtigen traditionellen Gewändern. An den meisten Tagen trugen sie langweilige westliche Anzüge und Kleider, aber heute war Freitag, der heilige Tag der Muslime, also wurden die traditionellen Gewänder angelegt. Es war, als würde das Ganze dadurch mehr Leuchtkraft und einen ersten Hauch von Authentizität bekommen.

Ich selber war – im Nachhinein gesehen – wie ein großer weißer Jäger ausstaffiert, der darauf brennt, sich in die Safari zu stürzen: weiße Ledertunschuhe, Khaki-Shorts, weißes T-Shirt und einen breitrandigen Kaninchenfellhut – ein echter australischer Akubra! Kein Fahrradhelm. Meine Überlegung war, dass kein Helm der Welt mich retten würde, wenn ich im afrikanischen Verkehr unterliegen sollte, während ein breitrandiger Hut mich vor einem subtileren Feind schützen würde: vor der Sonne. Mein Fahrrad, das immer noch fabrikneu glänzte, ein schnuckeliges Stahlross, war voll beladen mit zwei Vordertaschen, einer Lenkradtasche, zwei Hinterradtaschen, auf die ein Seesack mit meiner Campingausrüstung geschnallt war – insgesamt 40 Knochen zermürbende Kilos. Ich wusste zwar von meinen Trainingstouren, was es heißt, zu viel Gewicht mit sich herumzuschleppen, aber ich hatte meine Lektion noch nicht gelernt.

Der *directeur général* von Shell in Senegal, Roel van Zummeren, ein Holländer, hielt eine förmliche Abschiedsrede auf Französisch. Er war ein großer Mann in einem grauen Business-Anzug, aber trotz seines konservativen Äußeren klang in seiner Stimme echte

Begeisterung und Anteilnahme für meine Reise mit. »Wir alle wünschen Ihnen, dass Sie überall auf Ihrer Reise das *teranga* (Willkommensgruß) von Senegal bekommen.«

Sie feiern mich schon als Heldin, bevor ich überhaupt etwas gemacht habe, dachte ich.

»Mögen Sie es nie an Vorsicht auf Ihrer Reise fehlen lassen«, fuhr der *directeur général* fort. Ich wusste seine weisen Worte zu schätzen, und es tröstete mich, dass er offenbar daran glaubte, dass ich es schaffen würde. Plötzlich reichte er mir das Mikrofon.

»Merci«, stotterte ich in meinem australisch gefärbten Französisch. Ich hatte einmal genug Französisch gekonnt, um in Madagaskar zu arbeiten – ich hatte fast fließend gesprochen, wenn auch mit miserabler Grammatik. Jetzt war mein Französisch eingerostet. »Danke für Ihre guten Wünsche, und ich verspreche, dass ich mit Vorsicht reisen werde.«

Viel gutmütiges Gelächter war die Antwort. Dass mein Französisch so schlecht war, hätte ich nun doch nicht geglaubt.

Aber es blieb mir keine Zeit, darüber nachzudenken. Der große Augenblick war gekommen: Ich stieg auf mein Fahrrad und radelte los, begleitet von vielstimmigen »*au revoir!*«- und »*bonne chance!*«-Rufen. Die Leute machten Fotos und winkten und johlten. Es war traurig, aufregend und unheimlich – ein ziemlich berauschender Gefühlscocktail.

In der nächsten Stunde jedoch war ich vollauf damit beschäftigt, am Leben zu bleiben. Die Fahrt aus Dakar heraus war an sich schon Abenteuer genug. Ich radelte an einem acht Kilometer langen Albtraum aus Fabriken und Vorstadtbaracken vorbei, durch dichtestes Verkehrsgewühl und Massen von umherschlendernden Fußgängern. Ich ließ das gut gemeinte Begrüßungsgejohle und die »*bonjour*«-Rufe und die atemberaubenden Kohlenmonoxidwolken über mich hinwegschwappen. Fahrzeuge aller Art waren zu sehen – vom gut gepflegten, klimatisierten Mercedes mit abgedunkelten Scheiben bis zum völlig überladenen Lkw, dessen Warensäcke fünf Meter hoch über der Ladefläche wankten, und Peugeot-Taxis, die mit zwölf oder mehr Leuten voll gestopft waren. Frauen, die am Straßenrand Wassermelonen, Körbe, Tontöpfe und Tomaten verkauften, bildeten geschäftige Farbknäuel, und wenn sie mich erspähten, brachen sie ebenfalls in Rufe aus.

Ich war wie berauscht! Nach vier Monaten Planung und zwei harmlosen Trainingstouren war ich endlich unterwegs. Ich hatte losgelassen, ich war auf der wahren Reise, der Straße durch Afrika.

Ein Lastwagen donnerte vorbei. Viel zu dicht.

Boff, Pamela, dachte ich. Du willst doch kein Hundefutter werden. Gib Acht. Vergiss nicht, reise mit Vorsicht.

Innerhalb einer Stunde verebbten der Verkehr und der Menschenstrom. Ich war auf einer schmaleren Asphaltspur, und obwohl mein Adrenalinschub etwas abgeflaut war, liefen mir lästige Schweißbäche in die Augen, an den Waden hinunter, und mein Rücken schmerzte von der Anstrengung. Meine ausgestreckten Unterarme waren krebsrot. Dennoch kehrte meine gute Laune zurück, seit der Verkehr abnahm, und ich war in einem euphorischen Zustand. Die Natur um mich herum war belebend: saftiges grünes Gras, das still im Wind wehte, schwanger aussehende Baobab-Bäume, die von der Fruchtbarkeit dieser Gegend zeugten – sogar die sengende Sonne an dem leeren blauen Himmel war mir willkommen. Ich war allein auf der Straße, ich und mein schwer beladenes Fahrrad, auf dem Weg in unser Abenteuer.

Abenteuer, sinnierte ich, während ich in einen gemächlichen Rhythmus, diktiert von meiner 40-Kilogramm-Last, hineinfand. Abenteuer würde ich mehr als genug erleben auf meiner geplanten Route. 15000 Kilometer durch 17 Länder in zwölf Monaten.

»Oh, mein Gott«, dachte ich plötzlich, und es lief mir heiß und kalt über den Rücken. »Was hab ich nur gemacht?« Auf einmal war sie unbarmherzige Wirklichkeit geworden, meine Reise.

Ich machte die Klotür hinter mir zu und kehrte zu meinem Publikum zurück, das jetzt nicht mehr nur aus den Kindern, sondern auch aus ein paar neugierigen jungen Frauen bestand. Ich hielt ein Lächeln aufrecht, was einfacher war, jetzt, wo meine Gedärme sich beruhigt hatten. Aber trotzdem – warum konnten sie nicht so viel Anstand aufbringen und andere Leute in Ruhe lassen? entrüstete ich mich insgeheim.

Wenn ich so eine große Abenteurerin war, was regte ich mich dann über die gaffenden Kinder und den Fischreis und die stinkenden Plumpsklos auf? Ein wahrer Abenteurer würde nicht so denken. Ich war sehr niedergedrückt, dass ich mich so wenig als echte Abenteuerreisende zeigte – und fühlte. Das wird sich ändern, sagte ich mir, wart's nur ab. Aber wenn nicht? Und was ist das überhaupt, das wahre Abenteuer?

In den 24 Tagen und 23 Nächten, seit ich Dakar verlassen hatte, war ich meiner Route und meinem Zeitplan gefolgt, hatte mein Ziel von durchschnittlich 50 Kilometern pro Tag an fünf Tagen in der Woche eingehalten (immer noch die disziplinierte Unternehmensberaterin). Das war leicht gewesen auf den guten Straßen von Senegal und sogar auf den nicht so guten Straßen von Gambia. Gambia ist eine winzige ehemalige britische Kolonie, die sich vom Atlantischen Ozean in einem schmalen Band – nicht breiter als 48 Kilometer – fast 400 Kilometer landeinwärts erstreckt, diesseits und jenseits des westwärts strömenden Gambia-Flusses. Nachdem ich ungefähr 300 Kilometer südlich von Dakar nach Gambia eingereist war, über die kleine Stadt Kaolack und das Grenzdorf Karang, fuhr ich von Banjul, der unhektischen und freundlichen Hauptstadt am

Atlantik, neun gemächliche Tage am Fluss entlang zu dem großen regionalen Knotenpunkt Basse-Santa-Su. Von dort aus war ich bei der abgelegenen, ruhigen Stadt Velingara in den südlichen Senegal zurückgekurvt. In beiden dieser grünen und dicht bevölkerten Länder hatte ich kurze, aber interessante Begegnungen mit den Dorfbewohnern gehabt, wenn ich anhielt, um mir etwas zu trinken zu kaufen. Pausenlos hatten mich »*toubab*« schreiende Kinder verfolgt, und ich war mit *teranga* begrüßt worden, dem warmen Willkommen, das man mir bei meiner Abreise gewünscht hatte. Die Nächte hatte ich in Hotels verbracht und mich mit Weißen zusammengetan, die ich dort kennen gelernt hatte, und im Senegal hatte ich sogar ein paar Mal Zuflucht in einer Shell-Tankstelle gesucht.

»Sind Sie Pamela?«, fragte plötzlich eine Stimme mit gambischem Akzent auf Englisch, und ich kehrte zu meinem Frühstückstisch und meinem Rad zurück. Mein Französisch wurde langsam besser, aber es tat trotzdem gut, im Senegal, einem frankophonen Land, Englisch zu hören.

Unsicher, ein bisschen ängstlich, sagte ich »ja« zu dem kräftig aussehenden jungen Mann. Er trug saubere Zivilkleidung und sah nicht wie ein Polizist aus, aber woher wusste er meinen Namen?

»Sind Sie *die* Pamela? Auf einer Radtour durch Afrika? Ich habe Ihr Bild im *Observer* gesehen.« Jetzt begriff ich – ein Foto von mir und ein Artikel über meine Reise waren in einer gambischen Tageszeitung erschienen, und ich brachte zum ersten Mal an diesem Tag ein ehrliches Lächeln zustande. »Freut mich, Sie kennen zu lernen«, sagte der junge Mann und schenkte mir ein breites Grinsen und eine Guave. Er hatte ein wunderbares Lächeln und strahlend weiße Zähne und war ziemlich klein und muskulös, wie viele Gambier.

Trotz ihrer unbestreitbaren Reize war ich auf der Hut vor den Männern, denen ich begegnete. Nicht viel anders als in London. Mit dem Unterschied, dass die erste Frage bei vielen Begegnungen »Bist du verheiratet?« war, worauf, wenn ich »Nein« sagte, unweigerlich ein »Willst du mich heiraten?« folgte. »Du weißt ja nicht mal, wie ich heiße!«, rief ich dann. »Aber ich liebe dich«, war die gekränkte Antwort.

Männer. Zum Haareausraufen, diese Kerle. Überall dasselbe. Aber einige hier in Afrika sahen wirklich toll aus.

»Mein Name ist Seth«, sagte mein neuer Freund. Ich schaute genauer hin und fand, dass er sehr attraktiv war, mit weichen, gebogenen Wimpern und tiefen, dunkelbraunen Augen. William war momentan vergessen.

Seth reiste auch nach Guinea und wühlte eine Kamera aus seiner überfüllten Einkaufstasche heraus, dann bat er einen anderen Mann, ein Foto von uns beiden zu machen. Wir lachten zusammen, und der Bann, eine Fremde in einer fremden Welt zu sein, war schnell gebrochen. Seth redete aufgeregt auf Wolof, der Sprache, die er mit den Dorfbewohnern gemeinsam hatte, und erzählte den anderen von meiner Reise. Meine Tischnachbarn, deren Schweigen so einschüchternd gewesen war, brachen in einen Schwall von lärmenden Fragen aus.

Ein überladenes Vehikel fuhr auf der staubigen Straße vorbei und hinterließ eine rote Wolke, die sich auf mich und meinen lächelnden gambischen Freund herabsenkte. Wir machten uns nichts daraus, aber es diente mir als Mahnung – Zeit zum Weiterfahren. Meine Gereiztheit und Melancholie waren vergessen, und ich fühlte mich stark genug für einen weiteren Tag der Begegnungen mit Afrika und den Afrikanern.

Ich stand vom Frühstückstisch auf, stopfte mein Toilettenpapier in die Lenkertasche zurück und nahm mir vor, meine Ladung zu reduzieren. Wieder einmal. Mein Radfahrerleben war mit guten Vorsätzen gepflastert, und mit diesem hier quälte ich mich herum, seit ich Dakar verlassen hatte. Ich schob mein Rad auf die Kreuzung mit der Hauptstraße zu, und die Kinder kamen hinter mir hergerannt.

»Wiedersehen, Pamela«, sagte Seth.

»*Bon courage!*«, riefen meine Tischnachbarn und die anderen Männer, die auf schattigen Veranden saßen.

Mit einem zufriedenen Seufzer – kein Gedanke mehr an meine Gedärme – und aufgeputscht von Adrenalin und Koffein hievte ich meinen Hintern in den Sattel und trat in die Pedale, während der attraktive Seth mir nachwinkte. Afrika war wieder fantastisch, und ich war froh, dass ich hier war.

Dann sah ich das Zeichen, ein kleines, verwittertes Anschlagbrett an einem Dorfladen. Ein lächelndes Paar, Händchen haltend, das sich tief in die Augen blickte, über einem kaum lesbaren Slogan. »Liebe mit Vorsicht [*prudence* im Original, Anm. d. Ü.]«, stand dort. »Prudence« so entdeckte ich jetzt, war eine senegalische Kondommarke.

Ein Geist greift ein
Missara – Labé, Guinea

Von meinem Halt in Kounkané radelte ich ungefähr 60 Kilometer zum senegalischen Grenzposten. Die raue, ockerfarbene Lateritfahrspur, von struppigen Bäumen und raschelndem grünem Gras gesäumt, entpuppte sich als einsame Strecke. Am Vortag hatte mir ein Senegalese diese Nebenstraße zur Grenze empfohlen. »Auf der Hauptstraße nach Medina Gounas gibt es zu viele Löwen, Madame«, hatte er gesagt. »Nehmen Sie die Straße nach Kounkané, und dann nach Missara – der Ort, an dem Sie nach Guinea reinkommen. Dort ist die Gefahr, auf Löwen zu treffen, nicht so groß.« Aber auf dieser einsamen Strecke hatte ich erst recht das Gefühl, dass jederzeit ein Löwe hinter mir auftauchen konnte, und der Weg war so schlecht in Stand gehalten, wie ich es befürchtet hatte.

Der Grenzposten war nicht einmal ein Dorf. Es war nichts weiter als eine Ansammlung von Holzbuden an einem schattigen Plätzchen; in einigen wurde Kaffee und Brot verkauft, in anderen Emailtöpfe, Kleidung und Plastikwaren – Dinge, die, wie ich später herausfand, in Guinea nur schwer zu bekommen sind. Es herrschte ein reges Leben für so einen kleinen Ort. Frauen in traditionellen Gewändern drängten sich um die Buden und wühlten nach Schnäppchen. Die meisten hatten ein Baby auf dem Rücken, in einem Tuch, das fest um ihre Mitte gewickelt war, und zudem trugen sie in Tücher gehüllte Lasten auf dem Kopf. Mehrere verbeulte Buschtaxis parkten gegenüber den Buden; die Fahrer, alle jung, in Jeans und leuchtend bunten einheimischen Stoffhemden oder verblichenen T-Shirts, tranken Kaffee oder feilschten um Kunden. Ich ließ mich von einem Pulk Kinder zur Zollhütte führen, aber es dauerte seine Zeit, bis die senegalischen Ausreiseformalitäten erfüllt waren. Trotz meines Zeitplans war ich froh, dass ich pausieren konnte; ich hatte nur noch eine kurze Strecke Niemandsland vor mir, ehe ich die guineische Grenze in Missara erreichen würde. Ich baute darauf, dass Missara ein größerer Ort sein würde – schließlich hatte ich die letzten zwei Tage von nichts anderem mehr gehört.

»Sind Sie Madame oder Mademoiselle?«, fragte der wackere Grenzbeamte. Er hatte ein ziemlich dreistes Grinsen und eine spezielle Art, seinen Kopf auf die Seite zu legen, wenn er Fragen stellte. »Ah, Mademoiselle!«, rief er aus, als er meine Antwort hörte. Wieder legte er den Kopf zur Seite. »Möchten Sie mich heiraten?«

Ich fand es tröstlich, dass die Männer hier so berechenbar waren. Ich lehnte dankend ab und nahm stattdessen einen Tee an.

Als ich wieder aufbrach, merkte ich schnell, dass sich die zehn Kilometer bis Guinea endlos hinziehen würden – eine verhängnisvolle Fehlkalkulation, denn die Sonne stand schon tief am Himmel, und die Temperatur fiel merklich ab.

Der schmale Weg, der sich kurvenreich dahinschlängelte, verlangte volle Konzentration, niedrige Gänge und langsames Tempo. Als ich meine erste Kreuzung erreichte, breitete sich ein Gewirr von Spuren, wie die Finger eines Flusses in Mündungsnähe, vor mir aus. Ich hielt an, verloren, unfähig, mich für einen Weg zu entscheiden. Hinter mir ertönte Fahrradgeklingel, und zwei Männer sausten an mir vorbei, mächtig in die Pedale tretend. Schnell stieg ich wieder auf – sie sollten mir als Pfadfinder in die Republik von Guinea dienen.

Als ich jedoch im struppigen Buschland mit ihnen allein war, erschienen sie mir nicht mehr so vertrauenswürdig. Waren es Banditen, die mich zu einer entlegenen Räuberhöhle führten? Der Busch war dicht, und die Fahrspur zu schlammig und löchrig, als dass man schnell herauskommen würde. Die Männer hatten sicher gemerkt, dass ich ihnen folgte, aber sie machten keinerlei Anstalten, mich zu grüßen – kein »ça va«, kein Lächeln, kein Nicken. Neugierige Blicke und »*toubab*«-Rufe wären mir jetzt geradezu willkommen gewesen!

Ich musste an den Vorfall im Sudan, auf der anderen Seite des afrikanischen Kontinents, denken. Damals hatte mich ein Mann zusammengeschlagen, der mir aus einem Dorf an eine entlegene Stelle gefolgt war. Ich sah es vor mir, wie ich mir die Arme über den Kopf hielt, während mein Angreifer, ein hagerer Shilluk, mit einem elektrischen Viehstock auf mich einprügelte – wie ich ihn verzweifelt in die Hand biss, mich schließlich loswand, schreiend, rennend ...

Ich versuchte die schreckliche Erinnerung abzuschütteln, aber an diesem trüben Nachmittag, während ich den beiden abgerissenen Männern folgte, wollte sie nicht von mir weichen.

Der Gedanke, dass mir so etwas noch einmal passieren könnte, war schon in London mein Albtraum gewesen, aber ich hatte mich damit beruhigt, dass auf den Straßen in Afrika immer irgendein Dorf hinter der nächsten Biegung lag, dass Leute auf den Feldern waren und dass ich in der Lage sein würde, schneller zu radeln als potentielle Angreifer. Aber das hier war ein Weg ins Niemandsland, keine Hauptstraße. Wir waren seit einer Stunde weder an Häusern noch an Menschen vorbeigekommen, und die Männer waren stark und ihre Räder unbeladen, und folglich waren sie auch schneller. Viel schneller. Wo führten sie mich hin?

Zur guineischen Grenze, wie sich herausstellte. Es waren keine Banditen, sondern guineische Grenzbeamte!

Missara, das Ziel, unter dem ich mir ein behagliches Dorf vorgestellt hatte, war nichts als eine dämmrige Lichtung in dem undurchdringlichen, schlingpflanzenüberwucherten Wald. Ich sollte bald herausfinden, dass viele Grenzposten, die ich passieren musste, an abgelegenen Orten wie diesem hier waren, und ich lernte, dass Straßen durch das Niemandsland immer katastrophal waren. In Zukunft würde ich mir mehr Zeit lassen, aber jetzt war ich einfach dankbar, dass ich einen Unterschlupf gefunden hatte, bevor es dunkel wurde – die Sonne ging bereits unter, und in Afrika bricht die Nacht schnell herein. Missara war sogar noch kleiner und verlassener als der Grenzposten auf der senegalischen Seite. Vier Frauen, die kleine Häufchen überreifer Tomaten, verrunzelte Orangen und magere Paprikaschoten verkauften, saßen auf einem winzigen Marktplatz, mit steifen Rücken, die Beine gerade vor sich ausgestreckt, in verwaschene T-Shirts und traditionelle Tücher gehüllt. Von der Betriebsamkeit und dem Lärm auf der senegalischen Seite war hier nichts zu spüren, genauso wenig wie von dem bunten Warenangebot. Ein paar Männer saßen in den Schattenflecken eines großen, wachsblättrigen Mangobaums; einige andere waren vor einer Reihe von strohgedeckten Holzhütten versammelt und redeten und spielten Karten. Ihre Köpfe fuhren hoch, als ich die Lichtung betrat. Ich blieb stehen, stieß meinen Hut zurück – meinen immer noch nagelneuen Akubra –, wischte mir mit meinen schmierigen, staubbedeckten Radhandschuhen die Stirn ab und schaute mich um.

Schmutzige Kinder kamen auf mich zugerannt, und in dem Hof hinter einer der Hütten ließ eine Frau rhythmisch ihren riesigen Holzstößel nach unten sausen und stampfte Hirse. Ich lauschte auf den gleichmäßigen Schlag und auf das Bellen von räudigen Hunden, schaute den Hühnern zu, die am Boden herumpickten, und versuchte das Starren und die Schreie der Kinder zu ignorieren. Ich wusste, ich brauchte nur zu warten, dann würden mich die Grenzbeamten an diesem kleinen Ort schon finden. Meine »Pfadfinder« waren zu ein paar nahe gelegenen Hütten gegangen, um mit ihren Kumpels zu schwatzen, die alle draußen auf Matten herumlagen und offensichtlich dienstfrei hatten. In ihren Tarnhosen, T-Shirts und Ledergurten, die Kalaschnikows lässig über die Schulter gehängt, sahen sie alle eher wie Banditen aus, und keiner machte Miene, sich von der Stelle zu rühren. Und arm sahen sie alle aus, viel ärmer als die Senegalesen.

Bald kamen zwei Männer auf mich zu und schauten mich mit einer Mischung aus Scheu und Misstrauen an. Die Formalitäten begannen. Mein Pass wurde ausgehändigt. Einer der Männer studierte ihn eingehend, dann reichte er ihn einem anderen weiter, der feierlich Seite für Seite durchblätterte. Ich wusste, dass sie nach einem Vorwand suchten, um mir ein bisschen zusätzliches Geld abzuknöpfen, und so setzte ich eine Unschuldsmiene auf und schwatzte über meine Reise, um sie zu entwaffnen, um ihnen ein Lachen zu entlocken, ein Anzeichen von Menschlichkeit. Das war meine übliche Strategie, wenn ich mir Bestechungsgelder ersparen oder mich nicht mit Ordnungshütern anlegen wollte.

Aber bei diesen Burschen war ich an die Falschen geraten. Sie blieben ernst und ziemlich einschüchternd.

Ich probierte es mit meiner Ersatzstrategie, die ich für den Notfall bereithielt: einem Brief mit einem WOMANKIND-Briefkopf, den ich selber verfasst und ins Französische übersetzt hatte und in dem ich meine Reise erläuterte und die Leute aufforderte, mir jede nur erdenkliche Unterstützung zu gewähren.

Und oh Wunder – es funktionierte. Sie lächelten – nicht gerade meine herzlichste Begegnung, aber sie knallten ihren Stempel in meinen Pass und ließen mich durch.

»*Attendez le douanier*«, warten Sie auf den Zollbeamten, wurde mir streng befohlen, und so zog ich mich mit meinem Rad in den Schatten einer strohgedeckten Hütte zurück und spielte Kuckuck mit den Kindern. Jetzt, wo ich in Sicherheit war, konnte ich mich entspannen.

Der *douanier* machte nicht gerade eine schneidige Figur. Er war in mittlerem Alter, genauso ungepflegt wie die anderen, aber mit einem großen Bauch über seinem rotweiß gestreiften T-Shirt, das ständig nach oben rutschte. Er trug ebenfalls Tarnhosen und Gurte, die mit Schnur geflickt waren. Er setzte eine strenge Miene auf, die aber von seinen großen, freundlichen Augen Lügen gestraft wurde. Er hatte meine Taschen gründlich durchsucht und erkundigte sich jetzt nach meinem Ehestand. Zumindest durchbrach der Redeschwall, mit dem ich ihn überschüttete, seine amtlichen Barrieren. Mehr, als mir lieb war.

»Meine Name ist Otis, Mademoiselle«, erklärte er ungefragt, während er meinen Pass stempelte – schon wieder eine Seite voll. Ich war entsetzt über den Seitenverbrauch durch die ganzen Visa und Stempel. Wie viele Länder würde ich schaffen, ehe mein Pass voll war? Würde ich bis Nigeria kommen, wo es eine australische Botschaft gab, die einzige in Westafrika? Und wenn nicht? Otis riss mich aus meinen sorgenvollen Grübeleien. »Sie können Ihr Zelt in meinem Hof aufbauen.« Sehr großzügig. Dann fügte er hinzu: »Oder Sie können bei mir schlafen.«

Wir saßen im Dunkeln in Otis' Innenhof. Es war immer noch feucht, und ich schlug nach den Moskitos, die mir die Knöchel zerstachen. Aber ich konnte meine Beine und Kniegelenke strecken, die steif waren nach dem Tag im Sattel, ich konnte meinen schmerzenden Rücken an die weit nach hinten geneigte Stuhllehne schmiegen, ich konnte fühlen, wie von Zeit zu Zeit eine leichte Brise über meine frisch gewaschene, trockene Haut strich, und das Flattern meiner weichen Baumwollhose, sauber und trocken, an meinen verschrammten Beinen genießen, und das allein war genug, dass ich mich wie in einem Fünf-Sterne-Hotel fühlte. Mag sein, dass es nicht das Hilton war, aber ich konnte mich inzwischen auch an kleinen Dingen erfreuen, und nach der holprigen Fahrt am Nachmittag brauchte ich ein bisschen Weichheit. Während ich meine Pobacken auf den Stuhllatten zurechtschob, versuchte ich, Otis' Aufmerksamkeit auf mich zu lenken. »Sind alle Straßen in Guinea so wie die heute?«, fragte ich.

Otis saß mir gegenüber, sein großer Körper vom flackernden Schein einer Kerze auf dem Tisch zwischen uns umspielt. Er traktierte mich mit Fischreis. Wir hatten jeder einen Löffel, mit dem wir aus der gemeinsamen Schüssel aßen. Er bedeutete mir, mehr zu essen, und schob Fischstücke auf meine Seite der Schüssel herüber. »Essen Sie das, das ist gut für Sie«, murmelte er mit vollem Mund.

Er aß mit sichtlichem Appetit und schien meine Frage nicht gehört zu haben. Ich beugte mich vor und häufte umständlich etwas Reis auf meine Gabel, um dann den getrockneten Fisch aufzuspießen. Der penetrante Geschmack und die zähe, grätenstarrende Konsistenz des Fischs war mir zuwider, aber Dörrfisch war offenbar die Hauptproteinquelle in dieser Gegend. Und als Gast wurden mir oft die besten Bissen angeboten, wie zum Beispiel der Kopf. Es wäre unhöflich gewesen, etwas abzulehnen, das als teure Delikatesse galt. Ich schaute den Fisch auf meiner Gabel an, und bei dem Gedanken, dass ich ihn hinunterwürgen musste, kam mir der Magen hoch. Schnell wiederholte ich meine Frage, und es klang, als würde ich gleich in Tränen ausbrechen.

»Ach, mehr oder weniger dasselbe«, sagte Otis, den die Verzweiflung in meiner Stimme kalt ließ. Ich krümmte mich innerlich.

»Sie dürfen nicht vergessen, dass die Franzosen alles mitgenommen haben, als sie gegangen sind«, sagte er tiefsinnig und mit unergründlichem Gesicht, ein geisterhafter Schatten im Kerzenschein. »Wir haben Freiheit in Armut bekommen«, fügte er hinzu, ohne dass ich auch nur einen Hauch von Ironie oder Bitterkeit in seiner Stimme entdecken konnte.

Der Weg Guineas aus dem Kolonialismus in die Freiheit war fürchterlich gewesen, und die Guineer litten bis heute unter den Folgen. Sékou Touré, ein Malinke, der sich zum Anführer der Gewerkschaftsbewegung gemacht hatte, forderte im September 1958 die Unabhängigkeit von Charles de Gaulle. Frankreich hatte seinen Kolonien, darunter Guinea, die Unabhängigkeit oder die Mitgliedschaft in einer frankoafrikanischen Gemeinschaft angeboten, aber in Wahrheit war der Druck, den Anschluss an Frankreich zu wählen, immens.

Sékou Touré stellte sich auf ein Podium in Conakry und verkündete de Gaulle in einer berühmt gewordenen Ansprache: »Wir ziehen eine Freiheit in Armut dem Wohlstand in der Sklaverei vor.«

De Gaulle war erbittert. Er stoppte sofort jede technische, wirtschaftliche und finanzielle Hilfe und zog den gesamten französischen Verwaltungsapparat zurück. Ich hörte Geschichten, wie die Franzosen ihre ganze Ausrüstung samt Ersatzteilen mitnahmen, alle administrativen Aufzeichnungen vernichteten und wie private französische Investoren ihre Unternehmen zumachten und das Land verließen. Das alles zusammen trieb Guinea in den totalen wirtschaftlichen Ruin.

Im Endeffekt lag es jedoch an Sékou Touré, dass Guinea sich nicht am eigenen Schopf aus dem Sumpf ziehen konnte. Nach dem Abzug der Franzosen verbündete er sich mit Sowjetrussland, überwarf sich aber bald mit seinen kommunistischen Freunden, weil er ihre Einmischung fürchtete. Ich lernte einen Franzosen in Guinea kennen, Monsieur Berçan, einen alten Gewerkschafter, der während der marxistischen Ära ausgeharrt hatte – er war mit einer Malinke verheiratet, mit der er sich in Kankan niedergelassen hatte. Er sprach voll Sympathie von Touré, den er als junger Mann gekannt hatte, räumte jedoch ein, dass Touré am Ende paranoid und krank geworden sei. »Er hat überall nur noch Verschwörungen gewittert«, erzählte er mir.

1967 schlug Touré den chinesischen Weg der Kulturrevolution und der staatlich kontrollierten Landwirtschaft ein. Die Folgen waren so katastrophal, dass das Land von Nahrungsmittelhilfe abhängig wurde. Unter dem Vorwand ausländischer Verschwörungen übte Touré massiven Druck nach innen aus. Es gab eine »Wirtschaftspolizei«, überall Spione, blutige Säuberungen unter angeblichen Oppositionellen, überfüllte Gefängnisse und einen Massenexodus von Flüchtlingen. Als Touré 1977 verkündete, dass jeglicher Handel mit landwirtschaftlichen Produkten über die staatlich kontrollierten Kooperativen abgewickelt werden müsse, rebellierten die Marktfrauen, die vom Verkauf ihrer Waren lebten. Am 27. August, heute ein hoher Feiertag, erhoben sich die Frauen, zuerst in der Hauptstadt Conakry, dann auch in Provinzorten. Drei Gouverneure wurden in den darauf folgenden Unruhen ermordet, und Touré musste klein beigeben. Er legalisierte den Kleinhandel wieder und machte Vorstöße in Richtung Frankreich, um die Beziehung mit der ehemaligen Kolonialmacht wieder herzustellen. 1984 starb Touré an einem Herzinfarkt, nachdem er 26 Jahre an der Macht gewesen war. Bereits am Tag darauf gab es einen Putsch, und die Leute feierten und tanzten auf der Straße.

Die Guineer hassen und lieben Frankreich, aber die Gefühle, die sie ihrem Helden und Peiniger Touré entgegenbringen, sind nicht weniger zwiespältig. Man kommt nicht weit in Guinea, ohne von Sékou Touré und der französischen Vergangenheit zu hören. Für mich erklärte es einiges von der herrschenden Misere.

»Jetzt sind wir ein offenes Land mit vielen Touristen, und es wird alles besser werden.« Otis hatte fertig gegessen und redete, während er sich die Hände in einer Schüssel wusch. »Wir sind jetzt eine Demokratie«, sagte er stolz, obwohl ich wusste, dass noch immer die Vorbereitungen für die erste Präsidentschaftswahl in Gang waren. Otis interessierte sich brennend dafür, wie die australische

Demokratie funktionierte. Alle Guineer, so stellte ich fest, waren ausgehungert nach Informationen von »draußen«, obwohl viele keinerlei Vorstellung von der Welt, ihrer Geografie und Politik hatten. Ich erklärte also meinem Gastgeber, warum Australien immer noch keine Republik war (sehr schwer zu vermitteln, besonders einem Guineer, dessen Land alles für die Freiheit aufgegeben hatte) und wie das Regierungssystem von Westminster funktioniert – eine seltsame Beschäftigung in einem so abgelegenen Winkel von Afrika. Später traf ich noch öfter solche »Busch«-Intellektuellen, besonders unter den Militärs – sie erhielten eine Ausbildung, dann wurden sie zu entlegenen Grenz- oder Polizeiposten geschickt, wo sie jede Gelegenheit nutzten, um etwas Neues zu erfahren oder Gespräche über ihre Lieblingsthemen zu führen. Für mich war es nach den ewigen Heiratsanträgen eine willkommene Abwechslung.

Es war jedoch schwierig, Französisch zu reden und dabei pausenlos husten zu müssen – ich hatte mir meinen ersten Staubhusten geholt. Meine Lunge brannte, und ich hustete mir die Seele aus dem Leib. Tagsüber, wenn ich mit dem Fahrrad unterwegs war, musste ich meine Hände die ganze Zeit am Lenker behalten, um in den Furchen und Schlaglöchern aufrecht zu bleiben, und so schnäuzte ich mich nicht nur ohne Taschentuch, sondern auch ohne Hand an der Nase. Ich spuckte einfach geräuschvoll den Schleim auf die Straße. Oder wo immer er landete. Igitt!

Otis rief einem Untergebenen zu, dass er mir eine Gurke gegen mein Bellen bringen sollte, und ich hatte einen Augenblick Zeit, meine Gedanken wieder auf das leidige Straßenproblem zu lenken.

Würde ich mit diesen harten Bedingungen zurechtkommen?

Ich war schon früher mit dem Auto auf afrikanischen Straßen gefahren, und ich wusste, dass es kein Zuckerschlecken war, aber auf dem Fahrrad kam es mir noch viel schlimmer vor. Warum überraschte mich das?

Nachdem ich eine riesige Gurke vorgesetzt bekommen hatte, von Otis in Stücke geschnitten, fragte ich ihn noch einmal nach den Straßen.

»Wird schon alles gut gehen«, sagte Otis, vielleicht eine Spur gereizt. Dann fügte er in einem anderen Ton hinzu: »Aber Sie müssen sich vor den Geistern im Busch hüten.«

Das Gespräch wurde unterbrochen. Ein Schatten näherte sich Otis und salutierte. Otis wechselte ein paar Worte in seiner Sprache mit dem Mann, und meine Gedanken schweiften zu einer Warnung zurück, die ich schon früher bekommen hatte.

»Hüte dich vor den Geistern, besonders in Guinea – im Busch, in den Bergen, in den Wäldern«, hatte mein Freund Balla Lo gesagt, der Shell-Verkaufsleiter in Senegal, noch bevor ich Dakar verlassen hatte. »Es gibt viele Geister in Guinea.« Er saß in seinem modernen, klimatisierten Büro. »Hüte dich vor allem vor Schlangen und vor Leuten ohne Schatten – das sind Geister – und vor Leuten mit verkehrt herum angewachsenen Füßen... das sind Teufel.« Ich muss ziemlich skeptisch dreingeschaut haben, denn er fügte hinzu: »Wir glauben an diese Dinge ...«

Er erzählte mir, wie er einmal als kleiner Junge spät nach Hause gekommen und durch die dunklen Straßen von Dakar gegangen war. Irgendwann blieb er stehen, um zu pinkeln. Eine alte Frau, weißhäutig – »alle Geister sind weißhäutig«, schob er als Erklärung dazwischen –, mit hüftlangem Haar und gebeugtem Rücken, kam auf ihn zugehumpelt, die Arme drohend nach ihm ausgestreckt. Er wusste, sie würde ihn packen, und er war gelähmt vor Angst. Erst in allerletzter Sekunde gelang es ihm, wegzulaufen. Ich hatte ungläubig zugehört, aber jetzt bekam ich schon wieder eine Geisterwarnung.

»Die Geister sind unsere toten Ahnen«, fuhr Otis fort. »Manche Geister sind gut, aber viele sind böse und wollen einem schaden. Sie müssen vorsichtig sein.« Aber wie soll man einen guten von einem bösen Geist unterscheiden? »Ach, das ist schwer, aber meiden Sie einsame Straßen.« Ein nützlicher Rat, wenn alle Straßen mehr oder weniger einsam sind!

Ein neuer Hustenanfall riss mich vornüber. Wahrscheinlich ging es Otis auf die Nerven, so wie mir das Kikeriki-Geschrei der afrikanischen Hähne – sie krähten immer mitten in der Nacht, nie im Morgengrauen, kamen an meine Zeltwand geschlichen und trompeteten mir ihren Weckruf ins Ohr. Ich hätte ihnen am liebsten den Hals umgedreht und sie als Brathähnchen zum Abendessen verspeist statt des grässlichen Dörrfischs. Was Otis gern mit mir gemacht hätte, wollte ich lieber gar nicht wissen ...

»Trinken Sie das«, sagte Otis aus seiner dunklen Ecke heraus, »das ist *café militaire*«, und er reichte mir eine volle Plastiktasse. Ich nahm einen tiefen Schluck, und etwas Warmes, Milchiges und Alkoholisches glitschte durch meine raue Kehle. Ich musste wieder husten – vor lauter Schreck, und Otis prustete.

»Es wird mit Gloria und *whiskey africain* gemacht« – mit Kondensmilch und einem starken, selbst gebrannten Schnaps. »Gut für einen rauen Hals«, fügte er hinzu.

Während die warme Mixtur meinen Husten besänftigte und wohlig durch meine Glieder strömte, musste ich an ein weiteres Gespräch denken. »In Guinea passieren viele seltsame Dinge«, hatte mir ein Franzose gesagt, ein harter Bursche, der ein Lkw-Transportgeschäft betrieb. »Im Busch im Süden hatte ich eines Nachts ein merkwürdiges Erlebnis. Ich habe nie rausgekriegt, was es war, aber auf einmal habe ich ein Schlurfen gehört und aus dem Fenster geschaut, und da zog das ganze Dorf mit brennenden Kerzen vorüber. Sie gingen aus der Lichtung in den Wald hinein, und ich blieb wach und habe gewartet, aber es hat Stunden gedauert, bis sie zurückgekommen sind.«

Er hatte innegehalten, mit schweißglänzender Stirn, und noch einen Schluck Bier getrunken. »Und jetzt kommt's – in der Zeit, in der sie weg waren ... Sie wissen doch, wie die Hunde immer kläffen im Busch?«

Und ob.

»Kein einziger Hund hat gebellt. Sie sind alle stumm geblieben.«

Er hatte mich auch vor verdächtigen Getränken gewarnt. »Es gibt Liebestränke, die von Heilern und Zauberern gemacht werden – wenn Sie das trinken, können Sie dem Mann, der es Ihnen gegeben hat, nicht widerstehen. Mitten in der Nacht werden Sie von dem Zauber an seine Seite gezogen.«

Ich schaute auf meinen *café militaire* und dann zu Otis hinüber, aber ich dachte an William.

Wieder wehte eine kühle Brise über den Hof und brachte die Blätter an einem Baum mit langen Ästen zum Rascheln. Otis rauchte eine Zigarette, und das rote Ende glimmte fröhlich. Ich streckte mich in meinem Stuhl aus und seufzte zufrieden.

»Sie müssen immer in einem Dorf übernachten – nie bei Nacht draußen im Busch bleiben«, sagte Otis plötzlich ernst, sodass der Bann gebrochen war. Er zog die Kerze näher zu sich heran. »In Koundara müssen Sie zu einem Marabut und sich ein *juju* geben lassen, das Sie beschützt.«

Er sprach in einem ernsten, leicht angetrunkenen Ton, aber es hatte überhaupt nichts Mystisches. Es war ein ganz alltägliches Gespräch.

Er war damit beschäftigt, die Batterien seines wuchtigen Kassettenrekorders auszuwechseln, und hielt den Blick gesenkt. Ich wollte ihn nach seinen Geistererlebnissen fragen, aber er war jetzt fertig und ließ irgendeine heiße afrikanische Musik in voller Lautstärke laufen. Der schnelle Rhythmus erfüllte den Hof, erschreckte eine Ziege, die an unseren Essensresten herumgeknabbert hatte, und machte jedes weitere Gespräch unmöglich. Seine Stimme war bereits undeutlich geworden vom *whiskey africain*, und als er meine Tasse wieder auffüllte, ließ ich ihn machen.

Ich ließ mich vom Rhythmus der Musik einlullen und genoss die Schönheit des samtschwarzen Nachthimmels, der mit den hellen Lichtern der Milchstraße übersät war. Ich fragte mich, wie viel Unergründliches mir hier in Guinea noch begegnen würde ...

Ich dachte viel an Otis und unser Gespräch, als ich am nächsten Tag aufbrach, und noch Tage später, als ich die zerklüfteten Futa-Dschalon-Berge hinaufstrampelte, auf dem Weg in die kleine Stadt Labé. Was die Straße anging, hatte Otis jedenfalls Recht gehabt, und bald beschäftigte mich nur noch ein Problem: Wie ich es schaffen sollte, durchzuhalten und weiterzukommen.

Ich muss unbedingt mein Gepäck reduzieren, dachte ich. Wieder einmal. Manche Sachen, wie Kleidungsstücke und Marmeladen- oder Erdnussbuttergläser, hatten gute Geschenke abgegeben, aber eine drastische Kürzung würde bedeuten, dass ich Werkzeuge und Ersatzteile, Camping- und Kochausrüstung, Medikamente und Kosmetika einer strengen Auslese unterziehen musste. Viele von diesen Dingen, die mir so kostbar erschienen waren, betrachtete ich jetzt als »*toubab*-Kinkerlitzchen«– albern und überflüssig.

Mein nächstes Opfer, entschied ich, würde mein Toilettenbeutel sein. Als ich in Dakar aufgebrochen war, hatte der prall gefüllte Beutel Reinigungs-, Feuchtigkeits- und Make-up-Utensilien enthalten – nur das Allernötigste. Jetzt kam es mir vor, als ob er mit lauter nutzlosem Zeug voll gestopft sei. Brauchte ich wirklich einen Haarfestiger? Oder eine Sonnencreme *und* eine Body-Lotion? Je voller der Beutel, desto größer die Gefahr, dass mir alles Mögliche in den Dreck fiel, wenn ich die Seife herauswühlte. Heute Abend, schwor ich mir. Heute Abend.

Ehe der erste Endorphinschub abgeflaut war und während noch das Serotonin in meinem Hirn tobte, versperrte mir ein breiter Schlammbach den Weg, der mitten durch die Fahrspur schnitt. Na gut, sagte ich mir, und wanderte umher, auf der Suche nach einer passierbaren Stelle, stieß aber überall nur auf Schlamm. Schließlich zog ich, ein bisschen ärgerlich, meine Schuhe aus und watete vorsichtig hinüber. Schlamm quoll zwischen meinen Zehen hervor, und auf der anderen Seite musste ich erst einmal anhalten, um meine Füße mit kostbarem Trinkwasser zu waschen, bevor ich sorgfältig meine Schuhe wieder überstreifte.

Ich lachte mich aus – immer noch nicht die große Abenteurerin –, dann brach ich wieder auf, nur um bei der nächsten Biegung abrupt gestoppt zu werden. Die Straße war überschwemmt.

Das Serotonin verdampfte im Nu, und ich machte mir seufzend klar, dass ich mich daran gewöhnen musste.

Ich schob das Rad und paddelte hinüber, während sich Fahrradkette und -gänge, von mir sorgfältig in Stand gehalten, schlammbraun färbten, meine Taschen mit ihrer Ladung im Wasser schleiften und meine Schuhe sich mit Schlamm füllten. Das Lachen fiel mir jetzt schon schwerer.

Koundara, meine erste guineische Stadt, war ungefähr 60 ungemütliche Schlammkilometer durch dichten Busch vom Grenzposten in Missara entfernt. Der Ort war in meiner Bibel – der Michelinkarte 953 von Nord- und Westafrika – in fettem Schwarz markiert, und meine bisherige Erfahrung sagte mir, dass es sich um eine große regionale Hauptstadt handeln müsse, mit so verheißungsvollen Dingen wie Hotels und fließendem Wasser. Als ich endlich ankam, nachdem ich mehrere Polizeikontrollen passiert und ein paar weitere Stempel in meinem Pass angesammelt hatte, war ich enttäuscht. Es war für Guinea tatsächlich eine größere Provinzstadt, doch es gab keine Elektrizität, keine Wasserversorgung, keine Kanalisation, kein Telefon, kein Radio, keinen Busverkehr. Nichts. Otis' optimistische Einstellung, dass alles gut gehen würde, war bitter nötig. Zumindest konnte es nicht viel schlimmer werden.

Am späten Nachmittag, nachdem ich mein Fahrrad und meine Besitztümer in meinem verwahrlosten Zimmer in dem – trotz seines majestätischen Namens – völlig verlotterten Grand Hotel Boiro (dem einzigen Hotel der Stadt, eine höhlenähnliche leere Ruine) untergebracht hatte, ging ich auf den tristen Markt in der Nähe. Koundara war ein Ort mit kolonialer Vergangenheit, etwa in der Größenordnung einer englischen Kleinstadt wie Glastonbury – wobei der Vergleich sich lediglich auf das Geschäftsviertel bezieht. Die Einwohnerzahlen afrikanischer Städte lassen sich nur schwer einschätzen, da die Familien so groß sind und die Bewohner auf engstem Raum in Baracken zusammengedrängt leben. In Koundara jedoch, das war offensichtlich, lebten nicht viele Leute – es gab keinen Grund dafür. Koundara war in einer Zeitschleife stecken geblieben und jetzt mit rotem Staub bedeckt, auf seine Auferstehung wartend. Der Platz war umgeben von einstöckigen Kolonialbauten mit Säulenhallen, die aus einst weißem Stein erbaut waren. Hübsch, wenn man davon absieht, dass die staubbedeckten Fassaden mit Einschusslöchern gespickt waren – von den Gewehren der Franzosen oder Tourés Terrorregime? Zuweilen musste es hier geschäftig zugehen, denn in der Mitte türmten sich Berge von verrottenden Gemüseabfällen, und der Gestank war atemberaubend. Im Augenblick gab es nicht viel zu tun für die Leute, und gelangweilte Händler waren über den Umkreis des Markts verteilt, unter den Säulenhallen oder an verschmutzten Verkaufstischen. Ich fragte mich, warum sie nicht wenigstens die Abfälle wegschafften.

Die Händler mit demselben Warenangebot waren meist auf einem Fleck zusammengedrängt. Frauen saßen vor Matten und verkauften ein paar armselige, unappetitlich aussehende Tomaten, Zwiebeln und Paprikaschoten oder Guaven und harte, vertrocknete Orangen. Ihr Blick war starr und ausdruckslos. Wahrscheinlich wussten sie, dass nur Leute von außerhalb diese Produkte kaufen würden – alle hiesigen Familien bauten dieselben Sachen an –, und zu dieser Tageszeit kamen keine Lastwagen oder Taxis durch. Ja, es wurde mir bewusst, dass ich in den paar Stunden, die ich in Koundara war, kein einziges Fahrzeug gehört hatte.

Ein paar ältere Männer saßen hinter ihren ebenso alten Schwarzblech-Nähmaschinen mit Fußpedal. Es sah aus, als seien sie miteinander alt geworden. Daneben leuchtend bunte *pagnes* (als *pagne* wird sowohl der gemusterte Baumwollstoff bezeichnet, der in drei Meter langen Bahnen verkauft wird, als auch das Stoffstück, das als Wickelrock dient), säuberlich auf einem Tuch am Boden zusammengefaltet und auf einen Kunden wartend, der sich etwas zuschneiden lassen wollte. Aber heute waren keine Kunden in Sicht. Die Schneider musterten mich interessiert, aber es war wohl eher Neugierde als die Hoffnung auf ein Geschäft, was ihre Blicke auf mich lenkte; diese Leute waren keine aggressiven Händler.

Ich hatte Otis' Vorschlag, mir ein *juju*, ein Amulett, zu kaufen, ganz vergessen, bis ich die Bude eines traditionellen Heilers entdeckte. Er hatte seinen Platz zwischen einer müde aussehenden Tomatenverkäuferin – die winzigen roten Kugeln waren in Fünfer-Pyramiden auf ihrer Matte arrangiert – und einem Jungen, der kleine Colgate-Zahnpastatuben verkaufte, ein paar winzige Schlösser, Nähnadeln und lose Zigaretten. Auf allen afrikanischen Märkten werden die Produkte *en détail* verkauft – einzeln. Die Leute können sich keine Großeinkäufe leisten.

Die schmutzige Matte des Heilers war mit Kräutern, Rinden und getrockneten Tierkadaverteilen bedeckt, die offenbar nicht für sich selber sprachen, denn an einem Baum in der Nähe lehnte eine

Schautafel, auf der zu sehen war, welches Mittel gegen welche Beschwerden half. Eine grob gezeichnete männliche Gestalt hockte am Boden, und aus dem hinteren Ende schossen Exkremente hervor – Durchfall; eine weibliche Gestalt, die sich den Rücken hielt – Rückenschmerzen und Rheuma; eine Gestalt, die sich den Kopf hielt – Kopfschmerzen; eine schwangere Frau – Schwangerschaftsprobleme; eine niesende Silhouette – Erkältung. Gar nichts gegen böse Geister und keine Spur von schützenden *jujus*. Otis hatte mir gesagt, die *jujus* seien kleine Lederpäckchen, die an einem Lederriemen um den Hals oder um die Taille getragen würden. Sie enthielten Kräuter und Zettel mit Zitaten aus dem Koran, und der Medizinmann würde eine Zauberformel sprechen, um den Schutz für den Träger herbeizubeschwören.

Vielleicht war dieser Mann hier nur ein medizinischer Heiler. Nicht alle traditionellen Heiler waren zugleich Hellseher oder Wahrsager, die Geister beschwören und diese mächtigen *jujus* beschaffen konnten. Genauso wenig wie alle Marabuts – muslimische Wanderheilige – Wahrsager waren, aber es war schwer zu sagen. Wie ich später entdeckte, sollte man immer davon ausgehen, dass ein Marabut übernatürliche Kräfte besitzt, und es sich möglichst nicht mit ihm verderben.

Der ältliche, lumpenbedeckte Heiler war gerade mit einer redseligen Frau beschäftigt. Es war mir peinlich, in das Gespräch hineinzuplatzen und den Heiler zu fragen, ob er *jujus* für die Geister im Busch hätte, und anscheinend sprach er auch kein Französisch. Außerdem umringten mich die Kinder der Tomatenhändlerin wie eine Schar Parkschwäne, die aggressiv um Brot bettelt. Aber zumindest riefen die Kinder, seit ich im Land des Peul-Stammes war – ich war mehrmals stolz darauf hingewiesen worden –, nicht mehr »*toubab*« hinter mir her, auch wenn ich nach wie vor angestarrt wurde. Ich drehte mich weg.

Am Abend saß ich in dem dunklen, höhlenartigen Speisesaal des Grand Hotel Boiro und aß mit dem Direktor, Monsieur Keita. Sein Gesicht sah gespenstisch aus im Licht der einzigen Kerosinlampe, aber es war kein Wunder, dass er so depressiv wirkte. Er hatte seinen Abschluss an der Universität von Conakry gemacht, ein gut informierter, gebildeter Mensch an einem verlassenen Ort, wie so viele andere – und mir wurde wieder einmal vor Augen geführt, dass ich mich endgültig von meinen vorgefassten Meinungen verabschieden musste. Monsieur Keita litt sehr darunter, dass er so isoliert in Koundara leben musste, und ich fragte ihn, warum hier alles derart heruntergekommen war.

»Das liegt an der Mentalität hier, wissen Sie. In Afrika denkt jeder zuerst an seinen eigenen Beutel. Wenn Sie Geld für ein Hilfsprojekt in Koundara zur Verfügung stellen würden, sagen wir, für eine Wasserleitung und einen Generator, und in drei Jahren wiederkommen würden, würde ich sagen: Was für ein Projekt?« Er führte als Beispiel die Schule von Koundara an – die Kinder haben keine Schreibpulte, aber der Schulleiter fährt einen nagelneuen Jeep. »Der Präsident bekommt Prozente für jeden an den Mann gebrachten Jeep, verstehen Sie – der Anreiz ist also da.«

»Warum ändert sich nichts daran?«, fragte ich in die unheimliche Stille des Raums hinein.

»In Afrika geht alles langsam. Die Dorfbewohner haben keine Schulbildung, und hier in den Provinzen bekommen sie auch keine Nachrichten – kein Fernsehen, kein Radio, keine Zeitung, keine anderen Meinungen. Und ob sie etwas von Conakry hören oder von Frankreich oder Australien, das ist alles eins – es ist ›draußen‹.« Ich hörte zu und kaute langsam auf meinem zähen Huhn herum; armes Ding, es musste ein hartes Leben gehabt haben. »Recht und Gerechtigkeit sind hier nicht einmal in den einfachsten Dingen zu haben«, fuhr Monsieur Keita fort. »Egal, ob Staatsanwalt, Richter,

Polizist – wenn die hier in den Dörfern mit einem Problem konfrontiert sind, denken sie nur an das Geld, das sie damit verdienen können. Deshalb ändert sich nichts.«

Am nächsten Morgen war ich hin und her gerissen: Einerseits hätte ich gern ein paar Tage Urlaub gemacht – ich war sehr erschöpft –, andererseits wollte ich so schnell wie möglich aus dem schmutzigen, deprimierenden Koundara fortkommen. Aber ich hatte einen Zeitplan, an den ich mich halten musste, wenn ich in zwölf Monaten in Dar sein wollte. Es gab Leute, die auf mich setzten – ich selber auch –, und ich war schon fünf Tage im Verzug. 50 Kilometer pro Tag an fünf Tagen in der Woche, das war mir in London nicht zu hoch gegriffen erschienen, aber an manchen Tagen hatte ich jetzt einfach das Bedürfnis, mich auszuruhen.

Ich handelte mit mir: Wie wär's, wenn ich einen Tag frei nehme?

Labé war nach meiner Michelinkarte 244 km entfernt – drei Tagesreisen, wenn die Straßen besser wurden, vier oder fünf Tage, wenn sie so schlecht blieben wie bisher. Labé war nicht nur mit großen schwarzen Buchstaben auf meiner Karte markiert, es war zudem noch blau unterstrichen! In Labé warteten bestimmt bessere Zeiten auf mich, und fünf Tage würde ich schon noch weitermachen können. Notfalls würde ich mich im Sattel halten, indem ich von fließendem Wasser und Elektrizität träumte. So konnte ich meinen Zeitplan einhalten und trotzdem in einer richtigen Stadt Rast machen.

Ich hatte keine Ahnung, worauf ich mich da einließ.

Ich spürte einen Stich auf meiner Hand. Es war eine Fliege, ein riesiges Geschöpf, über einen Zentimeter lang, grau und hässlich. Ich schlug nach ihr, aber die Fliege blieb da und trank mein Blut. Ich nahm meine andere Hand von der Lenkstange, die Augen von der Straße und schlug hart nach der Fliege und meiner Lenkhand. Das Rad wackelte gefährlich.

Ich war nur 30 Kilometer von Koundara entfernt, auf einer roten Schotterstraße, die durch verdorrtes, brandgeschwärztes Buschland führte, und die Sonne lastete schwer, wie ein glühender Goldbarren, auf meinem Kopf. Die Straße war tief zerfurcht, und ich musste mich konzentrieren, um auf den schmalen Fahrspuren zu bleiben. In Koundara hatte ich wieder ein paar Sachen zurückgelassen, unter anderem ein paar Souvenirs, die ich in Gambia gekauft hatte. Seltsamerweise fiel es mir leichter, mich von Sachen zu trennen, die ich gerade erst gekauft hatte (auch wenn es natürlich frustrierend war), als von meiner ursprünglichen, sorgfältig ausgewählten Ausrüstung. Das Rad war trotzdem noch überladen, besonders vorne, was die Feinkorrekturen beim Lenken erschwerte. Ich fing mich wieder, während die Fliege zu meiner Befriedigung abfiel, zerquetscht und tot. Da hast du's, was musst du mich auch stechen? dachte ich rachsüchtig, aber dann spürte ich ein Zwicken auf meiner Schulter. Noch ein Stich?

Ich versuchte, das Rad im Griff zu behalten, während ich wild nach meinem Rücken schlug. Dann spürte ich einen Stich auf meiner Augenbraue. Meine Muskeln krampften sich instinktiv zusammen, um den Attacken zu entgehen. Zwei Fliegen ließen sich jetzt auf meiner linken Hand nieder, und als ich sie zerquetschte, attackierten zwei andere meine rechte Hand. Es war unmöglich, sie zu ignorieren – schmerzhafte Stiche bohrten sich in meinen Rücken, meine Knöchel, meinen Hintern, mein Ohr.

Ich sprang vom Rad und ließ es auf den Boden fallen – dann führte ich einen Rumpelstilzchentanz auf, stampfte mit den Füßen, riss meinen Hut herunter, fuchtelte sinnlos in der Luft herum. Es half nichts. Immer noch landeten ganze Schwärme von Fliegen auf mir. Ihre Stechrüssel waren dick wie Injektionsnadeln, und meine Haut zog sich zusammen vor Entsetzen und Schmerz. Ich konnte nichts anderes tun als schreien und fluchen.

»Warum, verdammt noch mal, tust du dir so was an?«, schrie ich mich selber an. Wie hatte ich nur so idiotisch sein können, mich hierher nach Afrika zu verschleppen?

Ich hatte keine vernünftige Antwort darauf.

Die Attacken gingen weiter, und ich versuchte, mich mit Trinkwasser abzuduschen. Aber es gab kein Entrinnen, keine Atempause, die es mir erlaubt hätte, meine Haltung wiederzugewinnen. Es gab nur eine Rettung – weg hier, und zwar so schnell wie möglich!

Ich schlingerte von einem Halteplatz zum anderen an diesem grauenhaften Morgen in den roten Lateritebenen. Jedes Mal wühlte ich ein weiteres Kleidungsstück aus meinen Taschen hervor und hüllte mich in immer neue Schichten, wie bei einem umgekehrten Schleiertanz. Ich war in Richtung Futa-Dschalon-Hochland unterwegs, in einer unsäglich heißen, leblosen Ebene, die in der Hitze waberte, aber ich trug lange Hosen, Socken, mehrere T-Shirts, meine Goretex-Regenjacke und einen Schal vor dem Gesicht. Meine Augen waren in eine Sonnenbrille eingesperrt, mein Kopf mit dem Akubra bedeckt und von einem Schal umwickelt, und die Fliegen stachen mich trotzdem.

In gewisser Hinsicht machten die Kleider es noch schlimmer. Ich war völlig überhitzt, und die Fliegen verhedderten sich in den Stoffschichten, was sie erst recht rasend machte. Mein Hirn schrie nach Erleichterung. Bald war ich nicht einmal mehr fähig, mich selber zu verfluchen. Als ich endlich am späten Vormittag in einem kleinen Dorf ankam, gab ich nur noch seltsame winselnde Laute von mir, mein Atem ging flach, und ich stand kurz vor einem Kollaps.

»Das sind Tsetse-Fliegen«, sagte der Mann, der mich jetzt freundlich begrüßte. Er stand vor seiner runden Grashütte, der letzten von sechs oder sieben anderen, an denen ich vorbeigekommen war. Ich war entschlossen gewesen, nicht anzuhalten – eine Schar Kinder hatte mich verfolgt –, und ich war unerbittlich weitergeradelt, aber jetzt, als dieser ältere Mann mit den sanften braunen Augen mich grüßte und ich den trockenen Busch vor mir sah, wo alles gleich von vorne anfangen würde, bremste ich und kam schlingernd zum Halten.

»Es sind noch viel mehr im Busch da vorne – sie sind überall, wo der Busch so verdorrt und unbelebt ist«, sagte der Mann, und ich schüttelte entsetzt den Kopf. Im ersten Moment brachte ich keinen Ton heraus, aber bei diesem Mann hier fühlte ich mich in Sicherheit, und zumindest ließen mich die Kinder in Ruhe. Er schüttelte ebenfalls den Kopf, vielleicht vor Verwunderung über diese weiße Frau, die so unerwartet vor seiner Hütte aufgetaucht war, vielleicht aus Mitleid. Er sagte mir, sein Name sei Mohammed, und er riet mir, eine Weile auszuruhen.

Hier, im Umkreis menschlicher Behausungen, ließen zumindest die Moskitos von mir ab, und ich schälte mich aus meiner Vermummung, um mich etwas abzukühlen. Mohammed rief seiner Frau zu, dass sie mir Wasser bringen solle, dann hieß er mich im Schatten eines nahen Mangobaums Platz nehmen. Ich rieb wütend mit einem feuchten Tuch über meine Haut, wie ein junger Schimpanse, der sich von Flöhen zu befreien versucht, aber das Brennen und Jucken der Stiche ließ sich nicht einfach wegwischen.

»Keine Angst«, beruhigte mich der Mann. »Sie können nicht krank davon werden. Nur die Tsetsefliegen in den Sumpfgebieten übertragen die Schlafkrankheit.« Daran hatte ich noch gar nicht gedacht.

»Wir hier in Afrika sind daran gewöhnt, aber Ihre Haut ist zu weich.« Er lachte, aber ich konnte nicht zurücklächeln.

Mohammed war ein kleiner, drahtiger Mann um die fünfzig, mit einem verschmitzten, lebhaften Gesicht. Er trug ein langes braunes Muslimgewand, aber er war barhäuptig. Plötzlich stürzte er in die Hütte hinein und kehrte mit einem Notizbuch, seinem Tagebuch, zurück.

»Wir hatten schon einmal einen Radfahrer, der durch unser Dorf hier gekommen ist, ein Deutscher.« Ich stellte mir vor, wie nett es wäre, wenn ich ihn einholen und mit ihm zusammen weiterfahren könnte, während Mohammed eifrig in seinem Tagebuch blätterte. Triumph! Grinsend zeigte er mir die fragliche Seite. Der Eintrag stammte von 1962.

Mohammed ließ es sich nicht nehmen, mich zu bewirten. Bald brachte mir seine junge, freundliche, aber etwas scheue Frau eine riesige Portion Erdnussmus auf einem angeschlagenen Emailteller heraus und kehrte dann sofort wieder an ihre Arbeit hinter der Hütte zurück. Es war mir peinlich, Essen von so armen Leuten anzunehmen, und ich bot ihm Geld dafür an, aber das wurde abgelehnt.

Im Lauf unseres Gesprächs kamen wir auch auf Australien zu sprechen. »Ist das weiter als Conakry?«, fragte er.

Ich gab Mohammed einen Australien-Sticker und -Button. Ich hatte diese Dinger extra zum Verschenken mitgebracht, aber jetzt erschienen sie mir völlig unzulänglich als Gegengabe für seine Gastfreundschaft. Als ich mich zum Aufbruch bereit machte, notdürftig abgekühlt und erholt, gab Mohammed mir ebenfalls eine Warnung mit auf den Weg: »Hüten Sie sich vor den Geistern im Futa Dschalon ... seien Sie vorsichtig im Busch.«

Die Tsetsefliegen machten mir jedoch mehr zu schaffen, und zwei Tage lang musste ich mich durch mörderische Hitze quälen, was dank meiner Vermummung und den elenden Stichen noch unerträglicher wurde. Bei jeder Biegung auf der einsamen Straße durch das gelbe, spärliche Gesträuch schaute ich mich hoffnungsvoll nach Anzeichen menschlicher Behausung um. Ich lauschte gebannt auf Lastwagen, die in meine Richtung kamen. Wenn einer gekommen wäre, hätte ich mich samt meinem Fahrrad hinaufgeworfen. Aber nichts – nichts als das Summen der Moskitos.

Es gab nur einen Grund, warum ich weitermachte: Ich hatte keine andere Wahl – und weil mein Zeitplan verlangte, dass ich vorwärtskam. Ich schaffte jedoch nur kurze Entfernungen, ungefähr 60 Kilometer am ersten Tag, nur 35 am zweiten, bis ich nicht mehr konnte. Meine Haut war völlig zerstochen und zerschunden von meinen eigenen wütenden Schlägen. Ich ließ wiederholt das Rad fallen, wenn ich nach den Moskitos schlug, sodass es mit seinem vollen Gewicht auf meinem Bein landete.

»Ich kann nicht mehr!«, schrie ich dann in die leere Luft. Wenn ich tatsächlich einmal in ein Dorf kam – nicht mehr als eine kleine Ansammlung von runden, strohgedeckten Lehmhütten, die sich in Abständen von ungefähr fünf Kilometern an der Straße entlangzogen –, war ich im Nu von verwirrten und erschrockenen Kindern und Erwachsenen umringt. Vermummt wie ich war, konnten sie nicht erkennen, ob sie es mit einem Mann oder einer Frau zu tun hatten, und ich muss wild ausgesehen haben und war viel zu erhitzt und verzweifelt, um beruhigende Worte zu finden. Sie hielten mich wahrscheinlich für einen verrückten und gefährlichen Geist, aber trotzdem kam es immer wieder vor, dass eine Frau, sichtlich bitterarm und in einem löchrigen *pagne* und papierdünnen T-Shirt, mit einer Wanne kalten Wassers und einem kostbaren Stück Seife herauskam, damit ich meine Wunden versorgen konnte. Die Leute hatten so wenig und waren so hilfsbereit. Aber ich blieb nie lange. Sobald ich ein Lächeln zustande brachte und ein paar Worte herausbekam, wusste ich, dass ich weiterfahren und den Kampf gegen die Fliegen wieder aufnehmen konnte.

Ich war immer noch darauf fixiert, bis Labé zu kommen, bevor ich mich ausruhen würde.

Am zweiten Tag dieser Tortur, kurz vor Kounsitel, einem Polizei-Checkpoint, holte mich ein Einheimischer auf seinem alten wackligen chinesischen Fahrrad ein.

»*Ça va?*«, rief er.

Ich war in einer elenden Verfassung, und man muss es mir angesehen haben.

Wortlos nahm er mir mein schweres Rad ab und schob es die Steigung hinauf, während ich sein leichtes auf den letzten fünf Kilometern bis zu dem kleinen Straßenstopp übernahm. Es war nur eine Ansammlung von Holzbuden mit den üblichen Stärkungen für Reisende – Fischreis, frittierte Beignets und warme Cola in angeschlagenen Flaschen. Der Mann lehnte jede Bezahlung und sogar eine Cola ab. Wir tauschten unsere Fahrräder aus, und er radelte zu seinen Freunden davon.

Ich ging zu dem Polizeiposten weiter, wo eine Schranke die Straße versperrte, und wurde zu Jacky, dem Polizeibeauftragten, gebracht. Er erwartete mich bereits – irgendwie war er von seinem Freund Otis benachrichtigt worden.

Jackie war ein Bär von einem Mann, gutmütig und mit einem riesigen Bierbauch. Er hatte gute Nachrichten. »Mit den Fliegen ist es bald zu Ende – die Straße geht jetzt bergauf.«

Ich wusste, dass ich den 780 Meter hohen Col de Sita überqueren musste, um die Hochebenen des Futa Dschalon zu erreichen und nach Labé weiterzustrampeln. Aber warum sollte es mit den Fliegen zu Ende sein?

»Weil es zu kalt ist da oben«, erklärte Jackie zu meiner Überraschung; ich freute mich auf die Kälte.

Der Abend mit Jackie war ebenso wohltuend wie der mit Otis, außer dass ich diesmal, um keine Liebestränke eingeflößt zu bekommen oder unerwünschte nächtliche Gesellschaft abwimmeln zu müssen, William zu meinem Ehemann erhob.

Dann brachten mich Jackies neugierige Fragen in Bedrängnis, und ich musste eine Geschichte für William und mich erfinden.

In Zukunft würde ich William zu meinem Verlobten machen, ein Status, der sich leichter vermitteln ließ und meinem Gegenüber trotzdem signalisierte, dass ich vergeben war.

»Kann ich mit dir schlafen?«, fragte Jackie ganz unverblümt, als ich ins Bett ging. Anscheinend war es ganz egal, was ich erzählte.

Obwohl ich Jackie abgewimmelt hatte, fand ich in jener Nacht keine Ruhe. War ich wirklich vergeben? Ich musste oft an William denken. Beim Abschied hatte er gesagt, es sei aus, und ich hatte ihn gebeten, nach Afrika zu kommen und mich ein Stück weit zu begleiten. Keine endgültige Entscheidung, nur Durcheinander. War ich frei oder nicht? Meine Gefühle für ihn waren immer noch stark, und ich vermisste ihn sehr. Aber es würde mindestens einen Monat dauern, bis ich ihn von Bamako in Mali anrufen konnte; erst dann würde ich erfahren, ob er seine Meinung geändert hatte. Es fiel mir schwer, das alte Leben hinter mir zu lassen, besonders nachdem mein neues Leben so unberechenbar und schwierig war.

Am nächsten Morgen wünschte ich Jackie alles Gute und schenkte ihm meine Wimperntusche und meinen roten Nagellack für seine Frau. Ja, ganz recht: Vier Wochen hatte es gedauert, bis ich eingesehen hatte, dass diese Dinge für ein Leben auf der Straße nicht unbedingt lebenswichtig waren. Ich lernte nur langsam, und mein Toilettenbeutel quoll immer noch über.

Der Abschied fiel mir diesmal schwer; immer musste ich weiter, auch wenn ich gerade jemanden kennen gelernt hatte, mit dem ich mich gut verstand. Hätte ich doch nur mehr Zeit gehabt! Ich wollte erklären, wie mir zu Mute war, aber es war zu kompliziert, besonders auf Französisch. Außerdem hatte Jackie eine dringende Warnung für mich: »Hüte dich vor den Geistern im Futa Dschalon«, sagte er düster.

Es war keine gute Idee, den Futa Dschalon hochzustrampeln, ohne eine Rast einzulegen.

Jackie hatte Recht: die Tsetsefliegen verschwanden endlich. Gütiger Himmel. Trotzdem war ich nach wie vor dick vermummt. Aber jetzt aus einem anderen Grund: Ich war am Erfrieren!

Anfangs war ich froh darüber – in der Kälte einen Berghang hinaufzuradeln war bei weitem besser, als von Fliegen zerstochen zu werden. Spektakuläre Ausblicke boten sich mir auf dieser ersten Steigung, wenn die gelben, schimmernden Ebenen unten von Zeit zu Zeit zwischen den dichten, hohen Bäumen aufblitzten. Ich war wieder in Frieden mit mir und wusste, dass ich langsam, aber sicher den Col de Sita überqueren würde. Bald jedoch hatte ich keine Muße mehr, auf die Landschaft zu achten, weil ich meine ganze Energie zum Treten brauchte. Es war schon anstrengend genug, mit einer solchen Last bergauf zu radeln, aber zu allem Übel war bei jeder Kehrschleife die Außenseite der Straße weggeschwemmt, sodass ich gezwungen war, einen Umweg zu machen und mir mühsam einen Weg auf den dürftigen Spurresten der Hangseite zu suchen. Trotzdem, die Luft war erfrischend, und es gab keinen Verkehr, vor dem ich mich fürchten musste. Meine Laune blieb weiterhin gut.

Dann wurde mir bewusst, dass mir keine Menschenseele begegnet war, seit ich die Ebene verlassen hatte. Wurde der Berghang nicht bewirtschaftet? Es war sehr einsam hier. Keiner zu Hause?

Gleichzeitig wurde mir bewusst, dass es schwer sein würde, Tianguel Bory, die nächste Stadt, vor Einbruch der Nacht zu erreichen. Meine Michelinkarte, die in einer Klarsichthülle auf meiner Lenkertasche oben befestigt war, zeigte mir die Route, und meiner Schätzung nach war ich noch 80 Kilometer von Kounsitel entfernt – ein langer Tag auf rauen Straßen. Mein Radcomputer zeigte an, dass ich schon vor dem Aufstieg ungefähr 40 Kilometer hinter mich gebracht hatte, doch auf dieser schlammigen, kurvenreichen Bergstrecke war mein Tempo auf etwa zehn Stundenkilometer herabgesunken. Es würde noch gut vier Stunden hell sein. Nur keine Panik, ermahnte ich mich. Meine Stimmung war schon etwas gedämpfter.

Dann verschwand die Sonne hinter hohen, schwarzen Gewitterwolken. Es war gegen Ende der Regenzeit, und ich war bisher vom Regen verschont geblieben. Immer dunkler wurde es. Ich sah, wie ganze Regenwände über die Ebene auf mich zufegten und mir jede Sicht auf den Horizont versperrten. Scheiße.

»Nicht jetzt!«, brüllte ich den Himmel an. Warum mussten die Götter oder Geister mir ausgerechnet an dem Tag, an dem ich den Col überquerte, Regen bringen? Einfach Pech, sagte ich mir. Dann, als ich daran dachte, was ich in den letzten fünf Tagen mitgemacht hatte, schrie ich wieder zum Himmel hinauf: »Soll das vielleicht eine Prüfung sein oder was?« Keine Ahnung, wer in aller Welt mich hier hören sollte.

Ich radelte ein bisschen schneller.

Blitze erhellten die trübe Luft und nahmen der Landschaft für einen Augenblick jegliche Farbe, wie eine bizarre Röntgenaufnahme. Der Donner krachte herunter, gefolgt von einem lang gezogenen Grollen, das sich wie fortgesetztes Magenknurren anhörte. Der erste Regenguss ließ nicht lange auf sich warten, große Tropfen, die wie Schrotkugeln vom Himmel herunterpfiffen. Zuerst hatte es etwas Reinigendes und Erfrischendes, aber bald bildeten sich neue Furchen und Wälle, und die Lateritspur verwandelte sich in Schlamm, der von reißenden Sturzbächen in alle Richtungen davongefegt wurde. Das Wasser schoss vom Hang herunter und kam immer mehr in Fahrt, bis es die Straße erreichte, in die es eine tiefe Rinne schnitt, um dann in die Vegetation auf der anderen, dem Abgrund zugekehrten Seite hinunterzustürzen. Eine grandiose Demonstration der Naturgewalten, aber nicht gerade lustig, wenn man alle seine Kräfte aufbieten muss, um sich selber samt Fahrrad und Gepäck nach oben zu schaffen. Mein Tempo war jetzt auf kaum fünf Stundenkilometer abgesunken.

»Eins, zwei, drei, vier«, keuchte ich leise vor mich hin, um meine Beine im Rhythmus zu halten. Ich bog den Hutrand nach unten und ließ das Wasser ablaufen – zumindest würde mein Akubra jetzt nicht mehr so nagelneu aussehen, tröstete ich mich. Ist das Abenteuer? Aber darüber konnte ich mir jetzt nicht den Kopf zerbrechen. Das Unwetter näherte sich so rasch, dass ich wahrhaftig andere Sorgen hatte – das Blitz-und-Donner-Spektakel wurde immer schlimmer. Ich zählte den Abstand zwischen den grellen Einschlägen und dem ohrenbetäubenden Donnerkrachen.

Zehn Sekunden. Acht Sekunden. Sechs Sekunden. Das Gewitter dachte nicht daran, abzuziehen. Ein stummer, entsetzlich greller Blitz zuckte über meinem Kopf auf, und das fürchterliche Krachen kam nur vier Sekunden später. Otis hatte mir eine Geschichte von einem Dorfbewohner erzählt, der vom Blitz getroffen worden war, als er bei einem Gewitter aus seiner Hütte trat.

Lieber Otis.

So langsam machte ich mir ernstlich Sorgen; die Frage war jetzt nicht mehr, ob ich es bis Tianguel schaffen würde, sondern wie ich mich davor schützen sollte, bei lebendigem Leib geschmort zu werden! War es besser, auf der Straße zu bleiben, oder sollte ich unter einem Baum Schutz suchen? Ich hatte das dumpfe Gefühl, dass Letzteres vermutlich keine gute Idee war, aber ich wollte auch nicht mit einem Metallvehikel durch die Gegend rollen. Dann entdeckte ich einen Felsvorsprung neben der Straße. Aha! Ich lehnte das Rad gegen den Sims, ein gutes Stück weg von mir, und setzte mich hin, durchgeweicht und frierend, aber hoch befriedigt, dass ich das Gewitter überlistet hatte.

Schließlich zog es vorbei. Der Regen war zu einem stetigen Guss abgeflaut, und der Abstand zwischen Blitz und Donner war größer geworden. Bloß weiter, sagte ich mir – ich hatte keine Zeit zu verlieren.

Ich zog mein Rad auf die Straße, merkte aber schnell, dass es sich nur schwer bewegen ließ.

Der hintere Reifen war durchlöchert und völlig platt.

Verdammter Mist.

Und was jetzt? Ich bezähmte meine Wut, hielt die Luft an, biss die Zähne zusammen und hob mir das Fluchen und Toben bis zum Abend auf.

»Jetzt nicht, Pamela«, herrschte ich mich an. »Du flickst jetzt diesen Reifen hier, oder wer zum Teufel soll es sonst tun?«

Es war mein erster Plattfuß in Afrika. In London hatte ich mir bei Regen auch Löcher in den Reifen gefahren. Aber dort schloss ich das Rad an einem Laternenpfosten an, rief ein Taxi und fuhr nach Hause.

Eine halbe Stunde später war der Schlauch ausgewechselt und das Gepäck wieder aufgeladen, und ich war ziemlich stolz. Ich hatte gute Arbeit geleistet und das Gewitter besiegt – oder meinetwegen auch die Geister, an die ich nicht glaubte.

Dachte ich jedenfalls.

Ich rechnete im Kopf nach. Es war vier Uhr nachmittags, also höchstens noch drei Stunden hell, und es mussten noch etwa 30 Kilometer bis Tianguel Bory sein. Das konnte ich nur schaffen, wenn eine lange Abwärtstrecke kam.

Bald ließ ich den Wald hinter mir, und vor mir breiteten sich Sümpfe aus, mit nebligen Ausblicken auf ferne Hügellandschaften, aber die Straße ging immer noch bergauf.

Es war still und unheimlich, die Luft von würgender Feuchtigkeit erfüllt, und kein Dorf und keine Menschenseele weit und breit.

Plötzlich wehte der Klang einer Flöte, eine süße, hohe Melodie, von irgendwo aus den Sümpfen rechts von mir herüber. Ich wollte rufen, in der Hoffnung, endlich auf Menschen zu treffen, da verlagerte sich der Klang. Jetzt kam es von links.

In der nächsten Stunde blieb die Musik immer gleich weit entfernt. Manchmal verstummte sie, doch wenn ich um die nächste Biegung radelte, empfing mich wieder der Flötenklang. Es war nicht normal.

Geister?

Vielleicht ein Hirte, der seine Ziegen zusammentreibt, fiel mir plötzlich ein. Aber ich rief trotzdem nicht.

Otis hatte mich davor gewarnt, nachts im Busch zu kampieren, aber da die Straße im schwindenden Licht weiterhin aufwärts führte, würde mir nichts anderes übrig bleiben.

Kurz vor Einbruch der Dämmerung kamen ein paar Buschtaxis und überladene Lkws vorbei, die in Richtung Koundara fuhren. Alle hielten an, um hallo zu sagen, sichtlich verdutzt über mein Auftauchen. Ich war genauso überrascht von ihrer Gegenwart – so viele Fahrzeuge hatte ich in Guinea bisher noch nie gesehen! Die Fahrer erklärten mir, sie würden nachts fahren, weil sie im Scheinwerferlicht die Schlaglöcher besser erkennen konnten, aber mich interessierte nur eins – die Entfernung und das Gelände bis Tianguel Bory.

»*Ça monte encore?*« Geht's noch weiter aufwärts? Rauf und runter, war die unweigerliche Antwort, aber da ich die Hoffnung nicht aufgab, ein »*Non, c'est la descente*« zu hören – nein, jetzt geht's abwärts –, fragte ich immer wieder, hartnäckig und optimistisch, wie ich nun einmal war. Ich hielt jetzt auch nach einem Lagerplatz Ausschau, aber entweder fiel der Boden steil ab, oder er war zu sumpfig auf den ebenen Abschnitten.

Es regnete wieder, und das Licht schwand dahin. Bald war die Straße völlig still. Ich radelte mit frischer Kraft, weil ich es unbedingt bis ins nächste Dorf schaffen wollte. Es wurde Nacht, unaufhaltsam, bis die Dunkelheit wie ein dichter, undurchdringlicher

Vorhang über mir hing. Weder Mond noch Sterne waren am Himmel zu sehen. Ich schob mein Rad – Fahren war unmöglich geworden –, aber der winzige Lichtkegel meiner Fahrradlampe reichte nicht aus, um mir den Weg zu zeigen. Ich stolperte durch Rinnsale und über unsichtbare Steine und spürte, dass der Wald wieder dichter wurde. Ich irrte durch die Dunkelheit und hatte nur einen Gedanken – dem Busch zu entkommen. Ich weinte jetzt.

»Schluss jetzt«, wies ich mich zurecht, und es klang, als würde meine Mutter zu mir reden. Dann packte mich wieder die Wut und ich verfluchte lauthals die Geister, die mir das angetan hatten, die dort draußen waren und darauf lauerten, dass ich aufgeben würde. Aber schließlich sank sogar meine Wut in sich zusammen, und wie benommen suchte ich mit meiner Taschenlampe nach einem geeigneten Lagerplatz. Ich entdeckte eine kleine, ebene Stelle am Straßenrand, schob mein Rad hinüber und legte es flach ins nasse Gras. Ich musste allen meinen Mut zusammennehmen und hier draußen übernachten.

Dann hörte ich das Dröhnen eines näher kommenden Lastwagens, eines Nachzüglers, von den Dämmerungskonvois getrennt, und ich legte mich ebenfalls flach ins Gras. Sehr tapfer.

Ich baute das Zelt in der pechschwarzen Dunkelheit rein nach Gefühl auf – ich schaltete meine Taschenlampe nicht ein, weil ich nicht beobachtet werden wollte. Ich zog mich im Regen aus und kroch hinein, ausnahmsweise einmal froh, dass ich einen Schlafsack dabeihatte – es war das erste Mal, dass er Verwendung fand. Der Wind zerrte an meinen Zeltklappen, und ich kuschelte mich in mein Laken, um die Welt draußen so weit wie möglich auszusperren. Jetzt war ich in Sicherheit.

Dann drangen Klänge durch den Wind an mein Ohr, eine gespenstische Begleitmusik zu der wilden Nacht. Es war wieder die Flöte. Um diese Zeit war mit Sicherheit kein Hirte draußen, musste ich mir eingestehen. Ob es womöglich doch ein Geist war? Ich bekam eine Gänsehaut.

Zum Glück fiel ich fast sofort in einen tiefen, traumlosen Schlaf und wachte erst auf, als die Sonne herunterbrannte.

Von wegen Geister, sagte ich mir. Unglaublich, was man sich im Dunkeln alles einbilden kann.

In den beiden restlichen Tagen im Futa Dschalon – so lange brauchte ich für die lächerlichen 75 Kilometer nach Labé – bot sich mir eine ganz andere Kulisse als die wilden Berghänge vorher. Die Landschaft war jetzt freundlicher, mit sanften Hügeln und bebauten Feldern. Am Morgen war der Himmel von einem weichen, dunstigen Blau, mit weißen Wattewölkchen betupft, und die Luft war frisch und kühl. Diese Hochflächen lagen bei ungefähr 1000 Metern, und meistens ging es immer noch bergauf. Das Land war sehr fruchtbar und deshalb auch dichter bevölkert. Nach der kleinen, vom Unwetter aufgeweichten Stadt Tianguel Bory – wie sich herausstellte, hatte ich nur fünf Kilometer vor meinem Ziel genächtigt – gab es kaum mehr längere Strecken ohne ein Dorf oder ein Feld. Mein Tag war mit fröhlichen Rufen – »*Bonjour!*«, »*Ça va?*«, »*Bon courage!*« – gewürzt. Die Straße, immer noch schlammig und zerfurcht nach den schweren Unwettern, ließ bestenfalls ein gemächliches Tempo zu; es blieb also Zeit genug, Fremde wahrzunehmen und zu begrüßen. Sei es, dass eine alte Frau, die unter ihrer schweren Strohlast dahinwankte, in Ausrufe der Verwunderung ausbrach oder dass ein Mann, der mich auf dem Fahrrad überholte, mir einen freundlichen Gruß zurief und eine Zeit lang neben mir radelte. Frauen und Kinder schauten von dem Bach auf, in dem sie ihre Kleider und sich selber wuschen, riefen mir zu oder rannten hinter mir her.

Einfache rechteckige Häuser aus gebrannten Lehmziegeln, mit Wellblech bedeckt, säumten den Straßenrand. Sie standen alle getrennt, von Strauchwerk umzäunt. Oft konnte ich von meinem luftigen Ausguck auf der Straße sehen, wie Ziegen an der Rinde und den kargen Blättern nahezu kahl gefressener Bäume knabberten und Hühner auf dem peinlich sauber gefegten Boden herumpickten. Manchmal stand eine Frau im Hof und stampfte Korn, aber wenn sie meine Gegenwart spürte, schaute sie von ihrer Arbeit auf, lächelte und rief: »Djarama!«, das Gegenstück zu »bonjour« in Fulbe, der Sprache der Peul, oder »tanalatum?«, das Gegenstück zu »ça va«. Wenige Frauen sprachen Französisch, sodass die Begegnungen mit ihnen frustrierend oberflächlich blieben.

Es hätte schön sein können, aber der Albtraum mit den Tsetsefliegen und die Nacht auf dem Col de Sita hatten ihren Tribut gefordert, und ich war geistig und körperlich erschöpft. Mein Zelt war feucht, alle meine Kleider waren nass, und die Fliegenstiche entzündeten sich allmählich. An dem Tag, an dem ich durch Tianguel Bory kam, schob ich das Rad fünf Stunden lang über mittlere und große Felsblöcke; und als am frühen Nachmittag ein Unwetter losbrach, suchte ich mir eine Bleibe für die Nacht, obwohl ich nur 30 Kilometer zurückgelegt hatte. Ich hatte Angst, dass ich noch weiter hinter meinen Zeitplan zurückfallen würde.

Aber schließlich war ich nur noch 30 Kilometer von Labé entfernt und konnte davon träumen, was ich dort vorfinden würde. So abgelegen und heruntergekommen wie Koundara war es bestimmt nicht. Und sicher gab es Elektrizität und fließendes Wasser. Bald würde alles gut sein.

Am Morgen jenes letzten Tages führte die Straße in eine große, flachsblonde Wiese mit schwankendem Gras hinaus, die von sanften, niedrigen, goldenen Hügeln umgeben war. Ein kleiner Bach schlängelte sich auf der einen Seite hindurch, die rote Straße auf der anderen. Es war ein magischer, stiller Ort, und als ich den Bach überquerte und ein paar Frauen zuwinkte, die ihre Kleider wuschen, hielt ich an, um auszuruhen und die Schönheit dieses Gartens Eden in mich aufzunehmen. Es gab einen einzigen Schattenbaum, unter dem ein paar verwitterte runde Steinblöcke lagen, ideal für eine friedliche Ruhepause. Ich bockte das Rad an dem Baum auf und setzte mich auf einen Stein.

Eine Schlange glitt darunter hervor. Ich schrie und zitterte trotz der Hitze. Es war eine kleine schwarze Schlange, aber ich blieb nicht sitzen, um sie näher in Augenschein zu nehmen, ebenso wenig wie sie da blieb, um mich zu betrachten. Ich flüchtete zu meinem Rad zurück.

Es gibt ein ganz besonderes Buch über Guinea, »The African Child« von Camara Laye, das ich in London gelesen hatte. Das erste Kapitel war eher mystisch als informativ gewesen. Jetzt, wo ich im Herzen von Guinea war, wo die Leute mich täglich vor Geistern warnten und den vielerlei Gestalten, die sie annehmen konnten, geriet ich ins Grübeln.

Camara Laye war in der französischen Kolonialzeit weiter östlich in Kouroussa aufgewachsen, einer Stadt am Niger, durch die ich auf meinem Weg nach Mali noch kommen würde. Er schildert in dem Buch, wie er eines Tages, als er im Hof seiner Familie spielte, eine kleine schwarze Schlange mit Streifenzeichnung erspähte. Er rief seine Mutter, in der Erwartung, dass sie die Schlange töten würde, so wie sie es sonst immer machte.

»Mein Sohn, diese hier darf nicht getötet werden«, sagte sie ernst, als sie die schwarze Schlange sah. »Die hier ist nicht wie andere Schlangen, und sie wird dir nichts tun; du musst sie in Ruhe lassen.« Dann fügte sie hinzu: »Die Schlange ist der Geistführer deines Vaters.«

Camara Laye war wie vor den Kopf geschlagen. Er war mit dem Übernatürlichen vertraut, verstand aber trotzdem diese Geistführer nicht, denen er fast überall begegnete, Geister, die eine Sache verboten, eine andere zu tun befahlen. Es gab gute Geister und böse

Geister; doch er hatte das Gefühl, dass es mehr böse als gute waren. Und woher sollte er wissen, dass diese Schlange harmlos war?

Er wartete, bis es Abend wurde, um seinen Vater zu fragen.

»Diese Schlange«, sagte sein Vater, »war seit jeher bei uns; sie hat sich immer einem von uns offenbart ... Dieser Schlange verdanke ich alles, und sie ist es, die mir im Voraus sagt, was geschehen wird. So bin ich nie überrascht, wenn ich aufwache und diese oder jene Person vor meiner Werkstatt sehe: Ich weiß bereits, dass der Betreffende kommen wird ... Aber all das – vergiss das nie – verdanke ich der Schlange, ich verdanke es dem Geistführer unseres Klans.«

War die Schlange, die ich gesehen hatte, vielleicht ein Geistführer, der mich vor etwas warnen wollte? Oder war es eine, die Camara Layes Mutter totgeschlagen hätte? Meine Consulting-Kunden wären höchst verwundert gewesen, wenn ich ihnen geraten hätte, ihren Geistführern zu folgen. Offenbar musste ich befürchten, dass meine Fantasie mit mir durchging auf diesen einsamen Straßen.

Ich schaffte die paar Kilometer bis Popodara und entschied mich diesmal für eine Ruhepause unter Menschen statt in der Natur.

Es war zwei Tage her, seit ich im Regen kampiert hatte, und Popodara war auf der Karte verheißungsvoll markiert gewesen, der einzige größere Ort vor Labé. Oft lagen für mich zwei oder drei Tage zwischen den Städten, die in der Michelinkarte eingezeichnet waren, sodass selbst die kleinen eine Aura des Besonderen erhielten – ein Ort, an dem es vielleicht ein Kühlsystem und kalte Colas zu kaufen gab.

Popodara entpuppte sich als Enttäuschung.

Es war fliegenverseucht und starrte vor Schmutz, faulige Gemüseabfälle und verrottende Autowracks türmten sich rechts von der Straße. Auf der anderen Seite reihten sich stahlgrau verwitterte Holzbauten auf einer Länge von hundert Metern aneinander – ein Bild wie aus dem Wilden Westen. Ich suchte nach Cowboys und

Pferden, traf aber nur auf starrende Augen. Die Leute in dieser Stadt waren stumm, es gab keine Willkommensrufe, nur hungrige, feindselige, beunruhigende Blicke.

Ich saß auf der Veranda eines Ladens und trank eine warme Cola, und um den Blicken der Zuschauer auszuweichen, suchte ich die wunden Stellen an meinen Beinen nach Anzeichen für eine Entzündung ab. Seit ein paar Tagen trieb mich nur noch der Gedanke weiter, dass ich nach Labé kommen musste, wo ich mich endlich ausruhen konnte.

Jetzt war ich müde und nicht in bester Laune. Oder vielmehr war ich ein Vulkan, der kurz vor dem Ausbruch stand.

Ich merkte, wie jemand auf mich zukam, aber ich konzentrierte mich auf meine Cola.

»Cadeau.« Und dann lauter: »Cadeau.«

Ich schaute hoch, auf ein Kind gefasst, doch vor mir stand ein ältlicher Marabut.

»Cadeau«, wiederholte er und schob seinen Blechteller zu mir hin. Er war vornübergebeugt und in ein einst weißes, zerlumptes Gewand gehüllt, aber kein Lächeln war in seinem Gesicht zu sehen, nur tief zerfurchte dunkelbraune Haut und blasse, drohende Augen.

Ich explodierte. Als einzige Entschuldigung kann ich anführen, dass ich eine harte Woche hinter mir hatte.

»Allez!« – weg, fort! –, schrie ich ihn an und sah mich unter den anderen um, die schweigend zuschauten und warteten. Worauf in aller Welt?

»Weg! Geht alle weg!«, brüllte ich jetzt in Englisch und fuchtelte mit den Händen vor ihnen herum. »Warum könnt ihr mich nicht in Ruhe lassen?«

Der Marabut kam noch näher, immer noch mit ausgestrecktem Teller, und ich warf einen Blick auf den Inhalt – es war kein Geld drin, nur Metallgegenstände, Schrauben und Muttern und Federn und ein paar Muscheln. Der Marabut war zerlumpt und dünn, aber er hatte etwas Böses an sich, und ich fürchtete mich vor seinen leeren, blassen, fordernden Augen. Ich fühlte mich bedroht und stürzte schon wieder zu meinem Rad, um die Flucht zu ergreifen. Ich stieg auf, wild entschlossen, diesmal bis Labé zu kommen; ich würde um keinen Preis mehr anhalten.

Ich wollte nur eins: ein Zimmer mit einer Tür, hinter der ich Afrika mit all seinem Elend und seinen Härten aussperren konnte, wo ich mich nach Hause träumen und endlich ausruhen konnte.

Es dauerte eine ganze Weile, bis ich auf der Straße nach Labé wieder einigermaßen klar denken konnte, und dann war ich entsetzt über mein Benehmen und schämte mich.

Labé stieg auf einem sanft gerundeten, pinienbewachsenen Hügel vor mir auf. Das Licht war kristallklar, und die Luft, von Piniendüften erfüllt, strich kühl um meine Haut. Ich war noch höher gekommen. Die Leute, an denen ich vorüberkam, sahen alle so glücklich aus, strotzend vor Energie.

»Bonjour!«, rief ich den Männern und Frauen am Straßenrand zu, noch ehe sie mich überhaupt sehen konnten. Und wenn sie erschrocken herumfuhren, fügte ich »djarama!« hinzu.

Bald fuhr ich auf himmlischem Asphalt, von Limousinen überholt, und nicht nur von überladenen Lastwagen, die wie Nacktschnecken dahinschlichen. Meine Laune wurde zusehends besser bei dem Gedanken, dass ich jetzt bald die ersehnte Ruhe genießen konnte.

Eine weiße Missionarin hielt ihren Wagen an, um mich zu begrüßen. Weißhäutige Fremde waren selten und erweckten folglich Interesse. Ich fragte sie, welches Hotel sie mir empfehlen könne.

»Probieren Sie das Hotel Salaah«, sagte sie. »Es ist sehr einfach, aber ich glaube, es ist sauber.«

Ich folgte ihrer Beschreibung und kam zu einem hohen Zaun, auf dem, wie ich beruhigt feststellte, die Aufschrift »Hotel Salaah« prangte. Ich ging durch die Einfahrt, die zu einer Reihe von verfallenen Lehmziegelbauten führte, mit einem schmutzigen Hof in der Mitte. Ich ließ mein Fahrrad draußen und rief nach Bedienung. Ein mürrischer Mann tauchte auf und machte mir ein Zeichen, ihm über den Hof zu folgen und dort ein Zimmer anzuschauen. Ich dachte hoffnungsvoll an fließendes Wasser und elektrisches Licht.

Plötzlich hörte ich ein leises, unheilvolles Knurren und spürte, wie etwas nach meiner linken Kniekehle schnappte. Ich japste laut, so heftig war der Schmerz, und schaute auf meinen Angreifer hinunter: eine wütende dicke Schäferhündin, mit Zitzen, die ihr am aufgeblähten Bauch herunterbaumelten, die Zähne drohend gefletscht, als sie von mir weggerissen wurde. Ich war von einem Hund gebissen worden!

Am Abend saß ich da und starrte in die bernsteinfarbene Flüssigkeit in meinem Glas. Meine Beine waren auf einem Stuhl vor mir hochgebettet, den rechten Ellbogen hatte ich auf dem Tisch abgestützt und den Kopf in die Hand gelegt. Ich war ziemlich betrunken und tief deprimiert. Ich dachte an die Wunde in meinem linken Bein, das rosa Fleisch, mit rotem Blut bespritzt, und den weißen, breiigen Fettglibber, der daraus hervorquoll, und wieder kam mir der Magen hoch. Es war eine Horrorvision, gegen die auch der Alkohol nichts ausrichten konnte.

Wie sollte ich jetzt weiterkommen? Ich steckte hoffnungslos hier fest. Labé war eine x-beliebige Stadt mitten im Niemandsland. Fließendes Wasser und Elektrizität? Hah! Nur jeden zweiten oder dritten Tag, aber kein Telefon, keine öffentlichen Verkehrsmittel, keine Möglichkeit, hinauszukommen. Ich kochte innerlich. Wie konnte so was nur passieren?

Ich trank noch einen Schluck Bier. Es war meine zweite 600-ml-Flasche, aber wenn ich an meine Ankunft dachte, packte mich wieder das große Zittern, und ich wollte nur noch vergessen. Die chinesischen Ärzte, zu denen ich am Nachmittag gebracht worden war, hatten gesagt, ich müsse einen Monat lang mit dem Radfahren aussetzen, damit die Wunde heilen könne. Anscheinend kann man eine Wunde von einem Hundebiss nicht nähen, weil das Infektionsrisiko zu hoch ist. Einen Monat! Ich war erst viereinhalb Wochen seit meinem Aufbruch in Dakar unterwegs, ich hatte noch 14 Länder und 13000 Kilometer vor mir, und jetzt saß ich mindestens einen Monat hier fest. Und ich musste eine ganze Woche lang Injektionen gegen Tollwut bekommen. Es war einfach zu viel. Vielleicht sollte ich lieber aufgeben und nach Hause fliegen. Ich fühlte mich gefangen in dieser grässlichen Stadt – gefangen von einem verdammten Geist.

»Natürlich war es ein Geist«, sagte Françoise, eine fröhliche junge Frau, die in der Bar des Hotels Salaah arbeitete.

Außer mir waren keine Gäste da, und Françoise saß mir gegenüber an meinem Tisch und konzentrierte sich auf ihr Patience-Spiel. Ich wusste bereits, dass sie notfalls mogeln und eine Karte verschieben würde, falls das Spiel nicht aufging, aber mir gefiel ihre positive Einstellung und ihr freundliches Wesen. Sie war eine kräftige, selbstbewusste, unabhängige Frau, in Jeans und Holzfällerhemd gekleidet – sehr ungewöhnlich. Françoise plauderte über Geister, während sie die Karten auslegte, und ich starrte düster in mein Glas und grübelte über alle »Wenns« und »Hätte ich« nach. Was hatte ich nur falsch gemacht? Vielleicht hatte ich die Schlange nicht gebührend begrüßt? Oder der Marabut – wenn ich großzügig und respektvoll zu ihm gewesen wäre, dann wäre das alles vielleicht gar nicht passiert ... Laut stimmte ich jedoch Françoise zu: »Ja, ja, das Werk von bösen Geistern.«

»Nein«, sagte Françoise und schaute von ihren Karten auf. »Es war ein guter Geist, kein böser – wahrscheinlich hat weiter unten an der Straße ein böser Geist gelauert, der dir etwas viel Schlimmeres angetan hätte.«

Ich schüttelte den Kopf – ich hätte ihr gern zugestimmt und war bemüht, ihre Sicht der Dinge zu verstehen. Aber innerlich kochte ich vor Wut: War das alles, was der gute Geist zustande brachte? Dann konnte er mir gestohlen bleiben! Ich hasse dieses Land, schrie ich in mich hinein, ich hasse diesen Kontinent, ich will nur eins: diesen verdammten Hund abknallen und raus hier, bloß raus! Ich will heim!

Die Reise war einfach zu hart. Es war nur ein Abfahren von endlosen Kilometern. Wozu also weitermachen? Bestimmt wollte mein Geistführer – diese Schlange? – mir sagen, dass ich nach Hause gehen sollte.

Dann packte mich die Verzweiflung. Wie konnte ich so schnell aufgeben?

Ich war finster und mutlos und schaute Françoise zu, die flink ihre Karten hin und her schob. Ihr Spiel war aufgegangen, aber ich hatte nicht mitbekommen, ob sie gemogelt hatte oder nicht. Sie ignorierte meine schlechte Laune. Ich dachte an den Komfort zu Hause, an William, meine Eltern, meinen Bruder und sogar an Jesse, meine Katze – ich war wirklich einsam –, und eine hartnäckige Stimme flüsterte mir ins Ohr, dass ich aufgeben sollte.

Aber mein Herz wollte weiter. Es gab so viel zu entdecken. Das spürte ich sogar in meiner Verzweiflung und Betrunkenheit.

»Ja, es war ein guter Geist, der will, dass du bei uns bleibst.«

Françoise sagte es fröhlich, als ob keine Pause zwischen ihren Worten gelegen hätte, keine Zeit für mich, über meinem Elend zu brüten, der Frage, ob ich heimkehren sollte oder nicht. »Es ist gut, dass du hier bleibst, dann kannst du mit frischer Kraft weiterfahren.« Sie sprach langsam und präzise, damit ich auch wirklich zuhörte. »Aber du musst langsamer reisen. Sei netter zu dir selber und gönne dir mehr Zeit zum Ausruhen. So wird es besser gehen.«

Weise Worte, falls ich es fertig brachte, darauf zu hören.

Esprit de Battuta

Labé – Kouroussa, Republik Guinea

»Wahrscheinlich hat weiter unten an der Straße ein böser Geist gelauert, der dir etwas viel Schlimmeres angetan hätte.« Ich fand es tröstlich, wie die Worte der Menschen bei mir blieben, wie sie mir immer wieder durch den Kopf gingen, wie es mir oft ganz warm ums Herz wurde, ein Gefühl von Verbundenheit, während ich auf den einsamsten Straßen vorwärtsrollte. Vier Wochen nach meiner Verletzung jedoch beunruhigten mich Françoises Worte.

Ich kämpfte mich auf einer schlüpfrigen, mit losem Schotter bestreuten, von Schlaglöchern übersäten Straße voran, die mich aus den Futa-Dschalon-Bergen hinunterführte, zurück in die niedrigeren, hitzeflirrenden Ebenen. Diesmal verlief die Straße ostwärts nach Haute Guinea (Ober-Guinea, die östlichste Provinz), wo ich möglicherweise – in ungefähr 350 Kilometern – den ersten Blick auf den Niger bei Kouroussa (eine fette, schwarze Michelin-Stadt) erhaschen würde, um schließlich – nach weiteren 300 Kilometern – in ein neues Land, nach Mali, zu kommen.

»*Doucement, doucement*«, sagte ich zu mir selber.

Immer schön ruhig bleiben. Ich hatte das Rad bereits viermal fallen lassen. Das ausgetrocknete dichte Buschland, das die Straße säumte, war stumm, abgesehen von meinem eigenen Keuchen und dem gelegentlichen Rascheln von Blättern und Knacken von Zweigen, wenn irgendein kleines Tier davonhuschte. Ich fühlte mich verhext, beobachtet und wollte aus dem Futa Dschalon heraus, aber vielleicht verleitete mich meine Gespensterfurcht dazu, die Straße – in Anbetracht ihres Zustands – zu schnell zu nehmen.

Es waren katastrophale Bedingungen. Die Straße bestand aus rotem Laterit, der seit dem letzten Regen mit Sicherheit nicht eingeebnet worden war. Sie fiel zur Abgrundseite hin steil ab, sodass man ständig in Gefahr war, seitwärts ins Vergessen zu stürzen. Dort, wo in der Regenzeit Fahrzeuge durchgekommen waren, hatten sich tiefe Spuren eingegraben, die sich wie Flechtbänder, bald getrennt, bald verschlungen, an der Straße entlangzogen. Einen durchgehenden Grat zu finden, auf dem man entlangradeln konnte, war unmöglich, und oft musste ich den Reifen in eine Furche plumpsen lassen. Diese Furchen waren mit scharfen Steinen übersät, etwa 20 Zentimeter im Durchmesser, was eine sehr instabile Oberfläche ergab, sodass ich gezwungen war, das Rad auf eine andere Aufwölbung hochzuhieven, um weiterzufahren. Bei dem ganzen Gewicht – Lenkertasche und zwei Vorderradtaschen – war es schwierig, das Rad im Griff zu behalten und zu lenken, geschweige denn dieses Abrutschen zu vermeiden. Bis jetzt hatte ich zumindest verhindern können, dass die Ladung auf mich drauffiel, aber ein einziger falsch kalkulierter Sturz, und ich würde mir ein Bein brechen. Vielleicht hätte ich besser absteigen sollen, aber meine Muskeln waren schwach, und wenn ich anhielt, wabbelten sie wie Pudding von der vorausgegangenen Anstrengung. Es hatte vier Wochen gedauert, bis der Hundebiss verheilt war, vier Wochen ohne viel Radfahren, und ich hatte viel Kraft eingebüßt.

Es gab also gute Gründe, warum ich mich in Gefahr fühlte, aber war es das Werk eines bösen Geists?

Françoise hatte mir eine andere Geschichte erzählt. »Erst vor drei Wochen«, fing sie eines Abends an, während sie wie immer die Karten legte, »hat ein Holzhauer hier in der Nähe die Warnungen eines Geists in den Wind geschlagen. Dreimal ist ihm eine alte Frau erschienen, als er einen großen Baum fällen wollte, und dreimal hat er sie missachtet. Die Frau hat ihn jedes Mal angefleht: ›Der Baum ist mein Zuhause, lass ihn in Ruhe!‹ Beim dritten Mal schwor sie ihm Rache: ›Wenn du den Baum abschlägst, werden meine Kinder sterben, und du selber wirst langsam und qualvoll zu Tode kommen.‹« Die Wunde von dem Hundebiss und die Tsetsefliegenstiche hatten sich schlimm entzündet, und mehrere Tage lang hatte ich mit hohem Fieber im Bett gelegen. Jetzt war ich apathisch, und der Gedanke an die verlorene Zeit ließ mich kalt. Ich schlürfte zufrieden mein Bier, das Bein auf einem Stuhl hochgelegt, und hörte zu. »Du wirst es nicht glauben, Pamela«, sagte Françoise in ihrer raschen Art und mit dem funkelnden Blick, der so typisch für sie war, »aber ich will es dir sagen: Er hat den Baum umgehauen, und dann hat ihn eine Lähmung überfallen. Er hat einen ganzen Tag im Graben gelegen, bis er gefunden und zu seiner Frau nach Hause gebracht wurde. Und seither kann er sich nicht mehr rühren! Du musst auf die Warnungen achten und sie befolgen.«

Als ich jetzt an ihre Geschichte dachte und wieder dieses Böse in der stillen, trockenen Luft spürte, fragte ich mich, ob meine Rutschpartien Warnungen waren. In den Städten und größeren Orten war es keine Kunst, den Skeptiker zu spielen, aber hier, allein auf dem Berghang, mit den ganzen Geschichten, die mir im Kopf herumgingen, war ich empfänglicher für solche Gedanken. Ich schaute zu dem kahlen Granithang auf – einer schwarzen, von der Witterung rund geschliffenen, drohend aufragenden Masse, an der ich seit ungefähr einer Stunde entlang fuhr –, auf der Suche nach Lebenszeichen. Der Augenblick war schlecht gewählt.

Die Spur, auf der ich radelte, verengte sich auf Handbreite. Als das Vorderrad seitlich abrutschte, rammte ich meinen Fuß auf den Boden, um den Sturz abzufangen. Vergebens. Mein Fuß rutschte auf dem losen Schotter aus, und das Rad und ich schlitterten den Hang hinunter: ich auf meinem Hintern, das Rad auf meinem Bein, während meine Hand nach einem Halt tastete.

»Scheiße!«

Mir war nichts passiert. Nur aufgeschürft. Und ein langer Riss in meiner Unterhose, der meine Kehrseite und das aufgeschürfte Bein der Welt darbot, sofern jemand da gewesen wäre, um sich an dem Anblick zu ergötzen. Die Hinterradtaschen waren abgegangen und noch weiter den Hang hinuntergerutscht. Fürs Erste saß ich nur da, ein bisschen benommen, zog meinen staubigen Akubra herunter und wischte mit meiner behandschuhten Hand über meine verschwitzte, schmutzige Stirn. Welche Warnung sollte ich darin sehen?

»Sei netter zu dir selber.« Hatte Françoise das nicht auch gesagt? Mist. Es war zwar nicht einfach hier draußen in der Wildnis, aber in letzter Zeit war ich tatsächlich netter zu mir gewesen. Acht Tage lang hatte ich mich von Shell in Conakry umsorgen lassen, und als ich mich jetzt aufraffte und meine verstreuten Besitztümer zusammensuchte, rief ich mir die Geborgenheit und Behaglichkeit in Erinnerung, die ich dort genossen hatte.

Eines Nachmittags, ungefähr zehn Tage nach dem Hundebiss, war plötzlich Bewegung in den Hof des Salaah-Hotels gekommen. Françoise und ich saßen bequem im Schatten, plauderten und tranken den Kaffee, den ich gerade auf meinem Kocher gemacht hatte, als ein schwitzender Mann in Hose, Hemd und Schirmmütze in den Hof stürzte, sich ein paar Mal umschaute, dann stracks auf mich zukam und auf Französisch sagte: »Sie müssen Pamela sein. Ich habe eine Botschaft für Sie von Monsieur Calloway.« Ich bemerkte das Shell-Logo auf seiner Mütze, war aber trotzdem sehr überrascht. Monsieur Calloway war der *directeur général* der neuen Vertriebsgesellschaft von Shell in Guinea. Ich hatte seinen Namen von Catherine Shovlin – er stand auf einer Faxliste mit all meinen Kontaktadressen in den verschiedenen Ländern, die ich in London bekommen hatte. Ich wusste, dass meine Eltern einen Anruf aus Bamako in Mali erwarteten – ich hatte meine Ankunft in Bamako auf Mitte November geschätzt, aber jetzt, mit einer Verzögerung von vier Wochen, würde ich wahrscheinlich nicht vor Weihnachten dort sein –, und so hatte ich kurz nach dem Hundebiss-Drama Monsieur Calloway eine Nachricht über einen Reisenden geschickt, der nach Conakry unterwegs war. Ich hatte ihm von dem Hundebiss erzählt und ihn gebeten, ein Telex an Catherine zu schicken, aber ich hatte ihm ans Herz gelegt, lediglich die Verspätung zu erwähnen – wozu die Leute in Angst und Schrecken versetzen? Jetzt las ich seine Antwort.

»Kommen Sie nach Conakry und bleiben Sie bei uns, bis Sie wieder auf dem Damm sind. Mark Calloway.«

Der aufgelöste Nachrichtenüberbringer war der Fahrer eines Tankwagens. Er sagte mir, er sei mit seiner Benzinladung nach Labé unterwegs und würde in einer Stunde zurückkommen, um mich mitzunehmen. Dann war er verschwunden.

Ich hatte jedoch nicht die Absicht, mich von der Stelle zu rühren. Ich wollte nicht gerettet werden. Das war, bevor Françoises Worte in mich eingesunken waren. Närrin, die ich war.

Innerhalb einer Stunde hatte ich meine Meinung geändert – die Aussicht auf echten Komfort war unwiderstehlich! Aber meinen Dickkopf setzte ich trotzdem durch: Anstatt mich retten zu lassen, würde ich auf meine Weise hinkommen – so, dass ich keine Lücken in meiner Reise in Kauf nehmen musste. Ich rechnete mir aus, dass ich nach einer weiteren Ruhewoche in kurzen Etappen die 150 Kilometer nach Mamou, einem großen Knotenpunkt am südlichen Rand des Futa Dschalon, schaffen konnte. Von Mamou aus würde ich einen Bus nach Conakry an der Atlantikküste nehmen. Das war eine Abweichung von meinem ursprünglichen Plan, aber ich konnte nach Mamou zurückkehren, wenn die Bisswunde ganz verheilt war, und dort weitermachen, wo ich aufgehört hatte – auf einer ostwärts führenden Straße nach Dabola und Kouroussa. Als der Fahrer zurückkam, hatte ich eine Nachricht bereit, in der ich Monsieur Calloway für sein Angebot dankte und ihm erklärte, was ich vorhatte.

Die letzten Tage in Labé vergingen langsam. Meine chinesischen Ärzte waren nicht begeistert über mein Vorhaben, aber da ich auf asphaltierten Straßen fuhr, war die Gefahr, dass sich meine immer noch offene Wunde wieder entzünden würde, gering. Was mir bei all dem am meisten zu schaffen machte, war der Abschied von Françoise, den chinesischen Ärzten und anderen Freunden, die ich hier gewonnen hatte. Und dass ich auf dem Weg nach Mamou immer noch spürte, wie der weiße Glibber aus der Wunde hervorzuquellen versuchte. Würg! Iiih! In Mamou lernte ich einen einheimischen Ladenbesitzer kennen, mit dem ich mich anfreundete. Ich ließ mein Fahrrad und den größten Teil meiner Besitztümer bei ihm und nahm einen Bus, der mich die 230 Kilometer westwärts nach Conakry brachte.

Als ich an der Bushaltestelle am Stadtrand von Conakry ankam, stellte ich fest, dass die Shell-Niederlassung ganz in der Nähe war. Es war ein Sonntag, aber ein Sicherheitsbeamter dort beschrieb mir den Weg zum Haus der Calloways, und ich fuhr in einem klapprigen Taxi zu ihrem bizarren Luxuspalast mit arabischem und fernöstlichem Einschlag. Als der Taxifahrer von der Straße abbog, stand ich zu meinem Schrecken vor einer dreistöckigen Pyramide mit einem erhöhten pagodenähnlichen Dach auf der obersten Terrasse und dekorativen Lampen an jeder Balkonbrüstung. Das Haus war von einer hohen Betonmauer umgeben, die oben mit Glasscherben gespickt war. Später erzählte mir Mark, warum er es vorzog, in der »Cité des Nations«, einem reichen Uferpromenadenviertel, zu wohnen. »So können wir notfalls über das Wasser entkommen«, sagte er. Momentan war nur das Personal im Haus, und man sagte mir, dass Monsieur und Madame Calloway erst am Abend zurück sein würden. »Sie können aber drinnen warten.« Ich hatte jedoch Skrupel, mich einfach in ihrem Haus einzunisten, und ging lieber noch ein bisschen weg, um mir die Stadt anzusehen. Conakry war klein und sehr ruhig und sah aus, als ob es die letzten 30 Jahre völlig von der Außenwelt abgeschnitten gewesen wäre. Das Ufer wurde noch immer von Armeetanks und Geschützstellungen beherrscht, und die schmutzigen Straßen stanken nach Urin. Die Leute wohnten in vielstöckigen, heruntergekommenen Mietskasernen, mit Wäsche vor den Fenstern und lärmenden Kindern, die in den umliegenden Gossen spielten, oder sie hausten in Wellblechbaracken. Wasserversorgung gab es offenbar nicht, denn die Wasserpumpen an den Ecken waren die einzigen Orte, an denen Menschenansammlungen zu sehen waren. Als die Nacht hereinbrach, warf ich meine Skrupel über Bord und kehrte zum Haus der Calloways zurück, wo ich mich ins Wohnzimmer setzte, den Ort, der mir am unverfänglichsten erschien.

Ich fand es furchtbar.

Der Raum war mit weißem Teppichboden ausgelegt, lange beige Satinvorhänge hingen an den deckenhohen Fenstern, während die übrigen Wände zum größten Teil mit Spiegeln bedeckt waren, und passend zu dem grässlichen goldstrotzenden Kristallleuchter standen eine Reihe von Glastischchen mit vergoldeten Beinen sowie eine holzgeschnitzte plüschige Couchgarnitur herum. Ich konnte nur hoffen, dass die Einrichtung zum Haus gehörte und nicht auf das Konto meiner Gastgeber ging.

Trotzdem wünschte ich mich weit weg. Ich gehörte nicht hierher. Ich trug zwar meine sauberste Stadtkluft, Jeans und ein T-Shirt, aber die Sachen waren staubig von der Busfahrt, und ich war verschwitzt und aufgelöst. Ich schaute mich im Spiegel an. Oh Horror! Was war ich fett!

Zum ersten Mal seit zwei Monaten sah ich mich in einem bodenlangen Spiegel, der mir bestätigte, was ich bereits befürchtet hatte – ich war runder denn je! Typisch, dachte ich – andere Leute nehmen ab, wenn sie in Afrika sind, und was ist mit mir? Ich mache eine anstrengende Radexpedition und werde auch noch fett dabei! Unglaublich. Ich schob es auf die vielen Kohlenhydrate in meiner Nahrung und nahm mir vor, kein Brot und keine Erdnüsse mehr zu essen.

Erschüttert über diese Entdeckung saß ich auf meinem Sessel und wartete, als mein Blick auf eine englische Zeitschrift namens »Good Housekeeping« fiel. Ich nahm sie hoch, stellte fest, dass es die Weihnachtsnummer mit einer Flut von Geschenkideen und Dekorations- und Rezeptvorschlägen war. Ich reise mit 35 Kilo Gepäck durch Afrika, kam mit zwei langen Hosen und zwei Shorts aus, und trotzdem hatte ich noch das Gefühl, dass ich zu viel mit mir herumschleppte.

Schottenstiefelchen als Christbaumschmuck für 18,95 Pfund! Dabei wurde das Geld so dringend anderweitig gebraucht – ich lebte in einer Welt der Armut, unter Menschen, die mir jeden Abend großzügig Verpflegung und Unterkunft gaben und froh gewesen wären, wenn sie so viel in einem ganzen Monat verdient hätten. Angewidert schlug ich die Zeitschrift zu und schaute mich in dem protzigen Salon um, mit seinen Kunstwerken und teuren Bildbänden, die auf den Beistelltischchen lagen. Es kotzte mich an, und ich fühlte mich schmuddelig und unbehaglich.

Ich gehöre jetzt in den Busch, dachte ich selbstgefällig, genau in dem Moment, als Mark und Francis Calloway zur Tür hereineilten, mich herzlich begrüßten und sich auch noch für ihre Verspätung entschuldigten!

»Einen Gin Tonic?«, fragte Mark, der sich von meinem unverhofften Auftauchen nicht im Mindesten aus dem Konzept bringen ließ.

»Danke, das wäre super«, erwiderte ich. Bald war ich völlig hingerissen von ihrem Essen, ihrer Gesellschaft, den interessanten Gesprächen.

Ich fand Francis sehr nett, obwohl ich mich nach den friedlichen Tagen in Labé anfangs etwas von ihr überrumpelt fühlte. Schon wieder eine starke Françoise, auch wenn diese hier die männliche Form des Namens benützte und aus einer reichen Umgebung kam. Sie war eine große Frau, ein Energiebündel, eine jener unglaublich tüchtigen Engländerinnen, die alles im Handumdrehen erledigen, und sie nahm mich sofort unter ihre Fittiche. Sie sorgte dafür, dass ich meine Visa für Mali bekam, arrangierte Begegnungen für mich, ging mit mir auf den Markt, wo ich mich mit den wichtigsten Vorräten eindecken konnte – und nebenher erledigte sie ihre eigenen Arbeiten und Wohltätigkeitsaufgaben. Da es kurz vor Weihnachten war, hatte sie alle Hände voll zu tun, um den Weihnachtsbasar für die »Englisch Speaking Women's Association«, die ESWA, vorzubereiten – eine Art Rotary Club für Englisch sprechende Frauen in Afrika. Das Haus war mit Filz und halb fertigen Näharbeiten angefüllt – Strümpfe, Weihnachtsbaum-Dekorationen und Schachteln mit allem möglichen Krimskrams, der auf dem Basar verkauft werden sollte. Ständig trudelten neue Sachen ein – eine fremde Welt für mich, aber ich wünschte mir, ich hätte Francis an meiner Seite gehabt, als ich in London auf Sponsorensuche war!

Mark war klein und kräftig (na ja, auch nicht mehr als ich!), trug einen imposanten, buschigen grauen Schnurrbart – und hatte nichts anderes im Kopf als Shell und nochmals Shell. Mark kämpfte darum, die neuesten Zweigniederlassungen des Konzerns in Guinea zu etablieren. Erst vor kurzem waren mehrere Aktivposten der staatlichen Ölunternehmen privatisiert und – getrennt – an Shell, Total und Elf übertragen worden, sodass ich Mark nicht oft zu sehen bekam, höchstens beim Aperitif und beim Abendessen, wo er uns die neuesten Entwicklungen auftischte. Er hatte immer viel zu erzählen und war ein amüsanter Unterhalter, sofern man es schaffte, ihn von seiner Arbeit wegzulocken.

Mark und Francis zogen mich in einen Wirbelwind aus gesellschaftlichen Veranstaltungen hinein. So fuhren wir im klimatisierten silber-dunkelblauen Nissan Patrol zu einer Thanksgiving-Party im Haus eines kolumbianisch-kubanischen Ehepaares.

»Eine ziemlich wilde Mischung«, bemerkte Francis, als wir ankamen, »aber anscheinend funktioniert es.«

Philippe, ein stattlicher, überschwänglicher Mann, der kubanische Teil des Paars, begrüßte mich mit großer Herzlichkeit. Seine Frau, eine zierliche, quirlige Kolumbianerin, war damit beschäftigt, den Truthahn zuzubereiten, und rief aus der Küche heraus nach einem Drink, als sie hörte, wie unsere eingeschenkt wurden.

»Was hättest du denn gern, Liebe meines Lebens?«, rief Philippe zurück.

Liebe meines Lebens! Das ging mir an die Nieren. Ich hatte ein Telex von Catherine bekommen, in dem sie erwähnte, William habe sie angerufen und lasse mir Grüße ausrichten. Grüße! Was zum Teufel sollte ich mit Grüßen anfangen? Kein Wort, dass er mich wahnsinnig vermisste oder froh war, dass ich noch lebte, geschweige denn, dass er ins nächste Flugzeug steigen und zu mir kommen würde. Nein, nur die verdammten Grüße. Ich brütete über meinem Gin Tonic, während Mark wieder einmal seine Geschichten zum Besten gab, und ich fragte mich, warum ich mich ausgerechnet mit einem Engländer eingelassen hatte. Trotzdem gab ich die Hoffnung auf einen leidenschaftlichen Brief nicht auf. Vielleicht wartete einer in Bamako auf mich.

An einem anderen Tag nahm Francis mich zum großen Markt mit, auf eine Besichtigungstour für ESWA-Frauen. Anscheinend gab es weiße Frauen, die seit zwei Jahren in Conakry lebten und noch nie auf dem Markt gewesen waren! Die Frau des amerikanischen Botschafters hatte angeregt, arbeitslose Jugendliche als Leibwächter anzustellen – gegen Trinkgelder und Leseunterricht. Das hier war ein Testbesuch, und alle Frauen (außer der vernünftigen Francis, die sehr zurückhaltend gekleidet war) hatten sich aufgetakelt bis zum Gehtnichtmehr – Schmuck, Goldgürtel, Handtaschen, High Heels. Kein Wunder, dass sie nervös waren. Mich machte es auch nervös, mit ihnen herumzulaufen!

Hinterher gab es eine Erfrischung in einem klimatisierten Coffeeshop, und endlich waren nur noch Francis, Francis' Freundin Zulrika und ich übrig. Gut. Jetzt konnten wir nach Herzenslust über die anderen herziehen.

»Haben Sie die Frau gehört, die dauernd Französisch gesprochen hat?«, fragte Francis, an mich gewandt. Ich nickte. »Das war die Frau des französischen Botschafters – sie ist die größte Nervensäge in der ESWA und im Bridgeclub.«

Zulrika stimmte ihr zu. »Sie spricht nur Englisch in der ESWA«, bemerkte sie mit ihrer sexy Stimme. Zulrika war eine umwerfende Erscheinung, eine richtige Exotin. Sie war groß und schlank und hatte ihr blondes Haar straff nach hinten gebunden, sodass ihre hohen slawischen Wangenknochen gut zur Geltung kamen. Ihre Lippen waren knallorange geschminkt, was bei jeder anderen Frau geschmacklos gewirkt hätte, aber an ihr sah es hinreißend aus, im Kontrast zu ihrer olivfarbenen Haut. Sie trug einen engen Minirock aus beigefarbenem Kalbsleder, ein Seidenshirt mit einem Goldgürtel und Goldsandaletten, und ihre Hände strotzten vor Ringen – Gold, Silber, Bronze. Völlig unpassend für einen Marktbesuch, aber sie wäre in jedem Outfit aufgefallen. Ich platzte fast vor Neid.

»Jetzt hat sie es übernommen, die Flugblätter für den Weihnachtsbasar drucken zu lassen, nur damit sie ihren Kopf durchsetzen kann«, sagte Francis. »Sie will, dass ›Botschafts- und ESWA-Basar‹ draufsteht, obwohl die Botschaften bloß ein paar Stände beigesteuert haben.«

»Und Sie müssten mal hören, wie sie im Bridgeclub ihre Partner herunterputzt«, lachte Zulrika wieder mit ihrer rauchigen Stimme. »Die Leute gehen schon gar nicht mehr hin!«

Eines Abends gaben Francis und Mark eine Dinnerparty. Das Menü war unglaublich. Krabbenmousse, Schweinefilets in Mandarinensauce, Parmesankartoffeln und Blumenkohl, mit Käse überbacken, gefolgt von verschiedenen Käsesorten (Cheddar, weicher Brie, Danish Blue, Havarti) und Pavlova-Meringen. Das Ganze wurde mit einem 1986er Burgunder hinuntergespült. Der Esstisch war mit Blumen und schwerem Silber gedeckt. Jean, der Hausboy, servierte in weißer Hose und schwarzem Jackett. Ich selber trug mein neues afrikanisches Outfit aus dem Wachsbatikstoff, den ich bei dem Marktbesuch gekauft hatte, von Francis' Schneiderin zugeschnitten und genäht. Es war ein Ensemble aus Hose mit Gummizug und einer langärmeligen Bluse mit V-Ausschnitt, alles in einem aparten blauen psychedelischen Muster gehalten. Ich fand mich ziemlich cool, bis Zulrika ankam.

Beim ersten Gang, der köstlichen Krabbenmousse, drehte sich das Gespräch um Demokratisierungsbestrebungen – womit der Übergang zu einem demokratischen Regierungssystem gemeint war, den die meisten afrikanischen Länder zu diesem Zeitpunkt durchmachten. Das Thema wurde heiß diskutiert, weil die ersten Präsidentschaftswahlen näher rückten und damit die Gefahr von Ausschreitungen. Jeder Stamm wollte seinen eigenen Kandidaten durchdrücken, doch die Susu, der kleinste Stamm, besaßen gegenwärtig die militärische und politische Macht. Es war nicht zu erwarten, dass sie die Macht so einfach aus den Händen geben würden. Die Gefühle, die dabei zum Ausdruck gebracht wurden, unterschieden sich kaum von dem, was ich von Monsieur Keita, dem jungen Manager des »Grand Hotel Boiro« in Koundara, gehört hatte.

Ich erzählte den Gästen, mit welch rührender Zuversicht Otis und so viele andere, denen ich begegnet war, von den Wahlen gesprochen hatten. Ich wiederholte Otis' Worte: »Mit der Demokratie wird es besser werden – jetzt, wo die Leute sagen können, was sie denken.«

»Wir werden es ja sehen«, sagte Mark vorsichtig, und wahrscheinlich hatte er Recht.

Beim Schweinefilet in Mandarinensauce diskutierten wir über Shell, Business und Consulting, und ich war in meinem Element. Als wir zu Käse und Dessert übergingen, war die Rede von Hilfsprojekten für Frauen – da konnte ich nur wenig beitragen (was sich später ändern sollte.)

»Jaja«, meinte einer der Gäste, der für USAid arbeitete. »Frauen können immer Hilfe brauchen. Es gibt inzwischen viele Geldgeber, die nur noch für Frauenprojekte zu haben sind.« Ich fand das zynisch. Sicher, ich war in kleinen Dörfern oder auf Feldern oft an Schildern vorbeigekommen, auf denen zu lesen war: »Projet pour l'assistance des femmes rurales« (Hilfsprojekt für Dorffrauen) oder »Fonds de Crédit pour les femmes« (Hilfsfonds für Frauen). Anscheinend war es momentan der Trend, Frauen zu helfen, aber nach allem, was ich vom Leben der Frauen in den Dörfern gesehen hatte, war das lediglich ein Tropfen auf den heißen Stein.

»Die Frauen machen die meiste Arbeit hier in Afrika«, bemerkte Francis trocken. »Warum sollen sie dann nicht an den Hilfsfonds partizipieren?« Und zu mir gewandt verkündete sie in ihrer energischen Art: »Ich muss Sie morgen unbedingt zur ›Concession des femmes‹ mitnehmen, Pamela.« Noch ein Besuch, dachte ich leicht erschöpft. Als feministische Karrierefrau, die für gleiche Rechte und Chancen eintritt, kannte ich mich mit einschlägigen Frauenthemen aus – wie man Beruf und Privatleben vereint, die Notwendigkeit von Frauenquoten, wie man sich am Arbeitsplatz gegen sexuelle Übergriffe schützt. Dagegen war ich wenig mit anderen wichtigen Frauenthemen in der westlichen Gesellschaft in Berührung gekommen, wie allein erziehende Mütter, geprügelte Ehefrauen, Vergewaltigung, beruflicher Wiedereinstieg nach der Kinderpause, Kindererziehung, Prostitution oder ein Leben an der Armutsgrenze. Durch Francis' Vermittlung lernte ich die vielfältigen Probleme kennen, mit denen benachteiligte Frauen in der afrikanischen Gesellschaft konfrontiert sind, sowohl im traditionell dörflichen als auch im städtischen Milieu, und was zu ihrer Unterstützung getan wurde. Es war faszinierend, aber ich hätte mir trotzdem mehr Zeit gewünscht, um in Conakry herumzuschlendern, mich einfach als Touristin zu fühlen. Doch das sollte nicht sein. »Sie stellen den Frauen Nähmaschinen zur Verfügung«, fuhr Francis fort. »Es ist nicht üblich, dass Frauen als Schneiderinnen arbeiten, und dort gibt es einen Laden, wo sie ihre Kleider verkaufen können. Ja, Pamela, da gehen wir morgen hin.«

Ich lächelte resigniert und vertiefte mich in meine Pavlova-Meringue.

Von Sahne-Meringen konnte ich jetzt nur noch träumen ... Als ich nach meinem Sturz die Taschen wieder am Rad befestigt hatte, wühlte ich im Proviantbeutel nach einer Banane. Sie war zerquetscht. Ich zog die heiße, weiche Pampe heraus und wischte meine Finger an der zerrissenen Hose meines neuen Afrika-Outfits ab. Statt 1986er Burgunder schüttete ich warmes Wasser aus meiner Flasche in mich hinein und lachte bei der Erinnerung an Conakry leise vor mich hin. Aber es zog mich nicht dorthin zurück – ich liebte das Freiheitsgefühl, das ich auf der Straße hatte, wo ich mein eigener Boss war. Afrika war hier zwar gefährlicher, aber dafür auch greifbarer, realer. Im Augenblick genügte es mir, dass ich immerhin mehr Abenteurerblut in mir hatte als Zulrika. »Sie würde es hier draußen niemals aushalten«, dachte ich triumphierend.

Allerdings legte sie auch gar keinen Wert darauf.

Ich spritzte Wasser über meinen Kopf, um mich abzukühlen. Es war Zeit, wieder aufzubrechen. Ich wollte am Abend in Dabola sein, einem größeren Ort, sofern man sich auf die Michelinkarte verlassen konnte.

»Du musst langsamer reisen.« Wieder gingen mir Françoises Worte im Kopf herum.

Es raschelte in den Blättern, und eine Schlange glitt über die Straße. Von wegen langsamer reisen, dachte ich. Nichts wie weg!

Elefantengras, gelb, dick und hoch, säumte die gut geebnete Schotterstraße, auf der ich am nächsten Tag rasch aus Dabola hinaus und in die flache Landschaft von Ober-Guinea radelte. Ich hatte – an mein Schneckentempo in den Bergen gewöhnt – drei Tage für die 164 Kilometer nach Kouroussa veranschlagt, aber jetzt sah ich, dass ich es in zwei schaffen würde – ich hatte vergessen, wie schnell ich auf einer guten Straße sein konnte und wie fantastisch es war, auf dem Fahrrad dahinzusausen.

Dabola war ein guter Halt gewesen. Es war eine ansehnliche Stadt, so groß wie Koundara, aber mit Elektrizität, was einen gewaltigen Unterschied machte. Als ich auf die Straße ging, auf der Suche nach einem Bier, standen die Leute lachend in Grüppchen zusammen, gingen Hand in Hand, saßen im Freien an Imbisstischen und aßen Bohnen oder Dörrfisch mit Reis- oder Hirsegerichten. Es ging lebhaft und geräuschvoll zu, überall Leute, die irgendwelche Sachen verkauften, und andere, die herumschlenderten und gar nichts machten. Es war wie auf einem Dorfplatz in der Provence an einem heißen Sommerabend nach dem Markttag, und ich fand es hinreißend. Ich wusste, dass die Energie von einem Wasserkraftwerk stammte, für das die Tinkisso-Fälle gestaut werden mussten. Ich hatte die Überreste des Wasserfalls bei meinem Abstieg vom

Futa Dschalon gesehen. In dem Moment hatte ich es für eine Schande gehalten, aber das fröhliche Treiben in dieser Stadt, die Lebendigkeit, die in solchem Kontrast zu dem trostlosen Koundara standen, belehrten mich eines Besseren.

Mein Aufbruch von Dabola hatte sich verzögert, weil ich die Kugellager meiner Pedale schmieren musste – sie hatten sich nicht mehr mühelos gedreht, und als ich sie öffnete, stellte ich fest, dass die Lager ganz ausgetrocknet waren –, aber ich hatte nicht vorgehabt, noch eine weitere Nacht zu bleiben. Wieder einmal genoss ich das Gefühl, auf der Straße zu sein, und wollte so viele Kilometer wie möglich zwischen mich und den Futa Dschalon bringen.

Ich hatte mir vorgenommen, langsamer zu reisen, klar – aber nicht heute. Die Landschaft war schön. Aus dem schimmernden Gras zu beiden Seiten der Straße ragten die stolzen Häupter graugrüner, dürreresistenter Akazien und Sheabutterbäume auf, und darüber waren die sanft geschwungenen Umrisse von graublauen, dunstigen Bergen zu sehen. Ich lächelte den seltenen Passanten zu, meine Energie und mein Hochgefühl waren kaum zu bremsen. Afrika war wundervoll!

In London erschien mir der Alltagstrott manchmal so sinnlos, weil alles so vorhersehbar war. Ich war ein Rad im wohl bekannten Getriebe. Jetzt konnte das Leben manchmal so berauschend sein! Es gab Tage, da war ich in permanenter Hochstimmung (wenn die Straßen gut waren, so wie heute) und fühlte mich wie Sir Richard Burton oder Mary Kingsley. Dann wieder stürzte ich ins Bodenlose (wenn die Straßen schlecht waren oder die Kluft zwischen mir und den Afrikanern unüberwindlich schien). An schlechten Tagen oder in schlechten Stunden kam ich mir wie eine Außerirdische vor, und das Starren der Leute bewirkte, dass ich mich einsam und isoliert fühlte. Und doch war gerade diese emotionale Achterbahn, das unerwartete Gute oder Schlechte so wahnsinnig faszinierend! Ich konnte dabei umkommen oder auch nicht, oder prosaischer ausgedrückt: Vielleicht wartete ein guter Straßenabschnitt auf mich, vielleicht ein schlechter, vielleicht begegnete ich interessanten Leuten, mit denen ich reden konnte, was auch immer – nichts davon war jedenfalls vorhersehbar!

Als ich ungefähr eine Stunde gefahren war, kam ich immer häufiger an Dorfbewohnern vorbei, die auf mich zugeradelt oder mir mit zielbewussten Schritten entgegenkamen. Immer mehr wurden es, bis ich mich durch den Menschenstrom hindurchschlängeln musste. Manche Frauen trugen ein Ensemble aus Wickelrock und Bluse mit Rüschenärmeln, alles aus Wachsbatikstoff, dazu ein keck drapiertes Kopftuch, dessen Enden frech an der Seite nach oben zeigten oder im Nacken hinunterhingen. Andere gingen in ähnlicher Kleidung, aber nicht aus Wachsbatikstoff, sondern aus indigogefärbtem, gemustertem Damast, ein Erzeugnis, für das der Futa Dschalon seit alters berühmt ist und das bei den Frauen in ganz Westafrika begehrt ist. Die meisten Frauen trugen jedoch ein *pagne* um ihre Mitte, mit einem T-Shirt, auf dem irgendein Bild aufgedruckt war – wie Jean-Claude van Damme –, und eine zweite Stoffbahn, mit der sie ihr Baby auf dem Rücken festgebunden hatten. Die Frauen gingen sehr aufrecht, und die meisten trugen Warenladungen auf dem Kopf – zum Beispiel zusammengefaltete Indigostoffbahnen oder eine Emailwanne, die bis zur Hälfte mit frittierten Teigbällchen, Erdnüssen oder Bananen gefüllt war. Die Männer trugen Grau, Weiß oder Blau – einfache Stoffe, zum traditionellen Muslimgewand gearbeitet, dem *bubu*, und alle hatten ein Käppchen, ein *tarbusch*, auf dem Kopf. Wenige trugen eine Last.

Ich lächelte den Leuten freudig zu, doch obwohl ihre Blicke mir folgten, lächelten nicht viele zurück – sie schienen verunsichert über meine Gegenwart, und vielleicht hielten sie mich für einen Geist.

Bald kam ich um eine Biegung herum in ein kleines Dorf, und die Menschenmassen wurden immer dichter. Gespräche verstummten, und Augen starrten mich an, als ich tiefer in den geschäftigen Marktplatz hineinradelte. Ich konnte den sauber gefegten Lehmboden sehen, gesäumt von Unterständen aus geraden Baumästen, die als Pfosten dienten, mit Grasmatten als flachem Schattendach. Die Tische bestanden aus maschinell gesägten, aber stark verwitterten grauen Brettern. Ich kam oft durch ruhige Dörfer und verlassene Marktplätze, aber hier gab es Läden, die mit Schätzen vollgestopft waren, und ich beschloss, eine Pause einzulegen.

»*Toubab!*«

»*Toubab-oo!*«

Die Kinder hatten mich entdeckt und kamen von allen Seiten auf mich zugerannt. Manche hatten denselben verängstigten oder verschüchterten Gesichtsausdruck wie die Erwachsenen, aber die meisten grinsten und lachten, zeigten mit Fingern auf mich und konnten sich gar nicht beruhigen über meine seltsame Erscheinung. Ein paar ängstliche Kleinkinder versteckten sich hinter den Röcken ihrer Schwestern, während die Frechsten zu mir herkamen und mich oder mein Fahrrad anfassten, um dann kreischend davonzurennen.

Der übliche Empfang, der mir in den Dörfern zuteil wurde.

Ich riss mir Hut und Schal vom Kopf und ließ mein funkelndes Haar herunter, damit sie noch mehr zu schauen hatten. Junge Männer und Frauen, die etwas abseits standen, lächelten scheu, aber niemand sprach mich an, und ich war wie immer ein bisschen eingeschüchtert von den starrenden Augen und der stummen Menschenmenge.

Als ich das Rad auf die Buden zuschob, wichen die Kinder auseinander, um mich durchzulassen, und ich ließ meine Blicke über die Tische und Matten schweifen. Ich wollte ein paar Orangen. Abgesehen von Bananen gab es kaum Früchte in dieser Jahreszeit, aber kleine, harte Orangen wurden hin und wieder angeboten. Ich kam an eine Stelle, an der mehrere Frauen zusammensaßen und Orangen verkauften.

Ich lächelte, zeigte auf eine Orangenpyramide, die aus sechs Kugeln bestand, und fragte auf Französisch nach dem Preis. Die Händlerin schaute fragend zu einer anderen Orangenverkäuferin hinüber, und sie lächelten. Die Nachbarin sprach auch kein Französisch, erriet aber meine Frage, knüpfte ihr *pagne*, das sie um die Schultern trug, an einem Ende auf, nestelte das kleine, eng zusammengefaltete Bündel aus Geldscheinen und Münzen heraus, zählte den richtigen Betrag ab und zeigte es mir.

Der Preis war 200 guineische Franc, damals also weniger als 10 Pence.

Ich zog ein paar Münzen aus meiner Hüfttasche, reichte sie ihr, beugte mich hinunter, um die Orangen aufzulesen, machte eine der hinteren Fahrradtaschen auf und warf sie hinein. Die Menge schaute mir voller Ehrfurcht zu. Das Gaffen ging mir allmählich auf die Nerven, obwohl ich mir immer wieder sagte, dass ihre Neugier ganz normal war. Ich musste unbedingt jemanden finden, der Französisch sprach, damit ich den Bann des Schweigens brechen, damit ich Kontakt aufnehmen konnte, ihnen begreiflich machen, dass ich auch ein menschliches Wesen war.

Ich ging weiter in den Markt hinein, was keine sehr gute Idee war. Mit meinem Rad und den ganzen Leuten im Schlepptau störte ich allmählich den Marktbetrieb, und ein paar aufgeregte Händler fuchtelten mit den Armen und brüllten mein Gefolge an. Genug, dachte ich. Ich drehte das Rad um und beschleunigte meinen Schritt. Ich wollte raus hier, auf die Straße zurück, wo ich einfach »*Bonjour!*« rufen und den unbarmherzigen Blicken der Leute davonfahren konnte.

Als ich auf mein Fahrrad stieg und meinen stummen Zuschauern zum Abschied zuwinkte, löste sich die Spannung, und die Kinder kamen hinter mir hergerannt.

»*Toubab-oo!*«, kreischten sie wild und jagten mich buchstäblich zum Dorf hinaus.

In den nächsten paar Stunden wurde die Hitze immer drückender und die Straße hügelig und löchrig. Es war kein leichter Tag, wie ich anfangs geglaubt hatte.

Ein Mann auf einem schwarzen, unbeladenen chinesischen Fahrrad (der einzige Fahrradtyp, den ich in Guinea zu sehen bekam und das gebräuchlichste Rad in ganz Afrika) schob sich neben mich. Ich zuckte erschrocken zusammen. Es war so still, ganz allein im Busch. Der Mann machte mich nervös – was wollte er von mir?

»*Bonjour*«, sagte er ruhig. »*Est-ce que vous êtes madame ou mademoiselle?*«

Die Konversation lief nach dem üblichen Muster ab, einschließlich Heiratsantrag und der Bitte um ein Geschenk. Ich lehnte leichthin ab, was er ebenso leichthin akzeptierte. Er war ein Mann in gesetztem Alter, in einem braunen *bubu* und einem alten, ausgebeulten, bestickten *tarbusch*, und ich hatte das Gefühl, dass er mehr aus Höflichkeit gefragt hatte, ohne ernsthafte Absichten. Die jüngeren Männer mit ihren Heiratsfragen und ihrer hartnäckigen Geschenkbettelei waren mir viel unangenehmer.

»*Est-ce que vous avez peur?*«, fragte er. Haben Sie keine Angst?

»Nein«, erwiderte ich. Ich gab Acht, dass ich mich nicht verletzte, mied riskante Situationen und bedrohliche Leute, aber Angst hatte ich eigentlich nicht – wie hätte ich sonst so leben können? Der Ehrlichkeit halber fügte ich hinzu: »*On prend chaque jour par chaque jour.*« – Ich lebe von Tag zu Tag. Wozu mir den Kopf über mögliche Gefahren wie Krankheit, Überfälle, Radunfälle zerbrechen?

»*Vous êtes courageuse*«, sagte er. Sie sind mutig.

Ich taute langsam auf, war wieder mit der Welt im Reinen und fragte ihn nach dem nächsten Dorf. Ich bekam oft Empfehlungen von Passanten, wo ich zum Mittagessen anhalten oder die Nacht verbringen konnte.

»Kourokoro«, sagte er. »Ungefähr eine Stunde.« Auf die Zeitangaben meiner Informanten konnte ich mich meistens eher verlassen als auf ihre Entfernungseinschätzungen. Mein Begleiter, der offenbar genug von mir hatte, beschleunigte sein Tempo und radelte voraus. Ich war wieder mir selber überlassen, lauschte auf meinen eigenen Atem, schaute in den wabernden Hitzedunst und sehnte mich nach weiblicher Gesellschaft. Afrikanische Männer waren entweder attraktiv oder ärgerlich oder bedrohlich. Was ich in Wahrheit vermisste, war ein richtig guter Schwatz. Mit einer afrikanischen Frau. So wie ich mit Françoise geschwatzt hatte.

Ich dachte an Madame Fall, die ich auf meiner Trainingstour von Dakar nach St. Louis kennen gelernt hatte. Madame Fall war Anfang dreißig gewesen, sehr hübsch und in ein reiches Gewand aus teurer cremefarbener, bestickter Baumwolle gehüllt. Sie trug blattförmige Goldohrringe, ein Goldmedaillon an einem dünnen Kettchen um den Hals und ein dickes Goldarmband. Sie war Witwe, erzählte sie mir, und führte die Tankstelle ihres verstorbenen Mannes weiter. Nach einem Abendessen saßen wir draußen in der dunklen, sternfunkelnden Nacht und schwatzten über das »Männerproblem«, wie Madame Fall es nannte. Sie sagte mir, sie würde gern einen reichen *blanc* heiraten. »Ah, aber die Männer ändern sich«, sagte sie.

Ich nickte zustimmend. Das war eine tiefsinnige Feststellung.

»Am Anfang ist es so ...« Sie kreuzte viel sagend zwei Finger. »Aber dann machen sie, was sie wollen ...« Sie schüttelte den Kopf, ein bisschen bitter, ein bisschen traurig. So wie ich.

An jenem Abend hatte ich Hoffnung geschöpft, dass die kulturellen Unterschiede vielleicht doch nicht unüberwindlich waren.

Manche Dinge waren überall gleich. Aber auf eine Afrikanerin wie Madame Fall oder Françoise zu treffen oder überhaupt eine Dorfbewohnerin, mit der ich schwatzen konnte, war in der Tat eine Seltenheit. Selbst abends hielten sich die Frauen im Hintergrund, und falls eine von ihnen Französisch konnte, erfuhr ich nichts davon, weil ich sofort von den Männern in Beschlag genommen wurde. Obwohl ich seit über zwei Monaten durch Afrika reiste, waren mir die Dorffrauen fremd geblieben.

Mit diesen Gedanken vertrieb ich mir die Zeit bis Kourokoro. Der Ort machte einen verlassenen Eindruck, als ich ankam. Außer dem weißen Minarettturm einer kleinen Moschee gab es nicht viel Bemerkenswertes. Die wenigen Behausungen, die ich sehen konnte, waren in den Innenhöfen hinter Lehmziegel- und weiß verputzten Mauern versteckt. Es gab einen Marktplatz, der aber verlassen war, und der einzige Laden, der nach einem *sucré*, einem Softdrink, aussah – ein kleines, weiß verputztes Gebäude mit einer Veranda und der Aufschrift »Alimentation générale« unter dem Dach –, hatte geschlossen.

»*Bonjour*.« Ein Kind stand vor mir, ein kleiner Junge von etwa zehn Jahren in schmuddeligen weißen Shorts und T-Shirt, und hinter ihm ein kleinerer Junge, sehr süß, mit rundem Gesicht und einem viel zu großen Hemd, der sich ängstlich an seinem großen Bruder festklammerte.

»*Bonjour*«, erwiderte ich und setzte ein beruhigendes Lächeln auf (zumindest hoffte ich, dass es beruhigend wirkte). Ich wusste nie, wie ich mich Kindern gegenüber verhalten sollte – Kinder waren in meinem früheren Leben kaum vorgekommen, im Gegensatz zu jetzt! »*Ç'est fermé?*« Hat der Laden zu?, fragte ich und zeigte auf den Laden. Wortlos rannte der ältere Junge davon, und der kleinere stolperte erschrocken hinterher. Es machte mich traurig, dass ich so abschreckend auf kleine Kinder wirkte. Andere Kinder tauchten auf und beobachteten mich stumm. Ich grüßte einen kleinen Jungen. Schon in diesem Alter wirkten die Mädchen schüchterner, vielleicht weil sie, benachteiligt, wie sie waren, einfach kein Französisch gelernt hatten. Ich fragte, wo denn die Leute alle seien, erhielt aber nur ein scharfes »*Attendez!*« – Einen Moment! Also kramte ich meinen Proviantbeutel hervor. Ich nahm mein Küchenmesser heraus, ein »La-vache-qui-rit«-Käsedreieck, eine Zwiebel, ein zerquetschtes Baguettestück und meinen Emailteller und machte mir ein Sandwich.

»*Bonjour!*« Ich schaute hoch, auf ein weiteres Kind gefasst, aber vor mir stand ein attraktiver, energischer Mann in einem braun-weiß gestreiften Baumwollgewand. Er hatte einen schwarzen Schnurrbart, ein kurzes Ziegenbärtchen und ein verschmitztes Lächeln im Gesicht. Ich war entsetzt, als ich erfuhr, dass er vom Freitagsgebet in der Moschee weggerufen worden war, um seinen Laden für die *toubab* aufzumachen. Ich entschuldigte mich, aber er wollte nichts davon hören, und während er das Vorhängeschloss an seinem Laden öffnete, stellte er sich als Monsieur Kounkaye vor und erzählte mir, er sei viele Jahre lang Buschtaxifahrer gewesen und in ganz Westafrika herumgereist. Wie alle Taxifahrer hörte er sich gern reden.

»Ich war sogar in Kamerun!«, rief er aufgeregt. Auf meiner Karte war das mindestens sechs Falten weit weg – zu weit, als dass ich mir jetzt schon Gedanken darüber machen wollte. Monsieur Kounkaye hatte eine ganze Wand seines Ladens mit den Namen guineischer Städte verziert und wie weit sie von Kourokoro entfernt waren. »Die Entfernungen stimmen«, verkündete er stolz, »nicht so, wie wenn Sie die Dorfbewohner hier fragen.«

Zwei Stunden lang saßen wir vergnügt zusammen, über Karten brütend, während ich einen warmen Tonic trank und Monsieur Kounkaye Geschichten aus seiner Taxifahrerzeit erzählte und mir einen Überblick gab, welche Zustände ich in den einzelnen Ländern antreffen würde und wie freundlich oder unfreundlich die Leute dort waren. Wir waren umringt von Kindern, die uns neugierig beobachteten, aber jetzt, in Monsieur Kounkayes Gesellschaft, fand ich sie amüsant und nicht einschüchternd.

»Die Straßen in Burkina Faso und an der Küste entlang werden Ihnen gefallen«, sagte Monsieur Kounkaye. »Aber in Nigeria müssen Sie aufpassen im Straßenverkehr!« Das erinnerte mich an die Radfahrer, die ich morgens getroffen und die mir gesagt hatten, dass sie ihre Route immer nach den roten Linien in der Michelinkarte auswählten, den befestigten Straßen. Ich wählte meine Route nach Lust und Laune aus – und landete auf löchrigem Schotter. Ich konnte mir nicht vorstellen, dass die Straßen irgendwo noch schlimmer waren als in Guinea.

»Sorgen Sie dafür, dass Sie vor der Regenzeit in Kamerun sind«, fuhr Monsieur Kounkaye fort. »Die Straßen dort sind sehr schlecht!« (Ich ahnte nicht, wie Recht er hatte!)

Ich spielte mit dem Gedanken, die Nacht über hier zu bleiben – er war ein unterhaltsamer Mann, ein stolzer Malinke, ein Kosmopolit, der in einem einsamen Dorf vergraben lebte wie so viele andere –, aber Monsieur Kounkaye, als alter Taxler, kam gar nicht auf die Idee, dass ich etwa nicht weiterfahren wollte. »Gehen Sie nicht nach Sanguiana. Das ist zu weit für heute Abend, und es ist nur ein kleines Dorf.« Eine nützliche Information, denn auf meiner Michelinkarte war es als großer Ort eingezeichnet, ähnlich wie Cissela. Aber Cissela lag von der Straße ab, und ich hatte es gar nicht in Erwägung gezogen. »Übernachten Sie in Cissela. Das ist eine Präfektur, und dort werden Sie sicher etwas finden.« Ich nahm seine praktischen Tipps dankbar an, doch als ich in den Dunst hineinradelte, der noch von der Nachmittagshitze über dem Elefantengras am Wegrand hing, sagte ich mir, dass ich lieber bei einem freundlichen Menschen wie Monsieur Kounkaye übernachtet hätte als in einer anonymen Präfektur.

In der Dämmerung kam ich schließlich in Cissela an, das sich als kleines Dorf entpuppte, und die Präfektur, ein stattlicher Lehmziegelbau im französischen Kolonialstil, war leicht zu finden. Eine Gruppe von ungefähr zehn Männern, alle in traditionellen reich bestickten *bubus* und *tarbuschs*, saß um einen Holztisch auf der Veranda. Eine Versammlung? Die heftige Diskussion verstummte, widerstrebend, wie mir schien, als die Männer mich entdeckten. Ich wurde beiläufig begrüßt, und nachdem sie einen anderen Mann beauftragt hatten, mir ein Zimmer im Präfekturgebäude zu besorgen, wandten sie sich wieder ihren eigenen Angelegenheiten zu.

Ich rollte mein Rad in das Schlafzimmer, das mir zugewiesen wurde, und schmollte ein bisschen – sonst regte ich mich auf, dass die Leute mich nicht in Ruhe ließen, und jetzt auf einmal fehlte mir der Rummel! Ich wusste natürlich, wie egozentrisch und widersprüchlich das war, aber auch in dieser Hinsicht wandelte ich auf Ibn Battutas Spuren.

Ibn Battuta, nach dem ich meine Reise benannt hatte, wurde 1304 in Tanger geboren, machte mit 21 Jahren seine erste Pilgerreise nach Mekka und zog von dort aus weiter bis nach China. 1349 kehrte er nach Fes zurück, durchquerte die Sahara und reiste von 1352 bis 1354 durch Westafrika. Bei seiner letzten Rückkehr, 1354, erhielt Ibn Battuta vom Sultan von Fes einen Schreiber zugewiesen, damit er seine Reisen aufzeichnen konnte. Dieses Dokument war bis ins 18. Jahrhundert eine der wichtigsten Informationsquellen über Afrika und gilt heute noch als einzigartiges Werk, einer der wenigen geschriebenen Berichte über westafrikanische Bräuche und Sitten in der damaligen Zeit.

In Batuttas Chroniken wimmelt es von Werturteilen über fremde Völker, meistens je nach dem Empfang, der ihm zuteil wurde. Wenn er Geschenke und eine komfortable Unterkunft erhielt, war er voll des Lobes für die Höflichkeit und Zivilisiertheit des Dorfes oder seines Vorstehers. Entsprach der Empfang jedoch nicht seinen Vorstellungen, so wurden ganze Städte und Königreiche von ihm verunglimpft.

Ich muss aufpassen, dass ich nicht ähnliche Züge entwickle, sagte ich mir, während ich meinen Kleiderbeutel und meinen immer noch zu dicken Toilettenbeutel auspackte.

Das hier war ein guter Halt, und die Leute waren großzügig.

Immerhin hatte ich einen Eimer Wasser zum Duschen bekommen, oder etwa nicht?

Kurze Zeit später lag ich auf der verklumpten Matratze, die Augen geschlossen, und dehnte meine Muskeln, während ich auf das Knistern und Rauschen des *BBC* World Service in meinem kleinen Kurzwellenradio lauschte. Auf einmal klopfte es an die Tür.

»Madame! Madame!«, rief eine aufgeregte Stimme. Der Präsident schickte nach mir.

Ich wollte ihn begrüßen, doch der Präsident, ein großer, gut gebauter Mann in einem bestickten gelben *bubu* und mit einem weißen Seiden-*tarbusch*, streckte nur seinen Arm aus und deutete mit dem Finger. »Madame, danke. Wissen Sie, wie man das hier in Gang bringt?«

Als ich seinem Blick folgte, sah ich einen leeren Karton, auf dem die Worte »Philips« und »Ärzte ohne Grenzen« aufgedruckt waren, und daneben einen Videobildschirm und -recorder.

»Das hat uns vorher ein Arzt von ›Ärzte ohne Grenzen‹ gebracht, und wir möchten heute Abend ein Video anschauen.«

Kein Wunder, dass sich niemand für meine Ankunft interessierte!

Das Gerät war an einen Generator angeschlossen, der im rückwärtigen Teil des Gebäudes geräuschvoll vor sich hinbrummte – offenbar war das Geschenk von einer Sonderzuteilung Dieselöl begleitet gewesen –, aber es erschien kein Bild, als das Testvideo eingelegt wurde.

»*Je suis désolée*«, erklärte ich verlegen, nachdem ich die Bedienungsanleitung durchgeblättert und an ein paar Reglern herumgefummelt hatte. »Es tut mir Leid. Ich habe noch nie ein Videogerät bedient.« In London hatte ich kaum ferngesehen. Keine Zeit. »Ich weiß nicht, wie es funktioniert.«

Der Präsident schaute mich fassungslos an. Eine Weiße, die nicht wusste, wie man ein Videogerät bedient – wie war so etwas möglich? Ich wurde umgehend entlassen, nutzlos wie ich war.

Ich kochte mir hinten im Hof in der Nähe des lärmenden Generators ein grässliches Abendessen (Spaghetti mit Tomatenmark und Zwiebeln und Salz) auf meinem launischen Kocher, dessen Kraftstoffdüse dauernd verstopft war. Während ich es alleine verspeiste (keine Kinder nach Einbruch der Dunkelheit), dachte ich über die potentielle Macht dieses neuen Mediums bei der Vermittlung von Informationen nach. In Senegal hatte ich eine Frau getroffen, die sich sehr enthusiastisch zu diesem Thema geäußert hatte: Sie war Dokumentarfilmerin und hatte an mehreren Lehrfilmen mitgearbeitet, die in abgelegenen Dörfern wie diesem hier gezeigt wurden, insbesondere als Hilfsmittel, um die Frauen in ihrer eigenen Sprache zu unterrichten.

Gegen acht Uhr abends wurde ein Junge zu mir geschickt, der mich holen sollte. »*Madame, madame*, möchten Sie das Video sehen?« Ich kehrte zum vorderen Hof zurück, wo das ganze Dorf versammelt war.

Die Luft knisterte vor Spannung, und ich schätzte mich glücklich, dass ich dabeisein durfte, wie dieses Dorf seinen zweifellos ersten Videoabend erlebte. Männer, Frauen und Kinder drängten sich lärmend auf Bänken zusammen, verstummten jedoch sofort, als ein Mann die Kassette einlegte. Der Bildschirm erwachte zum Leben.

Ein grünes Kanalsymbol blieb hartnäckig im Bild, und es waren Voranzeigen für künftige Videoverleih-Filme in flimmerndem Schwarzweiß zu sehen.

Der Vorspann lief, und meine Neugier verwandelte sich in blankes Entsetzen, als ich feststellen musste, dass *Rambo II* die erste Begegnung dieser Dorfbewohner mit der westlichen Filmkultur sein würde.

Wieder einmal gingen ein paar meiner vorgefassten Meinungen in Scherben. Warum sollten die Fernsehgewohnheiten der Menschen hier schärfer zensiert werden oder weniger oberflächlich sein als zu Hause? Wie viel Raum nehmen pädagogische Inhalte in unseren Programmen ein? Auch wenn *Rambo II* nicht gerade meine erste Wahl als Einstieg in die westliche Kultur gewesen wäre, bleibt die Tatsache bestehen, dass die westliche Kultur bis Cissela vorgedrungen war, egal in welcher Form.

Der Niger war sehr ruhig bei Kouroussa.

Ich beugte mich über das Geländer der roten Eisenstrebenbrücke, die noch die Gleise der aufgegebenen Bahnlinie von Conakry nach Kankan trug, und schaute in das langsam fließende grüne Wasser hinunter. Die Quelle des Flusses lag nur 300 Kilometer entfernt in den südlichen Bergen von Guinea, und doch war er hier schon träge und breit, schätzungsweise 100 Meter. Die Trockenzeit hatte eingesetzt, und der Wasserspiegel war bereits gefallen, sodass die Sandbänke aus fettem orangerotem Lehm frei lagen. Weiter stromabwärts wuchsen dunkelgrüne Schlingpflanzen, in den Büschen und niedrigen Bäumen verheddert, dicht am Wasserrand. Der Himmel war neblig weiß und die Umrisse der fernen Hügel weich. Dieser Dunst kam von dem Sand, den der Harmattan in die Luft wirbelte, jener starke Wind, der von Dezember bis Februar unablässig über die Sahara in den Sahel fegt.

Während ich weiter in den Fluss starrte, der hier am Beginn seiner Reise zum Nigerdelta und zum Atlantischen Ozean stand, dachte ich an Mungo Park, einen schottischen Entdecker des 18. Jahrhunderts, der hierher gekommen war, um den Lauf des Niger zu erkunden. 450 Jahre zuvor hatte Ibn Battuta die Region noch als friedlich und wohlhabend beschrieben, doch bis 1795 hatte der Sklavenhandel seinen Tribut gefordert und zu Unruhen und Feindseligkeiten unter den einzelnen Stämmen geführt (nicht viel anders als die frühen Auswirkungen der Demokratisierung). Von Krankheiten, Raubüberfällen und endlosen Tributforderungen zermürbt, konnte Mungo Park nur über Barbarei und Habgier berichten und prägte damit nachhaltig die Vorstellungen der Europäer von diesem Kontinent. Er kehrte 1805 nach Afrika zurück, war jedoch noch mehr von den feindseligen Stämmen isoliert, und als er überfallen wurde, beging er Selbstmord, indem er sich in eine reißende Stromschnelle stürzte. Armer Mungo.

Ich ließ einen Stock über die Brücke fallen und schaute zu, wie er sich in einem Wirbel verfing und dann in die Strömung gezogen wurde. Was entdeckte – lernte – ich auf dieser Reise? Reiste ich wie Mungo Park, isoliert von den Menschen, deren Weg ich kreuzte, verwirrt von ihren Sitten und oft voller Misstrauen, welche Motive in Wahrheit hinter ihrer Hilfsbereitschaft steckten? Oder reiste ich wie Ibn Battuta, mit einem Blick für gute Gastfreundschaft? Ein bisschen von beidem, fürchtete ich, und doch konnte ich diese sehr menschlichen, wenn auch nicht besonders sympathischen Reaktionen verstehen – Reaktionen, wie sie einem unterlaufen können, wenn man in abgelegenen fremden Ländern unterwegs ist.

»Esprit de Battuta«. Was war das? Neugier und Entdeckerfreude? Dann durfte ich nicht zulassen, dass Verwirrung und Misstrauen die Oberhand gewannen und mich in die Isolation trieben. Es lag an mir, wie viel Entdeckerfreude ich auf meiner Reise haben würde.

Sicher würde es weiterhin schwierig sein, Kontakt mit Frauen zu bekommen, bis ich in Länder kam, in denen die Sprachbarriere wegfiel, aber wenn ich mehr über die Menschen und ihr Leben wissen wollte, dann musste ich selber offener sein, mehr Fragen stellen, mehr Vertrauen zeigen, selber den ersten Schritt machen.

Das kann doch nicht so schwer sein, sagte ich mir.

Intermezzo zu dritt

Bamako – Mopti, Mali

Mit meiner Ankunft in Bamako, der Hauptstadt von Mali, hatte ich ein Etappenziel erreicht – 2300 Kilometer zurückgelegt, dreieinhalb Monate unterwegs, ohne umgebracht zu werden, und es war beinahe Weihnachten! Und was das Wichtigste für mich war – zum ersten Mal, seit ich vor drei Wochen aus Mamou aufgebrochen war, rollte ich wieder auf Asphalt, *le goudron*. Es war besser als ... okay – fast so gut wie ein Orgasmus. Vor lauter Begeisterung hielt ich an und küsste mein Rad, zum großen Erstaunen der jungen Mädchen, die mit vollen Wassereimern auf den Köpfen an mir vorübergingen. Sie flüchteten kreischend vor dieser verrückten weißen Frau, aber es war mir egal, ich war beinahe wieder in einer Stadt.

Conakry war eine Rip-van-Winkle-Stadt gewesen, die eben erst aus einem dreißigjährigen Schlaf erwachte, ganz im Gegensatz zu Bamako. Fahrzeuge verstopften die Straßen – völlig überladene Lastwagen, die einem unbekannten Ziel entgegenholperten, brechend volle Buschtaxis, hin und wieder ein nagelneuer Jeep und massenhaft klapprige Karren, mit Menschen und Waren beladen, die von einem oder zwei mageren weißen Ochsen gezogen wurden. Knatternde Mopeds schlängelten sich durch das Chaos, alle schwer mit Passagieren beladen. Manchmal fährt eine ganze Familie auf diese Weise – der Mann im hochgerafften *bubu*, unter dem ein Paar magere Waden hervorschauen, mit einem Kleinkind am Bauch, einem zweiten Kind, das rittlings auf dem Benzintank hockt, während hintendrauf die Ehefrau im traditionellen *pagne* seitlich auf dem Gepäckträger balanciert, mit einem Baby auf dem Rücken und einem großen Korb Tomaten im Arm. Manchmal sah man auch Mopeds mit einer Ziege vorbeiknattern – dem armen Tier wurden Vorder- und Hinterbeine zusammengebunden, und so war es mit dem Rücken nach unten auf den Gepäckträger geschnallt und protestierte laut blökend gegen diese grässliche Behandlung auf seiner letzten Reise. Ich schlängelte mich durch das Chaos, so gut ich konnte, die Nerven zum Zerreißen gespannt, und hoffte nur, dass es nicht *meine* letzte Reise sein würde.

Starkstromleitungen und Läden tauchten auf, kleine Holzbuden, die nach der Straße hin offen waren, sodass ich die Verkaufstische mit Esswaren, die Kühlschränke und Werbeplakate sehen konnte, auf denen Castel-Bier und Eis angepriesen wurden! Es war aufregend, wieder in die Welt der guten Sachen zu kommen, aber ich musste ruhig bleiben, um mich in dem zunehmenden Verkehr zu behaupten, um die Schilder »Centreville« nicht zu verpassen. Ich erspähte eine »Alimentation générale« mit einem Telefonsymbol und fuhr hinüber, um meinen Shell-Verbindungsmann anzurufen – Monsieur Adebunu, den *directeur générale*.

»Sie sind spät dran! Wir haben Sie schon vor einem Monat erwartet!« Ich war auch wieder in der Welt der Terminpläne gelandet. »Wo sind Sie jetzt?«

»Am Stadtrand von Bamako.«

»*Aye!*« Einen Augenblick blieb es still, dann: »Warum haben Sie uns nicht früher angerufen?«

»Es gab keine Telefone in Guinea, und ich bin gerade erst auf der Straße von Kourémalé hereingekommen.« In den Dörfern waren Telefone nicht gerade dicht gesät, aber das konnte man sich in Managerkreisen offenbar nicht vorstellen.

Monsieur Adebunu gab mir rasch eine Wegbeschreibung zum Shell-Büro und redete sich zusehends in Begeisterung. »Sie müssen bei mir und meiner Familie wohnen, und ich werde jemanden abstellen, der ein Programm für Sie ausarbeitet.« Ich war froh über die Unterkunft, die er mir anbot, und fand es bewundernswert, wie enthusiastisch er mich, eine dahergelaufene Buschvagabundin, in Empfang nahm, aber bei dem Gedanken an ein weiteres voll gepacktes Programm wurde mir ganz schwummrig; es war schließlich Weihnachten.

Meine Befürchtungen waren jedoch überflüssig, denn ich verbrachte eine wunderbare Zeit mit dem reizenden Tevi Adebunu, seiner liebenswürdigen Frau Cherita und ihren drei Kindern. Mein Programm war leicht, und ich musste nichts anderes tun als Geld wechseln, einen Rundbrief für WOMANKIND schreiben und ein Visum für Burkina Faso beschaffen, mein nächstes Land.

Was mir bald ins Auge sprang, war die Armut von Bamako. Wenn ich in den lauten, heißen Straßen umherschlenderte, die dunstig waren vom Staub, den der Harmattan aufwirbelte, konnte ich unmöglich die Augen vor den vielen Bettlern verschließen – zerlumpte, ausgemergelte Gestalten mit verkrüppelten und kaputten Beinen, die auf den Händen herumflitzten; Leprakranke mit bandagierten Händen und Beinen, auf Krücken humpelnd; mit Flussblindheit Geschlagene und kleine Waisen, die wie ausgezehrte Oliver-Twist-Kinder aussahen. Die Armut hier war offensichtlicher als in anderen westafrikanischen Städten, durch die ich bisher gekommen war. Vielleicht war ich in anderen Hauptstädten abgeschirmter gewesen, aber vielleicht waren die Leute auch einfach ärmer hier, nachdem das Pro-Kopf-Einkommen der Einwohner von Mali zu den niedrigsten der Welt zählt.

Nach der Unabhängigkeit 1960 wurde das Land marxistisch, mit verstaatlichten Industrien, Festpreisen für Agrarprodukte und Isolation von den französischen und afrikanischen Nachbarn, was zu wirtschaftlicher Stagnation, riesigen Auslandsschulden und einer aufgeblähten Bürokratie führte. Obwohl die wirtschaftliche Situation sich ständig weiter verschlechterte, setzte Mali seine sozialistische Talfahrt bis in die frühen Achtzigerjahre fort. Schließlich wurden Reformen in die Wege geleitet, aber durch die schrecklichen Dürreperioden der Siebziger- und Achtzigerjahre und die damit verbundenen Hungersnöte wurde die Armut noch schlimmer. Als Binnenland mit wenig natürlichen Ressourcen und einer beschleunigten Wüstenbildung (verursacht durch schlechte Bodenbewirtschaftung und rasches Bevölkerungswachstum), die ganze Landstriche in früher semiariden, aber kultivierbaren Gebieten bedrohte, waren Malis Zukunftsperspektiven nicht gerade rosig.

Als der erste Weihnachtstag heranrückte, konnte ich eine Ablenkung von menschlichem Leid und Elend dringend gebrauchen. Tevi und Cherita waren zwar keine Muslime, feierten aber trotzdem nicht Weihnachten, und so verbrachte ich den Tag mit Connie, einer American-Peace-Corps-Mitarbeiterin, die ich ungefähr eine Woche vor meiner Ankunft in Bamako kennen gelernt hatte. Sie lebte während ihres zweijährigen PC-Dienstes in dem abgelegenen Dorf Doko in Ostguinea in der Nähe der malischen Grenze.

»Hier wohnt auch eine Weiße, wir zeigen sie Ihnen«, erzählten mir die Kinder, als ich auf dem Markt von Doko ankam. Neugierig folgte ich ihnen zu einer Hütte, wo ich eine große, blonde, 26-jährige Amerikanerin namens Connie aus dem Mittelwesten antraf. Connie war nachdenklich, einsam und beinahe so zerzaust wie ich, und wir verstanden uns auf Anhieb. Sie lud mich ein, in ihrer Hütte zu übernachten. Drei Tage lang saßen wir in ihrer Hütte und redeten. Afrika war weit weg. Wir suhlten uns in unserem Heimweh und machten uns gegenseitig den Mund wässrig mit unseren Erinnerungen an die Weihnachtsessen zu Hause: Truthahn mit Füllung, Pudding und Wein. Connie hatte vor, ihre Ferien in Bamako zu verbringen, und wir beschlossen, dass wir uns dort treffen würden.

Wir feierten Weihnachten in dem großzügigen, mit Kunstwerken angefüllten Zuhause des einflussreichen Direktors von USAid, der über die Ferien in den USA weilte. Er hatte sein Haus einem Peace-Corps-Mitarbeiter namens Trent anvertraut, der Connie eingeladen hatte, die wiederum mich eingeladen hatte – ein bisschen kompliziert, aber Verbrüderung war groß geschrieben unter den Weißen in Afrika, die dort in abgelegenen Dörfern ein spartanisches Dasein fristeten.

»Jetzt schauen wir uns mal die Kunst an«, sagte Trent, ein farbloser und ziemlich oberflächlicher Typ von ungefähr 35 Jahren mit beginnender Glatze und einem buschigen Bart zum Ausgleich. Ich war nicht gerade begeistert von ihm, aber wie gesagt, Verbrüderung war groß geschrieben, besonders wenn ein Swimmingpool in Aussicht stand.

Connie und ich folgten Trent in das klimatisierte Haus und defilierten an den Glasvitrinen mit Bambara-Goldarbeiten, Tuareg-Silberschmuck, nigerianischen Bronzeskulpturen, ghanaischen Ashanti-Schemeln und Masken aller Art vorbei. Alles, was es an Kunsterzeugnissen in Westafrikas glorreicher Vergangenheit gab, war in dieser kleinen Privatsammlung vertreten – insbesondere Arbeiten aus dem sagenhaften Reich Mali, das von Ibn Battuta besucht worden war. Fantastisch!

Das alte Mali-Reich hatte eindeutig nichts mit dem heutigen Mali gemeinsam.

Hinterher saßen wir auf der Terrasse draußen, mit Blick auf Swimmingpool und Garten – Palmen über Palmen in den verschiedensten Entwicklungsstadien –, und verspeisten unser Weihnachtsessen. Es war allerdings kein Truthahn.

Unser Festmahl war aus den Weihnachtspaketen zusammengewürfelt, die Connie und ich bekommen hatten. Ich hatte ein riesiges von William bekommen – kein leidenschaftlicher Brief, aber vielleicht war es für einen Engländer wichtiger, Taten sprechen zu lassen. Connie verspeiste als Hauptgang ein Erdnussbutter-Gelee-Sandwich, ich ein Brot mit einer vegetarischen Paste. Dann aßen wir zusammen den Weihnachtskuchen von meiner Mutter, die gefüllten Pasteten von William und die M&Ms von Connies Vater. Mmmh. Schon wieder ein Beinahe-Orgasmus.

Am Nachmittag diskutierten wir über viele Themen, unter anderem über die Beschneidung von jungen Mädchen, ein entsetzlicher Brauch.

»Ich würde gern mehr darüber erfahren«, sagte Connie, »aber die Frauen in meinem Dorf reden nicht darüber.« Connie lernte die hiesige Sprache und hatte es somit leichter, Kontakt zu afrikanischen Frauen zu bekommen. Wir wussten nicht viel mehr, als dass dieser Brauch in Westafrika verbreitet war und von der Klitorisentfernung bis zur Exzision der inneren Schamlippen und sogar der Exzision eines Großteils der äußeren Schamlippen reichte. Die Gründe, warum es gemacht wurde, waren unterschiedlich – sie reichten von der Vorstellung, dass Frauen keinen Gefallen am Sex finden durften, damit sie ihren Ehemännern treu blieben, bis hin zu der weniger eindeutigen, aber hartnäckigen Überzeugung, dass die Beschneidung eine notwendige Tradition sei.

»Gebildete Frauen sind anscheinend weniger bereit, ihre Töchter beschneiden zu lassen, aber die älteren Frauen in den Dörfern möchten den Brauch weiterführen«, erklärte Connie. »Eine Frau in Conakry hat mir erzählt, dass sie ihre Töchter nie alleine zu ihrer Großmutter gehen lässt – sie hat Angst, dass die Großmutter die Mädchen sofort beschneiden lassen würde.« (Connie machte später ein Aufklärungsvideo zu diesem Thema, das guineischen Dorffrauen vorgeführt wurde.)

Am späteren Nachmittag, als Connie und Trent in der Hitze eingedöst waren, schlürfte ich mein Bier und war froh, dass ich hinter hohen Grundstücksmauern sein konnte. Dieser Rückzug half mir, meine emotionalen Batterien wieder aufzuladen.

»He, kommt jemand mit zum Schwimmen?«, fragte Connie und sprang auf. Sie wirkte viel energischer und enthusiastischer, als ich sie in Doko bei unserer ersten Begegnung erlebt hatte; anscheinend waren ihre Batterien auch aufgeladen worden.

»Klar«, rief ich. »Wer zuerst drin ist!«

»*Aye*, eine Weiße!«, hörte ich eine Frau rufen. Ich schaute hin und sah, dass sie die fassungslosen Mienen der Kinder nachäffte, die mich umringten. Die Frau stand mit einem Mann unter dem Vordach eines Lehmziegel-Ladens in dem Straßendorf Santiguila, 60 Kilometer hinter Bamako, wo sie ihren Durst mit den unvermeidlichen Miranda-Orangenlimos löschten. Ihre voll bepackten Fahrräder waren gegen die Wand des Ladens gelehnt.

Mein ursprünglicher Plan, ein Boot von Koulikoro (bei Bamako) zu nehmen und nigeraufwärts zu dem geheimnisumwitterten Timbuktu zu fahren, war von dem Hundebiss und der daraus resultierenden vierwöchigen Verspätung durchkreuzt worden. Jetzt war der Wasserstand gefallen, und es fuhren keine Boote mehr. Stattdessen wollte ich mit dem Rad nach Mopti fahren, ungefähr 800 Kilometer nordöstlich von Bamako, das Rad dort lassen und dann ein Boot nach Timbuktu und zurück nehmen – falls der Wasserstand hoch genug war, dass ein flaches Boot durchkommen konnte.

»*Aye, zwei* Weiße!«, rief ich zurück.

Susanna und Alistair kamen aus Glasgow. Sie waren von Banjul nach Gambia geradelt und wie ich auf dem Weg nach Mopti, aber sie hatten nicht vor, nach Timbuktu zu reisen. Sie wollten südwärts weiterfahren, auf derselben Route, die ich nach Burkina Faso und Ghana nehmen wollte, und ihre Reise in Accra, der Hauptstadt von Ghana an der Atlantikküste, beenden.

Susanna hatte langes rotes Haar, war tief gebräunt und trug eine weite Hose und ein ärmelloses Top, eine Kombination, die eindeutig von hier stammte, so wie meine zerfetzte Afrikakluft, die ich mir in Conakry hatte machen lassen. Susanna war die Temperamentvollere der beiden, und wir tauschten begeistert unsere Geschichten aus, während Alistair, ihr schmächtiger blonder Freund, etwas zurückhaltender blieb. Es war keine Unfreundlichkeit, wie ich bald herausfinden sollte, sondern einfach seine liebenswerte Art.

Wir tauschten unsere Straßenerfahrungen aus – die schlechten rangierten natürlich ganz oben! Es war eine Wohltat, mit Leuten zu reden, die Afrika aus derselben Perspektive kannten wie ich und ähnliche Erfahrungen gemacht hatten.

Ich versuchte Al in das Gespräch mit einzubeziehen. »Und was machst du, Al?«

»Ich bin Designer.«

»Und was designst du?«

»Ach, alles Mögliche«, sagte er gedehnt. »Ich hatte ein eigenes Design-Studio in Glasgow.«

Mehr war nicht aus ihm herauszubekommen.

Suze ergriff wieder das Wort – die Geschichten sprudelten immer noch aus uns hervor –, aber es wurde allmählich dunkel.

»Wir haben unser Zelt auf dem Grundstück des *commandant* aufgestellt – willst du nicht auch dorthin kommen?« Und ob ich wollte. Es gab keine Hotels in der Stadt, und zum Campen brauchte man die Erlaubnis des Polizeichefs. Es dauerte eine halbe Stunde, bis ich mir die Erlaubnis beschafft hatte und mein Zelt in der Nähe von Suze und Al aufstellen konnte. Dann zogen wir los, um etwas zu essen aufzutreiben. Ich hätte Bäume ausreißen können, seit ich in Gesellschaft war!

Im Lichtschein unserer Taschenlampen gingen wir auf die Hauptstraße zurück, wo eine lange Reihe von Tischen aufgebaut war. Die Kerosin-Lampen brannten jetzt, und überall sah man Frauen auf Kohleöfen kochen.

»Ich will *brochettes*!«, rief ich, als ich meine Taschenlampe auf einen Ofen richtete und Rinder-Kebabs entdeckte. Nach dem ewigen Fischreis waren Kebabs eine fantastische Abwechslung in meinem Speiseplan hier in Mali.

»Wir sind Vegetarier«, sagte Al. Autsch.

»Wir essen hier manchmal Fisch, aber wir sind immer auf der Jagd nach Bohnen«, sagte Suze, dann kicherte sie. »Ich kann keine Omelettes mehr sehen, ehrlich!« Das konnte ich mir vorstellen: Es war sicher nicht leicht, in Afrika vegetarisch zu leben, und ich platzte mit der Story von einem Vegetarier-Pärchen heraus, das im Sudan gestorben war, weil sie sich geweigert hatten, Fleisch zu essen.

»Wieso läufst du eigentlich mit einem J'aime-Shell-T-Shirt herum?«, fragte Al plötzlich. Mein J'aime-Shell-T-Shirt war ein Geschenk von Monsieur Adebunu. Ich erklärte ihnen, dass ich logistische Unterstützung von Shell erhielt, und erwähnte auch meine Zusammenarbeit mit WOMANKIND, aber Al wollte von Shell nichts wissen. Dass ich Unternehmensberaterin gewesen war, trug auch nicht gerade dazu bei, das Eis zu brechen.

»Ich habe für Oxfam (eine englische Hungerhilfeorganisation) gearbeitet, und jetzt machen wir auf freiwilliger Basis mit«, sagte Suze. »Wir sind in der Glasgower Gruppe.« Autsch hoch zwei!

Zwei schottische Vegetarier, die sich für Oxfam stark machten, und eine Big-Business-Australierin, die von einer Ölfirma gesponsert wurde! Ob das gut gehen würde? Wir beschlossen, zusammen nach Segou zu radeln, der nächstgrößeren Stadt, die zwei Tagesfahrten entfernt war, aber weiter legten wir uns nicht fest. Wir mussten erst unsere beiderseitigen Vorurteile überwinden, um herauszufinden, ob es eine Ebene gab, auf der wir uns verständigen konnten. Zum Glück ging es uns wie allen Reisenden – wenn du mit jemandem unterwegs bist, lernst du ihn sehr schnell kennen.

»Schluss jetzt! Haut ab!«, brüllte Susanna außer sich vor Wut und völlig aufgelöst am nächsten Tag, dann drehte sie ihr Fahrrad um und verjagte die Schar von kreischenden Kindern, die uns noch hinterherrannten, als wir längst aus ihrem Dorf heraus waren. Die Kinder wichen erschrocken zurück, ihre lästigen »*toubab*«-Rufe verebbten – auf so einen Ausbruch waren sie nicht gefasst gewesen.

Ich wäre Susanna am liebsten um den Hals gefallen. Jippie! Ich war nicht die einzige Weiße in Westafrika, die es nicht ausstehen konnte, wenn die Kinder hinter einem herjagten, die das Geschrei und Gekreische nicht mochte, die sich nicht gerne antatschen ließ. Also war ich doch nicht so herzlos und grässlich, wie ich befürchtet hatte!

»Geht dir diese Angafferei auch so auf die Nerven?«, fragte ich Suze, als sie das Rad herumgedreht hatte und sich wieder neben mir einreihte, etwas ruhiger jetzt und ziemlich kleinlaut. Auch das gefiel mir, weil es mir genauso ging, wenn ich die Beherrschung verlor und die kleinen Bälger anschrie.

»Und ob. Ist doch grässlich, oder? Man kommt sich so richtig abartig vor, und du kannst dir noch so oft sagen, dass du ruhig bleiben musst – sie glotzen und glotzen, und das ist so verdammt nervtötend!« Halleluja!, jubelte ich insgeheim.

Auf der Straße nach Ségou mussten wir die meiste Zeit hintereinander fahren, weil so viele Autos und Lastwagen unterwegs waren, aber Suze und ich fanden trotzdem Zeit zum Reden. Endlich hatte ich jemanden zum Tratschen gefunden, auch wenn es keine Afrikanerin war. Suze und ich hatten denselben Rhythmus beim Radfahren – wir fuhren immer weit voraus, während Al allein hinterherzockelte.

»Je mehr ihr beide quasselt«, bemerkte Al in einer Trinkpause, »desto schneller radelt ihr, und je schneller ihr radelt, desto mehr quasselt ihr.«

Wir kamen in Segou an, einem schönen, großen Ort, und lechzten alle nach einem Bier. Es war der Neujahrsabend, und wir waren wild entschlossen, uns zu amüsieren. Wir grölten »Auld Lang Syne« und »Waltzing Matilda«, zum Entsetzen der afrikanischen, libanesischen und französischen Gäste in dem Segouer Restaurant, in dem wir zu Abend aßen, und frühmorgens, als wir in den stillen Straßen nach Hause wankten, erschreckten wir die malischen Passanten mit unseren lauten »*Bonne-Année!*«-Rufen.

Wir blieben drei Tage in Ségou, das mit seinem gemächlicheren Rhythmus und Lebensstil eine Wohltat nach dem Lärm und Schmutz von Bamako war. Segou ist die zweitgrößte Stadt von Mali, wirkte aber mehr wie ein großes, weitläufiges Dorf. Nachdem wir uns bei ein paar Einheimischen informiert hatten, blieben wir im Office du Niger Campement, einem hässlichen Gebäude in dem ruhigen Verwaltungsviertel von Ségou, ein bisschen außerhalb der Stadt, aber umgeben von prachtvollen Sandsteinbauten, Überresten aus der französischen Kolonialzeit. Die Gebäude waren in einem eleganten, neo-sudanesischen Architekturstil gehalten: meist zweistöckige, schachtelähnliche Häuser mit Rundum-Balkonen auf beiden Etagen, wobei jeder Balkon von einem steinernen Bogen eingefasst war, der die Form eines Schiffsbugs hatte, und der ganze Komplex war von Außentürmchen umgeben, wie lauter »Nadeln der Kleopatra«, die vom Boden bis über das Flachdach hinausragten. Ich verbrachte Stunden damit, eines dieser Gebäude zu zeichnen, verzaubert vom Anblick der Türmchen und geschlossenen Fenster zwischen Palmen und Mangobäumen.

Die Straßen von Ségou waren zumeist schmutzig, aber schön überschattet von Mango- und Zedrachbäumen, was sehr wichtig war, denn mit fortschreitender Trockenzeit wurde die Hitze immer unerträglicher. Die Bewohner der Stadt bewegten sich in einem langsamen, schlurfenden Gang durch die Straßen, kaum je die Füße richtig hebend, um nur ja keine Energien zu vergeuden.

»*Bonjour.*« »*Bonjour.*« »*Ça va?*« »*Ça va bien, merci, et vous? Ça va?*« »*Ça va bien, merci, et les femmes? Ça va?*« »*Ça va, merci.*« »*Ça va.*«

Eine Begrüßung dauert eine halbe Ewigkeit in Mali! Dieses Ritual wurde bei jedem x-beliebigen Passanten durchexerziert, und es war unerlässlich, wenn man den Weg zum Markt oder zur Post oder zum Fluss erfragen wollte. Wären wir Einheimische gewesen, dann wäre die Begrüßung noch weitergegangen: Man hätte sich nach unserer Gesundheit, nach der Gesundheit unseres Vaters, unserer Mutter, unserer Geschwister erkundigt und so fort. Als einziger Mann musste Al den größten Teil der Begrüßungen über sich ergehen lassen. Suze und ich waren in den Augen der Muslim-Männer nur Anhängsel, was mich jedoch nicht störte, weil es mir so erspart blieb, ständig im Mittelpunkt des Interesses zu stehen.

Wir gewöhnten uns den malischen Schlurfschritt an, bewunderten die traditionellen Häuser der Bambara und gingen an dem breiten Nigerfluss spazieren. Die Häuser waren in einem anderen Stil erbaut als die Malinke-Häuser in Guinea, obwohl die beiden Stämme eng verwandt sind. Die Gehöfte waren von rot gestrichenen, verputzten Lehmmauern umschlossen. In einer Ecke stand das Wohnhaus, aus demselben Material gebaut, und in der gegenüberliegenden Ecke der Hühner- und Ziegenstall. In Bamako, das ebenfalls am Niger entlang gebaut ist, war das Stadtzentrum weit nach hinten vom Fluss zurück versetzt, und die Ufer waren nicht so zugänglich wie in Ségou. Hier konnten wir zusehen, wie die Frauen ihre Kleider im Fluss wuschen, wir konnten uns über die Kinder amüsieren, die sich eifrig einseiften und sauber rubbelten und dabei spielten und tobten, und wir konnten auf die schwarzen, zigarrenförmigen Einbaum-Kanus hinausschauen, die weit draußen auf dem Fluss fuhren.

Wir redeten pausenlos – beim Gehen, beim Essen im »Snack Golfe«, unserem billigen Lieblingsimbiss, wo es Pommes gab (mit Huhn, anderem Fleisch und Fisch, aber meistens war alles ausgegangen, außer Fisch und Pommes), beim Biertrinken, wenn wir den drückend heißen Nachmittag im Campement vertrödelten. Natürlich waren Suze und ich die Quasselstrippen, während Al nur hin und wieder einen Kommentar einwarf. Wir erzählten uns gegenseitig unsere Lebensgeschichte und stellten fest, dass wir beide an einem Scheideweg standen. In gewisser Weise diente uns die Reise als Vorwand, um Zeit zum Nachdenken zu gewinnen, um herauszufinden, in welche Richtung unser künftiges Leben gehen sollte. Und wie üblich in Afrika kreisten unsere Gespräche immer wieder um das Thema Entwicklungshilfe.

»Die Frauen schuften von morgens bis abends«, meinte Suze. »Sie gehen aufs Feld, und wenn sie zurückkommen, sammeln sie Holz fürs Kochfeuer, sie holen Wasser an der Pumpe, machen das Essen, fegen Haus und Hof, waschen ihre Kleider, ihre Kinder und sich selber. Ihr Arbeitstag ist wahnsinnig lang. Es würde den Frauen schon helfen, wenn man die Leute in den Dörfern dazu kriegen würde, auf nahe gelegenem Land Bäume für Brennholz anzupflanzen oder die Pumpen näher an den Häusern zu bauen.«

»Wichtig ist, dass man die Frauen einbezieht«, sagte Al. »Besonders bei Projekten, die mit neuen landwirtschaftlichen Techniken oder einem Bewässerungssystem verbunden sind. In manchen Fällen wurden nur die Männer einbezogen, und man stellte hinterher fest, dass die Frauen die meiste Feldarbeit machten – aber dann war der Schaden schon passiert.«

Suze schnitt eine Grimasse. »Mmh«, stimmte sie zu. »Dann kommen die Landwirtschaftsexperten mit ihren tollen Ideen daher und reden den Frauen ein, dass sie Kopfsalat anpflanzen sollen.« Sie spielte auf die Tatsache an, dass wir in Mali bei unseren nächtlichen Streifzügen grüne Salatblätter, ein paar aufgeschnittene Radieschen und Tomaten gefunden hatten, aber kein Dressing. Hilfsorganisationen hatten die Frauen mit diesen neuen Gemüsesorten vertraut gemacht, um ihnen eine Einnahmequelle zu verschaffen. Das war sicher gut gemeint, aber die Experten hatten nicht bedacht, dass die Malier keine Erfahrung mit Salatzutaten oder -rezepten haben. »Sie haben keinen Gedanken daran verschwendet, ob die Frauen auch verkaufen können, was sie produzieren!«

Mein Lieblingsthema waren die »Structural Adjustment Programmes«, die Strukturverbesserungsprogramme des Internationalen Währungsfonds (IWF). Es handelt sich um harte Wirtschaftsmaßnahmen, die der IWF den afrikanischen Staaten als Voraussetzung für eine Neubewertung ihrer riesigen Auslandsschulden auferlegte. Ein Schuldenerlass stand nicht zur Debatte, und die Maßnahmenkataloge, die in allen Ländern fast identisch waren, beinhalteten Privatisierungen, Reduzierung von aufgeblähten Verwaltungsapparaten, Abwertung der einheimischen Währung und andere Marktreformen plus politische Reformen im Hinblick auf eine Demokratisierung. Die Ärmsten im Land mussten die Umsetzung dieser Programme teuer bezahlen.

»Das Problem ist, dass korrupte Banker und Finanzierer das Geld oft einfach hergeben, ohne Kontrolle, wohin es fließt, sonst wäre der Schuldenberg vielleicht nie so hoch geworden, und ein Land wie Mali müsste nicht die rigide Politik des IWF befolgen«, belehrte ich Al und Suze von meinem imaginären Rednerpult herab. Bis vor kurzem wurden die Kreditgeber in der Weltbank nicht nach der Effizienz ihrer Darlehensbücher, sondern nur nach deren Höhe bewertet, was natürlich ein Anreiz war, große Darlehen für Großprojekte zu vergeben. Die Kreditgeber hatten kein verbrieftes Interesse daran, ob die Straße, der Staudamm oder die Brücke jemals gebaut und die Anleihe zurückgezahlt wurde.

»Hast du die Geschichte von der Brücke in Bamako gehört?«, fragte Al.

»Dass sie dreimal finanziert wurde, ehe sie gebaut wurde?«, fragte ich und nickte. »Witze« dieser Art machten überall in Entwicklungshilfekreisen die Runde. »Ja, ich habe davon gehört – aber ich wette, die Korruption bestand nicht nur auf der einen Seite.« In der Zeit des Kalten Krieges wurden viele so genannte Darlehen mit dem vollen Wissen der Spender vergeben, dass das Geld in die Taschen der Regierenden fließen würde, aber das war der Preis, um ein befreundetes Regime an der Macht zu halten. Mit diesen »Darlehen« haben die alten Diktatoren des alten Afrika ihre Schweizer Bankkonten gefüllt, und ich fand es unfair, dass die Menschen in ihren Ländern dafür aufkommen sollten.

»Die Geldgeber haben die Dienste bekommen, für die sie bezahlt haben«, sagte ich. »Von Rechts wegen müssten die Schulden in den Büchern abgeschrieben werden.«

Niemand bestreitet, dass es in Afrika viel wirtschaftliches Missmanagement gab und gibt. In der sozialistischen Ära in Mali bekamen die Leute staatlich finanzierte Anstellungen als *fonctionnaires* – Verwaltungsangestellte, Angestellte des Öffentlichen Dienstes –, auch wenn die Produktivität der betreffenden Unternehmen steil bergab ging und es nichts für sie zu tun gab. Andererseits hat es keinerlei Ersatzinvestition oder neue Stellen gebracht, als das soziale Netz abgeschafft und die Währung abgewertet wurde, sodass importierte Pharmazeutika für normale Afrikaner unerschwinglich wurden. Diese Härten für die Bevölkerung, so hieß es, würden nur vorübergehend sein und zu einer neuen Ära der Effizienz und internationalen Wettbewerbsfähigkeit führen. Aber das ist leider nicht der Fall.

»Habt ihr mitgekriegt, dass die Franzosen die Rindfleischpreise in Bamako kaputt gemacht haben sollen?«, fragte Suze. »Es heißt, sie verkaufen das Fleisch billiger, als die Peul-Bauern es produzieren können.« Das war typisch – die Industrieländer erzählen den ärmeren Ländern, dass sie international wettbewerbsfähig werden müssen, dann errichten sie ihre Handelsbarrieren gegen landwirtschaftliche Importe, die wichtigsten Exporte der Entwicklungsländer. Und als Krönung des Ganzen schlagen sie ihre eigenen subventionierten Überschüsse zu Dumpingpreisen los – und nehmen den armen Bauern ihre einheimischen Märkte weg! Meiner Meinung nach müssten die Strukturverbesserungsprogramme gründlich revidiert und die Auslandsschulden erlassen werden, damit die erklärten Ziele der Entwicklungshilfeprojekte realisiert werden können und das Ganze ein menschlicheres Gesicht bekommt.

In dieser ruhigen, von Gesprächen erfüllten, vergnüglichen Zeit in Ségou hatten wir entdeckt, dass wir zusammenpassten, und wollten nun gemeinsam weiterfahren. Ich war froh, dass ich von jetzt an Gesellschaft haben würde.

Wir nahmen nicht die Hauptstraße nach Mopti, wie wir ursprünglich unabhängig voneinander geplant hatten, sondern eine ruhigere Straße am Niger entlang – sie war zwar unbefestigt, aber Suze und ich würden trotzdem besser reden können! Wir wollten zum nördlichen Ufer übersetzen, nach Sansanding, Macina und Diafarabé fahren, dann zum südlichen Ufer überwechseln und nach Say, Djebbé und Djenné reisen. Anschließend wollten wir, nachdem wir 300 Kilometer von Ségou aus zurückgelegt hatten, für die letzten 130 Kilometer bis Mopti wieder auf die Hauptstraße zurückkehren. Alles in allem ein Katzensprung.

Unsere Route am Niger entlang war wunderschön. Goldgelbe Baumwoll- und Hirsestoppeln waren über ocker- und sandfarbene

Ackerfurchen verstreut. Dornenstrotzende, struppige Akazien markierten den Straßenrand und die Grenzen zwischen den Feldern, mit dem Erfolg, dass Al und Suze jeden Tag Löcher in den Reifen hatten, während meine Kevlar-verstärkten Reifen sich jetzt auszahlten. Bozo-Fischer in Pirogen – langen Holzkanus, die aus Baumstämmen geschnitzt sind – stakten sich auf dem Niger entlang oder glitten unter kleinen weißen Baumwollsegeln dahin, die Netze und ihren Fang hinter sich herschleifend. Peul-Hirten mit einer manchmal fünfzig-, manchmal zehnköpfigen Herde von ausgemergelten Buckelrindern kreuzten unseren Weg, und bisweilen stießen wir auf die Knochen und Hörner eines unglücklichen Bullen.

Wir bewegten uns im Binnenlanddelta des Niger. Dieses riesige, höher gelegene Gebiet, durch das der Niger mäandert und das einst ein See war, ist zwischen Juni und Oktober immer noch überflutet. Es ist ideales Kornland, und das Weidegras, das nach der Überschwemmung wächst, gibt gutes Viehfutter für die Herden der Peul-Nomaden ab. In der Nähe von Kolongotomo wird das Land morastig, und wir radelten über Deiche. Es dämmerte bereits, als Al plötzlich eine Vollbremsung einlegte. Ein lautes Knallen war zu hören, und wir hielten an und lauschten.

»Sind das Gewehrschüsse?«

»Oder Jäger? Vielleicht wär's besser, wenn wir hellere Sachen anziehen, damit sie sehen, dass wir keine Kühe sind«, flachste ich.

»Es könnten Banditen sein«, sagte Al. Ich fand das gar nicht witzig, denn die Straße war ziemlich verlassen.

Suze war zunächst weitergeradelt, hatte aber weiter vorne angehalten. Als wir sie einholten, deutete sie auf ein Feld, in dem lauter Männer zu sehen waren, die mit langen Peitschen knallten und brüllten, um die Vögel zu verjagen.

Am Abend übernachteten wir in dem abgelegenen Dorf Kolongotomo im Campement, einem zweistöckigen Flachdachbau. Es war heiß und windstill, und so stellten wir unsere Zelte auf dem Dach auf. Wir blieben, wie wir waren, schmutzig und staubig, ohne nach Waschwasser zu fahnden, saßen einfach da und redeten und ließen die Nacht auf uns herabsinken. Bald war es dunkel und der Himmel dicht mit Sternen übersät.

»Hier, seht mal – ich hab eine neue Verwendungsmöglichkeit entdeckt!«, rief Suze triumphierend. Sie hatte nach einem Untersatz für ihre brennende Kerze Ausschau gehalten, und schließlich war sie auf die Idee gekommen, ihren großen violetten Plastikeimer auszuleeren und umzudrehen. Dann ließ sie ein paar Tropfen Wachs auf den Eimerboden tropfen und setzte die Kerze darauf. »Voilà«, sagte sie und warf ihr langes rotes Haar herum. »Unser Tisch.«

Der Eimer war in Ségou gekauft worden, trotz Als Protesten, und seine Verwendungsmöglichkeiten waren nahezu unbegrenzt: Wir nahmen ihn zum Kleiderwaschen, Tellerwaschen, uns selber waschen. Tagsüber, am Gepäckträger befestigt, diente er als Behälter für den schmutzigen Holzkohleofen und die Holzkohle; und auf dem Markt war er unser Einkaufskorb für Obst und Gemüse. Ein Eimer war etwas sehr Nützliches.

Im Gegensatz zu einem anderen Gegenstand, der auf dem Weg nach Macina, unserem nächsten Tagesziel, Suzes Unwillen erregte.

»Ich hab dich so dick!«, brüllte Suze plötzlich los, womit sie nicht Al meinte, sondern ihren armen Fahrradhelm. In Afrika war ein Helm nur Ballast, und Suze hatte ihren hinten am Fahrrad befestigt, wo er ständig herunterrutschte und mit lautem Geschepper gegen den Hinterreifen knallte. Suze hielt an – Al und ich bremsten ebenfalls –, und zack!, packte sie den Helm und schleuderte ihn in den Busch. »Ab mit dir!«

Al und ich tauschten einen belustigten Blick, und Suze keuchte weiter.

Am Abend kamen wir in Macina an, einem ziemlich durchschnittlichen, aber hübschen kleinen Verwaltungsort mit einer breiten Hauptstraße, die von einer langen Reihe riesiger alter Zedrachbäume gesäumt war. Suze und ich wanderten auf die dunklen Straßen hinaus, auf der Suche nach etwas Essbarem. Ich wollte Fleisch, nicht Bohnen, und wir gingen in ein kleines, verlassenes Restaurant und riefen nach dem Koch.

»Ja, Sie können Huhn haben, Madame«, sagte der junge Mann, der aussah, als hätten wir ihn aus dem Schlaf geholt. »Aber es dauert eine Stunde.«

»Eine Stunde?«, fragte ich entsetzt, und der Mann deutete wortlos in den Hof – auf die Hühner, die dort im Dreck scharrten. Ich schluckte. Eines von diesen armen Geschöpfen sollte also mein Abendessen sein?

Susanna kicherte. »Sag bloß, dir ist der Appetit vergangen! Willkommen im Vegetarierclub.«

»Ich glaub, ich will doch lieber Bohnen«, sagte ich und musste selber über meine Zimperlichkeit lachen.

Ein paar Tage später, auf der Straße nach Diafarabé, führte der Fahrweg besonders dicht am Niger entlang, und wir sahen in einem tiefen Wasserloch eine Herde grauer Nilpferde.

»Ibn Battuta hat über Nilpferde geschrieben«, erzählte ich Suze (Al war zu diesem Zeitpunkt irgendwo weit hinten). »Er fand sie ziemlich faszinierend, konnte aber nur beschreiben, was sie nicht waren – weder Pferde noch Elefanten.«

»Vielleicht weil er nicht allzu viel von ihnen zu sehen bekommen hat«, meinte Suze zu Recht. Nilpferde waren flüchtige Geschöpfe – diese hier hoben nur gerade ihre Augenlider über die Wasseroberfläche, um uns mit einem hochmütigen Blick zu bedenken.

Wir radelten durch kleine Dörfer, die sich seit Mungo Parks oder sogar Ibn Battutas Zeiten nur wenig verändert hatten. Sie waren von

Lehmmauern umgeben, immer ruhig, mit einem offenen Marktplatz und einfachen, schattigen Häusern und einer alles überragenden turmbewehrten Moschee. Wir gewöhnten uns an den klagenden Ruf, mit dem der Imam die Gläubigen zum Gebet rief – fünfmal am Tag! Selbst in den kleinsten Dörfern ertönte der Ruf über Lautsprecher – nicht wie zu Ibn Battutas Zeiten –, und wir konnten zuschauen, wie die Gläubigen, meistens Männer, ihre Matten auf der Erde ausrollten und sich vor ihrem Gott verneigten.

Später, auf der ausgetrockneten Straße nach Say, die eigentlich nur aus einer Reihe von Reifenspuren durch die staubige, mit Dornenbäumen übersäte Ebene bestand, radelten Al und ich einen Nachmittag lang zusammen und redeten über unsere Zukunftsträume.

»Suze und ich möchten weg von Glasgow, ein Haus auf Arran kaufen und ein Radreisen-Unternehmen aufmachen.« Als ich erfuhr, dass Arran eine Insel vor der Küste von Schottland ist, meldete sich die Unternehmensberaterin in mir zu Wort. »Schottland ist doch viel zu regnerisch für Radtouren, und die Saison ist nur kurz. Da könntet ihr im Winter Radreisen nach Afrika anbieten.«

»Nein«, wehrte Al ab. »Ich glaube, das wäre nicht gut für die einheimische Kultur, wenn wir zu viele Leute dorthin bringen würden.«

Ich ließ mir das eine Weile durch den Kopf gehen. »Aber das ist ein hartes Geschäft – jeder kann daherkommen und das Gleiche machen. Ihr werdet es schwer haben, mit Profit zu arbeiten.« Halt die Klappe, Pamela, sagte ich mir – das ist sein Lebenstraum!

»Und was hast du vor?«, erkundigte sich jetzt Al. »Wieder als Unternehmensberaterin arbeiten?«

»Nein, ich will ein Geschäft in Afrika aufmachen – etwas Sinnvolles, vielleicht in der Lebensmittelverarbeitung, damit ich Leute einstellen kann, vielleicht Rohstoffe von einheimischen Frauen abkaufen und ihnen einen Markt verschaffen, oder etwas anderes, womit ihnen geholfen ist. Dann möchte ich einen Teil des Gewinns in die Dorfgemeinschaft zurückfließen lassen, vielleicht mit einem Kreditsystem für die Frauen dort, als Startkapital für ihre Geschäfte.«

»Und was willst du produzieren?«, fragte Al. Ich merkte selber, wie vage und unausgegoren das alles klang.

»Ich hab mir gedacht, eine Süßwarenfabrik ...«

Al schnaubte gutmütig. »Ach nee, damit die Kinder sich die Zähne verderben, wie?« Er hatte Recht.

»Na ja, ich könnte Äpfel in Madagaskar anbauen ...« Und sofort erwärmte ich mich für dieses Projekt. »Bloß leider ist das Klima dort zu kalt für mich!«, stellte ich abschließend fest. Ich ließ mich leicht entmutigen. »Ach ja, ich weiß – ich stelle vegetarische Pasten für Afrika her. Das ist gesund und gut für die Kinder. Und es wird aus toter Hefe gemacht – in Afrika wird so viel Bier hergestellt, und ich wette, dass die ganze überschüssige Hefe einfach weggeschmissen wird.« Später stellte ich fest, dass die Brauereihefe tatsächlich in Wassergräben und Abzugsrinnen gekippt und so zu einem Umweltproblem wurde – zumindest könnte man es als Viehfutter oder Dünger weiterverwerten.

(Natürlich träume ich immer noch davon, obwohl ich, wie Al es mir prophezeite, in die Welt des Consulting zurückgekehrt bin, während Al und Suze jetzt auf Arran leben und Radreisen organisieren.)

Die Dörfer waren oft still und verlassen – und irgendwie verpassten wir immer den Markttag. Waren die Leute irgendwo anders auf dem Markt? Die Lehmhäuser standen dicht bei dicht und hatten geschlossene Holztüren, winzige Fensteröffnungen und eine Lehmtreppe, die zu den flachen Dächern hinaufführte. Dort wurden Gebete abgehalten oder Arbeiten erledigt oder Gespräche in der

Abend- und Morgenkühle geführt. Aber es waren nicht viele Leute und vor allem nicht viele Frauen in diesen Dörfern zu sehen. Vielleicht waren sie auf weiter entfernte Märkte gegangen, um die Erzeugnisse ihrer Felder zu verkaufen. Oft sahen wir ein paar Kühe durch die sandigen Straßen wandern, von einem Jungen gehütet, der mit seinem Stock hinterherzuckelte, und Ochsen, vor Karren mit Reissäcken gespannt, oder Esel, die widerstrebend schwere Hirseladungen trugen.

Ganz still war es jedoch nicht. Nach einer kurzen Atempause mit klarem Wetter und windstillen Tagen kehrte der Harmattan in voller Stärke zurück, und die Landschaft färbte sich milchig weiß. Der Wind heulte unablässig, und wir wickelten Schals um unsere Gesichter, um unsere Augen vor dem wirbelnden Sand und der grellen Landschaft zu schützen. Wir sahen wie Banditen aus. Es war kalt ohne Sonne, und wir mussten tagsüber sogar unsere Fleece-Shirts tragen. Da jetzt im Januar die Sonne tief am südlichen Himmel stand, lag der dunstige Luftschleier über dem Fluss im Gegenlicht und schillerte in allen Farben des Regenbogens. Der Wind, der von Nordosten her über die Sahara fegte, machte das Treten, ja sogar das Atmen, sehr mühsam, und unsere Fahrspur wurde immer sandiger – manchmal mussten wir stundenlang schieben.

»Verdammtes Rad!«, brüllte ich mein Fahrrad an und warf es vor Wut in den Sand. Ich hatte mich festgefahren, während Al und Suze, inzwischen ein gewohntes Bild, durch die tiefen Verwehungen weiterradelten. Obwohl ich ständig Ballast abwarf (kein Wasserfilter, kein Kassettenrekorder, keine zweite Kamera mehr), reisten Al und Suze immer noch mit leichterem Gepäck. Ich tröstete mich damit, dass Paare gewichtstechnisch im Vorteil waren – viele Dinge, die für eine Radexpedition unverzichtbar sind, stehen nicht in direktem Verhältnis zu der Anzahl der Teilnehmer. Suze hingegen schob es auf meine Kaufwut.

»Hier, du Mistding!«, brüllte ich und trat gegen das arme Fahrrad. Autsch! Mit meinem Tritt hatte ich die Lenkertasche heruntergefördert.

Wir brachen früh von unserem Übernachtungsplatz in Djebbé auf, um die 15 Kilometer nach Djenné zurückzulegen. Eine Woche war vergangen, seit wir Ségou verlassen hatten, und es war Montag, der berühmte Markttag von Djenné. Wir wollten frühzeitig ankommen. Der Harmattan blies noch immer, und wir verhüllten unsere Gesichter mit Tüchern, aber der Sand in der Luft war nicht dicht genug, um die Sonne auszusperren, sodass es heute heller war. Wir kamen an einem Jungen vorbei, der eine störrische Ziege an einem Strick hinter sich herzerrte, und an zwei Peul-Männern, die gelassen ihre Viehherde vorantrieben. Dann tauchte eine Gruppe von plappernden, aufgeregten Frauen auf, farbenprächtig gekleidet, jede mit einem Baby in einem Tragetuch auf dem Rücken und einer Emailwanne mit Dörrfisch auf dem Kopf. Wir radelten weiter, an einem schwer beladenen Esel und dessen leichtfüßigem jungem Besitzer und mehreren Ochsenkarren vorbei. Manche dieser Karren waren nur mit einem Bauernpaar und dessen Produkten beladen, andere dienten als öffentliche Verkehrsmittel, voll gestopft mit Säcken, Wannen, Töpfen, Korbwaren und Passagieren, die es sich darauf bequem zu machen versuchten. Der Verkehr wurde dichter, bis wir schließlich mitten in einem Chaos aus Fußgängern, Tieren und Karren steckten. Alles strebte dem Markt von Djenné zu.

Auf einmal erhob sich, unübersehbar und wie durch Magie, der dunstige Umriss einer großen Stadt über der schlammigen Ebene vor uns – die hohen Türme einer Lehmziegelmoschee, viel größer als alle, die wir bisher gesehen hatten, umschlossen von einer Lehmziegelmauer. Die ganze Stadt war von saftiger grüner Vegetation umgeben und hoch oben auf einer Insel gelegen.

Djenné war lange Zeit eine der größten Handelsstädte im Sahelgebiet und ein Zentrum religiöser Gelehrsamkeit gewesen. Die Stadt wurde im 9. Jahrhundert gegründet, im späten 12. oder frühen 13. Jahrhundert islamisiert und stieg bald zur berühmtesten muslimischen Stadt im Westsudan auf. Djenné war ein Durchgangslager für das Salz, das aus der Wüste kam, und zog viele südwärts reisende Händler an, und es wurde (und ist es bis heute geblieben) zu einem wichtigen Zentrum des Islam. Timbuktu machte der Stadt erst später ihren Platz als Handels- und Religionszentrum streitig.

Wir fuhren inmitten einer großen Menschenmenge in die Stadt ein. Es ging äußerst geschäftig zu: Der Markt spielte sich bis in die engen Gassen ab, und auf dem Hauptplatz erwartete uns ein atemberaubendes Spektakel – Scharen von Händlern, Waren, Tieren, Kunden, Bettlern, in Staubwolken gehüllt, und über alledem die mit Holzpfählen gespickten Türme der prachtvollen Moschee. Die Leute luden ihre Waren ab und stritten sich um gute Plätze, und immer wieder drängten Neuankömmlinge herein.

»Oh, mein Gott – die Kinder sehen ja total verhungert aus!«, rief Suze, ebenso entsetzt wie ich über den Anblick der Kinder, die uns umringten. Das waren nicht die üblichen neugierigen Kinderscharen, sondern gierige, hohläugige kleine Bettler, die Köpfe kahl geschoren, die Haut weiß vom Staub und nichts als zerfetzte Lumpen am Leib. Es waren Waisenkinder, die in die Obhut von Marabuts gegeben wurden, um von ihnen erzogen und ernährt zu werden. Stattdessen, so hörten wir in Djenné, ließ man sie bis zum Umfallen den Koran rezitieren, und sie wurden in halb verhungertem Zustand gehalten, damit sie betteln gehen mussten, wenn sie überleben wollten; das gehörte alles mit zu ihrer Ausbildung. Wir fanden es grässlich und konnten keinen pädagogischen Sinn darin sehen, aber die allgegenwärtigen hohlen Gesichter mit den vor Hunger halb wahnsinnigen Augen schlugen uns auf den Magen, wenn wir in Djenné herumschlenderten. Wir konnten nicht allen etwas geben, aber wie sollten wir es übers Herz bringen, vor diesen Elendsgestalten etwas zu kaufen oder zu essen? Das Gewühle war so dicht, dass wir uns mit Sicherheit verlieren würden, und so beschlossen wir, getrennt loszuziehen.

»Bis später im Campement«, rief Suze. »Kauf nicht so viel!«

Der Markt selber war unerhört farbenprächtig, mit einem riesigen Warenangebot. Djenné war immer noch ein internationales Durchgangslager, und es gab Waren, die ich wieder erkannte: Indigostoff aus Guinea und Gewänder aus dem Senegal. Grob gemahlenes Salz, auf Sackleinwand gehäuft und von einem scharfäugigen Händler bewacht, war auch heute noch zu haben. Normalerweise werden afrikanische Märkte von dem Grundbedarf an Lebensmitteln beherrscht – Reis, Bohnen, Dörrfisch und saisonalen Produkten wie Tomaten –, außerdem von Gebrauchsgütern wie Wachsbatikstoffen und Plastikeimern. Auf diesem Markt jedoch gab es ein breites Angebot von traditionellen handgearbeiteten Erzeugnissen, mehr noch als auf dem *grand marché* von Bamako: handgewebte Teppiche, Patchworkstoffe, Kalebassen (aus der Frucht des Baobabbaums), große Tontöpfe, verzierte Wasserkrüge aus Ton, schlammgefärbte Baumwollstoffe, Tuareg-Silberschmuck, handgemachte Keramikperlen, kunstvolle Holzschnitzereien, Tonöfen, Korbwaren und handgearbeiteter Goldschmuck. Die Handwerker verkauften nicht nur fertige Produkte, sondern stellten sie auf Verlangen her. Goldschmiede waren bei der Arbeit zu sehen, und ich fand sogar einen Schmied – einen *forgeron* –, der mir einen neuen Lenkstangen-Gepäckträger für mein Fahrrad machte.

Trotz Suzes Ermahnung kaufte ich wie verrückt! Ich kaufte Stoffe – leichte Stoffe, besser für die Hitze –, suchte mir einen Schneider, zeichnete ihm eine Skizze auf ein Blatt Papier und überließ ihn der Arbeit an meinem neuen afrikanischen Gewand. Nachdem ich auch noch Perlen, Ashanti-Stoffe aus Ghana, schlammgefärbtes Tuch, Silberwaren und einen Korb erhandelt hatte, brachte ich meine Schätze lieber gleich zur Post, ehe Suze sie zu sehen bekam.

»Das muss genäht werden«, sagte der Postangestellte.

Wie bitte? Dann begriff ich, dass die Post sicherheitshalber nur Pakete annahm, die in Baumwollstoff eingewickelt und zugenäht waren. Noch ein Besuch beim Schneider!

Als es dämmrig wurde, gingen die Leute nach Hause, und ich steuerte ebenfalls das Campement an, nun wieder etwas ernüchtert. Der Imam rief die Gläubigen zum Gebet, seine inbrünstigen Rufe, über Lautsprecher verbreitet, hallten auf dem leerer werdenden Marktplatz wider und in die Gassen dieser alten Stadt hinein.

Wir blieben ein paar Tage in Djenné, ehe wir weiterradelten, jetzt wieder auf Asphalt und weg vom Niger, um die letzten hitzeflimmernden 130 Kilometer nach Sevaré zurückzulegen, einem kleinen Ort zwölf Kilometer vor Mopti. Statt nach Mopti hineinzufahren, einer alten Handelsstadt auf drei Inseln im Niger, wollten wir lieber in Sevaré übernachten, wo es ein sauberes Hotel gab, richtige Betten und fließendes Wasser. Mopti würden wir dann auf Tagesausflügen erkunden. Eine gute Entscheidung, wie sich bald herausstellte, denn Al wurde sehr krank.

Al hatte unterwegs schon ein paar Fieberanfälle gehabt, den ersten in Ségou, einen weiteren in Macina, dann noch einen in Djenné. Da er annahm, dass es Malaria war, hatte er Chloroquin geschluckt, und wir hatten jedes Mal einen Tag Ruhepause nach seinen Fieberanfällen eingelegt, in der Hoffnung, dass die Sache damit ausgestanden war. In Macina wollte Al sogar einen Bluttest machen lassen, doch das Solarzellen-Mikroskop funktionierte nicht – der Sand, den der Harmattan aufwirbelte, ließ keine Sonne durchdringen.

Jetzt, in Sevaré, hatte er einen neuen Anfall, und der ohnehin schmächtige Al wurde von Tag zu Tag blasser, dünner und lustloser. Während ich in Mopti war, um auszukundschaften, wann ein Boot nach Timbuktu ging, brachte Suze Al in die Krankenstation, wo ihm bestätigt wurde, dass er Malaria hatte.

Diese Krankheit, der so viele Kinder in Afrika zum Opfer fallen, ist schrecklich. Al nahm eine Kombination von Halfen und Fansidar, zwei modernen Malariamitteln. Er hatte Prophylaktika genommen, so wie wir auch, aber anscheinend hatte er einen Erreger aufgeschnappt, der gegen diese Medikamente resistent war, wahrscheinlich von einem Moskito in Gambia, wo diese zäheren Abarten verbreitet waren. Sein Fieber kehrte alle drei oder vier Tage zurück, und er wurde immer schwächer. Es war erschreckend, wie seine Gesundheit dahinschwand: die Augen eingesunken und blass, das bisschen Fett, das er auf dem Leib hatte, vom Fieber weggeschmolzen.

Ich blieb fünf Tage bei Al und Suze in Sevaré und radelte in dieser Zeit nach Mopti hinein. Kleine Boote verkehrten noch auf dem Fluss, wie ich herausfand. Al und Suze hatten vorgehabt, mit mir an Bord zu gehen, aber bei Als Zustand konnte davon keine Rede mehr sein. Sie überlegten sogar, ob sie nicht einen Bus nach Süden nehmen sollten.

Die Zeit mit Suze und Al hatte mir bewusst gemacht, wie einsam ich vorher gewesen war – wie ein wilder, erschöpfter Wolf, von Fremden umzingelt, die mich dazu brachten, zu schnappen und zu fauchen, obwohl ich andererseits zutiefst dankbar für die Gastfreundschaft war, die sie mir zeigten. Wenn wir zu dritt von Kinderscharen bedrängt wurden, machte mir das nie so viel aus – die Aufmerksamkeit verteilte sich –, und es war unglaublich, wie schnell die Zeit mit Lachen und Schwatzen verging.

Doch der Wasserstand fiel weiter, und bald würden keine Boote mehr fahren. Es wurde also Zeit für mich, weiterzureisen. Ich hatte

3000 Kilometer zurückgelegt und noch einen langen Weg vor mir, es gab noch so viel zu sehen, zu fühlen, zu erfahren. Ich war froh, dass ich so gut bei Kräften war, aber zugleich auch traurig, weil ich meine beiden Freunde zurücklassen musste. Wir waren nur drei Wochen zusammen gewesen, aber es kam mir viel länger vor. Jetzt würde ich meinen Weg alleine weitergehen müssen, und ich hoffte, dass mein Geistführer mich nicht im Stich ließ und dass ich gesund bleiben würde.

Handelsplätze

Mopti – Tonka, Mali

»Ich muss ein paar Orangen kaufen ... und einen Eimer!«, rief ich hastig den vier oder fünf jungen Burschen zu, schmächtigen Jugendlichen in Jeans, schmutzigen T-Shirts und Baseballmützen, die mich in den Hafen von Mopti schleusen wollten. Ich rannte über den Markt, keuchte die überfüllten, heißen Gassen zwischen den Verkaufsständen hinunter, meine Besitztümer, in einen blauen Beutel verpackt, über der Schulter und meinen Akubra in den Händen quetschend. Die jungen Typen, die sich als Guides ausgaben, hatten sich zäh wie Kletten an mich geheftet, als ich beim Marktplatz und Hafen von Mopti angekommen war. Sie wussten jetzt, dass ich heute Nachmittag mit dem Boot nach Timbuktu abreisen wollte, und der Anführer der Gruppe, ein cooler Typ mit Sonnenbrille, schlabbrigen Jeans und einem schwarzen T-Shirt, zerrte mich am Arm. Er hatte es eilig, mich zum Hafen zu dirigieren, weil, wie er behauptete, das Boot gleich abfahren würde.

Panikmacher, dachte ich. Ihr schleppt mich gar nirgends hin, solange ich diese Einkäufe nicht getätigt habe!

Ich hätte es besser wissen müssen, denn in Mali war selten jemand so in Eile ...

Die einzigen Boote, die um diese Jahreszeit die 500-Kilometer-Reise nach Mopti machten, waren Pinassen – kleine hölzerne, motorisierte Frachtboote mit wenig Tiefgang. Unten im Rumpf wurden Reissäcke und andere Waren gelagert, und oben drauf mussten es sich die Passagiere unter einem Sonnendach bequem machen. Ich hatte mit dem Kapitän meiner Pinasse gesprochen, einem zuverlässig wirkenden Mann mit einem riesigen Turban, der zu seinem gewaltigen Umfang passte, hatte mein Ticket ausgehandelt und die Information erhalten, dass das Boot am späten Nachmittag abfahren würde. Das war ein bisschen vage, aber es war erst halb vier und mit Sicherheit zu früh.

»*Ça va aller!*« Es fährt ab!, riefen die Jugendlichen wieder.

Hey, cool bleiben, dachte ich und rannte weiter.

Ich hatte tagelang auf das Boot gewartet, aber ich hatte es wieder einmal geschafft, die Einkäufe bis zur letzten Sekunde hinauszuzögern. Ich wollte Orangen, weil ich wusste, dass ich, was Essen anging, in den abgelegenen Dörfern auf dem Weg nach Timbuktu nicht viel erwarten durfte. Den Eimer brauchte ich, um mich zu waschen oder Flusswasser zum Trinken zu reinigen. Ich rechnete mir aus, dass ich mindestens noch eine Stunde Zeit hatte – okay, vielleicht eine halbe Stunde, nach der Aufgeregtheit meiner Guides zu schließen.

Der Abschied von Al und Suze war herzzerreißend gewesen (ich hatte sie heute Morgen in Sevaré verlassen), aber dass ich mich nach all diesen Monaten von meinem Fahrrad trennen musste, war auch ziemlich hart. In den Sandwüsten von Timbuktu wäre es mir jedoch eher hinderlich gewesen, und so hatte ich es schweren Herzens in Mopti zurückgelassen. »Ihn« müsste ich sagen, denn ich sah mein Fahrrad als männliches Wesen, was eigentlich logisch war – es trug schwere Lasten, ohne zu murren (kein afrikanischer Mann also!), und es benahm sich wie ein sturer Bock, der ständig Beachtung brauchte. Um es bei Laune zu halten, wurde es jeden Tag sorgfältig geölt und überholt. Ich würde ihn vermissen, meinen Fahrrad-Gefährten ...

»Wo bekomme ich einen Eimer?«, fragte ich einen Mann, der Stoffe verkaufte, und er deutete mit ausgestrecktem Arm auf ein weiteres Budenlabyrinth. Dann rannte ich wieder.

Endlich, ich war schon ganz außer Atem, kam ich in die Gasse, in der Plastikwaren aller Formen und Größen angeboten wurden. Es blieb keine Zeit zum Feilschen: Ich entschied mich für einen blauen 10-Liter-Eimer mit Deckel, bezahlte den horrenden Preis, den der Händler mir abknöpfte, und rannte weiter, auf der Suche nach Orangen.

»*Vite, vite!*« Schnell, schnell! rief der junge Typ mit der dunklen Sonnenbrille. »Das Boot fährt ab, Madame.«

Der Junge wurde immer aufgeregter, also ließ ich den Händler meinen Eimer mit Orangen füllen, ohne den Preis herunterzuhandeln. Ich drückte den schweren Eimer und den blauen Sack mit meinen Besitztümern dem Jungen in die Hand, und er rannte mit seinen Freunden in Richtung Hafen los. Ich rannte ihnen nach.

»*Vite, vite!*« Das Geschrei wurde immer dringlicher, und ich wurde von meinen Guides zu zwei Motorrädern gescheucht. Warum ein Motorrad? Ich wollte auf eine Pinasse, und der Hafen war nicht so weit weg.

Mein Gepäck wurde vor den Fahrer des zweiten Motorrads geworfen und ich auf den Beifahrersitz des anderen gehievt.

»Was geht hier vor?«, brüllte ich.

Der Typ mit der dunklen Sonnenbrille zeigte auf den silbrig glitzernden Streifen Flusswasser, und ich drehte mich um. Ich spähte durch den milchigen Dunst über den brodelnden Marktplatz und den geschäftigen Hafen auf den Fluss hinaus, auf dem Hunderte von Pinassen vor Anker lagen, wie chinesische Dschunken in Kaulun, und dann weiter auf den offenen Kanal, und kniff die Augen zusammen, so grell funkelte das Wasser.

Dort war meine Pinasse – sie hatte abgelegt!

Völlig belämmert stand ich da. Was war aus meinem guten Vorsatz geworden, offener und weniger misstrauisch zu sein? Nicht so einfach, wie? Die Jungen wollten mir helfen, und ich brauchte Hilfe, also bezahlte ich meinen Guide und klammerte mich an meinen Fahrer, als die Motoren aufheulten und die Maschine vorwärtsschoss. Wir rasten durch die Hintergässchen von Mopti und dann ins Offene hinaus. Das andere Motorrad mit meinen Besitztümern war verschwunden, aber im Augenblick beschäftigte mich mehr die Frage, wohin ich selber gebracht wurde. Ich nahm nicht an, dass ich gekidnappt wurde oder dass sie mich nach Timbuktu fahren würden, und konnte folglich nur hoffen, dass sie wussten, was sie machten.

Nach ungefähr fünf Minuten, als wir gut fünf Kilometer von der Stadt entfernt waren, hielten wir an.

Wir waren an einer Stelle, wo das Flussufer im Schutz eines Felsüberhangs lag und bereits andere Leute versammelt waren, die Hosen hochgekrempelt, ihre Besitztümer neben sich. Die Pinasse kam gerade um die Landzunge herum. Die Leute hoben ihre Säcke auf und wateten ins Wasser. Anscheinend war das hier der Abholplatz für Nachzügler.

Ich schaute mich um und sah, dass das andere Motorrad auch da war und mein Eimer und Sack zu mir hergebracht wurden. Es klappte wirklich alles wie am Schnürchen, und ich dankte den beiden Fahrern überschwänglich und gab ihnen etwas mehr Geld, fast so viel, wie das Ticket nach Timbuktu kostete! Na ja, selber schuld, aber jetzt musste ich schnell sein, denn die überfüllte Pinasse näherte sich rasch. Ich bückte mich, um ebenfalls meine Hose hochzukrempeln, packte meinen Sack und meinen Orangeneimer und wartete auf dem Sand, während das tief liegende Boot, voll beladen mit Waren und Menschen, in das ruhige Wasser ungefähr 30 Meter vom Ufer entfernt manövriert wurde. Ein Schiffer mit nacktem Oberkörper sprang an der Seite herunter, und das Wasser ging ihm bis zur Hüfte – von wegen Hose hochkrempeln, dachte ich resigniert. Aber egal, es würde schon wieder trocknen. Andere Passagiere waren bereits im tiefen Wasser, und einige hatten die Pinasse erreicht und wurden an Bord gehievt. Der Schiffer kam auf mich zu, und ich blieb stehen und wartete, weil ich mir nicht vorstellen konnte, dass ich mein Gepäck alleine schaffen würde, und ein kräftiger Mann wie er konnte meine Sachen vielleicht aus dem Wasser heraushalten. Ich hielt ihm meinen Sack und meinen Eimer hin – wenn er die in Sicherheit brachte, konnte ich ruhig nass werden.

Er streckte seine Arme aus, und ich ging auf ihn zu, um ihm mein Gepäck zu überreichen. Da bückte er sich plötzlich tief herunter, packte mich hinter den Knien und hob mich auf seine Schultern!

Ich kreischte!

Er ignorierte es und watete mit seiner Last zum Boot zurück.

Ich war ringsum von Wasser umgeben und musste mich darauf konzentrieren, meinen Sack und Eimer in die Höhe zu halten. Ich hörte die anderen Fahrgäste lachen, als wir uns der Pinasse näherten. Der Schiffer stellte mich wie einen Sack auf dem Bootsrand ab, während ein anderer meine Sachen nahm und ein dritter Mann mich unter den Armen packte und an Bord hievte. Ich war der letzte Nachzügler, die Maschine war bereits wieder angeworfen worden, und wir legten ab.

»*Bonjour*«, sagte der Kapitän ruhig. Seine Züge waren kaum zu erkennen hinter dem Turban, den er sich um sein Gesicht gewickelt hatte.

Ich fühlte mich entsetzlich gedemütigt und kochte vor Wut. Und mit diesen Leuten musste ich tagelang zusammen sein! Ich wusste nicht, was mir peinlicher war – die unwürdige Art und Weise, wie ich an Bord gekommen war, oder die Tatsache, dass ich eine Sonderbehandlung beim Einsteigen erhalten hatte.

Ich wurde von den Mitreisenden ermuntert, mir einen Platz hinter dem Kapitän und Steuermann im ersten Abschnitt des Boots auf den übereinander geschichteten Säcken zu suchen. Ich akzeptierte dieses Privileg (ich war zu verwirrt, um etwas anderes zu tun, als was man mir sagte) und ließ mich nieder, indem ich meinen blauen Sack als Rückenlehne gegen den hölzernen Querbalken quetschte, der unser Abteil markierte, und meinen Eimer zwischen meine ausgestreckten Beine stellte. So blieb ich erst einmal, um wieder zu Atem zu kommen und meine Haltung zurückzugewinnen.

Ich schaute mir meine Mitreisenden an – ein Mann saß zu meiner Rechten zwischen mir und der Reling und zwei andere links von mir. Sie waren in prächtige *bubus* gehüllt, die Gesichter mit einem Turban umwickelt (Schutz gegen den Sand, der immer noch vom Harmattan aufgewirbelt wurde). Nur die tiefen, dunklen Augen waren sichtbar. Die peinliche Erinnerung verblasste, und jetzt gewann meine Abenteuerlust die Oberhand. Ich fühlte mich wie Kathleen Turner in dem Film »Auf der Jagd nach dem grünen Diamanten«. Aber wo war Michael Douglas? (Zu Hause in Reading, verdammt noch mal.)

Es waren romantische Motive, die mich nach Timbuktu führten – wenn auch nicht erotischer, sondern historischer Natur. Auf dem Niger entlang zu reisen wie Ibn Battuta, wie Mungo Park, das war schon immer mein Wunsch gewesen, aber das sagenhafte Timbuktu, Handelsmetropole und Hochburg der islamischen Religion, das seit dem frühen Mittelalter für seinen Reichtum und seine Gelehrsamkeit berühmt gewesen war, übte eine ganz besondere Anziehungskraft auf mich aus.

Ich war vor Timbuktu gewarnt worden. Nicht viele Touristen gingen dorthin, seit der Tuareg-Aufstand in Algerien zur Schließung der Trans-Sahara-Routen geführt hatte. Ich wusste wenig darüber, außer dass ich durch diesen Umstand daran gehindert wurde, mit dem Rad durch die Sahara zu fahren (oder vielmehr das Rad zu schieben), was in meinen Augen kein großer Verlust war. In Mopti gingen Gerüchte um, dass es Tuareg-Überfälle in der Nähe von Timbuktu gegeben hatte. Auf dem Boot fühlte ich mich jedoch sicher.

Ich ahnte nicht, worauf ich mich da einließ ... oder welche Folgen es für mich haben würde.

Der Kapitän hatte gesagt, wir würden Timbuktu in »fünf oder sechs, vielleicht sieben Tagen« erreichen. Ich würde mich also an diese neue Art des Reisens und an meine neuen Mitreisenden gewöhnen müssen.

Ich nahm meinen einsamen Nachbarn zur Rechten in Augenschein – ein großer, attraktiver, vornehm aussehender Mann mit einem grünen Turban auf dem Kopf, dessen loses Ende über seinen Mund und seine Nase geschlungen war. Er starrte mich durchdringend an.

»*Bonjour*«, sagte ich in dem Versuch, mit ihm ins Gespräch zu kommen.

»*Bonjour*«, erwiderte er knapp. Er machte keinen sehr freundlichen Eindruck und starrte mich weiter an, ohne eine Miene zu verziehen.

»Ich heiße Pamela«, platzte ich hervor, einen weiteren Versuch startend.

»Ich heiße Mohammed.« Dann wieder nichts.

Mohammed schien sehr von sich eingenommen zu sein und hatte für mich nur Verachtung übrig, und so wandte ich mich meinen Mitreisenden zur Linken zu. Die beiden Männer spielten Karten, aber als sie meinen Blick spürten, hielten sie in ihrem Spiel inne und schauten mich an. Ich lächelte.

»*Bonjour*«, sagte ich. »*Bonjour*.« »*Ça va?*« »*Ça va bien, merci.*«

Sie stellten keine Fragen; ich war ein bisschen eingeschüchtert.

Der Kapitän, der vor mir saß, hielt seinen Blick nach vorne gerichtet, über den langen, spitzen Bug der Pinasse hinweg, und schaute angelegentlich ins Wasser. Der Steuermann war der muskulöse, bronzehäutige Bursche mit dem nackten Oberkörper, der mich so gekonnt hochgehoben hatte. Er stand jetzt an dem großen Steuerrad und drehte es lässig, manchmal nach den Anweisungen des Kapitäns, manchmal nach eigenem Gutdünken. Beide Männer schauten ernst auf den Fluss; wahrscheinlich hielten sie nach gefährlichen Stromschnellen und verräterischen Untiefen Ausschau. Der Kopf des Kapitäns war in einen riesigen Turban gehüllt, der aus mehreren Metern weißem Baumwollstoff bestand, und seine langen, massigen Arme, die er auf der Rückenlehne seiner Bank ausgestreckt hatte, umspannten beinahe die ganze Bootsbreite.

Er drehte sich kurz zu mir um.

»*Vous êtes madame ou mademoiselle?*«, fragte er. Ich hatte die Nase voll von dem Versteckspiel und antwortete: »*Mademoiselle.*«

»*Est-ce que vous avez des enfants?*« Haben Sie Kinder? Nein, antwortete ich.

»Ich bin Familienvater«, verkündete er und fügte hinzu: »Ich habe drei Frauen und viele Kinder – Sie brauchen sich also keine Sorgen zu machen.« Dann drehte er sich wieder um und schaute auf den Fluss.

Der Harmattan blies stark, Sand peitschte um unsere Gesichter, sogar hier draußen, mitten auf dem Fluss, und ich zog mir ebenfalls meinen Schal vor das Gesicht. Die Luft war dunstig von dem aufgewirbelten Sand und verwandelte die Landschaft in ein milchiges Aquarell aus verschwommenen Rändern und Schatten. An beiden Ufern wuchsen niedrige Akazien und zerzaustes Gesträuch bis zur Flutlinie herein, und das flache Buschland setzte sich fort, bis es im Dunst verschwand. Es gab keine Ansiedlungen, und die Landschaft würde trockener und sandiger werden, je weiter wir der nordwärts und westwärts führenden Biegung des Niger folgten. Die Sonne ging unter, aber es gab keinen farbenprächtigen Himmel, nur ein helles Leuchten, das durch den Nebel über dem glitzernden Fluss nach vorne drang.

Ich drehte mich um und schaute in den Hauptabschnitt der Pinasse. Es waren gut hundert Menschen in diesem kleinen Boot zusammengedrängt, das ungefähr 5 Meter breit und 30 Meter lang war und ein abgerundetes Heck hatte. Dicke Holzstangen, grob von Hand behauen, liefen in 4-Meter-Abständen über das Boot und schufen Abteile für Menschen und Waren. Andere Stangen waren senkrecht entlang der Bootsmitte aufgerichtet, um das Sonnendach abzustützen. Das Dachgerüst bestand aus langen, gebündelten Weiden, die sich von einer Seite des Bootes zur anderen wölbten und fest mit den Mittelstangen verzurrt waren. Das Dach selber war aus geflochtenem Stroh, ebenfalls solide befestigt. Der qualmende Motor befand sich im Heck. Er jagte ein einschläferndes Dröhnen und Vibrieren durch das Boot.

Hirsesäcke waren hoch über dem Unterschiff des Boots aufgetürmt, und in jedem Abschnitt lagen kunterbunt hingewürfelte - Gestalten, nebeneinander, übereinander, in Embryohaltung, eingeengt von anderen Gestalten oder den Lasten, die sie mit sich führten: gebündelte Plastikwaren, Wannen, Eimer, Kessel, ineinander gestapelte Emailbecken, Hühner in Weidenkäfigen und Unmengen von Kalikosäcken mit weiß der Himmel was darin. Vom Flechtwerk des Sonnendachs hingen noch mehr Gegenstände – Hüte, Kleider und Essen; auf diese Weise wurde der Platz optimal ausgenützt, und es wurde verhindert, dass wertvolle Besitztümer zwischen die Säcke rutschten. Jetzt, wo die Sonne unterging und die Hitze nachließ, wurden die Gespräche lebhafter, und viele Leute hörten Radio.

Die malischen Frauen saßen alle weiter hinten im Boot, in einem Abschnitt ohne Frachtgüter, wo Rauch aufstieg, Holzkohleöfen brannten, gekocht wurde und Kinder schrien. Das war die Küchenabteilung des Boots und, wie ich später entdeckte, ein sehr heißer und unangenehmer Ort. Beneidenswert, das Los der Frauen, immer duldend, immer dienend.

Ich selber ging als »Mann ehrenhalber« durch, nicht ganz ein Mann, kein normaler, alltäglicher, x-beliebiger Mann. Weiß Gott nicht, denn sobald ich nach hinten schaute, verstummten alle Gespräche, die Leute legten ihre Radios weg, hörten mit dem Kochen auf und starrten mich an.

Ich lächelte ihnen zu, aber es wurde nicht zurückgelächelt. Keiner der Männer wollte mit mir reden, nur anstarren wollten sie mich, mit diesem unbewegten Blick, bei dem ich mich wie ausgezogen fühlte. (Ich war noch nie mit so vielen Muslim-Männern allein gewesen.)

Als der letzte Lichtschimmer vom Himmel verschwunden war, wurden Segeltuchmarkisen als Seitenschutz vom Dach heruntergerollt.

»Es wird kalt heute Nacht«, bemerkte der Kapitän. Überall auf dem Boot verebbten die Gespräche, und der dröhnende Herzschlag der Maschine war deutlicher zu hören.

Zumindest konnte ich im Dunkeln die bohrenden Blicke meiner Nachbarn nicht sehen. Ich rollte mich ein, klopfte meine Unterlage zurecht, um es mir ein bisschen bequem zu machen und etwas Schlaf zu finden.

Die Stunden vergingen, und während ich eingekeilt zwischen meinen Nachbarn lag, die ebenfalls dösten (oder es zumindest versuchten), fragte ich mich, warum ich mich hier so einsam fühlte. In London hasste ich es, wenn zu viele Leute um mich herum waren, und ich hatte nie genug Zeit für mich selber – ich lechzte danach, allein zu sein. Aber hier auf diesem Boot, unter mehr als 100 Leuten, dicht an dicht mit Fremden schlafend, fühlte ich mich einsam und allein.

War es die fremde Sprache, die meine Isolation verstärkte? Bei Al und Suze hatte ich keine Sprachprobleme gehabt, ich hatte mich in ihrer Gesellschaft zu Hause und geborgen gefühlt, und wenn die

Leute hier Englisch verstünden, könnte ich ein paar Witze reißen und leichter eine gemeinsame Basis finden.

Oder lag es daran, dass wir Fremde aus so ganz unterschiedlichen Kulturen waren, die kaum etwas gemeinsam hatten? Al und Suze und ich hatten eine autarke Einheit gebildet, wir waren nicht auf Außenkontakte angewiesen gewesen. Wir konnten miteinander reden und das Fremde und Seltsame, das uns begegnete, kommentieren, während wir uns in den fremden Kulturen bewegten. Hier dagegen musste ich zu ihren Bedingungen in ihre Welt eintauchen, nicht als Beobachterin, und es war schwer, einen Anhaltspunkt für ein Gespräch zu finden.

Oder lag es daran, dass ich mich in Menschenmassen grundsätzlich nicht wohl fühlte und es nicht ausstehen konnte, wenn ich angestarrt wurde? Mag sein, dachte ich, während ich auf die Silhouette des Kapitäns und des Steuermanns und das Glitzern des Flusses vor mir schaute, aber in Wahrheit war es so, dass ich mich nach Menschen und Gesellschaft sehnte, wenn ich allein war, ein Bedürfnis, das mir erst hier so richtig bewusst wurde. Ich war nicht so autark, wie ich es mir eingeredet hatte.

Mein Magen knurrte. Es musste bald Morgen sein. Ich richtete meine Taschenlampe auf meine Uhr: Zwei Uhr früh. Die Zeit verging langsam. Ich hatte nur eine Orange zum Abendessen gehabt, und ich war hungrig.

Ich würde jedoch nichts essen, weil ich ganz dringend, ganz verzweifelt aufs Klo musste. Das alte Dilemma – wo sollte ich eine anständige Toilette finden?

Auf dieser Pinasse jedenfalls nicht, hier gab es keine Toilette.

Und ich hatte bereits aufs Klo gemusst, als ich vor zehn Stunden an Bord gekommen war!

Es waren regelmäßige Aufenthalte in Dörfern vorgesehen, wo wir »gehen« konnten, doch bisher hatte das Boot nirgends angehalten, und es sah nicht so aus, als ob sich das in nächster Zeit ändern würde. Ich spähte angestrengt nach einem rettenden Dorf aus, kreuzte die Beine und konzentrierte mich darauf, meine Blase unter Kontrolle zu halten.

Ein Mann im nächsten Abteil schob sich an den Rand des Boots vor und hob die Überdachung hoch. Im Mondlicht konnte ich seinen hochgerafften *bubu* sehen. Dann ein unmissverständliches Tröpfeln. Ich litt Höllenqualen, als ich die Wasserfontäne aufsteigen sah und das Plätschern hörte, und ich beneidete ihn um seine Anatomie und sein Gewand.

Ein anderer Mann folgte seinem Bespiel und trat an den Rand, dann noch einer.

Ich verdrängte gewaltsam jeden Gedanken ans Pinkeln, ich sang sogar ein Lied vor mich hin und wiegte mich dazu, wahrscheinlich sehr zum Ärger meiner Nachbarn.

Doch das Boot fuhr weiter.

Als es zu dämmern begann, änderte sich das Dröhnen der Maschine, und ich spürte, wie die Nase des Boots in Richtung Ufer manövriert wurde. Endlich Erlösung in Sicht!

»Suchen Sie Ihre Schuhe zusammen, wenn Sie an Land wollen«, brummte Mohammed, der aus einem leichten Schlummer aufgeschreckt war. »Wir werden hier nicht lange halten.«

Um mich herum wurde es jetzt lebendig, und sowie das Boot anhielt, begann der Exodus der Passagiere. Es wurde rasch heller, und ich sah, dass wir 20 Meter vom Ufer entfernt in stehendem, schmutzigem Wasser vor Anker gegangen waren. Wenn man zum Ufer wollte, musste man hindurchwaten, und mir war es inzwischen egal, ob ich nass wurde oder nicht. Oder ob ich Bilharziose bekam. In allen Reiseführern wird den Reisenden eingebläut, nicht durch afrikanische Flüsse zu waten, da man sonst Gefahr laufe, sich diese Parasitenkrankheit zu holen. Offensichtlich hatten die Verfasser der

Reiseführer nie eine ganze Nacht auf einer Pinasse verbracht und so dringend aufs Klo gemusst wie ich.

Ich hielt meine Schuhe und mein Klopapier über den Kopf und sprang in das hüfttiefe, schlammige Wasser hinunter.

Die anderen Reisenden kamen vor mir am Ufer an und hatten es ebenso eilig wie ich. Alle hielten einen kleinen Plastikkessel in der Hand – Wasser aus der Tülle war die islamische Alternative zu Toilettenpapier – und sprinteten aus dem Wasser in die Sanddünen, die das Ufer säumten.

Ich folgte ihnen.

Es gab wenig Sichtschutz in den Sanddünen, da das Buschwerk und die niedrigen Bäume vom gestrigen Nachmittag verschwunden waren.

Ich sah viele nackte Hintern im Vorbeirennen, aber ich legte Wert auf etwas mehr Abgeschiedenheit, und ich rannte über eine weitere Sanddüne und noch eine, bis ich mindestens 500 Meter vom Ufer entfernt war. Erst dann hockte ich mich hin. Es war eine Erlösung – einfach himmlisch.

In der nächsten Nacht, nach einer endlosen Tagesreise und wenig Pausen, war meine Blase wieder zum Platzen gefüllt, und ich beschloss, über die Reling zu pinkeln, so wie die Männer. Ich kroch zum Rand der Pinasse, hängte meinen Hintern hinüber und klammerte mich an einer Dachstange fest, um nicht als Fischfutter zu enden. Ein paar Männer unterhielten sich leise in der Nähe, aber es war dunkel, und ich dachte, dass sie mich nicht sehen konnten, weil ich selber sie nur schattenhaft wahrnahm. Ich streifte meine Hose und Unterhose herunter und ließ es nach Herzenslust plätschern.

Zu spät wurde mir bewusst, dass weiße Haut im Mondlicht schimmert! Ich riss meine Hose und Unterhose wieder hoch und wurde puterrot bei dem Gedanken, dass unsichtbare Augen mich beobachtet hatten.

Ich litt unsagbar unter dem Mangel an Privatsphäre und dem ständigen Angestarrtwerden auf dieser Nigerreise. Ich konnte mir noch so oft vorhalten, dass ich mich daran gewöhnen musste, ich war einfach machtlos dagegen.

Am dritten Tag hielten wir fast einen ganzen Tag lang in einem kleinen Dorf an. Das Dorf selber lag ziemlich weit vom Fluss entfernt, mindestens einen Kilometer hinter der jetzt trocken und kahl hingebreiteten Ebene. Wahrscheinlich, weil dieses Gebiet in der Regenzeit überflutet war. Die wenigen Häuser waren aus grauem Lehm gebaut: einfache Schachteln mit flachen Dächern und kleinen Fenstern, kein Glas oder Dachstroh. Eine kleine Lehmziegelmoschee stand in der Nähe des Marktplatzes. Es gab keine Bäume, nur ein paar Büsche und ein paar Ziegen, die wie üblich damit beschäftigt waren, auch dieses letzte Grün zu vernichten. Das Dorf war schmutzig; Sand wirbelte in heftigen Böen auf, und obwohl es erst zehn Uhr morgens war, war die Hitze bereits unerträglich. Ich hatte es schnell satt, mich anstarren zu lassen und auf dem kleinen Marktplatz herumzuschlendern, wo es nur ein kärgliches Angebot von fauligen Tomaten, Dörrfisch, Seife und Plastikschüsseln zu kaufen gab – Waren, die hauptsächlich von den Mitreisenden meiner Pinasse gestellt wurden. Ich ging zum Fluss zurück und an Bord der Pinasse, um meinen Badeanzug, ein Handtuch und meinen Toilettenbeutel zu holen. Ich hatte andere Reisende im Fluss baden sehen – die Männer seiften sich nackt ein –, und ich fühlte mich schrecklich schmutzig nach zwei anstrengenden, heißen Tagen und drei verschwitzten Nächten. Jetzt wollte ich mir eine ruhige Stelle zum Schwimmen suchen, so abgeschieden wie möglich, denn ich wusste, dass eine im Wasser plantschende weiße Frau, selbst im Badeanzug, eine Provokation für Muslime darstellt, und ich war bereit, ein großes Stück an dem sandigen Ufer entlangzugehen.

Nachdem ich mehrere Plätze verworfen hatte, suchte ich für meine gewagte Eskapade eine Stelle hinter einer Biegung im Fluss aus, wo der Strand schmal war und im Schutz einer Sanddüne lag, in der Hoffnung, dass es nicht gerade ein Flussabschnitt war, der den Krokodilen als Fressplatz diente. Schnell und verstohlen zog ich meinen Badeanzug an (der einteilig und sehr keusch war), dann legte ich mich hinter die Düne auf die Lauer. Zunächst schien es, als ob die Luft rein sei, aber sobald ich meinen Mut zusammenraffte und hinter der Düne hervorrennen wollte, kam jemand aus dem Dorf vorbei, und ich ging schnell wieder in Deckung.

Ich musste selber über mich lachen, aber ich wollte keinen Anstoß erregen, und ich wusste, dass ich nicht noch mehr lüsterne Blicke ertragen konnte. Eine Stunde verging, immer wieder kamen Leute vorbei, und es war fast so frustrierend wie das Warten auf eine Pinkelpause.

Der Vormittag war weit vorangeschritten, die Sonne brannte gnadenlos herunter, und Hitzedunst waberte über dem Land. Es war sogar noch heißer als vorher im Dorf. Schweißbäche liefen mir über den Hals; der Badeanzug klebte an meiner Haut. Das Wasser war tief und schnell fließend in dieser engen Rinne, und es sah sehr einladend aus.

Wo in aller Welt kamen nur die ganzen Leute her? Schließlich war ich so entnervt von der Warterei, dass ich all meinen Mut zusammenraffte und ins Wasser rannte.

Es war kühl und erfrischend. Ich seifte mich blitzschnell ein, dann drehte ich mich um, um mich zu vergewissern, dass ich nicht beobachtet wurde.

Drei Männer auf Kamelen, in weite Gewänder und Turbane gehüllt, hatten ihre Tiere angehalten. Von ihren hohen Sätteln herunter starrten die Männer mich an; selbst in fünfzig Meter Entfernung konnte ich ihre aufgerissenen Augen und hungrigen Blicke sehen.

Wie die drei Weisen aus dem Morgenland, dachte ich. Wie waren sie nur hierher gekomken? Es war mir unangenehm, drei so würdige Herren zu schockieren, also drehte ich ihnen den Rücken zu und tauchte unter, um meinen weißen und in ihren Augen sicher spärlich bekleideten Leib zu verbergen. Vielleicht würde es ihnen langweilig werden, und sie würden mich in Ruhe lassen und ihres Weges ziehen.

Nach ein paar Minuten riskierte ich einen zweiten Blick zum Ufer hinüber, und da waren sie, reglos, immer noch gaffend, ohne eine Miene zu verziehen, ohne Gruß, nichts als brennende Blicke.

Die Wut stieg in mir hoch.

»*Allez!*« Weg da! schrie ich stumm, während ich die Zähne zusammenbiss und ruhig zu bleiben versuchte. Ich wollte sie nicht kränken. Ich hatte einen weiten Weg in Kauf genommen und lange gewartet. Niemand hatte die Männer gebeten, anzuhalten und zu gaffen – was konnte ich dafür, wenn sie schockiert waren? Ich hatte genug getan, um kein Ärgernis zu erregen. Warum konnten sie mich nicht in Ruhe lassen?

Es gelang mir nicht, ruhig zu bleiben. Zuerst ignorierte ich die Männer, schwamm ein bisschen und passte gut auf, dass möglichst wenig von mir sichtbar war, aber lange hielt ich ihren zudringlichen Blicken nicht stand; ich wedelte mit den Armen, um sie zu verscheuchen.

»*Au revoir!*«, rief ich fröhlich, in der Hoffnung, dass sie den Wink verstehen würden.

Keine Reaktion, nur die schockierten Blicke. Ich überlegte krampfhaft, was ich tun sollte, aber es sah nicht so aus, als ob sie von selber verschwinden würden. Nach ein paar Minuten verlor ich die Beherrschung. Ich watete, nein, rannte aus dem Wasser und fuchtelte wild mit den Armen. Eine unbändige, Susanna-ähnliche Wut hatte mich gepackt.

»*Allez! Allez!* Haut ab! Das reicht jetzt! Habt ihr nichts Besseres zu tun, als mich anzuglotzen? Ihr Dreckskerle! Schämt ihr euch gar nicht? Los, fort mit euch! *Allez! ALLEZ!*«

Ich hätte genauso gut nackt sein können, so entsetzt rissen sie die Augen auf, und ihr Schweigen und ihre unbewegten Blicke fachten meine Wut noch mehr an. Ich hatte zuerst Französisch geredet, aber jetzt brüllte ich wie eine Wahnsinnige in Englisch und »Franglisch« auf sie ein.

»Vous avez kein Recht, mich so anzustarren!« Vielleicht habe ich sogar mit dem Fuß aufgestampft.

Endlich machte einer der Männer den Mund auf, ein älterer, mit einem tief zerfurchten Gesicht. Jetzt musste ich nicht mehr gegen eine Mauer des Schweigens anrennen, jetzt hatte ich jemanden, der zurückbrüllte – auf Arabisch vermutlich. Der Mann trug einen braunen *bubu*, und plötzlich fielen mir sein Gewehr ins Auge, das in einem Halfter auf dem aufwändigen Ledersattel steckte, die Patronen, die er sich um die Schulter geschlungen hatte, und der Krummsäbel an seinem Gürtel. Ich verstand nicht, was er schrie, aber irgendwie verstand ich es schon.

»Du weiße Hure, du! Schamlose Frau! Wenn du dich so zeigst und fluchst, was erwartest du? Wir haben ein Recht, hier zu sein. Du bist die Fremde hier. Du forderst uns durch dein Verhalten auf, dich anzustarren.« So oder ähnlich, und selbst in meiner Wut wusste ich, dass er Recht hatte. Ich war die Fremde, würde es immer sein, und alles, was ich machte, löste entweder fassungsloses Staunen aus, oder es war taktlos und provozierend.

Der Mann fuchtelte mit den Armen und war sehr aufgebracht. Ich hielt meine Stellung, so wie ich war, im tropfenden Badeanzug.

Doch diese Männer, die nicht Französisch sprachen, die vielleicht aus einem abgelegenen Dorf kamen, die mit diesem bizarren und schockierenden Anblick konfrontiert waren, rührten sich nicht.

Schließlich stürzte ich hinter die Sanddüne, in Tränen aufgelöst. Die Begegnung hatte nur ein paar Minuten gedauert, aber ich fühlte mich ausgezogen und gedemütigt bis auf die Knochen.

Es dauerte lange, bis ich mich hinter meiner Sanddüne beruhigt hatte, bis ich fähig war, mich in die Männer hineinzuversetzen, Bedauern zu fühlen, dass ich sie gekränkt hatte. Ich hatte vergessen, wie hart es war, allein zu sein.

Gegen vier Uhr, als wir uns nach dem Markttag zur Abfahrt bereit machten, stellte ich fest, dass ich einen neuen Nachbarn neben mir im Bug hatte. Mohammed war von Bord gegangen, und ich hatte mich darauf gefreut, mehr Platz zu haben und mit niemandem reden zu müssen. Nach dem missglückten Badevergnügen hatte ich von Männern und zudringlichen Blicken erst einmal genug. Und jetzt tauchte dieser untersetzte Typ hier auf – ich schätzte ihn auf 35 bis 40 Jahre – und machte mir einen Strich durch die Rechnung.

Kaum hatte er sich niedergelassen, fing der Neuankömmling ein Gespräch mit mir an.

»Hallo, ich heiße Gaby«, sagte er auf Englisch. Ich war überrascht, aber meine Neugier hielt sich in Grenzen. Trotzdem erfuhr ich umgehend, dass er Ghanaer war, aus Kumasi stammte (einer regionalen Hauptstadt in Ghana, die ich später noch besuchen würde). Als Nächstes folgte die Information, dass er mit Secondhand-Kinderkleidern handelte, dass er nach Mali reiste, um dort zusammen mit seiner malischen Helferin Amita seine Ware zu verkaufen, und dass Amita sich bei den anderen Frauen in der Küchenabteilung aufhielt. Gaby redete hastig und zappelte unablässig herum. Ein hyperaktiver Bursche offenbar, und ich wünschte mir, er würde endlich zur Ruhe kommen.

Wie alle anderen trug Gaby als Schutz gegen den alles infiltrierenden Sand einen Turban, einen großen blauen. Er hatte sehr weite

Jeans an und trotz der drückenden Hitze eine Jeans-Bomberjacke. Später wurde mir klar, dass er wahrscheinlich sein Geld in der Jacke versteckt hatte, weil er sie nie ablegte.

»Ich bin der beste Händler von Westafrika«, verkündete er mit einem Augenzwinkern und einem Grinsen.

Wer ist dieser Mann? fragte ich mich, als er seine unverfrorene Ankündigung machte. Ich hätte zwar gern Gesellschaft gehabt, aber nicht diesen lächerlichen, aufgeblasenen Händler. Ich wickelte mein Tuch fester um mein Gesicht und hoffte, er würde mich in Ruhe lassen.

Stattdessen beschrieb er mir seine Handelsrouten, ohne dass ich das mindeste Interesse gezeigt oder ihn mit Fragen zum Reden ermuntert hätte.

»Wenn der Wasserstand im Niger hoch genug ist, reise ich von Mopti nach Timbuktu und Gao und verkaufe unterwegs in den Dörfern, aber jetzt ist das Wasser bald zuuu niedrig – *too low*.« Er sprach das *too* mit übertriebener Betonung aus, eine Eigenheit, die mir später an allen Ghanaern und Nigerianern auffiel. »Das hier ist in dieser Saison meine letzte Reise nach Timbuktu. Bei meiner nächsten Reise werde ich flussaufwärts nach Bamako fahren ...« Er verstummte einen Augenblick, dann fragte er, was ich in Afrika machte.

»*You try*. Man tut, was man kann«, sagte Gaby, nachdem ich ihm erzählt hatte, wo ich herkam und wo ich hin wollte. »Man tut, was man kann!« Er schüttelte den Kopf, und seine intelligenten runden Augen funkelten vor Leben. »Man tut, was man kann!« Es war das erste Mal, dass ich diesen witzigen und vielseitig verwendbaren ghanaischen Ausruf hörte, der Erstaunen oder Wohlwollen oder Bewunderung signalisiert und der mein Vorhaben ziemlich gut auf den Punkt brachte. Niemand konnte sagen, wie es enden würde, aber ich tat mein Bestes.

Vielleicht war der Typ doch nicht so lächerlich und aufgeblasen, wie ich anfangs gedacht hatte. Und außerdem – war ich nicht auch ziemlich von mir eingenommen? Waren wir das letzten Endes nicht alle? Was zählt, ist, sagte ich mir, dass man andere zum Lachen bringt und glücklich macht, und Gabys Lebensfreude war ansteckend. Meine schlechte Laune schmolz unter seiner Lebendigkeit, seinem Charme, seiner Offenheit und Freundschaftlichkeit dahin.

Am Abend, als die Sonne unterging oder zumindest hinter einem milchigen Sandvorhang verschwand und die Luft kühler wurde, saßen wir zusammen und redeten – das heißt, Gaby redete, hauptsächlich über sich selber und die Vorteile, die Ghana im Vergleich zu Mali bot.

»Diese Leute …«, fing er mit belustigter Stimme an, »diese Leute sind zuuu arm – *too poor*.« In Ghana, meinte er kopfschüttelnd, seien die Dinge ganz anders. »Diese Leute haben keine Straßen, nicht wie in Ghana. Unsere Straßen sind sehr gut – *very fine*.« Auch so ein ghanaischer Ausdruck. Außerdem fand Gaby es höchst unzivilisiert, dass die Malier so viele Leute in ein einziges Taxi quetschten. »In Ghana hat jeder einen Platz. Die Busse sind *very fine*.« Gaby wiederholte seine Kommentare für die Malier in unserer Nähe auf Malinke, da sie unser Englisch nicht verstanden, und zum Glück wirkte sein Lächeln entwaffnend, denn meistens brachen unsere Nachbarn in Gelächter aus oder sie protestierten lebhaft, aber nicht wütend gegen seine Behauptungen.

Gaby verstummte einen Augenblick und suchte nach einem weiteren Vorzug Ghanas. »Diese Leute«, sagte er und schnalzte abfällig mit der Zunge, »diese Leute haben kein gutes Essen. Nicht wie in Ghana, wo wir Jams haben. Diese Leute essen zuuu viel Reis.«

Nach drei Tagen auf der Pinasse war ich heilfroh, jemanden um mich zu haben, der sich nicht ausschließlich für meinen Familienstand und meine Reise interessierte, sondern selber etwas zu sagen hatte, der mich zum Lachen brachte und mich vor allem nicht mit seinen Blicken auszog. In Gabys Gesellschaft machte es mir nicht mehr so viel aus, dass die anderen Männer mich weiterhin anstarrten.

Die Sonne sank tiefer am westlichen Horizont. Der schillernde Glanz hinter dem weißen Dunst war jetzt zu unserer Rechten, da wir auf einem nordwärts fließenden Abschnitt des Stroms fuhren. Es war auch ein flacher Abschnitt, und der Steuermann und zwei andere Schiffer mussten sich häufig abwechseln, um uns durch seichte Stellen zu staken. Sie legten sich mit ihrem ganzen Gewicht in die langen Stangen, stießen nach und ließen dann los. Sie hatten kein Hemd an, und ihre schlanken, dunklen, muskulösen Oberkörper sahen aus wie gemeißelt.

Jetzt war ich diejenige, die gaffte!

Am nächsten Tag um die Mittagszeit saßen wir plötzlich in einer Untiefe mitten im Fluss fest. Die Männer wurden aufgefordert, in das hüfttiefe Wasser zu springen und uns durch diese Fahrrinne zu ziehen. Ich profitierte davon, eine Frau in einer muslimischen Gesellschaft zu sein, und konnte schön im Trockenen bleiben. Als die Männer ihre Hemden auszogen, war ich erst recht froh, dass ich nicht mithelfen musste, sondern in aller Ruhe gaffen konnte. Was für eine Ansammlung von straffen Bäuchen, kraftvollen Armmuskeln und schöner, glänzender Haut! Man stelle sich vor, ein Trupp Männer müsste aus dem 7er-Bus in London springen und das Gefährt die Oxford Street entlangschieben: Der bloße Gedanke an all die bleichen weißen Körper, das wabbelige Fleisch und die dicken Bierbäuche jagte mir Schauder über den Rücken. Hier war kein Gramm Fett zu sehen. Und diese wunderbare Haut, so geschmeidig, dass das Wasser daran abperlte – die seidigen, tiefbraunen und schwarzen Körper glühten regelrecht im Sonnenlicht. Ich gaffte hemmungslos.

Während ich weiter dem Steuermann zuschaute, wie er die Stange in stetigem Rhythmus vom Flussbett abstieß, sagte ich mir, dass es gar nicht so viel auf sich hatte mit der Gafferei. Es war ganz in Ordnung, solange ich nicht diejenige war, die angestarrt wurde!

Die Nacht brach herein an jenem dritten Tag. Die meisten Leute unterhielten sich ruhig, während sie ihre Mahlzeit beendeten und sich für die Nacht einrichteten. Gaby war immer noch überaus lebendig und hielt gleichzeitig zwei Gespräche in Gang, eines mit dem Kapitän und meinen Nachbarn auf Malinke, und eines in Englisch mit mir. Eine Zeit lang hatte er sich über die Navigation auf dem Niger verbreitet, dann war er plötzlich auf das Thema Religion umgeschwenkt.

»Diese Leute ...«, erklärte er mir kopfschüttelnd, »diese Leute wissen nichts. Sie sind Muslime.«

Er sagte, dass die Malier nicht an Jesus Christus oder unseren Heiland glaubten und dass sie der Verdammnis anheimfallen würden. Für mich als Atheistin war Religion ein Thema, von dem ich die Finger ließ. Im Norden waren die Leute Muslime, anderswo überzeugte, oft fundamentalistische Christen. Ein paar Mal hatte ich meinen Glauben, oder vielmehr das Fehlen eines solchen, zum Ausdruck gebracht, und die Dorfbewohner waren entsetzt über meine Ansichten gewesen. »Was, Sie glauben nicht an Gott?« Ich ließ Gabys Kommentare auf sich beruhen und gab lediglich zu bedenken, dass er drauf und dran war, einen heiligen Krieg vom Zaun zu brechen, wenn er solche Dinge vor einem Boot voller Muslime herausposaunte. Das konnte ihn jedoch nicht schrecken, und er wandte sich schnell zu unseren Mitreisenden um und wiederholte seine Ansichten auf Malinke.

Bald war eine heftige Diskussion im Gang, die sich erdbebenartig auf dem ganzen Boot fortpflanzte – die Leute lebten auf und fanden ihre verlorenen Energien wieder. Überall fuhren Männer hoch, fuchtelten mit den Armen und schrien ihre Ansichten oder Beschimpfungen heraus. Es wurde ausschließlich auf Malinke gestritten. Während Gaby auf einen Widersacher in der Mitte einredete, brüllte ihm von hinten ein anderer seine Kommentare zu. Er hatte das ganze Boot gegen sich. Gaby war sichtlich in seinem Element.

Es dauerte fast eine Stunde – bis es ganz dunkel war –, ehe die Diskussion abflaute und auf dem Boot wieder Ruhe einkehrte.

»Gaby ... das war mutig von dir«, sagte ich, als er sich wieder mir zuwandte. Ich hätte es nicht gewagt, mich derart in die Nesseln zu setzen. Andererseits war es auch total verrückt von ihm, besonders angesichts der Tatsache, dass er noch mehrere Tage auf diesem Boot zubringen musste und seine Waren an malische Kunden verkaufen wollte.

»Ach, diese Leute ...«, sagte er schulterzuckend und selbstgerecht triumphierend, »diese Leute wissen nichts.«

»*Oui, s'il vous plaît.*« Ja, bitte, sagte ich zu dem Steuermann, als er mich am vierten Morgen bei einem anderen Dorf fragte, ob er mich ans Ufer tragen sollte. Das Wasser sah hier besonders dreckig aus, und ich hielt es für vernünftiger, mich auf seinen Schultern hinüberbefördern zu lassen. Ich glaube, ich habe die Prozedur sogar mit einiger Würde hinter mich gebracht – zumindest schrie ich diesmal nicht wie am Spieß.

Der Markttag hatte noch nicht angefangen, und viele Händler von unserem Boot, darunter auch Gaby, stürzten sofort hin, um ihre Buden aufzubauen. Ich machte einen Rundgang im Marktbereich, aber es gab nicht viel Interessantes zu sehen, und so kehrte ich zum Ufer zurück. Dort gab es eine kleine Imbissbude, die bereits offen hatte – Tische und ein paar Stühle waren draußen zusammengedrängt, an denen mehrere Männer saßen und von Plastiktellern aßen. Ich ging hin, kassierte die üblichen Blicke, sagte ein paar Mal

»*bonjour*«, um das Eis zu brechen, und trat ein. Eine Frau kochte auf einem Holzkohlenfeuer, und mehrere Kessel blubberten vor sich hin.

»*Qu'est-ce que les plats du jour?*«, fragte ich. Was gibt es heute zu essen?

Wie üblich verstand sie mein Französisch nicht, aber ein Mann, der drinnen saß, antwortete für sie. »Fisch mit Reis.«

Die Orangen, die ich gegessen hatte, waren nicht sehr sättigend gewesen, und so kaufte ich eine Schale voll und setzte mich zu den Männern draußen an einen Tisch.

Sie hatten mir nicht viel zu sagen, aber ich entdeckte Gabys Helferin Amita in der Nähe. Amita war ein stilles malisches Mädchen, das nur Malinke sprach, sodass ich noch nicht sehr vertraut mit ihr geworden war. Sie war sehr hübsch, hatte einen langen Schwanenhals und feine Gesichtszüge, und ich fand, dass sie Ähnlichkeit mit Audrey Hepburn hatte. Sie flocht einem anderen Mädchen die Haare. Sie lächelte, als sie mich sah, und ich ging zu einem Tisch in ihrer Nähe, um ihr bei der Arbeit zuzusehen. Fasziniert beobachtete ich, wie sie falsche Zöpfchen in die Haare einarbeitete, die verlängerten Teile straff zusammenflocht und dann mit schwarzem Baumwollfaden abband. Da die Zöpfchen winzig waren, konnte es einen halben Tag oder länger dauern, bis der ganze Kopf fertig war. Im Senegal hatte es diese Zöpfchen in Rot und Blond gegeben, und die Frisuren waren viel ausgeklügelter, aber die malischen Frauen waren offenbar konservativer – sie verwendeten nur Schwarz.

Amita lachte, als ich einer mageren Katze ein paar Brocken von meinem Fischreis hinwarf, und fragte mich mit Zeichensprache, ob ich mir auch die Haare flechten lassen wollte. Warum nicht? dachte ich, ging hinüber und setzte mich auf einen niedrigen Hocker.

Amita kicherte mit dem anderen Mädchen und reichte mir eine kleine Spiegelscherbe. Die Dorfkinder rotteten sich um uns zusammen und wollten sehen, wie die *toubab* sich ihre Haare flechten ließ. Falsche Zöpfe brauchte ich bei meinen langen, dicken Haaren natürlich nicht, und in den ersten paar Minuten herrschte großes Gelächter, und alle streckten die Hand nach mir aus, um meine Haare anzufassen. Amita arbeitete eine gute halbe Stunde an meiner Frisur, aber sie flocht nur drei Zöpfe an beiden Seiten und hinten, sodass ich noch offene Haare dazwischen hatte. Ich begutachtete mich in der Spiegelscherbe und sagte, es sei »*very fine*«. Ich erntete viele anerkennende Blicke von den Einheimischen.

Ich fand es selber nicht zuuu gut, aber ich war glücklich.

Wieder machte Amita mir ein Zeichen. Sie senkte ihren anmutigen Kopf und wühlte in dem kleinen Beutel mit ihren Habseligkeiten herum. Schließlich zog sie eine grüne Rexona-Seife und ihre »Bürste« hervor – ein Stück von einem Plastiksack, das in Mali üblicherweise dazu dient, schwarze Haut auf Hochglanz zu polieren. Ob ich mit ihr baden wollte?

Ich nickte und folgte ihr, begleitet von einer großen Kinderschar. Ich wurde ein bisschen nervös bei dem Gedanken, dass sich die Schwimmepisode von neulich wiederholen könnte, aber Amita scheuchte die Kinder weg, und nach einiger Zeit, als wir flussabwärts am Ufer entlanggingen, ließen sie uns in Ruhe. Wir waren ungefähr 500 Meter gegangen, immer noch in Sichtweite des Orts, als sie mir bedeutete, dass wir unseren Badeplatz erreicht hatten. Es sah sauberer aus als an unserer Anlegestelle, und das Wasser floss hier schneller. Andere Frauen hatten sich schon eingeseift und schauten nicht auf, als wir ankamen. Ich sah mich um, aber ausnahmsweise kümmerte sich niemand um mich. Weiter oben am Ufer gingen Männer vorbei, vielleicht 50 Meter entfernt, hielten jedoch die Augen nach vorne gerichtet. Das hier war der Badebereich der Frauen, und es waren keine indiskreten Blicke erlaubt. Ich war fassungslos.

Amita entblößte ihre Brüste, behielt aber ihr *pagne* um die Hüften. Ihre Unterhose zog sie die ganze Zeit nicht aus und wusch diesen Bereich in der Hocke. Ich folgte ihrem Beispiel, zog mein T-Shirt, meinen BH und meine Shorts aus, ließ aber meine Unterhose an. Wir nahmen Steine vom Ufer und bearbeiteten damit die raue Haut an unseren Fußsohlen, und ich war beeindruckt, wie gründlich sie ihre Haut abschrubbte und ihre Zähne putzte; ich war lange vor ihr fertig.

Am meisten beeindruckten mich jedoch die Männer, die vorübergingen und nicht ein einziges Mal in unsere Richtung schauten.

Welche Erleichterung, welch ein Segen! Ich brauchte mich nur den Frauen anzuschließen, die hiesigen Sitten zu befolgen, und ich war gegen indiskrete Blicken gefeit!

Endlich, am fünften Tag, trafen wir in Tonka ein. Es sollte unser letzter Halt vor Timbuktu sein, aber wir würden den ganzen Tag dort verbringen, weil Markttag war.

»Ich muss früh hinkommen, damit ich einen guten Platz erwische«, drängelte Gaby schon die ganze Zeit. Das Boot hatte bereits angelegt, und es ging ihm sichtlich auf die Nerven, dass ich so lange brauchte, um meine Sachen zusammenzusuchen. Ich sagte ihm, dass er vorausgehen sollte.

Ich wanderte im Dorf herum, das größer war als die anderen, bei denen wir bisher angehalten hatten. Es gab sogar Läden hier, kleine, strohgedeckte Lehmbauten, mit Holz eingefasst, dunkel im Innern, mit einer alten Glas- oder Holztheke, auf der die Waren ausgebreitet lagen. Sie standen im Kreis um den Marktbereich herum. Ich klapperte alle Läden ab, auf der Suche nach westlichen Gütern. Es gab etwas Schokolade, aber am Ende kaufte ich Reis mit Fisch. Ich gewöhnte mich langsam daran, wie an so viele andere Dinge.

Dann entdeckte ich ein verwittertes Coca-Cola-Schild an einer Ladenwand, und als ich hineinging und danach fragte, gab es tatsächlich welche zu kaufen. Ich hatte trübes, lauwarmes Pumpenwasser mit den Tabletten gereinigt, die ich bei mir trug, aber es sah nicht sehr appetitlich aus. Auf der Pinasse hatte ich Flüssigkeit hauptsächlich in Form von Orangen zu mir genommen. Sie waren verschrumpelt und strohig, aber wenn ich dafür weniger oft aufs Klos musste, war das in meinen Augen *very fine*. Jetzt hatte ich Lust auf Cola. Abgepackte Getränke sahen so verlockend sauber aus. Ich kaufte eine Flasche, die natürlich warm war, schnippte die Fliegen weg, die mir um die Nase schwirrten, und setzte mich zum Trinken auf einen Reissack neben dem Eingang. Eine Gruppe von Männern in langen Gewändern und Turbanen saß vor dem Laden draußen. Sie schwatzten, tranken Tee, lauschten gebannt auf das Radio. Ein gewohntes Bild während meines Mali-Aufenthalts, da tagtäglich die dramatische Gerichtsverhandlung von Moussa Traoré, dem ehemaligen Präsidenten von Mali, der des Mordes und Hochverrats angeklagt war, live übertragen wurde. (Traoré wurde beschuldigt, in vordemokratischer Zeit Truppen gegen Demonstranten in Bamako eingesetzt zu haben, was mit 150 Toten und fast 1000 Verletzten geendet hatte. Er wurde schließlich für schuldig befunden und zum Tode verurteilt, ist aber nach wie vor in Haft.)

Ein vornehm aussehender, großer Mann in aufrechter Haltung wandte sich zu mir um und sprach mich auf Französisch an. Er hatte sanfte, kluge Augen, ein verschrumpeltes Gesicht und eine gelassene Ausstrahlung.

»Omar. Hadschi Omar«, sagte er. Wenn er den geachteten Titel »El Hadsch« trug, musste er eine Pilgerreise nach Mekka gemacht haben. Er war aus Goundam, einem Dorf im Norden, etwa 60 Kilometer weit weg, und war zum Markttag nach Tonka gekommen.

»Wir haben Probleme in Goundam«, erzählte er. »Unruhen, Mord und Totschlag – von seiten der Tuarag wie des Militärs. Es ist jetzt schlecht in meinem Ort, aber ich bin ein alter Mann. Ich muss dorthin zurück.«

Er erzählte mir von Verwandten, die getötet worden waren, und ich fragte ihn nach dem Tuareg-Aufstand. Er verurteilte niemanden, sondern betrachtete die Dinge philosophisch. »Die Tuareg haben schrecklich gelitten in den Dürrezeiten, das haben wir alle, aber sie konnten nicht zu ihrer alten Lebensweise zurückkehren. Sie fühlen sich schlecht behandelt und wollen einen eigenen Staat. Aber nicht alle Tuareg sind so. Sie sind jetzt in Verhandlungen mit der Regierung eingetreten, und deshalb müsste die Lage bald besser werden.«

Er fragte mich nach meinen Reisen, und ich erzählte ihm von meiner Afrikadurchquerung. Plötzlich leuchteten seine grauen Augen auf.

»›Esprit de Battuta‹? Ist das der Name Ihrer Expedition? Hat es etwas mit Ibn Battuta zu tun?«

»Ja«, sagte ich, meinerseits hellhörig geworden, und erzählte ihm, wie sehr ich Ibn Battuta bewunderte und dass ich mich bemühte, so zu reisen wie er. Mit welch fragwürdigem Erfolg, das behielt ich lieber für mich.

»Als junger Mann«, fing er an und stellte sein Teeglas neben sich ab, »war ich auch von Ibn Battuta fasziniert. Ich habe an der landwirtschaftlichen Hochschule von Bamako studiert, und als ich fertig war, habe ich mich aufgemacht, um in seine Fußstapfen zu treten.«

Ich konnte es kaum fassen – hier, am Rand der Sahara, traf ich auf einen Mann, der ebenfalls im Geist dieses Entdeckers gereist war. Er erzählte mir weiter, dass er nach Mekka gegangen war und dann nach Ägypten und Israel. Es muss in den Fünfzigerjahren gewesen sein, und er sah nicht aus wie ein wohlhabender Mann.

»Ich bin nach Hause zurückgekommen, aber ich fand keine Ruhe, und da bin ich wieder fortgegangen und durch Westafrika und nach Zentralafrika hinunter gereist.« Er suchte in seiner Erinnerung nach den Namen der Länder. »In Gabun war ich, und in der Zentralafrikanischen Republik, aber dort hat es mir nicht gefallen.«

Wie sich herausstellte, hatten wir uns beide vorgenommen, nicht unbedingt Ibn Battutas Spuren zu folgen, sondern eher in seinem Geist zu reisen. Hadschi Omar hielt inne, um seinen Freunden, alles ältere Männer, von unserer gemeinsamen Idee in ihrer Sprache zu erzählen. Sie lächelten und klangen überrascht. Ich war sprachlos.

»Aber schließlich, nach fünf Jahren, bin ich nach Hause gekommen«, sagte er, während er nach ein paar Fliegen schnippte, sein Glas hochnahm und sich wieder mir zuwandte, »um das Land meines Vaters zu bewirtschaften. Seither bin ich nie wieder gereist.« Mag sein, dass er nie wieder gereist war, aber seine Nomadenseele hatte er nicht verloren, das spürte ich.

Hadschi Omar war ein freundlicher und weiser Mann. Wir tauschten unsere Adressen aus, und diese Zufallsbegegnung hinterließ einen warmen Nachglanz in mir. Ein Zufall, den bestimmt die Geister herbeigeführt hatten und der eine Botschaft enthielt.

»›Esprit de Battuta‹ ist ein guter Name für eine Reise«, sagte Hadschi Omar noch, als ich mich verabschiedete. »In unserer Sprache bedeutet *battuta* Glück.«

Inzwischen herrschte reges Treiben auf dem Markt von Tonka, und da es ein sehr großer Markt war, fragte ich mich, wie ich Gaby hier finden sollte. Ich quetschte mich durch die Menge und versuchte einen Blick auf die Tische und Matten mit den Waren der Händler zu werfen. Wie auf den meisten Märkten saßen die Händler, die dieselben Waren verkauften, zusammen. Ich kam an Reihen mit Dörrfisch vorbei, an Reihen mit Lederriemen, Zwiebeln, an Buden mit allem möglichen Krimskrams – Batterien, Gummi, Nagellack. Die Händler blieben stumm, warteten, dass potientielle Käufer Interesse an ihren Waren zeigten. Als ich Tomaten aufgereiht sah, blieb ich bei der Matte einer Händlerin stehen und beugte mich hinunter, um eine ihrer kleinen Tomaten-Pyramiden zu betasten. Ich wollte die Festigkeit der Tomaten prüfen, in der Absicht, sie zu kaufen, aber die Frau zeigte auf die Tomaten ihrer Nachbarin. Von Wettbewerbsgeist war hier nicht viel zu merken.

Der Markt war ein Labyrinth – es war nicht nur ein Marktplatz, sondern es waren mehrere, die durch aneinander gereihte Holzbuden abgetrennt waren. Die Sonne brannte herunter, und es gab keinen Schatten, außer von den Schirmen, die ein paar gewiefte Händler über sich hielten. Fliegen traten in Schwärmen auf, und die Gerüche waren penetrant, besonders von dem Dörrfisch und vom gärenden Hirsebier, dem fauligen Gemüse und den Abzugsgräben, in denen schmutziges, stinkendes Wasser dümpelte. Die Käufer waren kaum zu bremsen, viel hektischer als die Händler, und hatten keine Geduld, wenn jemand anders stehen blieb, um etwas anzuschauen. Ich wurde mit den Ellbogen angerempelt, ständig trat mir jemand auf die Füße, und bald war ich so erschöpft, dass ich wieder in den Laden zurückwollte.

Doch dann ließ mich das Gebimmel einer Glocke aufhorchen, ein lautes Scheppern, das den Lärm der Menge übertönte. Das Geräusch schien aus der Mitte des Marktes zu kommen, und weil ich wissen wollte, was es war, ging ich dem Läuten nach, quetschte mich durch die immer dichter werdende Menge, die vielleicht ebenfalls von dem Gebimmel angelockt wurde. Dann erkannte ich Gaby im Mittelpunkt des Gedränges. Natürlich, der beste Händler von Westafrika!

»Diese Leute«, sagte er, während er mich mit seinem breiten Lächeln begrüßte und seine strahlend weißen Zähne sehen ließ. Er hatte eine Frauenhandtasche aus Kunstleder über seiner Schulter hängen – seine Kasse. »Sie sind zuuu verrückt nach Kinderkleidern!«

Der Stapel mit den Secondhand-Kindersachen war auf einem Tuch zu seinen Füßen ausgebreitet. Frauen grapschten wie besessen nach Kleidungsstücken und hielten sie hoch, um die Machart, Qualität oder Größe zu prüfen. Es waren winzige T-Shirts und verblichene Spitzenkleidchen darunter, aber Kinderunterwäsche schien besonders beliebt zu sein.

»Es ist fast Ramadan«, erklärte mir Gaby geduldig. Amita war nicht da – sie besuchte Verwandte in Tonka –, und so behielt Gaby, während er mit mir redete, seine Augen auf den hochgehaltenen Kleidungsstücken, um den Frauen den Preis zu nennen. Er war noch lebhafter und aufgedrehter als sonst; das Handeln wirkte wie eine Droge auf ihn. »Wenn der Ramadan vorbei ist, haben sie einen Feiertag, wie Weihnachten. Diese Leute geben ihren Kindern zuuu viele Geschenke.«

Gaby hielt auch ein mit schwarzem Samt ausgeschlagenes Tablett mit Goldohrringen in der Hand. Er sagte mir, der Preis sei 50 CFA bzw. 100 CFA, ein Festpreis. Das war billig, 20 bzw. 40 amerikanische Cents, und die Frauen liebten diese Ringe. Wenn sie ein paar Unterhosen erhandelt hatten, entdeckten sie die Ohrringe und kauften auch noch ein Paar. Es wurde ziemlich viel gekichert in Gabys Umkreis.

Plötzlich warf er mir die Glocke zu. Es war eine alte Schulglocke mit einem Holzgriff. »Hier, verkauf du weiter, ich muss gehen ...« Und schon war er ohne weitere Erklärung verschwunden.

»*Aye!*«

Einen Augenblick stand ich erschrocken da, dann läutete ich ein paar Mal versuchsweise die Glocke. Eine Frau lächelte mich schüchtern an, während eine andere eine Unterhose vor mir herumwedelte.

Sie trug ein traditionelles *pagne* und hatte ein Baby auf dem Rücken. Ihr Haar war zu winzigen Zöpfchen geflochten, die senkrecht von ihrem Kopf hochstanden und ihr ein spitzbübisches Aussehen verliehen.

»Äh, 100 CFA«, sagte ich auf Französisch, obwohl ich keine Ahnung hatte, was der richtige Preis war. Meine Kundin schüttelte energisch den Kopf.

»Äh, 50 CFA.« Ich setzte meinen Preis herab, um das Geschäft zu machen, doch als ich merkte, dass sie kein Französisch verstand, zeigte ich ihr die Münzen. Eine andere Frau, älter und mit einem kleinen Jungen an einer Hand, packte mich am Arm.

»50 CFA«, sagte ich und zeigte ihr wieder die Münzen. Sie lächelte begeistert und reichte mir das Geld.

Ich bin eine afrikanische Händlerin, dachte ich, und der Gedanke gefiel mir. Ich läutete wieder die Glocke. Jetzt machte es mir nichts mehr aus, angestarrt zu werden; ich hatte eine Rolle. Die kaufwütigen Frauen in der Menge scherten sich nicht um die Hautfarbe des Händlers und umdrängten mich von allen Seiten. Ich würde ihnen vermutlich zu ein paar guten Schnäppchen verhelfen und nicht viel ausländische Devisen für Ghana einhandeln, aber ... ich tat, was ich konnte! Als ich mich herunterbeugte, um eine Unterhose für eine Frau hervorzukramen, zog ich einen Pulli heraus. Eine junge Mutter riss ihn mir aus der Hand und untersuchte die Nähte. Eine Hand rüttelte an meiner Schulter – eine andere Frau wollte einen Preis wissen. Ich zeigte ihr die Münzen, sie nickte und gab mir die Summe. Wieder eine Transaktion erfolgreich abgeschlossen.

Mein afrikanisches Geschäft kam langsam in Schwung, so wie mein afrikanisches Leben.

Kein edles Nomadenleben
Timbuktu – Tintahaten, Mali

Ich war vor fast zwei Wochen nach Timbuktu gekommen – die Pinasse hatte in Korioumé angelegt, ungefähr 30 Kilometer südlich, und ich hatte, wie viele meiner Mitreisenden, das landläufige Verkehrsmittel genommen, einen alten Land Rover, um auf der löchrigen Straße nach Timbuktu zu fahren. Gaby war unverhofft in Tonka von Bord gegangen – vermutlich ein Geschäft, das »zuu gut« war, als dass er es sich entgehen lassen konnte –, und so war ich jetzt wieder allein. Der erste Eindruck von Timbuktu war enttäuschend gewesen.

Es war größer, als ich erwartet hatte, mit gepflasterten Straßen, einem neuen Stadtteil mit mehrstöckigen Bürogebäuden (na ja, zwei oder drei Stockwerke) und einer alles beherrschenden Radiosatellitenschüssel. Wie andere europäische Entdecker vor mir hatte ich mich dazu verführen lassen, meine Erwartungen einzig auf die Vergangenheit von Timbuktu zu setzen.

Als der Schotte Gordon Laing, der Franzose René Caillié und der Deutsche Heinrich Barth Anfang bis Mitte des 19. Jahrhunderts zum ersten Mal nach Timbuktu kamen, waren sie auch enttäuscht – ihre Erwartungen und die ihrer Landsleute zu Hause gründeten sich auf Gerüchte und auf Erzählungen arabischer Reisender wie Ibn Battuta, die bereits Jahrhunderte zurücklagen.

Timbuktu entstand im 11. Jahrhundert, ursprünglich als saisonales Quartier für Tuareg-Nomaden, und seine Bedeutung wuchs während des malischen Reiches, als der Handel sich von den westlichen Routen weg verlagerte, die auf dem Höhepunkt des Reiches

Ghana frequentiert wurden. Die Stadt erwarb sich einen Ruf als Zentrum islamischer Gelehrsamkeit, vor allem in der Zeit von 1492 bis 1529 unter dem Songhay-Herrscher Askia Mohammed, als die Gelehrten wichtige Bücher und Abhandlungen verfassten, islamische Texte auf dem Weg durch die Sahara importiert wurden und die Stadt bedeutende Bibliotheken beherbergte. Die islamischen Gelehrten von Timbuktu, genannt Ulama, waren an der Regierung der Stadt beteiligt und Mitglieder mächtiger Kaufmannsfamilien. Die Marokkaner, die 1591 Timbuktu einnahmen, sahen den Ulama als potentielle Bedrohung, und als es 1593 zu einem Aufstand gegen die Marokkaner kam, schlugen die Eindringlinge zurück, indem sie zahlreiche Gelehrte töteten, verhafteten oder ins Exil schickten und deren Bücher konfiszierten und verbrannten. Die Bedeutung Timbuktus als Zentrum der Gelehrsamkeit war damit zerstört, und bald verlor es auch seine Stellung als wichtiger Warenumschlagplatz: der Transsahara-Handel, der die Stadt reich gemacht hatte, verlagerte sich zu den Küstenvölkern, die Sklaven und Gold an die Europäer verschacherten. Bis zum Jahr 1826, als Gordon Laing ankam, der als erster Europäer Timbuktu betreten haben soll, war die Glanzzeit der Stadt bereits Vergangenheit. (Übrigens hat Laing keinen nachprüfbaren Bericht hinterlassen, weil er auf dem Rückweg in der Wüste ermordet wurde!)

Obwohl ich diese Geschichte kannte, hatte ich mir Timbuktu wie ein Märchen aus Tausendundeiner Nacht vorgestellt, eine geheimnisvolle Stadt, eingeschlossen von den wandernden Sanddünen der Sahara. Falsch. Was ich zu sehen bekam, war ein heruntergekommener, schmutziger, trister Ort mit »zuuu« vielen Fliegen, »zuuu« vielen offenen Kloaken und »zuuu« vielen lästigen Kindern, die mich verfolgten und »*cadeau, cadeau!*« schrien und, wenn ich ihnen Süßigkeiten gab, wie ein Wespenschwarm über mich herfielen.

Es dauerte ein paar Tage, bis ich immun gegen die Kinder war und diese sich damit abgefunden hatten, dass ich eine böse, geizige Hexe war, die dauernd nur »*allez, allez!*« brüllte, aber dann konnte ich ungestört durch die Straßen der Altstadt wandern und die Vergangenheit Timbuktus auf mich wirken lassen.

Die Altstadt bestand zum größten Teil aus grauen, niedrigen Lehmbauten, die zwar alt genug aussahen, aber wahrscheinlich in den letzten paar Jahren neu aufgebaut worden waren. Lehmziegel haben den Nachteil, dass sie in den heftigen Regengüssen, die über eine Wüstenstadt niedergehen, leicht weggeschwemmt werden. Oft bestand der einzige Schmuck an den Außenwänden der rechteckigen Gebäude aus kunstvoll geschnitzten, antik aussehenden islamischen Türen. Ich wanderte die engen, schattigen, sandverwehten Gassen entlang und war überzeugt, dass sich hier seit dem 19. Jahrhundert nicht viel geändert hatte. Tatsächlich stieß ich auf Namenstafeln, auf denen zu lesen war, in welchem Haus Laing, Caillié und Barth gewohnt hatten. Ziegen und Hunde streunten wie ich in diesen engen Gässchen umher, und gelegentlich kam ich an einer Frau vorbei, die köstlich duftendes Brot buk. Manchmal warf ich einen Blick in die Innenhöfe der größten Lehmbauten, alles öffentliche Gebäude, und fand kühle Plätze vor, die von inneren Arkaden umschlossen waren. Waren das früher einmal Orte der Gelehrsamkeit gewesen?

Manchmal wanderte ich zu ein paar nahen Sanddünen hinaus, um den Sonnenuntergang über Timbuktu zu erleben. Es war ein faszinierender Anblick, wie die niedrige, graue Stadt aus der Wüstenlandschaft aufragte und zugleich mit ihr verschmolz. Nicht weit davon lag das Campement der Tuareg mit seinen gedrungenen, strohgedeckten Behausungen. Ich kannte die ernsten Gesichter dieser aristokratisch aussehenden Wüstennomaden aus Büchern und wusste, dass sie jahrhundertelang die uralten Handelsrouten der

Sahara beherrscht hatten. Ihre Gegenwart ließ die Stadt noch geheimnisvoller und abenteuerlicher erscheinen.

Ein Eindruck, der jedoch nicht lange vorhielt.

Meine erste Begegnung mit den Tuareg war ernüchternd: Sie wirkten nicht sehr vertrauenswürdig und alles andere als vornehm. Hin und wieder erhaschte ich einen Blick auf ihre Gesichter unter den indigoblauen Turbanen: auf ihre hageren, raubvogelartigen Züge und die ledrige, bläulich schimmernde Haut. Ihre Augen verursachten mir das meiste Unbehagen – sie waren durchdringend, glitzernd, gierig, viel mehr noch als die Augen der Jugendlichen auf dem Markt von Mopti. Bei diesen jungen Burschen war die Jagd nach dem Touristendollar ein Spiel. Hier, bei den Tuareg in Timbuktu, steckte mehr dahinter, und ich traute ihnen nicht. Sie bedrängten mich pausenlos, »echten« Silberschmuck und Messer und Kamelritte zu kaufen. Sie lungerten wie Geier um die Touristen herum, auf der Suche nach einem geeigneten Opfer.

Dennoch war ich fasziniert von den Tuareg. Ich hatte Bücher über ihre reiche Geschichte gelesen und Fotos gesehen, auf denen sie wie Könige in ihren indigoblauen Gewändern aussahen, die ihrer dunklen Haut jenen Stich ins Bläuliche verliehen. Während ich auf der weiten, schattigen Veranda des heruntergekommenen Hotels Bouctou saß, Tag für Tag, und auf die struppigen Sanddünen hinausschaute, spielte ich mit dem Gedanken, einen längeren Kamelritt zu machen, um ein paar richtige Lawrence-von-Arabien-Sanddünen zu sehen und das romantische Nomadenleben der Tuareg hautnah mitzuerleben. Baba, der freundliche malische Barmann im Hotel Bouctou, empfahl mir Ibrahim, einen etwas älter aussehenden Mann, einen Tuareg, dem ich vertrauen könne.

Das Problem war *la situation* – die schwierige Lage, auf die Hadschi Omar in Tonka angespielt hatte, oder der Aufstand, wie die Leute in Mopti sagten. Seit zwei Jahren rebellierten die Tuareg gegen die malische Regierung, und es war wiederholt zu Banditenüberfällen gekommen, sodass die Transsahara-Route geschlossen werden musste. Vor ein paar Wochen hatte es jedoch eine Einigung zwischen den Tuareg und der Regierung gegeben.

»Ich denke, Sie können es riskieren, nach draußen zu gehen«, sagte mir ein Einheimischer. »Draußen«, das war für die Leute in Timbuktu die umliegende Wüste.

»Ja, es ist jetzt nicht mehr so gefährlich«, versicherte mir Baba.

»Andere machen es auch«, wurde mir gesagt, und sogar ein *gendarme* meinte, dass nichts dagegen einzuwenden sei.

Als ich dann Ibrahim zufällig in einer engen, sandigen Gasse in Timbuktu begegnete, sprach ich ihn darauf an.

»Sie brauchen eine Genehmigung dafür«, sagte er, »und Sie sollten nicht zu weit rausgehen, aber es ist machbar.«

Vielleicht hätte es mich stutzig machen müssen, mit welcher Heimlichkeit Ibrahim die Abmachungen treffen wollte – weg vom Hotel, in der Nähe der Dünen. Nicht ich, sondern er würde zur Gendarmerie gehen, um die Genehmigung für mich einzuholen. Alles lief wie geplant – bis zu dem Morgen, an dem wir aufbrechen sollten.

Ich fragte Baba, ob ich ein paar Taschen bei ihm lassen könne. »Ja, aber ich muss es Traoré sagen, dem *directeur*.«

Traoré wiederum verlangte: »Ich muss erst Ihre Genehmigung sehen, Madame.« Er war ein hagerer, kleiner, unangenehmer Mann, der gern Befehle erteilte. Er war der Manager des Hotels, ein ehemaliger Militär, wie ich vermutete. Warum er die Genehmigung sehen wolle, fragte ich ihn. Das ginge ihn nichts an. »Selbstverständlich geht es mich etwas an«, kreischte Traoré.

Als Ibrahim kam, übernahm er die Verhandlungen, aber die »Diskussion« eskalierte in einen heftigen, lautstarken Streit. Ich mischte mich ein und warf dem Manager vor, er wolle uns nur wegen der entgangenen Übernachtungen schikanieren.

»Sie verstehen die *situation* nicht, Madame«, war die Antwort.

Das nahm mir die Luft aus den Segeln, und ich kam ins Grübeln. Hmm. Worauf ließ ich mich da eigentlich ein? Ich wurde zum ersten Mal nervös. War die Gefahr, überfallen zu werden, wirklich so groß? Ich nahm Baba beiseite, weil ich seinem Urteil vertraute. Er stritt nicht ab, was ich über den Manager dachte, und sagte, ich könne Ibrahim vertrauen. Ich war immer noch nervös, aber es gab nur eine Möglichkeit, die Wahrheit herauszufinden: die Reise antreten.

Ich ließ Traoré wissen, was ich von ihm hielt: »ein kleiner Diktator ... Überbleibsel der alten Republik ... kein Haar besser als Moussa Traoré ...« und so weiter. Es war eine ziemlich gehässige Bemerkung, wenn man bedenkt, dass Moussa Traoré damals noch wegen Verrat und Mord auf der Anklagebank saß. Bis ich nach Timbuktu zurückkam, hatte sich der Streit in der ganzen Stadt herumgesprochen, und meine Kommentare brachten mir sogar einen gewissen Ruhm ein.

»Traoré hat Angst vor Australierinnen«, bekam ich zu hören. »Vor ein paar Monaten hat eine andere Australierin Streit mit ihm bekommen und ihn sogar geschlagen.« Ein schöner Ruf, der den Australierinnen in Timbuktu vorauseilte! Doch die Leute konnten ihre Schadenfreude nicht verhehlen – Traoré war nicht sehr beliebt.

Ich ging mit Ibrahim zum Campement Tintahaten hinaus, das nur vier Kilometer entfernt war. Ibrahim war groß und hager, die Haut straff gespannt über seinen hervortretenden Wangenknochen. Wie alt mochte er gewesen sein? Schwer zu sagen. Seine Augen waren müde, seine Bewegungen langsam und vorsichtig. Vielleicht um die 40, vielleicht aber auch, in Anbetracht seiner jungen Familie, erst in den Dreißigern. Er trug einen dunkelblauen *bubu*, der vor Alter stahlgrau schillerte, und einen noch dunkleren Turban. Er ging aufrecht und hatte immer seinen Kamelstock dabei, oft waagrecht über die Schulter gelegt. Er hatte eine ruhige und geradlinige Ausstrahlung, und doch entdeckte ich, als ich ihn in den nächsten Tagen besser kennen lernte, dass er ein zutiefst gequälter und rastloser Mensch war.

Durch die Streiterei war es spät geworden, und wir beschlossen, während der Hitze des Tages auszuruhen. Tintahaten lag in den Dünen unmittelbar vor Timbuktu. Niedrige Hütten waren in den Niederungen in einem Abstand von etwa hundert Metern verstreut. Ibrahims Hütte war eine typische Tuareg-Behausung, aus gebogenen Ästen geformt und mit Strohgeflecht gedeckt. Sie war klein – zwei Menschen lang, eine Menschenlänge breit und nur einen Meter hoch. Das Dachstroh hing über dem Eingang tief auf den Boden herunter, sodass wir hineinkriechen mussten. Innen bot die Hütte Schutz vor der Mittagssonne.

Ich lernte Fatimata, Ibrahims Frau, kennen. Sie war klein und dünn, und unter ihrem abgetragenen dunkelblauen *bubu* zeichnete sich die Wölbung ihres Bauches ab, in dem ihr viertes Baby heranwuchs. Ihre Züge wirkten matt und abwesend, ausgezehrt von Armut, Unterernährung und den Strapazen der Schwangerschaft, was jedoch der Schönheit ihres schmalen, wie gemeißelten Gesichts mit den straff zurückgekämmten Haaren und den traurigen braunen Augen keinen Abbruch tat. Trotz der Hitze machte sie sich daran, das Mittagessen zu kochen, Lamm mit Reis und fetter Ziegenbutter. Sie mahlte und rüttelte den Reis, um die Hülsen herauszusieben. Sie stampfte die Gewürze und schnitt das Fleisch, frisch gekauft mit meinem Geld, das ich im Voraus bezahlt hatte. Ibrahim war gegangen, und ich nahm an, dass sie kein Französisch sprach, also schaute ich ihr schweigend zu und lächelte, wenn unsere Blicke sich kreuzten. Ich bot ihr meine Hilfe an, bedeutete ihr durch Zeichen, dass ich beim Zerkleinern helfen oder das Feuer hüten könne, aber sie lächelte nur und schüttelte den Kopf. Ich fühlte mich ein bisschen unbehaglich bei dem Gedanken, als zahlender Gast behandelt zu werden. Oder ging ich wieder als »Mann ehrenhalber« durch? Ich fügte mich in diese Rolle, etwas, woran ich inzwischen gewöhnt war, schaute zu und spielte mit Mana. Mana, das 18 Monate alte Baby, war fasziniert vom Feuer und kaute auf Holzkohlenstückchen herum, während Leila, die älteste Tochter, die ungefähr vier war, ihrer Mutter zur Hand ging. Mohammed, ihr etwa sechsjähriger Sohn, rannte die ganze Zeit nur um das Lager herum und kreischte, ein Geräusch, das die brütende Stille zerschnitt.

Während sie das Essen zubereitete, lächelte Fatimata kurz und bemerkte in fließendem Französisch: »Ich musste alles wieder von den Kamelen abladen.« Es hörte sich an, als ob sie vom Kofferraum eines Autos sprechen würde. Sie hatte unsere Kamele für die Reise beladen, in der Annahme, dass wir früher aufbrechen würden.

Ich gab ihr zu verstehen, wie überrascht ich war, dass sie Französisch sprach. »Meine Eltern haben mich in die Schule geschickt«, sagte sie leise. »Vor der Dürre.« Sie machte einen sehr erschöpften Eindruck. Ich fragte sie, wo Ibrahim hingegangen sei, und sie antwortete ausweichend. »Er wird bald zurück sein.« Hier hatte ich nun die seltene Gelegenheit, mit einer Dorfbewohnerin zu reden, aber sie hatte einfach nicht die Energie für ein Gespräch, und ich ehrlich gesagt auch nicht. Die Hitze war niederknüppelnd.

Bald kam Ibrahim zurück, und Fatimata und die Kinder legten sich im Schatten einer Hecke zum Schlafen hin. Ibrahim und ich krochen in die Hütte hinein – jetzt gab es keinen Zweifel mehr, dass ich als »Mann ehrenhalber« behandelt wurde –, und wir redeten über den Aufstand. Strohmatten wurden vor den Eingang gezogen, um die Fliegen abzuhalten, sodass die Luft zum Schneiden war und nur ein gedämpftes orangefarbenes Licht hereinsickerte. Ich brachte das Gespräch noch einmal auf den Streit, den er mit Mohammed Traoré gehabt hatte. Es ließ mir keine Ruhe. Traoré hatte sich wie ein Irrer aufgeführt und Ibrahim mit einer Flut von Beschimpfungen überschüttet. Wem sollte ich glauben, Traoré oder Ibrahim? War ich hier sicher? Oder hatte Ibrahim mich in die Wüste gebracht, um zu Geld zu kommen, egal, wie groß die Gefahr war? Ich musste es herausfinden.

»Werden die Tuareg immer so behandelt?«, fragte ich ihn.

Ibrahim seufzte und redete mit leiser, stockender Stimme. Er erzählte mir, wie die Tuareg nach der Dürre von 1970 bis 1974 die Regierung um Ersatz für ihre verlorenen Viehherden gebeten hatten. »Mehr hätten wir nicht gebraucht, um unsere Unabhängigkeit zurückzubekommen. Aber stattdessen hieß es, wir sollten uns Arbeit suchen.« Er war traurig und redete mit großer Überzeugungskraft. »Manche Tuareg, die armen, sind notgedrungen näher an die Städte gezogen, und ihre Kinder sind in die Schule gegangen, aber sie haben trotzdem keine besseren Stellen bekommen. Es gab keine Unterstützung, und sie wurden schlecht behandelt – damals wurde die Saat für den Aufstand, der jetzt schon zwei Jahre dauert, gesät.

Ich fragte ihn, ob er wüsste, was bei der Einigung zwischen den Tuareg und der Regierung herausgekommen war.

»Wir sind nicht gut informiert«, erwiderte er. »Und neulich, als uns gesagt wurde, wir sollten in die Stadt kommen (wie alle Tuareg, denen ich begegnete, Timbuktu nannten) und uns anhören, was der Gouverneur zu sagen hat, ist die Armee angerückt, und wir haben uns versteckt.«

Mir kam das übertrieben, märtyrerhaft vor. Damals.

»Haben Sie ein Radio?«

»Ja, ich habe es in der Zeit benützt, als es hier gefährlich war, als wir uns versteckt hielten, aber jetzt habe ich es weggetan. Ich mag das Geräusch nicht.« Es war wohltuend still in der Hütte.

Wir redeten über die Probleme, als wären sie bereits Vergangenheit. Die Szene mit Traoré und die Ängste, die er geschürt hatte, verblassten allmählich, ausgelöscht von der Hitze und Stille der Wüste.

Am späten Nachmittag beluden wir die zwei Kamele und brachen nach Finderiah auf, einem zweiten Campement. Ich bekam das große, weiße Kamel namens Abzul zugeteilt. Ibrahim und sein Sohn saßen auf Ashwar, dem kleineren, braunen Kamel. Mohammed hatte unbedingt mitkommen wollen, als wir uns zum Aufbruch bereit gemacht hatten, und Ibrahim, der offenbar ein nachgiebiger Vater war, hatte schließlich eingewilligt.

Es war keine einfache Sache, das Kamel zu besteigen. Abzul ruhte auf den Knien, als ich in seinen Sattel kletterte. Der kunstvoll getriebene Ledersattel lag zu beiden Seiten des Kamelhalses auf und hatte vorne und hinten hohe »Schmetterlingsflügel«, die mich oben hielten. Steigbügel gab es nicht, und Ibrahim wies mich an, meine Zehen in den sehnigen Hals des Kamels zu graben. Ich bekam Zügel in die Hand gedrückt, die an einem Gebiss im Maul des Kamels befestigt waren.

Doch als Ibrahim Abzul den Befehl zum Aufstehen gab und das Kamel auf die Knie hochging und mich nach vorne schleuderte, ließ ich die Zügel los und klammerte mich an die vorderen Flügel. Dann hievte sich Abzul auf seine Füße hoch, wobei ich nach hinten geschleudert wurde, und ich packte die hinteren Flügel. Ich musste noch viel lernen.

Als wir aufbrachen, zeigte sich schnell, dass Abzul entschlossen war, nur seinem eigenen Kopf zu folgen. Zunächst sah es aus, als wüsste er den Weg – er bewegte sich im Eiltempo zwischen den hügeligen Dünen dahin, an der Spitze vor Ibrahim, während ich vollauf damit beschäftigt war, mich im Sattel zu halten und meine nackten Zehen in seinen Hals zu graben. Dann hatte Abzul plötzlich Hunger und senkte dauernd den Kopf, um das stachlige Gras abzufressen, mit dem die Dünen gesprenkelt waren. Es war nervtötend. Beim dritten Mal zerrte ich heftig am Seil und riss ihn zurück – er musste begreifen, wer hier das Sagen hatte.

Wir kamen bei Sonnenuntergang im Campement an, das in einer niedrigen, windzerzausten Landschaft lag. Auch hier waren Hütten über das Gelände verstreut, so weit voneinander weg, dass ich anfangs dachte, wir wären bei einer einzigen Behausung gelandet.

»Tuareg-Campements sind immer so«, erklärte Ibrahim. »Wir leben nicht wie die Schwarzen in der Stadt drinnen, so auf einem Haufen zusammengedrängt.« Ich wunderte mich über den Ausdruck »*les noirs*« für die Malier. Hielten sich die Tuareg nicht für Schwarze? Ich fragte Ibrahim, aber er sagte nur, mit einem Blick auf unsere Haut: »Wir sind Weiße.« Seine Haut war aber viel dunkler als meine! (Wie ich später herausfand, betrachteten sich die meisten Tuareg als Weiße, die Malier hingegen als Schwarze.)

Eine Gruppe aufgeregter Frauen in dunkelblauen *bubus* umringte mich. Sie waren von ihrer Siesta im weißen Sand vor der Hütte draußen aufgeschreckt.

»*Matula!*«, schrien sie. »*Matula!*«

Was natürlich »Weiße, Weiße!« hieß. Also gab es doch einen gewissen Unterschied zwischen mir und den Tuareg! Bald lernte ich ein bisschen Tamaschek, wie sie ihre Sprache und sich selber nennen. Ich beugte mich hinunter, um ihnen die Hand zu schütteln. Komm herunter, bedeutete mir eine alte Frau, aber ich musste die Schultern zucken und ihr klar machen, dass ich nicht wusste, wie. Sie lachten alle, aber es hörte sich freundlich an.

Wir wurden eingeladen, in der Hütte des Dorfhäuptlings – wieder ein Mohammed – zu übernachten. Später erfuhr ich, dass er Ibrahims jüngerer Bruder war, aber er sah älter aus und hatte eine ältere Frau, Telemata, und beinahe erwachsene Kinder. Die Dunkelheit brach schnell herein, und ich bekam eine Matte zugeteilt, auf der ich mich neben dem Feuer vor der Häuptlingshütte ausstrecken konnte. Die ganze Familie versammelte sich. Ibrahim und Mohammed, der Häuptling, hatten sich auf Kissen neben mir ausgestreckt.

Telemata saß ruhig da und bereitete mit ihrer Tochter Heidera, einem jungen Mädchen im Teenageralter, das Essen zu. Im Gegensatz zu Fatimata sprachen sie kein Französisch, sodass ich nicht mit ihnen reden konnte, obwohl es jetzt, in der Nacht, kühler wurde und die Gespräche auflebten. Ein weiterer Mann, ein Nachbar, lag auf einer Matte ausgestreckt. Er trug einen leuchtend blauen *bubu*, und sein Gesicht war von einem dunklen Turban verhüllt. Ibrahim behielt ebenfalls seinen Turban auf, aber der Häuptling, vermutlich weil er hier zu Hause war, hatte den seinen abgesetzt. Er hatte ein kraftvolles, tief zerfurchtes Gesicht und große braune Augen. Er sah weise und gelassen aus. Die beiden Söhne des Häuptlings, Ibrahim und Ali, beide im Teenageralter, entfernten sich leise und kamen nach einiger Zeit wieder zurück. Später erfuhr ich, dass es ihre Aufgabe war, die Ziegen zusammenzutreiben und zu melken.

Wir saßen still im flackernden Feuerschein. Helle Sterne leuchteten an der riesigen Himmelskuppel. Wir aßen kleine Stückchen Ziegenkäse, der wie Parmesan schmeckte, dann Reis und Fleisch mit Ziegenbutter. Ich aß mit den Männern aus einer großen Emailschüssel. Ich folgte ihrem Beispiel, zupfte Reisbällchen heraus, die ich in meiner rechten Hand knetete, um sie dann mit weit geöffnetem Mund von der Handfläche zu den Fingern hin aufzunehmen. Mohammed schob Fleischbrocken in meine Reismulde, wenn er der Meinung war, dass ich nicht genug aß. Nachdem die Männer fertig gegessen hatten, wurde die Schüssel an Telemata und die Kinder weitergereicht. Der letzte Gang war eine Schale frisch gemolkene Ziegenmilch.

Der Häuptling bestritt den größten Teil der Unterhaltung und redete mit tiefer, ruhiger Stimme im weichen Tonfall der Tamaschek-Sprache. Er strahlte eine ruhige Würde aus. Ibrahim übersetzte. Wenn ich vor der Dürre gekommen wäre, so wurde mir erzählt, hätte ich ein anderes Land vorgefunden.

»Die Frauen waren fett und die Männer stark. Jetzt sind wir alle dünn ...« Der Häuptling fuhr in beschwörendem Tonfall fort: »Die Häuser waren mit Fellen gedeckt, nicht mit Stroh ... Es gab keine Emailschüsseln, denn alles war aus Ebenholz gemacht ... Tiere, so weit das Auge reichte – Ziegen und Rinder und Kamele.«

Ich schaute in seine ruhigen Augen, nicht in Ibrahims, während ich der Übersetzung lauschte.

Ibrahim nickte und fiel ein: »Man musste hoch oben auf dem Kamel sitzen, um zu sehen, wo man hinging, so hoch war das Weidegras ...«

Ich wurde über die Probleme, *la situation*, informiert. Die Leute, so erfuhr ich, lauschten auf verdächtige Geräusche, immer bereit, die Flucht zu ergreifen. Es war die Rede von Überfällen, Verwandten, die umgebracht worden waren. Durch ihre nüchternen Schilderungen erschien mir die Gefahr auf einmal greifbar, real.

Ich wurde gefragt, wie es in der Stadt, in Timbuktu, stünde. »Wie schätzen Sie die Situation ein?« Ich bekam eine Ahnung davon, wie isoliert sie waren. »Warum hassen uns die Leute in der Stadt?« Die einzige Außenwelt, auf die sie sich bezogen, war Timbuktu. »Was können wir tun?«

Das waren schwierige Fragen, auf die ich keine Antwort parat hatte. Verschlechterte sich die Lage, weil die ganze malische Wirtschaft unter den Einbußen im Touristengeschäft und dem Erliegen des Transsahara-Handels zu leiden hatte? Bedeutete die Misswirtschaft im südlichen Teil der Sahara, dass es nie wieder Weidegrund für die Tiere der Tuareg geben würde? Hatten die Leute in Timbuktu Angst, dass ihnen selber Gefahr drohte? Oder lag es daran, dass sie ebenfalls bitterarm waren und mit den Tuareg um karge Löhne und Stellen konkurrierten? Ich konnte Fragen aufwerfen, aber keine Antworten geben.

Dann fragte mich der Häuptling nach meinen Reisen.

»Das ist eine schwierige Reise, die Sie sich vorgenommen haben – wir reisen immer zu zweit, nie allein.« Die Tuareg waren ein großes Nomadenvolk, das sich mit seiner traditionellen Lebensweise jahrhundertelang in einem der härtesten Lebensräume der Welt, der Sahara, behaupten konnte. Dass diese Leute, die in meinen Augen große Reisende waren, meine Unternehmung als schwierig ansahen und meine seltsame Reisebesessenheit in einem Atemzug mit der ihren nannten, ehrte mich zutiefst. Der Gedanke, ein Nomade zu sein, gefiel mir. Der Häuptling schien sich aufrichtig für meine Reisebeschreibungen und meine Ansichten über andere Länder zu interessieren, und ich machte zu Ibrahim eine Bemerkung darüber.

»Wir haben ein Lied«, sagte Ibrahim, »das eine Frage stellt und sie dann beantwortet: Wovon kannst du immer mehr bekommen, es weggeben und dennoch immer mehr bekommen? Die Antwort ist: Wissen. Wissen, das du auf Reisen gesammelt hast.«

Sie erzählten mir von einem Japaner, der 1985 oder 1986 zu ihnen gekommen war und mit ihnen gelebt hatte. Der Häuptling erzählte die Geschichte in einem milden, abgeklärten Tonfall, so als ob sie sich vor hundert Jahren ereignet hätte.

»Er hat unsere Sprache und unsere Sitten gelernt, und dann ist er mit seinen Kamelen durch ganz Westafrika gereist. Als er zurückkam, hat er uns sogar Nachrichten von Tuareg gebracht, die wir nicht kannten. Er ging in sein eigenes Land zurück und schrieb ein Buch, und jetzt hat er eine Tuaregfrau genommen, und ich glaube, er ist Botschafter seines Landes in Senegal.«

Es war eine erstaunliche Geschichte, und ich fragte, ob sie ihn seither wieder gesehen hatten.

»Er hat die ›Association Sahel‹ ins Leben gerufen, eine Organisation, die Geld in Japan gesammelt hat, um Bäume in der Wüste zu pflanzen«, war die Antwort. »Einmal ist er gekommen. Aber wir haben ihn dann nicht wieder gesehen, und die Arbeit wurde eingestellt, wegen der *situation*.« Ohne solche gezielten Hilfsaktionen gab es keine Hoffnung, dass die Tuareg jemals wieder zu ihrer früheren Lebensweise zurückkehren konnten.

Dann gab der Häuptling ein Zeichen, dass es Zeit zum Schlafengehen sei. Die Kinder übernachteten in einer anderen Hütte. Die Nachbarn verabschiedeten sich, und Telemata und Mohammed zogen sich in ihre Hütte zurück. Ibrahim und sein Sohn streckten sich auf der einen Seite neben dem Feuer aus, ich auf der anderen. Ich lag da, in meine Gedanken vertieft, und schaute zu den Sternen auf.

Beim ersten Lichtschimmer an dem hohen Himmel erwachte ich. Ich blieb noch eine Weile neben dem erloschenen Feuer liegen und schaute zu, wie die anderen aufstanden und sich ein Stück weit entfernten, um zu beten. Es gab keinen Muezzin, der die Gläubigen in dieser stillen Landschaft zum Gebet rief. Ich sah, wie Ibrahim und der Häuptling symbolische Waschungen vornahmen – um sich für das Gebet zu reinigen –, indem sie ihre Hände im Sand »wuschen«. Ich ging in die Wüste, um meine »Waschungen« zu erledigen ... und nahm ebenfalls Sand zum Waschen. Ich fühlte mich sauber.

Ibrahim sagte: »Dieser Sand hier in Finderiah ist reinigend – nicht so wie der Sand bei der Stadt ... der Wind trägt den ganzen Schmutz in unser Campement in Tintahaten, und deshalb ist es dort nicht sauber.«

Als erste Handlung an diesem Morgen mussten wir die Kamele einfangen. Ich zuckelte hinter Ibrahim her, mit Mohammed, seinem kleinen Sohn, im Schlepptau, und wir folgten ihren Spuren im Sand, Spuren, die ich nicht sehen konnte. Schweigend gingen wir durch das Gestrüpp und lauschten auf den Wind. Der Himmel war wolkenlos, blassblau zu dieser frühen Stunde, die niedrigen Sanddünen schimmerten weiß, mit strohgelben und graugrünen Stoppeln dazwischen. Endlich, als wir auf einer kleinen Anhöhe standen, entdeckte Ibrahim die Kamele; ich sah sie erst, als wir einige Hundert Meter näher gekommen waren. Ihre Schreie, als sie uns entdeckten, klangen nicht gerade begeistert, aber sie ließen sich brav das Seil durch die Nasenringe ziehen. Ihre Vorderfüße waren mit einem kurzen Strick zusammengebunden, und trotzdem hatten sie es geschafft, zwei oder drei Kilometer fortzuwandern, auf der Suche nach saftigeren Gräsern.

Als wir wieder im Camp waren, sagte der Häuptling, er würde den Tag in der Stadt verbringen und Erkundigungen über mögliche Unruhen in der Wüste einholen – herausfinden, ob es »Geräusche« gab. Ich vertraute diesen Leuten jetzt, aber ich wusste, dass sie die Situation sehr ernst nahmen. Ein anderer Mann kam, der am Vortag in der Stadt gewesen war. Er sagte, es würde allerlei gemunkelt, Gerüchte von Truppenbewegungen, Plänen. Wir hielten es für vernünftiger, einen Tagesausflug vom Campement zu machen und am Abend zurückzukehren und die Nachrichten abzuwarten.

Bei unserem Morgenritt, der zum großen Teil schweigend verlief, konnte ich sehen, dass Ibrahim ständig nach verdächtigen Spuren und Bewegungen am Horizont Ausschau hielt. Ich stellte mir vor, dass er sein jahrhundertealtes Wissen einsetzte, um andere Tuareg auszumachen oder die Richtung zu bestimmen. Wir stießen auf ein bis zwei Tage alte Wagenspuren.

»Das müssen die Rebellen oder die Armee gewesen sein«, sagte Ibrahim. »Sonst ist zur Zeit kein Transport in der Wüste.« Bald ertappte ich mich dabei, dass ich auch nach Militär Ausschau hielt oder lauschte.

Ich hatte am gestrigen Abend, als wir am Lagerfeuer saßen, gefragt, ob es keine Kredite gebe, um mehr Vieh zu kaufen. Ich verstand einfach nicht, warum sie nicht mehr unternahmen, um ihre Situation zu verbessern.

»Aber wir haben Angst«, hatte der Häuptling gesagt.

»Angst vor Krediten?«, hatte ich naiv zurückgefragt, noch ganz in meine Consulting-Gedankengänge vertieft.

»Nein, Angst. Solange es Sicherheitsprobleme gibt, können wir an nichts anderes denken.«

Allmählich bekam ich eine Ahnung davon, wie diese Angst sich auf ihr Leben auswirkte. Seit zwei Jahren lebten sie so, immer auf der Hut, auf die spärlichen Nachrichten angewiesen, die sie untereinander oder in der Stadt besprachen, immer bereit, sich beim kleinsten Warnzeichen zu verstecken, Freunde und Angehörige betrauernd, die bei Überfällen ums Leben gekommen waren. Ich war schon nervös, nachdem ich einen Tag lang diese Atmosphäre aufgesaugt hatte. Das war kein »edles Nomadenleben«.

Ich dachte an die Diskussion mit Monsieur Keita im fernen Koundara in Guinea. Er hatte sich darüber beklagt, dass es weder Recht noch Gerechtigkeit in Afrika gebe. Damals war das für mich abstrakt geblieben, und ich konnte mir die Folgen nur schwer vorstellen. Hier jedoch war es greifbarer – das Fehlen von Sicherheit. Ich war mit Menschen zusammen, die ein Leben in Angst führten. Es war schrecklich für Geist und Seele. Es raubte einem jede Fähigkeit, eine bessere Zukunft zu planen. Jetzt wurde mir auch klar, warum die Tuareg in der Stadt so etwas Verstohlenes an sich hatten. Ich hatte es für Hinterlist und Habgier gehalten und war misstrauisch gewesen. Jetzt fragte ich mich, ob der brennende Blick in ihren Augen nicht vielmehr Angst gewesen war.

Ohne Sicherheit sind wir nichts.

Wir redeten nur gelegentlich auf diesem Ritt. Ich sagte einmal, ich könne mir denken, wie schlimm die Situation für sie war, weil ich ihm zeigen wollte, dass ich mit ihm fühlte. Darauf erwiderte Ibrahim in seinem wohl überlegten Französisch: »Wir Tuareg glauben, dass Leiden notwendig ist, um das Leben wahrhaft zu schätzen.«

Wir kamen durch eine schöne Dünenlandschaft, die auch hier mit kargem Gesträuch bedeckt war, als es Zeit wurde, zum Mittagessen anzuhalten. Ein Picknick in den Sanddünen ... Statt Picknicktisch und Kühltasche hatten wir Kamelsättel und rußgeschwärzte Teekessel dabei. Wir ließen die Kamele frei (wieder mit zusammengebundenen Vorderbeinen), dann sammelten wir Strauchwerk für das Feuer. Trotz des starken Windes brachte Ibrahim schließlich das Feuer unter seinem *bubu* in Gang. Das Steak wurde zum Trocknen über die Zweige eines Dornbaums gehängt, während wir warteten, bis das Feuer heruntergebrannt war. Dann wurde das Fleisch im Sand, mit glimmenden Holzkohlen bedeckt, geschmort.

»Wenn das Fleisch ganz trocken ist, bleibt kein Sand daran hängen«, erklärte Ibrahim. Es war sehr schmackhaft, und wir aßen es mit altbackenen runden Broten, die wir aus Timbuktu mitgebracht hatten.

Ibrahim wollte mir den Löwenanteil zuschieben – das Fleisch war von meinem Geld gekauft worden –, aber ich wusste, dass Fleisch etwas sehr Rares für ihn und seine Leute war. Ich schaute auf Ibrahims hageren Körper und drängte ihn, meine Extraration zu essen. Ich wage es kaum zu sagen, aber ich wurde so großzügig mit Ziegenmilch, Butter, Käse, Fleisch und Reis gefüttert, dass ich in Gefahr war, zuzunehmen. Eine Sorge, die mir unsagbar lächerlich erschien, nachdem meine Freunde hier ums Überleben kämpften.

Grüner Gunpowder-Tee mit massenhaft Zucker wird in Mali ständig getrunken und ist für die Tuareg besonders wichtig. Der unvermeidliche kleine blaue Email-Teekessel und drei kleine Gläser gehören zur Grundausstattung jeder Familie. Der Tee wird dreimal aufgegossen, jedes Mal stärker und mit immer größeren Zuckermengen.

»Wir können ohne Essen überleben, aber wir brauchen unseren Tee«, sagte Ibrahim.

Wir streckten uns im Schatten aus und redeten, während wir den Tee tranken.

Ibrahim erzählte weiter: »Viele der alten Fähigkeiten und Geschichten der Tuareg sind verloren gegangen. Viele alte Menschen sind während der Dürre gestorben und ihr Wissen ist verloren.« Zum Beispiel die Fähigkeit, Tiere aufzuspüren und die Sprache der Vögel zu verstehen. »Wir wussten viele Dinge. Mein Vater konnte die Zukunft voraussagen.« Ibrahim hatte einiges von seinem Vater gelernt und auch er konnte manchmal sagen, was geschehen würde. »Ich greife darauf zurück, wenn ich wissen muss, ob ein Tag gut oder schlecht ist.« Er hielt inne und fügte hinzu: »Am Freitag habe ich bessere Fähigkeiten.« Wahrscheinlich, weil es der heilige Tag der Muslime war. Heute war Freitag.

Er sammelte 14 kleine »Nüsse« zusammen – Ziegenköttel – und warf sie in den Sand. Das machte er mehrere Male und ich fragte ihn, was er für meine Reise voraussah. Zum Glück hatte er eine beruhigende Antwort für mich: Sie würde gut enden.

In der Spätnachmittagssonne ritten wir zum Campement zurück. Mein Kamel, Abzul, wollte mir immer noch nicht gehorchen, aber ich fasste ihn jetzt strenger an. Wir galoppierten ein bisschen.

Nachrichten wurden ausgetauscht, als wir am Abend wieder um das Lagerfeuer saßen. Ibrahim übersetzte.

»Der Häuptling sagt, er hat gehört, dass in Goundam sechs Schwarze von Banditen getötet worden sind. Dann hat die Armee eine Patrouille ausgeschickt und sechs Tuareg-Männer von Campements in der Gegend zusammengetrieben und getötet. Der Häuptling weiß nicht, ob es wahr ist oder nicht, aber das hat er in Timbuktu gehört.«

Es wurde in dem monotonen Tamaschek berichtet und mit nüchternen Worten auf Französisch wiedergegeben. Es war entsetzlich – besonders die Selbstverständlichkeit, mit der die Männer darüber redeten. Die Diskussion ging stundenlang weiter, aber ich bat nicht um eine Übersetzung. Ich versuchte mir zusammenzureimen, was ich bereits gehört hatte.

Am nächsten Morgen stand ich früh auf, um ein bisschen Zeit für mich allein zu haben und den Sonnenaufgang zu genießen, während das übrige Campement noch mit den Morgenarbeiten beschäftigt war – Beten, Waschen, Feuer machen, Ziegen melken. Als ich zurückkam, war das Feuer heruntergebrannt, und der Tee wurde zubereitet. Alle waren in gedämpfter Stimmung. Und das Hauptgesprächsthema war immer noch der Überfall in Goundam.

Ibrahim sagte: »Der Häuptling meint, wir sollten heute lieber nicht mit den Kamelen rausgehen. Es ist besser, im Campement zu bleiben, weil wir dort früher gewarnt werden und mehr Zeit zum Verstecken haben, falls sich ein Fahrzeug nähert.«

Spielten sie Theater, oder waren sie nur vorsichtig? Ihre Angst war zweifellos echt, und doch fiel es mir schwer, daran zu glauben. Ibrahim wirkte abwesend, und ich spürte, dass er sich um seine Familie Sorgen machte. Ich schlug vor, dass wir, wenn wir ohnehin den Tag im Camp verbringen mussten, genauso gut zu seinem Campement in Tintahaten reiten konnten. Er war froh über dieses Angebot, obwohl der Häuptling meinte, ich dürfe mir nicht die Laune verderben lassen. Sie wollten mich nicht unnötig in Panik versetzen.

»Es ist immer so.«

Ich wollte nicht, dass Ibrahim sich meinetwegen noch mehr quälen musste. Wenn ich etwas zu seinem Seelenfrieden beitragen konnte, und sei es auch nur für einen Tag, dann war ich glücklich. Es wurde also entschieden, dass wir zurückreiten würden. Ibrahim wirkte auf mich, als ob er kurz vor einem Nervenzusammenbruch stünde.

Als wir zur Hütte des Häuptlings zurückgingen, sagte er: »Wir vermuten, dass die Banditenüberfälle eine List waren, vielleicht sogar von Soldaten ausgeführt, damit sie einen Vorwand haben, unsere Leute umzubringen.« Er schüttelte den Kopf und sagte: »Wie können sie uns das antun?«

Er war auch besorgt wegen Traoré, von dem er glaubte, dass er Kontakte zum Militär hatte. Traoré hätte ihn gewarnt, sagte Ibrahim: »Ihr (womit er mich meinte) wird nichts passieren, solange sie bei dir ist, aber hinterher geht's dir an den Kragen.« Ich hatte Angst um Ibrahim.

Als wir die Kamele fertig machten, lud mich der Häuptling ein, wiederzukommen. Endlich waren wir unterwegs, aber die Tageshitze hatte bereits eingesetzt. Das struppige Buschwerk und die verkümmerten Bäume zeichneten sich dunkel gegen den glühenden Sand und den weiten blauen Himmel ab. Ich hatte das Gefühl, dass ich Abzul allmählich besser unter Kontrolle bekam – er stand auf und ging auf die Knie herunter, wenn ich es ihm sagte. »*Uuut!*« für »Auf!« und »*Szu!*« für »Runter!« Wenn er allerdings genug davon hatte, eine Anfängerin wie mich auf seinem Rücken herumzuschleppen, bremste er und kroch im Schneckentempo dahin, und ich konnte ihn um nichts in der Welt dazu bewegen, schneller zu gehen. Dann rief ich Ibrahim zu Hilfe, und er brachte Abzul mit ein paar kehligen Schnalzlauten wieder in Gang. Sobald Abzul jedoch außer Reichweite von Ibrahims Stock war, wurde er wieder langsamer. Zum Haareausraufen! Ibrahim behauptete, er sei so starrköpfig, weil er wüsste, dass er sich von dem guten Weidegras wegbewegte. Ich glaube, es dauerte über eine Woche, bis ich den Umgang mit Kamelen einigermaßen beherrschte, und ich dachte wehmütig an mein Fahrrad. Wenn ich wollte, dass es umdrehte, dann drehte es um!

Als wir wieder in Ibrahims Hütte saßen, deren niedriger Eingang wie beim vorigen Mal mit Matten verhängt war, um die Fliegen abzuhalten, machte Ali, der jüngste Sohn des Häuptlings, der mit uns von Finderiah mitgekommen war, Tee. Ibrahims drei kleine Kinder,

der herrische Mohammed, die stille Leila und die neugierige Mana, kamen von Zeit zu Zeit herein, um zu spielen und zu streiten, was unweigerlich damit endete, dass Mohammed davonrannte und Mana schreiend zurückließ. Der Kontrast zwischen der Normalität und Ausgelassenheit der Kinder und dem müden, sorgenvollen Gesicht ihres Vaters war herzzerreißend.

Ibrahim stellte sein Radio an, in der Hoffnung, Nachrichten in Tamaschek hereinzubekommen.

»Manchmal kommt was um die Mittagszeit«, sagte er und warf einen Blick auf die Sonne am Himmel, »aber ich vergesse immer, es herauszubringen und anzuschalten.« Er schaute sich nach einem sicheren Platz um, wo er das Radio aufhängen konnte. »Das hat uns ein Freund hier gelassen, aber ich habe erst hinterher festgestellt, dass es nichts für uns ist. Wir haben zu viel Sand!«

Er erzählte mir von seinem besten Geschenk, das er von einem Deutschen bekommen hatte.

»Er hat jeder Familie eine Ziege gegeben. Wenn wir mehr Ziegen und Kamele bekommen, können wir vom Stadtrand wegziehen.« Bei jemand anders hätte ich das als Wink mit dem Zaunpfahl verstanden, und noch vor wenigen Tagen hätte ich in meiner Blindheit geglaubt, dass er, wie alle Tuareg, hinter einem *cadeau* her sei. Jetzt, bei Ibrahim, wusste ich, dass es eine reine Feststellung war. Seine Sehnsucht, frei zu sein, war mit Händen zu greifen.

Ich erinnerte mich an Sékou Tourés Rede: »Wir ziehen Freiheit in Armut dem Wohlstand in Sklaverei vor ...« Ibrahim war mit Armut und Sklaverei geschlagen.

Ibrahim brach in die Stadt auf, um auszukundschaften, ob er mit seiner Familie fliehen sollte oder nicht. Ich blieb bei Fatimata, auf dem Sand ausgestreckt, und hatte Gelegenheit, sie ein bisschen besser kennen zu lernen. Sie war völlig energielos, was teils auf ihre Verzweiflung, teils auf ihre Schwangerschaft und die Hitze zurückzuführen war. Sie wirkte zu zerbrechlich, um mit dem Leben zurechtzukommen.

Sie erzählte mir: »Ich war ein Kind, so alt wie Mohammed, als die Dürre kam.« Das war 1973 bis 1975 gewesen, und demnach musste sie etwa 25 sein.

Mit unbewegter Miene fuhr sie fort: »Meine Familie war reich damals, aber die Tiere starben, und wir wurden von Hilfsorganisationen durchgefüttert. Nach der Dürre mussten wir in die Nähe der Stadt ziehen ...« Sie lebte mit Ibrahim jetzt schon zehn Jahre am Stadtrand von Timbuktu.

»*Ç'est fatigant*«, seufzte sie. Es ist zermürbend.

Leila kam herüber und spielte mit ein paar Stöcken.

»Leila, willst du mit Pamela mitgehen und in einem fremden Land arbeiten? Und dann mit dem Geld nach Hause zurückkommen und uns reich machen?« Leila lächelte, ohne zu verstehen, was ihre Mutter gesagt hatte. Ich hätte ihnen so gern geholfen, aber WOMANKIND war nicht die richtige Adresse. Hier ging es um Verelendung, um Menschenrechtsverletzungen. Was konnte ich tun? Geld? Ich gab ihnen etwas. An die Öffentlichkeit gehen? Zum ersten Mal keimte der Wunsch in mir auf, über meine Reise zu schreiben.

Verzweiflung war schwer zu ertragen, und ich hatte es nur ein paar Tage miterlebt. Ich konnte mir immer noch nicht richtig vorstellen, was es bedeutete, mit einer solchen Angst, ohne Hoffnung, zu leben.

»Machen Sie den Indigostoff für Ihre Kleider selber?«, fragte ich, um dem Gespräch eine andere Wendung zu geben.

»Nein, ich kaufe ihn auf dem Markt. Alle Tuaregfrauen tragen das«, sagte sie. Dann zupfte sie traurig die Falten ihres Gewands zurecht. »Das hier ist nicht mehr schön«, murmelte sie und bohrte ihren Finger durch ein Loch.

Fatimata war so schön. Sie verdiente hübsche Kleider.

Ich saß, verfolgt von diesen Erinnerungen, in der protzigen Cherry Bar, einer alten Spelunke, von deren Eingangstür verblasste bunte Plastikstreifen baumelten. Ich hatte 600 *CFA* (2,40 US-Dollar) für mein Bier bezahlt, aber ich konnte es mir leisten. Es war kalt und kam direkt aus dem Kühlschrank. Ich saß allein an einem Tisch und betrachtete die Dekorationen – blinkende bunte Lichter und chinesische Lampions. Ich kam mir vor wie in einer etwas dubiosen Aladin-Höhle, und es roch nach Geld, billigem Geld, nach *touba*b-Lifestyle und Amüsierbetrieb. Das Herz tat mir weh, wenn ich an Fatimata und ihre Kinder dachte. Sie saß draußen vor der Stadt, in Angst und Armut, und ich konnte weggehen, mich frei bewegen, Geld ausgeben. Ich stellte mir Telemata und Mohammed in ihrer Hütte in Finderiah vor. Jetzt, bei Sonnenuntergang, würde ein Feuer angezündet werden. Reis oder Hirse würden im Topf brodeln, vielleicht mit Fleisch von einer frisch geschlachteten Ziege. Sie würden über den Tag reden, vielleicht über mich.

Die Gegenwart Timbuktus hatte mich viel nachhaltiger bewegt als meine Träume von der Vergangenheit dieser Stadt. Und ich hatte mir eingebildet, ich würde Afrika nicht romantisieren!

Aber was konnte ich tun? Wie hatte ich die Tuareg je für habgierig halten können?

Natürlich ist jede Geschichte komplizierter, als es zunächst den Anschein hat. Mein Consulting-Verstand wollte mehr wissen, analysieren, zu einer fundierten Ansicht kommen. Ich wusste nur wenig über die »andere Seite« – den Standpunkt der malischen Regierung und ob die Dinge, die ich gehört hatte, tatsächlich der Wahrheit entsprachen.

Aber eins stand fest: Niemand sollte so leben müssen wie Ibrahim und Fatimata.

Ich trank einen letzten Schluck Bier, seufzte und trat in die Nacht hinaus, auf der Suche nach einer Mahlzeit, die vermutlich mehr

Kalorien enthalten würde, als Fatimata in fünf Tagen zu sich nahm.

Meine Reise führte mich unbarmherzig weiter – morgen würde ich wieder in eine Pinasse steigen und nach Mopti zurückfahren, um von dort aus weiterzufahren, immer weiter, immer allein.

Was tun eigentlich die Männer hier?
Mopti, Mali – Bawku, Ghana

Ich kehrte mit einer anderen Pinasse von Timbuktu nach Mopti zurück, holte mein Rad ab und fuhr nach Sevaré. In dem Hotel, in dem ich mit Al und Suze übernachtet hatte, fand ich zu meiner Erleichterung eine Nachricht von ihnen vor: Al hatte sich so weit erholt, dass sie nach Ouagadougou weiterfahren konnten, der Hauptstadt von Burkina Faso. Ich hoffte, dass ich sie dort sehen würde. Von Sevaré aus fuhr ich auf einer strapaziösen Schotterstraße in die faszinierende und zerklüftete Region hinauf, die unter dem Namen Dogon-Land bekannt ist. Die Dogon sind ein Stamm, der seine reichen kulturellen und religiösen Traditionen über Jahrhunderte hinweg bewahren konnte, hauptsächlich deshalb, weil die Dörfer, die hoch oben auf dem Bandiagara-Steilabbruch liegen, so unzugänglich sind.

Sie waren auch für mich unerreichbar.

Um zu den Dogon zu kommen, hätte ich zu Fuß gehen müssen oder mit dem Eselskarren oder Mountainbike, aber ich wich nicht von der unteren Hauptstraße ab. Hauptstraße? Sie wurde zusehends sandiger, und ich kam nur langsam voran. Ich konnte mich noch immer nicht von meinem selbst auferlegten Zeitdruck lösen und hatte es eilig, nach Ouagadougou zu kommen. Ich wollte zur Eröffnung von FESPACO (Festival Pan Africain du Cinéma à Ouagadougou) dort sein, einem großen afrikanischen Filmfestival, das ich mir, wie man mir in Mopti gesagt hatte, nicht entgehen lassen durfte. Vielleicht würde ich Al und Suze dort antreffen und – wer weiß – vielleicht sogar William. Als ich in Bamako mit ihm telefoniert hatte, hatte ich ihn gefragt, ob er nicht nach Ouagadougou kommen wolle. Er konnte es noch nicht genau sagen, aber ...

Burkina Faso war bitterarm, wie die meisten westafrikanischen Staaten, durch die ich bisher gekommen war. Es war landumschlossen, so groß wie England, und die flache, trockene Landschaft erinnerte mich an Australien. Die Savannenbedingungen und häufigen Dürrezeiten, die im größten Teil des Landes vorherrschten, ließen nur eine begrenzte Bewirtschaftung zu. Es gab wenig Bodenschätze und keinen Zugang zu Seehäfen, großen, ganzjährig Wasser führenden Flüssen oder Transsahara-Routen, um einen nennenswerten Handel zu ermöglichen. Die Burkiner reisten weit herum, besonders südwärts an die Elfenbeinküste und nach Ghana, um Arbeit und Wohlstand zu erringen.

Nachdem ich nach Burkina eingereist war, fuhr ich auf fantastischen Asphaltstraßen südostwärts (zum Glück hatte Monsieur Kounkaye, der redselige Ex-Taxifahrer in Guinea, Recht gehabt!). Morgen würde ich nach Ouagadougou kommen, oder vielmehr Ouaga, wie es allgemein genannt wird.

In nur drei Tagen hatte ich mich davon überzeugen können, dass die Burkiner schnell Freundschaften schlossen. Die Leute waren sehr offen, weniger förmlich als die Malier: Sie stellten sich mit ihrem Vornamen vor, nicht mit ihrem Nachnamen, wie es in Mali der Brauch ist, und erstaunlicherweise, wenn man bedenkt, wie arm das Land ist, hatten sie ein viel lebhafteres Auftreten, und ihre Schritte und Stimmen klangen energischer.

Sogar die Kinder sagten: »*Ça va?*«, als ob sie es wirklich wissen wollten, anstatt nur zu kreischen und Fremde zu belästigen. Natürlich war auch hier manchmal das »*Donnez-moi cent francs*« zu hören – Geben Sie mir hundert Franc –, aber nicht sehr oft.

In der Morgenkühle war ich immer gut gelaunt und voller Energie und genoss das rhythmische In-die-Pedale-Treten, die Kraft in meinen Muskeln und das Gefühl des Einsseins mit meinen Fahrrad. Das waren goldene Zeiten. Kinder und Frauen, die Wasser an der Pumpe holten, an der Straße entlanggingen oder auf den trockenen Feldern arbeiteten, grüßten mich, und ich winkte zurück und lächelte. Während ich durch weite, dunstige Landschaften mit verbrannten Ockerböden, staubigem, grauem Buschland und dazwischen hin und wieder einem verkrüppelten Baobab-Baum fuhr, sagte ich mir, dass ich die glücklichste Frau der Welt war.

Doch im Lauf des Vormittags machten mich der stetige Rhythmus und die steigenden Temperaturen schläfrig, und ich duschte mich mit kühlem Wasser ab. (Das war eine Neuerung: Ich wickelte meine Wasserflaschen in abgerissene Baumwollstreifen, tränkte die Baumwolle mit Wasser, wenn ich die Flaschen an einer Dorfpumpe auffüllte, und überließ den Rest dem Verdunstungsprozess.)

Bis zur Mittagszeit war mein Kopf tief in die Schultern gesunken, niedergedrückt von der Hitze. Meine Arme, die unterhalb der T-Shirt-Ärmel nackt waren, brutzelten in der Sonne. Ich nahm Sonnenschutzfaktor 5, aber das reichte nicht aus, und da ich meine Kleidung reduziert hatte, besaß ich kein langärmliges T-Shirt mehr, um meine arme Haut zu schützen. Vielleicht würde ich eines in Ouaga kaufen. Vielleicht auch nicht – es war einfach zu heiß.

Mein Kopf schmerzte, und jetzt mussten sich die Kinder mit einem Nicken, einem kurzen Lächeln und vielleicht einem brummigen »Ça va?« begnügen. Das Vernünftigste war, zwischen Mittag und drei Uhr nachmittags eine Pause einzulegen, aber die Dörfer kamen nicht immer in den richtigen Abständen, und so radelte ich wie ein durchgeknallter Engländer in der glühenden Mittagssonne weiter. Meine Energie kehrte meistens auf der letzten Etappe am Nachmittag zurück – die abendliche Dusche und die Tasse Tee kamen in Sicht!

An diesem Nachmittag kam ich in Lay an, einem kleinen Dorf 35 Kilometer außerhalb von Ouaga, dessen kleiner, geschlossener

Markt nur aus einer Ansammlung von Verkaufstischen am Straßenrand bestand. Eine Gruppe von Männern stand dort herum und palaverte. Als ich mich an die versammelte Mannschaft wandte und nach einer Übernachtungsmöglichkeit fragte, antwortete mir der Älteste, ein Mann in einem grauen *bubu*.

»*Attendez!*« Wie üblich hieß es, dass ich warten sollte, und ein Kind wurde mit einer Botschaft losgeschickt.

Bald näherte sich ein ernst aussehender, etwa dreißigjähriger Mann in einem dunklen Anzug.

»*Bonne arrivée!*«, begrüßte er mich, sichtlich erfreut und mit einem strahlenden Lächeln, das seine Züge verwandelte und ihn sehr jung aussehen ließ. Er hieß Alain und war der *secrétaire* der Präfektur von Lay.

»*Merci*«, erwiderte ich. Er wollte meinen Pass sehen. In Burkina Faso wurde ich ständig kontrolliert, sodass ich den Ausweis griffbereit hatte. Nachdem er festgestellt hatte, dass alles in Ordnung war, bedeutete er mir, ihm zu folgen. Wollte er mich in ein Hotel, ein Campement oder zu sich nach Hause bringen?

Es dämmerte bereits, und wir gingen durch die dunklen Gässchen in dem kleinen Dorf, schlängelten uns an Hühnern, Ziegen und verrottenden Abfallhaufen vorbei, von den Hitzeschwällen attackiert, die von dem verbrannten Lehmboden aufstiegen, bis wir ein Anwesen erreichten, das von einer niedrigen Lehmmauer umschlossen war, mit einer Hütte in einer Ecke. Alain stellte mich seiner schönen ebenholzschwarzen Frau Judith vor, die noch jünger war als er und genauso erschöpft von der Hitze des Tages wie ich.

»Sie können bei uns übernachten«, sagte Alain.

So war es oft. Die traditionelle dörfliche Gastfreundschaft gebietet, dass man Fremde bei sich aufnimmt. Für diese eine Nacht ist man für die Sicherheit und Bequemlichkeit des Fremden verantwortlich, eine Verpflichtung, die sich mehr und mehr auf öffentliche Einrichtungen, in diesem Fall die Präfektur, zu verlagern scheint. Ich ließ es mir nicht nehmen, am nächsten Morgen ein Geschenk zu hinterlassen – keine Stickers und Buttons mehr, sondern Dinge, von denen ich hoffte, dass sie nützlicher sein würden, wie T-Shirts und Essen. (Ich gab kein Geld, weil ich befürchtete, dass ich damit unnötig Aufmerksamkeit erregen und meine Sicherheit gefährden würde.) Dennoch war ich immer wieder beeindruckt von der großzügig gewährten Gastfreundschaft.

Alain ließ mich bei Judith, die in einem rußgeschwärzten Kessel über einem heißen Holzkohlenfeuer das Abendessen kochte. Ich machte mir mein Essen in meinem Aluminiumtopf auf meinem immer noch launischen Kocher. Fleisch und Reis für Judith und Alain. Nudeln und eine schlichte Sauce mit Tomaten und Zwiebeln für mich. Wieder einmal. Nudeln waren leicht zu transportieren, Zwiebeln zermatschten nicht, und Tomaten kaufte ich fast jeden Tag (ich kaufte gern auf den Märkten ein, um mit den Einheimischen in Kontakt zu kommen), also war das meine übliche Mahlzeit in kleinen Dörfern, wenn keine Marktfrauen in Sicht waren, die Essen verkauften. Das oder ein gekochtes Ei und Brot. Wahrscheinlich hätte ich bei Judith und Alain mitessen können – die traditionelle Gastfreundschaft verlangte, dass sie mir zu essen gaben –, aber das kam für mich nicht mehr in Frage. Ich wollte nicht, dass andere Leute meinetwegen hungern mussten. Judith blieb zurückhaltend und schüchtern, während wir unser Essen kochten, und sie sprach kein Französisch. Ich seufzte. Meine Gespräche mit Fatimata waren manchmal ziemlich quälend gewesen, aber es war immer noch besser, als wenn man sich überhaupt nicht unterhalten konnte.

Mitten in der Nacht wachte ich in meinem Zelt auf, das ich in Alains und Judiths Hof aufgeschlagen hatte, und ich spürte, dass etwas Kaltes, Feuchtes an meinem Kinn heruntertropfte. Ich leckte die Feuchtigkeit mit der Zunge auf und schmeckte Blut. Meine schrundige Unterlippe war aufgeplatzt. Mein Akubra-Hut schützte meine Nase vor der Sonne, und meine Nase meine Oberlippe, aber meine vorstehende Unterlippe – ein sexy Schmollmund, wie ich hoffte – brutzelte fröhlich in Sonne und Wind. Ich streckte mich auf der Matte in meinem dunklen Zelt aus und griff nach meiner Taschenlampe. Es war drei Uhr morgens. Der Hahn im Hof hatte wohl den Lichtschein meiner Lampe gesehen, denn er fing an zu krähen, und ich wünschte ihm den Tod. Um diese Zeit war ich kein fröhlicher Hüpfer – im Gegenteil, ich fühlte mich wie ein aufgedunsener Wal. Mein Bauch wurde immer dicker und dicker – und das schon seit Tagen. Ich hatte keine Affären gehabt, das konnte es also nicht sein, und so viel aß ich auch wieder nicht. Ich fragte mich, ob meine Periode fällig war. Fällig? In den ersten drei Monaten hatte sie ganz aufgehört (wahrscheinlich vor lauter Schreck), und jetzt kam sie unregelmäßig und nur als spärliches Gerinnsel. Das hatte den Vorteil, dass meine kostbare Tamponpackung für zwei Zyklen ausreichen würde – genug, um bis zur nächsten Stadt mit einer westlichen Apotheke zu kommen –, aber vielleicht fühlte ich mich deshalb so aufgebläht, weil sich das alles in mir gestaut hatte. Ein reizender Gedanke.

Ich kämpfte mich aus meinem Zelt, um zur Latrine zu gehen, und stach mir beinahe an einem niedrig hängenden Baumast ein Auge aus. Autsch! Die Latrine war übel riechend, ein Loch, umgeben von wackligen Brettern hinter einer niedrigen Lehmmauer in der am weitesten entfernten Ecke des Hofs; zumindest am weitesten entfernt von der wellblechgedeckten Lehmhütte meiner Gastgeber. Mein Zelt stand in Riechweite. Ich stellte die Taschenlampe auf der niedrigen Mauer ab und hockte mich vorsichtig hin. Die Taschenlampe rollte von der Mauer herunter und ging aus. Typisch, dachte ich resigniert und tastete auf den feuchten Brettern nach ihr herum. Es war zwecklos. Ich war jetzt richtig wütend auf mich. Du bist ja so unnütz wie ein Mann!

Die Männer in Afrika sind zwar gut gebaut, aber sie gingen mir zunehmend auf die Nerven – hauptsächlich weil sie nie etwas machten. Jeden Tag sah ich Frauen um die Wasserpumpe am Dorfrand versammelt oder in den Feldern arbeiten, mit einer schweren Last an der Straße entlang gehen, Lebensmittel auf dem Markt verkaufen. Weil ich selten mit ihnen redete, außer ein paar Grußworten, kamen sie mir wie flüchtige Geister vor, die irgendwo im Hintergrund herumschwebten. Na ja, schweben ist wohl kaum der richtige Ausdruck – nicht mit einer Ladung Feuerholz auf dem Kopf.

An dem jetzt weit zurückliegenden malischen Grenzposten hatte ich zehn Minuten auf den Grenzwächter warten müssen. Das war vielleicht nicht sehr lange, aber ich hatte einen 90-Kilometer-Tag in der sengenden Sonne vor mir. Und zu allem Übel konnte ich den Mann im Schatten sitzen und, wie üblich, seinen gesüßten chinesischen Gunpowder-Tee trinken sehen. Bis er sich zu mir herüberbequemte, kochte ich, und ich empfing ihn mit den sarkastischen Worten: »Ist das alles, was die Männer hier machen? Tee trinken?« Ich machte mir keine Freunde damit.

Wenn ich tagsüber irgendwo eine Pause einlegte, bekam ich häufig zu hören: »*C'est formidable pour une femme.*« Das ist beachtlich für eine Frau. Es machte mich fuchsteufelswild, weil damit zum Ausdruck gebracht wurde, dass es für einen Mann nicht beachtlich gewesen wäre. Die Männer, die das sagten, saßen meistens herum und tranken Tee oder waren betrunken. Der nächste Kommentar war dann unweigerlich: »Unsere Frauen könnten so was nie.« *Aye!* Was war so Besonderes daran, dass eine Frau ihren Kram alleine machte?

Warum mich das so aufregt? Zu Hause ist es nicht viel anders, aber dort bleibe ich auch nicht cool, wenn ich mit Faulheit konfrontiert bin! Wer saugt immer die Wohnung? Wer sieht nie, dass der Müll runtergebracht werden muss?

Dann musste ich an die zynische Bemerkung denken, die ich von einer Afrikanerin zum Thema Männer gehört hatte. In Djenné hatten Suze und ich über die dortige Frauenkooperative eine Lehrerin namens Djenaba kennen gelernt. Wir waren froh, dass wir die Gelegenheit hatten, uns mit einer Afrikanerin auf Französisch zu verständigen, und als Djenaba uns fragte, ob wir die Felder in den Schlammebenen vor den Stadtmauern sehen wollten, auf denen die einheimischen Frauen ihr Gemüse anbauten, sagten wir sofort zu.

»Wir kommen morgens und abends zum Gießen«, sagte Djenaba, eine große, stattliche Frau in einem prachtvollen pinkfarbenen *bubu* und einem farblich dazu passenden *fula*. Suze und ich hatten uns gegen Abend mit ihr verabredet, und viele andere Frauen arbeiteten in ihren kleinen Parzellen: Einige waren um die einzige Wasserpumpe versammelt, andere auf dem Weg zu ihren Parzellen, in königlicher Haltung und leichten Schrittes unter einem schweren Eimer dahinschreitend; wieder andere standen über ihre Pflanzen gebeugt und waren mit Gießen und Unkrautjäten beschäftigt. Die knackigen Gemüse leuchteten in der Sonne, und die farbenprächtigen Gewänder der Frauen bildeten einen lebhaften Kontrast zu dem üppigen Smaragdgrün der Tomaten- und Salatpflanzen – ja, es wurden sogar Radieschen, Zucchini und Paprika angebaut.

»Ach, Sie kommen auch hierher?«, fragte ich ein bisschen überrascht. Ihrer Kleidung nach musste sie ziemlich wohlhabend sein, und da sie berufstätig war, hatte ich angenommen, dass sie für diese Dinge eine Haushaltshilfe hatte.

»Oh ja, morgens in der Früh, bevor mein Mann aufwacht. Wenn ich zurückkomme, mache ich das Frühstück für ihn und die Kinder, und dann muss ich zur Arbeit.« Wie ich später feststellte, war es keine Seltenheit, dass gebildete, berufstätige Frauen in Provinzstädten Feldarbeit machten, um den Speisezettel und das Einkommen ihrer Familien aufzubessern.

Djenaba zeigte uns ihre Parzelle, ein kleines Stück Land von ungefähr drei mal zwei Metern, brechend voll mit kräftigen, gesunden Pflanzen. Mechanisch beugte Djenaba sich vornüber, hob Blätter hoch, suchte mit ihren langen Fingern nach wuchernden Unkräutern. »Wir hätten gern mehr Land, damit unsere Frauen noch mehr anbauen können.« Sie richtete sich wieder auf. »Aber die Männer lassen es nicht zu.« Sie zeigte auf ein Feld in der Nähe, das nur aus nacktem, ausgedörrtem, dunkel-orangefarbenem Lehmboden bestand. »Der *chef du terre* (der für die Landzuweisung Verantwortliche) hat dieses Stück Land den Männern zugeteilt, eine bessere Parzelle mit mehr Wasser. Die Männer wollten es nicht zulassen, dass wir mehr Land haben, wenn sie nicht auch welches bekommen. Aber sie haben nichts mit ihrem Land angefangen – es liegt brach.«

Ich wollte schon fragen, warum, aber Suze kam mir mit einer direkteren Frage zuvor.

»Djenaba«, sagte sie. »Was tun eigentlich die Männer hier?«

In diesem Moment erschallte die klagende Stimme des Muezzins, der die Gläubigen über Lautsprecher in die nahe gelegene Moschee von Djenné zum Gebet rief. Djenaba nickte in die Richtung, aus der der Ruf kam, und zuckte mit den Schultern. Ihre dunkelbraunen Augen waren voller Verachtung.

»Sie beten«, sagte sie.

Ich lachte vor mich hin, als ich jetzt wieder in meinem Zelt lag, allein in der afrikanischen Nacht, und meine Laune besserte sich. Es war eine gute Erinnerung zu dieser einsamen Stunde im Morgengrauen, eine Erinnerung an einen Moment, als mir die fremden, verwirrenden Kulturen, durch die ich reiste, nicht ganz so weit von meiner eigenen entfernt schienen, als ich besser nachfühlen konnte, wie die Frauen hier dachten und fühlten, besonders in Bezug auf ihre Männer.

Was machen eigentlich die Männer hier?

Ich stellte diese Frage jetzt manchmal auch Männern.

Einmal, in einem besonders stillen malischen Dorf, lagen die sandigen Straßen verlassen in der Mittagshitze, während die Frauen auf den gelben Feldern arbeiteten, und als ich zu dem geschlossenen Markt kam, sah ich eine alte Frau mit einer riesigen Ladung Feuerholz auf dem Kopf, unter der sie fast zusammenbrach. Die Männer lungerten betrunken in der Bar herum. Ich kaufte einen Softdrink und schlenderte zu einer Bude hinüber, wo ich mich zum Trinken in den Schatten der Veranda setzen wollte. Auch hier war alles von schmuddeligen Männern belagert, die untätig herumlungerten oder Schach spielten. Sie sahen sehr verkommen aus, und mir wurde ziemlich mulmig, weil weit und breit keine Frau zu sehen war.

»Wo sind die Frauen?«, fragte ich die Männer vorsichtig.

»Ach, die sind auf den Feldern, arbeiten«, erwiderte ein Mann in einem schmutzigen blassblauen Gewand. So wie er es sagte, klang es, als ob es das Selbstverständlichste der Welt wäre.

»Und was machen die Männer hier?«, fragte ich mit Unschuldsmiene.

Jetzt fühlte sich der Mann in die Ecke gedrängt.

»Wir helfen beim Ernten, und wir machen alle Bauarbeiten, die anfallen.«

»Das kann aber nicht so viel sein.« Wie oft wurde ein neues Gebäude gebraucht? Und wie viele Ernten gab es pro Jahr? Was war mit Pflügen, Unkrautjäten, Gießen und dem Verkauf der Ernte? Und den ganzen Haushaltsarbeiten wie Feuerholz sammeln, Kinder hüten, Mehl mahlen, Wasser holen, Essen kochen, Geschirr und Kinder und Kleider waschen?

Der Mann richtete sich vor mir zu seiner vollen Größe auf und drückte die Brust heraus. In einem Ton, der erkennen ließ, dass die Diskussion hiermit beendet war, sagte er: »Wir treffen die Entscheidungen.«

Als ich nach Ouagadougou kam, musste ich meine Wachsamkeit einen Gang hochschalten. Das passive Treten und Tagträumen, wie ich es von den einsamen Straßen im Hinterland kannte, war hier unmöglich. Hupkonzerte, Staubwolken und das Knattern von unzähligen Mofas attackierten meine Sinne, abgesehen davon, dass ich ständig in Gefahr schwebte, zerquetscht zu werden – überladene Lastwagen und überfüllte Buschtaxis bretterten rücksichtslos vorbei oder hielten ohne jede Vorwarnung an. Der abrupte Tempowechsel war ein Schock, aber nachdem ich Bamako erlebt (und überlebt) hatte, war ich darauf gefasst und kam damit zurecht.

Ouagadougou war eine Stadt von ungefähr einer halben Million Einwohnern, in einer flachen Ebene gelegen (wie fast alles in Burkina), und die kleine Innenstadt breitete sich nach allen Seiten aus, nahm jeden verfügbaren Raum ein – die Vororte (oder *secteurs*, wie sie hier genannt wurden, ähnlich den Pariser *arrondissements*) erstreckten sich kilometerweit ins Umland hinaus. Charakteristisch für Ouagadougou waren die vielen Radfahrer, ein Bild wie in China – Straßen, wimmelnd vor Menschen, die sich auf klobigen schwarzen Stahlrössern ohne Gangschaltung durch den Verkehr schlängelten. Wäre ich direkt von Europa hierher gekommen, hätte ich Ouaga wahrscheinlich mit anderen Augen gesehen, aber nach der einsamen Landschaft, durch die ich gereist war, erschien mir die Stadt sehr geschäftig, voller Leben und ein Hort ungeahnter Wonnen (Rotwein, Post und Spülklosetts).

Ich hatte von einer Telefonzentrale in Ouahigouya angerufen und eine Wegbeschreibung bekommen, mit der ich mich leicht zum Shell-Büro durchfand. Ich lernte Marius Tapsoba kennen, den jovialen *directeur général* von »Burkina et Shell«, der Vertriebsgesellschaft, und Somdha, den enthusiastischen jungen Manager, der die Aufgabe hatte, sich um ein Programm für mich zu kümmern.

»Hier ist Ihr Paket und Ihre Post«, sagte Somdha. Ich wusste, was in dem Paket war – es war eines meiner Nachschub-Pakete, die ich in London zusammengestellt und vorausgeschickt hatte: Ersatzteile, neue Schuhe, ein T-Shirt. Aber Post? Von wem? Meinen Eltern? Ja! William? Ja! Somdha erzählte mir von dem Hotel, das er für mich ausfindig gemacht hatte (was nicht einfach war in der FESPACO-Woche), und dann fragte er mich nach meinen Programmwünschen. Er nahm seine Aufgabe sehr ernst. Was für Frauen ich kennen lernen wollte? Geschäftsfrauen und Frauen, die auf den Feldern arbeiteten und mit Frauenfragen zu tun hatten. Wann ich Geld umwechseln müsse? Heute Nachmittag. Wozu ich einen Computer brauchte? Um das Rundschreiben an WOMANKIND zu tippen. Wann ich für Presse-Interviews zur Verfügung stünde? Jederzeit. Ob ich sonst noch Wünsche hätte? Ja, ich würde noch ein Visum für Ghana brauchen, und könnte ich vielleicht Catherine Shovlin in London anrufen? Ich fügte hinzu, dass ich möglichst auch ein paar FESPACO-Filme sehen wollte – ein Wink mit dem Zaunpfahl, dass er mir bitte ein bisschen Zeit für mich selber lassen möge.

Somdha war furchtbar nett und hilfsbereit, aber ich konnte es kaum noch aushalten, so auf die Folter gespannt zu werden. Ich hatte seit acht Wochen keine Nachrichten mehr von zu Hause und wollte deshalb unbedingt so schnell wie möglich mit meiner Post alleine sein, doch ich musste meine Gier bis zum Nachmittag bezähmen.

Als ich mich in meinem bescheidenen, aber klimatisierten Hotelzimmer eingerichtet hatte, kam ich endlich dazu, die beiden Briefe von meinen Eltern und William aufzumachen.

Meine Eltern machten sich natürlich Sorgen um mich – ich war froh, dass es ihnen gut ging, denn ich hatte mir auch Sorgen um sie gemacht.

Williams Brief, den er Anfang Januar geschrieben hatte (es war jetzt Ende Februar), war schön. Na ja, er war völlig unverbindlich (Männer!), aber er enthielt zumindest ein Fünkchen Hoffnung: »Ich wollte, es wäre nicht so, aber du fehlst mir.« Sofort hängte ich mich für ein irrsinniges Geld ans Telefon. Es war wunderbar, seine Stimme zu hören, obwohl er keine erfreulichen Nachrichten für mich hatte. Anstatt nach Burkina Faso zu kommen, hatte er Urlaub in Kanada gemacht. Und er sagte, er käme nun einmal nicht mit unabhängigen Frauen zurecht.

Das war's dann also, dachte ich verzweifelt. Aus, Ende. Was erwartete ich auch, nachdem ich ihn verlassen hatte, um nach Afrika zu gehen? Ich hasse mich für meine Vernünftigkeit. Ich hätte William am liebsten geschüttelt und angeschrien. Aber das ging am Telefon nicht. Was hatte er gegen meine Unabhängigkeit? Ich musste an die Männer in den Dörfern hier denken, die es so beachtlich fanden, dass eine Frau ihren eigenen Kram machte. »Unsere Frauen könnten so was nie.« William empfand das offenbar genauso. Männer waren doch überall gleich! Warum hatte er es nicht fertig gebracht zu kommen? Ich wollte ihn hassen. Aber ich konnte nicht.

Ich hatte jetzt die Wahl, mir einen anzutrinken oder mich in ein sauberes Bett zu legen und zu schlafen (was auch sehr verlockend war), aber stattdessen ging ich zur Eröffnungsfeier des FESPACO ins Sportstadion. Somdha hatte seinen Neffen beauftragt, mit mir hinzugehen. Ich konnte mich später betrinken und über alten Fotos flennen. (Das Heimweh war in den Städten oft am schlimmsten.)

Das Stadion war riesig und brechend voll, und es herrschte eine fröhliche Kirmesatmosphäre. Verkäufer, alles Kinder, bewegten sich zwischen den Reihen entlang und verkauften zugeschnürte Plastiktüten mit Eiswasser. Ich war eine gute Kundin und kaufte eine für jetzt und eine für später. Ich biss von der einen die Ecke ab und nuckelte munter drauflos. Ich wusste inzwischen, dass die

Menschen in Westafrika gut aufgeklärt über die Gefahren von verseuchtem Wasser waren, und ich trank, was die anderen tranken. Die Musik dröhnte lautstark über die Boxen, sodass unsere Hintern mithüpften, und ich vergnügte mich damit, das Spektakel in mich aufzunehmen.

Ein Heißluftballon wurde mitten auf dem Spielfeld aufgeblasen – er hatte noch einen langen Weg vor sich –, und an den Rändern des Spielfelds waren riesige Schilder aufgestellt. »*Sportifs Burkinabe respectent l'adversaire.*« Burkinische Sportler achten ihre Gegner. »*Sport collectif = Joie collective.*« Gemeinschaftssport = Gemeinschaftserlebnis. Slogans, die man eher im kommunistischen Lager erwartet hätte, und ich fragte mich, ob diese Schilder im Stadion noch aus den Zeiten von Thomas Sankara stammten.

Sankara war für viele Burkiner ein Märtyrer und Held und war in ganz Afrika angesehen. Er war erst 34 Jahre alt, als er 1983 vom Militärrat zum Staatschef von Burkina Faso ernannt wurde, das damals noch Obervolta hieß. Heftige Kämpfe zwischen den gemäßigten und radikalen Kräften in der Regierung führten dazu, dass Sankara noch im selben Jahr wegen Gefährdung der nationalen Einheit verhaftet wurde. Daraufhin putschte Sankaras Kommandoeinheit, ein Aufstand, der sich im gesamten Land fortsetzte, und am 4. August 1983 ergriff Sankara die Macht.

Sankara wurde zum Volkshelden. Er spielte Gitarre, sang revolutionäre Lieder und peitschte seine Leute mit Slogans gegen den westlichen Imperialismus auf. Er galt als Marxist mit engen Verbindungen zu Gaddafi, doch letztlich war er ein Idealist, der davon träumte, Ungerechtigkeiten aus der Welt zu schaffen und die vielen verschiedenen Stämme, die in Burkina leben, zusammenzuschweißen. Seine Methoden wurden als zu hart kritisiert (ähnlich wie bei Sékou Touré), aber manche seiner Aktionen fanden großen Beifall, wie mietfreies Wohnen für alle Burkiner, Umbenennung des Landes in Burkina Faso, das »Land der Aufrechten«, oder die Tatsache, dass der Präsident sich in einem kleinen Renault statt einem Mercedes herumkutschieren ließ – ein Symbol für seinen bescheidenen Lebenswandel und seinen Willen, Korruption und Verschwendung zu bekämpfen. Auch den Frauen wollte er mehr Rechte einräumen.

Doch Sankara erwies sich als schlechter Diplomat in Bezug auf die internationalen Beziehungen. Er brachte Frankreich gegen sich auf, fing Krieg mit Mali an und provozierte ein Zerwürfnis mit der Elfenbeinküste. Präsident Eyadema von Togo beschuldigte Sankara, eine Verschwörung mit Jerry Rawlings, dem Präsidenten von Ghana, angezettelt zu haben, um ihn, Eyadema, aus dem Sattel zu heben. Schließlich verlor er auch noch die Unterstützung des burkinischen Regierungsgremiums, des »Conseil National de la Révolution« (CNR).

1987 wurde Sankara von putschenden Militärs ermordet, die Blaise Compaoré unterstützten – eine Ironie des Schicksals, da Blaise Compaoré 1983 den Aufstand angeführt hatte, durch den Sankara an die Macht gekommen war.

In der Arena wurde es jetzt lebendig, und ich kehrte mit meinen Gedanken in die Gegenwart zurück. Ein großer, vornehmer, gut aussehender Mann in dunklem Anzug stieg auf das Podium. Er fing an zu reden, und die Menge verstummte. Das war er höchstpersönlich, Blaise Compaoré, der gegenwärtige Präsident von Burkina Faso.

Compaoré hatte seine Politik den Forderungen des IWF und der Weltbank angepasst, um seinem verarmten Land weiterhin finanzielle Unterstützung zu sichern, und er hatte eine neue demokratische Verfassung eingeführt. Er war zwar nicht direkt in Sankaras Tod verwickelt gewesen, wurde aber von der Bevölkerung trotzdem dafür verantwortlich gemacht, und seine Beliebtheit war entsprechend gering. Doch nachdem es ihm gelungen war, ein Bündnis der oppositionellen Kräfte zu verhindern, blieb er schließlich als einziger Kandidat übrig und siegte.

Ein Schauder lief jetzt durch den Ballon, und das armselige Stoffhäufchen am Boden wuchs zu einer majestätischen Kreatur heran. Compaoré setzte seine Rede fort, aber niemand hörte zu. Stattdessen klatschte und johlte die Menge, Ahs und Ohs wurden laut, während das prachtvolle Geschöpf zum Leben erwachte.

Die ganze Stadt war in der folgenden Woche auf den Beinen. Von vier Uhr nachmittags bis spät in die Nacht wurden Filme gezeigt, und ich widmete mich vormittags meinem Programm, während ich ab vier Uhr frei hatte und zum Festival gehen konnte. Von Ausruhen konnte in Ouaga jedenfalls keine Rede sein!

In den ersten Festivaltagen, vor dem Zahltag, war es leicht, in die Filme zu kommen, doch als dann die Masse der Burkiner und auswärtigen Besucher anrückte, wurden die Schlangen länger, und es kam öfter vor, dass man abgewiesen wurde. Meistens fand ich mich mit anderen Leuten zusammen, die ebenfalls keine Eintrittskarten bekommen hatten, und wir zogen in die nächste Bar oder *brochette*-Bude weiter und redeten.

»Ich finde es faszinierend, Afrika durch afrikanische Augen zu sehen«, sagte eine rothaarige Französin namens Claudine eines Abends gegen Ende der Woche. Wir hatten beide keine Karten für eine Acht-Uhr-Vorstellung bekommen und waren stattdessen ein Sobhra (einheimisches Bier) trinken gegangen. Claudine aß eine *brochette*, während ich mich mehr aufs Trinken verlegte – mein aufgeblähter Bauch machte mir Beschwerden. Hatte ich zu viel Bier getrunken? Ich nahm mir vor, zu einem Arzt zu gehen, bevor ich wieder aufbrach.

Claudine, in Designer-Hose, schicken Riemchensandalen und gebügeltem Shirt, war direkt aus Paris zum Festival gekommen.

Neben ihr kam ich mir schäbig vor, aber ich war froh, dass ich Gesellschaft hatte und reden konnte.

»... nicht so, wie es aus dem Blickwinkel der Europäer immer dargestellt wird – da liegen Welten dazwischen«, fuhr sie fort.

Ich stimmte ihr zu. Am besten hatten mir die Filme gefallen, die sich mit einem bestimmten Aspekt des Dorflebens beschäftigten. »›Tillai‹ war super! Hast du den gesehen?« In dem Film ging es um einen Vater, der das Mädchen heiratete, das seinem Sohn versprochen war, und um die Probleme, die daraus entstehen können.

»Ja, und wie hat dir ›Denko‹ gefallen? Das war fantastisch!« »Denko« war ein guineischer Film, der in einem abgelegenen Dorf spielte. Er handelte von einer Mutter, die einen Pakt mit einem Geist schloss: Sie würde mit ihrem Sohn schlafen, um ihm sein Augenlicht wiederzugeben, und dann das Kind ihres Sohnes austragen. Der Film hatte mich an meine Begegnungen mit den Geistern des Futa Dschalon erinnert.

Aber mein Lieblingsfilm war »Yelena, The Mutation«, in dem die malischen Sitten und Manierismen so wunderbar eingefangen waren – der halbe Film ging mit Begrüßungen drauf. »*Bonjour.*« »*Bonjour.*« »*Ça va?*« »*Ça va, et la famille?*« »*Ça va.*« »*Et la santé?*« »*Ça va.*« Und so weiter. So vieles begegnete mir hier wieder, zum Beispiel das flüchtige, unbeteiligte Händeschütteln mit jeder x-beliebigen Person, die einem über den Weg lief. Ob es ein seit langem aus den Augen verlorener Verwandter oder Freund war oder ein Freund eines Freundes oder was auch immer – stets wurde er mit derselben Teilnahmslosigkeit begrüßt. Auch der langsame Gang war gut getroffen, die Arme, die sich scheinbar ohne Muskelkontrolle bewegten. Es war fantastisch, auch wenn die Handlung etwas an den Haaren herbeigezogen war. Eine selbstständige, gebildete Tochter übernimmt das Geschäft ihres Vaters, und obwohl die Leute sie mit allen Mitteln davon abzubringen versuchen (dieser Teil war realistisch) und ihr sogar einen Zaubertrank einflößen, setzt sie sich durch und heiratet den Mann, den sie liebt! In den Augen der Männer war sie eine *mutation*, eine unabhängige Frau.

Später gingen wir noch in eine Elf-Uhr-Vorstellung, und gegen eins landeten wir in der nächsten Bude, um weiter zu trinken und zu reden. Eine typische lange, gesellige Ouaga-Nacht.

Auch die Tagesstunden verliefen gesellig: Ich traf mit starken, gebildeten, einflussreichen Geschäftsfrauen zusammen, zum Beispiel mit der energischen, zierlichen Patricia Bouguendza, die eine Büro-Reinigungsfirma leitete. Die Idee hatte sie im Fernsehen aufgeschnappt, in einer Sendung über chinesische Putzfrauen, aber es war nicht leicht gewesen, die Sache aufzuziehen. Die Frauen putzten zwar ihre Wohnungen zu Hause, konnten sich aber nicht vorstellen, dass man Geld mit dieser Arbeit verdienen konnte. Die Art und Weise, wie Patricia das Problem gelöst hatte, war genial. Sie organisierte eine Straßenreinigungsaktion in Ouaga, bei der Tausende von Frauen auftauchten – vielleicht wegen der Aussicht auf ein kostenloses Getränk –, stieg auf ein Podium und forderte die Frauen auf, am nächsten Tag in ihr Büro zu kommen, wenn sie einen Job als Putzfrau wollten. Sie konnte sich gar nicht retten vor Bewerberinnen! Patricia lachte, als sie mir erzählte, wie manche Ehemänner draußen vor den Hotels schliefen, in denen ihre Frauen putzten, aus Angst, sie könnten ihnen untreu werden. Einmal war sogar ein Mann in ihr Büro gestürzt und hatte sie mit einer Machete bedroht. Wie sich herausstellte, war seine erste Frau neidisch auf eine seiner anderen Frauen, die für Patricia arbeitete und dadurch Geld verdiente, und jetzt wollte die erste Frau nicht mehr mit ihm schlafen!

Eine weitere Frau, die ich kennen lernte, war Françeline Oubda, eine Fernsehjournalistin, die so viel redete, dass ich mich fragte, wann sie eigentlich Zeit fand, ihre Arbeit zu machen. Aber das schien kein Thema für sie zu sein, denn sie lud mich zu einer privaten Vorführung ihrer letzten Dokumentation ein (die Arbeit wurde als bester Dokumentarfilm beim FESPACO ausgezeichnet), ein Film, der das Recht der Dorffrauen auf Landerwerb propagierte.

Eines Nachmittags gab Françeline mir einen leidenschaftlichen Bericht, der mir bestätigte, was ich in Djenné über die traditionelle afrikanische Gesellschaft erfahren hatte: »Die Frauen haben kein Recht auf Landbesitz. Sie müssen sich vom *chef du terre* eine Parzelle für ihren Eigenbedarf zuteilen lassen, aber sie können ihn nicht einmal direkt ansprechen. Die Frau muss über ihren Mann mit ihm verhandeln. Wenn ihr Mann nicht einverstanden ist, hat sie erst gar nicht die Möglichkeit, mehr Land zu fordern. Die Frauen müssen auf dem Land ihrer Männer arbeiten und haben meistens nur ein paar Stunden in der Woche, um ihre eigene Parzelle zu bewirtschaften. Was sie anbauen, wird in der Familie verzehrt, oder sie verkaufen es, und der Verdienst geht für Medikamente und die Schulbildung ihrer Kinder drauf. Schlimmer noch! Wenn eine Frau von ihrem Mann geschieden wird, verliert sie das Recht auf ihr Land. Nur wenn ihr Mann stirbt, hat sie weiterhin Zugang zu ihrer Parzelle, aber nicht zu seiner!«

Madame Tami, die hiesige Koordinatorin des Hilfsprogramms der Vereinten Nationen und Leiterin von Unifem, dem eben erst angelaufenen Frauenprogramm der UN, war eine umfangreiche Person, die mich hinter ihren dicken, schwarzgeränderten Brillengläsern durchdringend musterte.

»Wir haben einen Fünfjahresplan erarbeitet, der an den Bedürfnissen der Frauen orientiert ist«, erzählte sie und gab mir einen kurzen Überblick: Schul- und Berufsbildungsprogramme, Erwerb von Land und die Erleichterung des Zugangs zu Krediten, um den Frauen mehr dauerhafte, bezahlte Beschäftigungen zu ermöglichen. Ein sinnvolles Programm, nach allem, was ich von den Lebensbedingungen der Frauen mitbekommen hatte. Madame Tami bestätigte mir auch, dass zunehmend Maßnahmen favorisiert würden, die darauf abzielten, den Frauen zu helfen, sich selber zu helfen. Ich fand es traurig, dass es 30 Jahre gedauert hatte, bis die Entwicklungshilfe das andere Geschlecht entdeckte.

Madame Tami berichtete mir von einem Programm, das die Dorfbevölkerung zu der Einsicht bringen sollte, dass junge Mädchen eine Ausbildung brauchen. »Religiöse Zwänge sind nicht das einzige Problem«, sagte sie. »Die Mädchen werden eine Zeit lang zur Schule geschickt, aber dann wieder herausgenommen, um ihren Müttern zu helfen, oder wenn sie weitermachen, werden sie so mit Arbeit eingedeckt, dass sie zu müde sind, um ihre Hausaufgaben zu machen.«

»In der Erwachsenenbildung haben wir ein Programm für fünfzigtausend Frauen auf die Beine gestellt«, fuhr Madame Tami fort. »Das Problem ist nur, dass die Frauen keine Zeit haben – oder wenn sie doch zum Unterricht gehen, sind sie mit ihren Gedanken bei ihrer Arbeit zu Hause. Das Schlimmste ist, dass die Männer entscheiden, wer zum Unterricht geht, und die schicken meistens die älteren Frauen im Dorf.«

»Und warum machen sie das?«, fragte ich.

»Weil sie Angst haben, dass die jüngeren Frauen zu unabhängig werden!« Das kam mir irgendwie bekannt vor …

Es tat gut, wieder in die Welt der Geschäftsleute und Berufstätigen einzutauchen, und ich fand die Treffen sehr interessant: Die Frauen waren beeindruckend und freundlich und zeigten mir eine ganz neue Seite von Afrika, sodass ich langsam vertrauter mit Frauenthemen wurde. Manchmal wurde es mir allerdings fast zu viel – was war derweil aus meinen Abenteurer-Ambitionen geworden?

Gegen Ende der Woche erhielt ich ein Lebenszeichen von Suze und Al und fragte mich zu ihrem kleinen Hotel durch. Leider hatten sie schlechte Nachrichten: Al hatte einen schlimmen Rückfall bekommen, und die Chinin-Behandlung, die er machen musste, war fast so schlimm wie die Malaria selber. Er sah aus wie ein bleiches Skelett, mit riesigen, eingesunkenen Augen. Eine entsetzliche Krankheit!

Ich war ein Glückspilz, sagte ich mir – die Moskitos liebten mich, aber offensichtlich handelte es sich um eine Abart, die nicht mit Malariaerregern behaftet war.

Erst viele Monate später erfuhr ich, was aus Al und Suze geworden war. Nach langer Zeit fühlte Al sich so weit hergestellt, dass sie den Bus nach Accra, der Hauptstadt von Ghana, nehmen konnten. In Accra kehrte das Fieber jedoch wieder zurück, und Al musste per Flugzeug nach Schottland gebracht werden, wo er monatelang im Krankenhaus lag.

Als Zustand hatte mir zu denken gegeben, und ich nahm mir vor, in Zukunft besser auf meine Gesundheit zu achten. Sobald ich von meinem kurzen Abstecher nach Bobo-Dioulasso zurückkam, suchte ich Dr. André auf, einen untersetzten, kompetent wirkenden belgischen Arzt.

»Sie haben Würmer«, sagte er.

»Würmer? Igitt!«, rief ich entsetzt und stellte mir vor, wie riesige Monsterwürmer in meinen Gedärmen herumkrochen.

Dr. André blieb jedoch ganz sachlich. »Nehmen Sie das hier, dann sind Sie schnell wieder auf dem Damm«, sagte er und reichte mir ein Pillenrezept. »So wie Sie reisen«, fuhr er munter fort, »sollten Sie alle zwei oder drei Monate eine Entwurmungskur machen.« Uff.

Ich kaufte die Pillen und schluckte sie, bevor ich am nächsten Morgen aus Ouaga herausradelte. Als ich mich hinter die Büsche hockte, fragte ich mich, ob ich diese Kreaturen ausscheiden würde. Kein sehr aufbauender Gedanke!

»Hallo, *whiteman!*«, riefen die Kinder. »Weißer Mann!«

»Ich bin kein weißer Mann!«, rief ich fröhlich zurück – zum Glück war ich jetzt in einem Land, in dem Englisch gesprochen wurde. »Ich bin eine weiße Frau!« Die Kinder starrten mich verdattert an.

Ich hatte nur zwei Tage gebraucht, um die 172 Kilometer nach Süden zur ghanaischen Grenze zurückzulegen. Ich überschritt die Grenze nach Ghana bei dem kleinen Ort Navrongo und fuhr 30 Kilometer weiter bis nach Bolgatanga, der größten regionalen Hauptstadt im nördlichen Ghana. Die Hitze war gnadenlos, mit Temperaturen weit über 40 °C. Es war Mitte März. Ich strampelte wie eine Besessene nach Süden, auf die Küste zu, wo es kühler sein würde und wo ich mich in die Fluten stürzen konnte. Selbst auf direktem Weg, auf der Hauptstraße durch Tamale und Kumasi, waren es fast 700 Kilometer. Aber ich musste einen Umweg machen.

Bawku war eine Stadt im Nordosten von Ghana, ungefähr 80 Kilometer östlich von Bolgatanga. WOMANKIND finanzierte die Aktivitäten von BEWDA, der »Bawku East Women's Development Association«, und ich hatte eine Einladung von dieser Vereinigung bekommen. Das Treffen war bereits in London arrangiert worden, und ich hatte mich die ganze Zeit darauf gefreut. Endlich bot sich mir eine Gelegenheit, die Projekte von WOMANKIND aus nächster Nähe zu begutachten. Das durfte ich mir auf keinen Fall entgehen lassen. Oder? Seufz. Der Gedanke an Palmen und Meer war verlockend. Ich lechzte danach, mich ins Wasser zu stürzen!

In Bolgatanga hatte ich bei einem *whiteman*, na ja, eigentlich einer *white woman* gewohnt, einer schroffen jungen Engländerin namens Jane, die Motorrad fuhr und für die hiesige Niederlassung von TRAX verantwortlich war, einer Nichtregierungs-Organisation, die den Dorfbewohnern half, das Problem der Wasserversorgung in den Griff zu bekommen. Es war ein Hilfsprojekt, mit dem William zu tun hatte, und er hatte vorgeschlagen, dass ich mich dort melden sollte. Ich hatte mich also zum TRAX-Büro durchgefragt, als ich nach Bolgatanga gekommen war. »Über eines muss man sich bei Frauenprojekten im Klaren sein«, hatte Jane gesagt, »wir bürden ihnen oft noch zusätzliche Arbeit auf, anstatt ihnen das Leben leichter zu machen. Als ob sie nicht genug Arbeit hätten, müssen sie jetzt auch noch Lesen lernen, Wirtschaftskurse machen und sich einen Nebenerwerb schaffen. Sie müssen mehr Land auftreiben und sich die Zeit aus den Rippen schneiden, um ihre Produkte zu verkaufen. Die Arbeitstage der Frauen sind lang genug. Sie nehmen begeistert jede neue Möglichkeit wahr, ihr Leben und das ihrer Kinder zu verbessern, aber manchmal frage ich mich, ob wir es nicht noch schlimmer für sie machen.«

Es war eine gute, provozierende Frage. Was das Leben der Hausfrauen in den Fünfzigerjahren revolutionierte, waren arbeitserleichternde Geräte, nicht mehr Arbeit (das kam in den Achtzigern). Ich behielt diese Frage im Hinterkopf, als ich nach Bawku radelte.

Bawku war eine weitläufige und heruntergekommene Stadt, kleiner als Bolgatanga, mit nur wenigen, schlecht in Stand gehaltenen Verwaltungsgebäuden, die noch aus der britischen Kolonialzeit stammten. Verschwunden waren die baumgesäumten Boulevards der ehemaligen französischen Kolonien. In Bawku gab es überhaupt nicht viele Bäume. Die Backsteinläden, die die Straße säumten, waren mit verdrecktem Putz überzogen und hatten rostige Wellblechdächer. Es gab zwar Elektrizität (überall ragten Straßenlampen, Stromleitungen und Fernsehantennen aus dem Häusergewirr in den engen Seitengässchen auf), aber der Strom fiel oft aus. Die Hinweisschilder waren in Englisch gehalten, wenn auch ein sehr spezielles Englisch – zum Beispiel »Chemical Store« statt »Chemist«. Vergeblich hielt ich nach Frühstücksverkäufern Ausschau, die Kaffee und Baguettes anboten – hier gab es nur Reiswasser und Rührei-Sandwiches, die mit einem süßlichen, knatschigen Weißbrot gemacht wurden. Eine der schlimmsten Hinterlassenschaften des britischen Kolonialismus. Es waren auch keine farbenprächtigen Gewänder zu sehen, wie sie die Frauen in Mali und Burkina Faso trugen – die Aufmachung hier war praktisch und ärmlich. Aber das Lächeln, die Schlagfertigkeit, der lockere Umgangston der Menschen gaben einem das Gefühl, willkommen zu sein. Mein Händler Gaby, so stellte ich fest, war in jeder Hinsicht ein typischer Ghanaer gewesen!

»Endlich!«, rief Laurencia Azure, die Leiterin von BEWDA, als ich in ihrem einfachen, wellblechgedeckten Backsteinbüro ankam. Bawku war so klein, dass sich meine Anwesenheit längst herumgesprochen hatte. Laurencia war eine kleine, stämmige Frau mit glatter, sehr dunkler Haut, etwa Ende dreißig, die ihr Haar kurz und schlicht trug. Neckische Zöpfchen gab es bei ihr nicht. Mma Salamatu Sheriff (Uma ausgesprochen), ihre Assistentin, war rund und mütterlich, und ihre Augen funkelten vor Energie und Herzlichkeit. Sie lächelte häufig, ein breites Lächeln, bei dem sie ihre wunderschönen weißen Zähne zeigte. Sie hatte kleine quer verlaufende Narben auf beiden Wangen. »Das wurde gemacht, als ich noch sehr klein war«, sagte sie.

An jenem ersten Tag stellten mir Laurencia und Mma das Kreditsystem von BEWDA vor. Es wurden kleine Darlehen an Frauen im Bawku-Distrikt vergeben, die sich in Gruppen zusammenschlossen.

»Wir haben Darlehen an zehn verschiedene Gruppen vergeben. Vier davon sind Frauenvereinigungen in Bawku, die anderen kommen aus den umliegenden Dörfern«, sagte Laurencia. »Am Sonntag möchte ich mit Ihnen die Frauen von Zongo besuchen, die Erdnussöl herstellen.«

Mma wollte mich außerdem zu den Frauen in Akara und Lalsa mitnehmen. »Das sind etwas weiter entfernte Dörfer« erklärte sie,

»wo die Frauen in der Regenzeit Reis und Erdnüsse und Sojabohnen anbauen, aber jetzt, in der Trockenzeit, bekommen sie Kredite, um Saatgut für Zwiebeln und Gemüse kaufen zu können.«

Kate Young, die Chefin von WOMANKIND, hatte mich gebeten, einen Bericht über die Aktivitäten von BEWDA zu schreiben, und so war ich hin und her gerissen zwischen dem Wunsch, das Leben der Frauen in den Dörfern besser verstehen zu lernen, und der Notwendigkeit, die Dinge einzuordnen und zu bewerten. Ich merkte, wie mein analytischer Unternehmensberater-Verstand erwachte.

»Und wie sieht Ihre Organisation aus?«, fragte ich in typischer Consultant-Manier. »Wie werden die Kredite gehandhabt?« »Welche Gruppen sind im Rückstand? Warum?« »Wie vergewissern Sie sich, dass die Aktivitäten, die von Ihnen finanziert werden, Aussicht auf Erfolg haben?« Ehe ich mich's versah, hatte ich mich für eine Finanzanalyse des Kreditbuchs, der Geschäfte der Frauen und des Budgets zur Verfügung gestellt. Ich hätte mir am liebsten auf die Zunge gebissen – das wollte ich doch gar nicht! »Afrika-Radreisende bringt Geschäftsbücher in abgelegener Stadt auf Vordermann.« Grauenhaft.

Andererseits würde ich wohl kaum als Entwicklungshelferin hierher zurückkommen, und diese Analyse konnte dazu beitragen, dass der Kreditfonds besser auf die hiesigen Frauen zugeschnitten wurde. Es war eine Möglichkeit, mich bei BEWDA für die Gastfreundschaft, die mir zuteil wurde, zu bedanken.

Aus der geplanten Woche wurden zwei, und ich legte meine Träume vom blauen Meer vorläufig auf Eis.

Am Sonntagmorgen besuchte ich die 25 Hausfrauen, die im Zongo-Viertel von Bawku lebten. Sie hatten sich zusammengetan, um einen Kredit für die Gewinnung von Erdnussöl zu bekommen, waren aber mit der Rückzahlung der letztjährigen Kredite im Rückstand. Mma erklärte mir, wenn eine Gruppe Probleme hätte, würde sie sich mit ihnen zusammensetzen, nach den möglichen Ursachen forschen und gemeinsam nach Lösungen suchen. »Gibt es keine Verkäufe?« »Werden die Verkäufe auf Kredit getätigt?« »Könnt ihr euer Produkt vielleicht anderswo verkaufen?«

Mma führte mich zu einem verwitterten Lehmziegelhaus. Zwei junge Mädchen saßen im Eingangsraum und rollten geduldig Teigkugeln aus einem riesigen Klumpen in einer Holzschüssel. Andere Frauen, die zusammengesessen und sich unterhalten hatten, standen auf.

»*Lafobay.*« Das war die Begrüßung, die bei den Haussa üblich war.

Leaye Tanko, die stellvertretende Leiterin der Gruppe, führte uns in den Hof, um uns ihre Arbeit zu zeigen.

Der Hof sah mehr wie eine Werkstatt aus. Die Wände waren rußgeschwärzt, ebenso wie der Boden. Ein Kessel blubberte auf einer Seite, und in einer großen, geschwärzten Pfanne, die auf einem anderen Feuer in der Nähe stand, wurde Öl erhitzt. Über einem weiteren Feuer röstete ein junges Mädchen Erdnüsse in der braunen Innenhaut und wendete sie unablässig mit raschen Bewegungen um. Sie sah völlig überhitzt aus.

Wir setzten uns kurz, bis Mariama Sumani, die Gruppenleiterin, kam, eine Frau in mittlerem Alter mit einem müden, reifen Gesicht, ganz anders als Leaye, die viel energischer wirkte und aufrichtig begeistert war, uns hier zu haben. Alle Frauen waren klein – meine Größenordnung! Bald gingen wir weiter, um das Mahlen der Erdnüsse in Augenschein zu nehmen.

Es waren zwei Mahlgänge. Der erste Mahlgang, bei dem die ungeschälten Nüsse zerquetscht und gerüttelt wurden, um die Schalen auszusondern, wurde in einem Mahlwerk in der Ölmühle besorgt. Nach dem Rösten wurden die Nüsse noch einmal gerüttelt, um die Innenhäute zu entfernen, dann in eine Wanne getan und von den

Frauen auf dem Kopf zum zweiten Mahlgang in die Mühle getragen, die wir uns jetzt ansehen wollten.

»Arbeiten die Frauen im Kollektiv?«, fragte ich Mma.

»Nein, sie nehmen nur den Kredit gemeinsam auf, und jede Frau bekommt den gleichen Anteil. Für die 10000 Cedis kann jede einen Sack ungeschälte Nüsse kaufen.« Damals entsprachen 600 Cedis einem US-Dollar, sodass jede Frau ungefähr 17 US-Dollar aufgenommen hatte.

Wir kamen zu der Mühle, die ebenfalls ziemlich baufällig war und vor der mehrere Frauen in einer Schlange warteten, bis der Mahlgang beendet war. Es standen mehrere Maschinen herum, aber offensichtlich arbeitete niemand damit – das alte Mahlwerk stampfte vor sich hin und entließ einen dicken Brei.

»Aber wie wird das Öl getrennt?«, fragte ich Mma.

»Da kommen wir gleich hin.«

Ein paar junge Mädchen, die mit Wannen voll Wasser und Erdnussbrei auf dem Kopf unterwegs waren, mussten sich an einer Gruppe von Jungen vorbeischlängeln, die auf der Straße Fußball spielten. Einige ältere Männer saßen ruhig plaudernd an einem schattigen Fleck. Ein Mann hielt ein Radio in der Hand und versuchte, einen Sender hereinzubekommen.

»Darf ich Sie mit meinem Hauswirt bekannt machen?«, fragte Mma.

Hauswirt? dachte ich. Was ging mich der Hauswirt an? Ich schüttelte dem Mann mit dem Radio die Hand, einem älteren, vornehmen Herrn in einem schönen Bubu, und ich lächelte. Wir redeten über meine Reise, und als wir uns verabschiedet hatten, fragte ich: »Ist das der Besitzer des Gebäudes, in dem das Erdnussöl verarbeitet wird?«

»Ja, es ist das Haus von Leayes Mann.«

»Warum ist dann Leayes Mann der Hauswirt?«, fragte ich verwundert.

»Wenn man heiratet, zieht man im Haus des Ehemanns ein. Es ist sein Eigentum. Er ist der Hauswirt«, sagte Mma einfach.

Wir kamen an das Ende einer Gasse, wo ein paar Frauen um einen großen Holzmörser und -stößel versammelt waren, der aus dem Stamm eines Zedrachbaums gemacht war. Beides war ölgeschwärzt.

»Wie alt sind die?«, fragte ich.

»Über 20 Jahre.« Offensichtlich ein wertvoller Besitz – es gab nur diesen einen, der von der ganzen Gruppe benutzt wurde.

Der Erdnussbrei war schon im Mörser, denn die Frauen hatten auf mich gewartet, um mir zu zeigen, wie das Öl separiert wurde. Heißes Wasser mit etwas Salz darin wurde auf den Brei gegossen, und dann begann das Verrühren. Der Stößel wurde an den Rändern der Schüssel herumbewegt – erst in die eine, dann in die andere Richtung. Es wurde weiter Wasser hinzugefügt, und allmählich änderte sich die Farbe und Konsistenz des Breis. Nach ungefähr fünf Minuten wurde die Frau, die den Stößel bediente, von einer anderen abgelöst.

»Darf ich auch mal?«, fragte ich Mma.

Unterdrücktes Gelächter war zu hören, als ich vortrat und den Stößel packte, wie ich es bei meiner Vorgängerin gesehen hatte. Dann fing ich an zu schieben. Bei der Frau vorher hatte die Bewegung rhythmisch und mühelos ausgesehen. Ich schaffte eine halbe Drehung, ehe ich eine Pause einlegen musste. Und ich hatte mir eingebildet, dass ich Kraft in den Armen hätte! Hah! Ich ließ die Arbeit lieber fallen. Erneutes Gegacker und Geschnatter, und dann übersetzte Mma: »Sie sagen, sie haben das schon als kleine Mädchen gemacht. Ihre Mütter und Großmütter haben auch Erdnussöl hergestellt. Deshalb sind sie an die Arbeit gewöhnt.«

Das Rühren ging weiter, und dann, wie durch Magie, trennte sich das Öl von dem Brei. 20 Liter Öl ergab der Sack Erdnüsse, aus dem der Brei bestand. Ich würde nie wieder eine knackige Nuss essen können, ohne an das ganze Öl zu denken, das darin verborgen war! Die Frauen füllten das Öl in Flaschen ab, und aus dem verbliebenen Brei formten sie Kugeln, die geröstet und in kleinen Tüten als Suppeneinlage verkauft wurden. So viel Arbeit für so wenig Lohn!

Wir kehrten wieder in Leayes Haus zurück, um uns zusammenzusetzen und über ihre Geschäfte zu sprechen. Obwohl es ein eher trockenes Thema war, hörte ich gebannt zu, was diese Frauen – in Mmas Übersetzung – zu sagen hatten.

Warum waren sie im Verzug? Sie machten einen tüchtigen und tatkräftigen Eindruck, was durch ihre Erklärungen nur bestätigt wurde. Die Erdnussernte, so erklärten sie, war im letzten Jahr nicht gut gewesen, und sie waren an die Küste gereist, um billigere, geschälte Erdnüsse zu kaufen. Was sie produziert und verkauft hatten, hatte gerade so viel Geld eingebracht, dass sie Essen kaufen konnten, aber es war ihnen schwer gefallen, das Darlehen zurückzuzahlen. Sie gaben jedoch die Hoffnung nicht auf, dass sie das Geld mit ihren nächsten Einnahmen zurückzahlen konnten.

Was ihrer Meinung nach an den Krediten geändert werden sollte, die sie von BEWDA bekamen? Wieder staunte ich über die Tatkraft der Frauen. Leaye antwortete über Mma. »Sie sagt, sie hätten gern einen größeren Kredit«, erklärte Mma, »damit sie mehr Nüsse kaufen und den einen Sack verarbeiten können, während sie den anderen verkaufen.«

Ich musste daran denken, was Madame Diallo gesagt hatte, die Leiterin von FAARF (Fonds d'Appui Aux Activités Rémunératrices des Femmes – Hilfsfonds zur Förderung von Einkommen schaffenden Betätigungen von Frauen), die ich in Ouaga kennen gelernt hatte. »Im Lauf der Zeit«, hatte Madame Diallo zu mir gesagt, »haben wir herausgefunden, dass es besser ist, kleine Summen zu verleihen und diese nur langsam zu steigern. Auf diese Weise entsteht bei den Frauen Vertrauen in das Kreditsystem, und sie können Erfahrungen mit dem Zurückzahlen sammeln.« Ich sagte mir, dass es wahrscheinlich eine gute Lektion für die Frauen von Zongo war – sie mussten sich beweisen und Erfahrungen sammeln, indem sie die ursprüngliche Anleihe zuerst zurückzahlten. Andererseits kannten sie ihre Produktion und erwirtschafteten jetzt einen Gewinn, sodass ihre Idee vernünftig schien.

Eine andere Frau fügte an, dass sie gern einen Kredit aufnehmen würden, um Fässer zu kaufen. »Dann könnten sie ihr Öl nach Kumasi bringen und höhere Preise dafür verlangen«, übersetzte Mma. »Das lohnt sich nicht mit nur 200 Litern.« Ich war beeindruckt von dem Geschäftssinn und Unternehmergeist dieser analphabetischen Frauen.

Ich erkundigte mich nach der Arbeit ihrer Ehemänner. Madame Diallo hatte gesagt: »Die Männer besitzen ihr Land, aber sie haben immer große Pläne. Sie möchten große Summen aufnehmen und eine Bar aufmachen oder einen Pflug oder ein Mahlwerk kaufen. Die Risiken sind hoch, selbst wenn das Geld tatsächlich ins Geschäft fließt, aber leider geht es häufig für einen Fernseher, ein Motorrad, eine zweite Frau oder etwas dergleichen drauf.« Würde es bei den Männern hier anders sein?

Mma bestand darauf, dass jede der Frauen zu Wort kommen sollte. »Sonst sagen sie mir, wenn ich das nächste Mal wiederkomme, dass ich sie nicht mit der weißen Frau habe sprechen lassen.« Ich hörte mir also die Antwort jeder einzelnen Frau in Mmas Übersetzung an.

Mariama sagte, ihr Mann hätte für eine Transportfirma gearbeitet, sei aber entlassen worden und hätte etwas Geld in den Kauf eines Mahlwerks gesteckt. »Aber die meiste Zeit ist es kaputt, und wenn es funktioniert, gibt er das Geld, das er damit verdient, für Ersatzteile aus.«

Lahdis Mann lud Säcke von den Lastwagen ab, die nach Bawku kamen, und verdiente auf diese Weise ein bisschen Geld.

Fati sagte, ihrem Mann gehe es nicht gut, und er könne nicht arbeiten, obwohl sie selber alt und mitgenommen aussah.

Leayes Mann hatte früher Fässer gehabt – er hatte Leayes Öl gekauft und war damit nach Kumasi gegangen, um es weiterzuverkaufen. Doch während des letzten Putschs (1979) wurden sie von der Regierung gezwungen, zu niedrigen Preisen zu verkaufen, und die Fässer waren konfisziert worden. Da Leaye und ihr Mann dem Haussa-Stamm angehörten und ursprünglich von Nigeria kamen, konnten sie kein Ackerland erwerben, und jetzt machte er gar nichts.

Maimunas Mann war gestorben und hatte sie mit sieben Kindern zurückgelassen. »Sie hat elf Geburten gehabt«, sagte Mma.

Und schließlich Habiba. Ihr Mann hatte sie vor mehreren Jahren verlassen, und sie hatte nie wieder etwas von ihm gehört. Sie musste ihre acht Kinder allein aufziehen.

Am nächsten Tag kam Mma spät. Ich wartete draußen vor dem BEWDA-Gebäude auf sie – wir wollten eine Gruppe von 56 Frauen in Lalsa besuchen, die ein Darlehen für Zwiebelsaatgut aufgenommen hatten. Wir hatten ausgemacht, dass wir früh aufbrechen wollten, ehe es zu heiß wurde. Mma hatte eine Mitfahrgelegenheit auf dem Rücksitz eines Motorrads aufgetrieben, und ich würde mit dem Fahrrad fahren.

Es war bereits 11.30 Uhr, als wir endlich aufbrachen – die heißeste Zeit des Tages. Die Straße führte an der burkinischen Grenze entlang, und ich holte Mma an einem Zollposten ein.

»Uff, ist das heiß«, rief ich. »Ich kaufe uns ein paar Mangos.« Ich hatte ein paar Frauen entdeckt, die die Früchte im Schatten eines Baumes verkauften.

»Damit ich mein Fasten breche?«, fragte Mma.

Mist. Da stöhnte ich über die Hitze, und Mma fastete – kein Essen oder Trinken, nicht einmal Wasser, zwischen Sonnenaufgang und Sonnenuntergang. Mma war Muslimin, was ungewöhnlich für diese Gegend war, und es war Ramadan. Während ich weiterradelte, dachte ich an meine Tuareg-Freunde in der Wüste vor Timbuktu draußen, an die zerbrechliche Fatimata, die jetzt sicher auch die Fastenregeln einhalten musste. Wie sollte sie das schaffen?

Lalsa erreichte man über eine gelbe, staubige Ebene. Die braune Lehmerde war rissig, Bäume waren spärlich gesät, und in der Ferne stieg ein Hitzedunst auf.

»Nicht mehr weit«, sagte Mma, als ich zu dem schattigen Baum kam, unter dem sie und ihr Fahrer auf mich warteten.

Noch ein paar Kilometer, und wieder warteten Mma und ihr Fahrer im Schatten eines Baums auf mich. Zwei Hütten standen in der Nähe, eine davon verfallen, und das Land sah hier ganz besonders ausgetrocknet aus. Es dauerte einen Augenblick, bis ich begriff, dass das hier Lalsa war.

Nach und nach trudelten Frauen ein und ließen sich im Schatten auf dem Boden nieder. Mma und ich saßen auf einer Bank – eine Auszeichnung, die mir unangenehm war, aber ich hatte keinen Einfluss auf die Situation.

»*Kenken*«, sagten die Frauen, wenn sie eintrafen, dann nahmen sie meinen ausgestreckten Arm in beide Hände und machten einen kleinen Knicks.

»*Naa*«, sagte ich – danke – und hätte liebend gern auf das Knicksen verzichtet.

Es dauerte eine Weile, bis alle versammelt waren. »Wenn man in ein Dorf geht, darf man nicht in Eile sein. Wenn ich hierher komme, weiß ich, dass alles andere zu Hause warten muss«, sagte Mma, die mir inzwischen sehr ans Herz gewachsen war. Während wir warteten, erzählte mir Mma, dass der Kredit von BEWDA für das Zwiebelsaatgut, Kapital plus Zinsen, in Form von Saatgut aus der nächsten Ernte zurückbezahlt werden sollte. Das Saatgut würde dann in einem Haus in der Nähe gelagert werden. Jede Frau bezahlte ein Darlehen von 3000 Cedis plus 20 Prozent Zinsen zurück – 3600 Cedis. Die Frauen hatten also jede ungefähr 5 US-Dollar aufgenommen. Konnte das wirklich einen Unterschied in ihrem Leben machen?

Als ob sie meine Gedanken gelesen hätte, sagte Mma: »Solche Kredite ermöglichen es den Frauen, ihre Kinder mit Essen und Kleidung zu versorgen. Und sie können sie in die Schule schicken und ihnen Medikamente kaufen.«

»Ihre Kinder?«, fragte ich. »Und was ist mit ihren Männern? Was bezahlen die?« In traditionellen Familien war Polygamie keine Seltenheit, und wenn ein Mann mehrere Frauen unterhalten konnte und Land besaß, dann musste er doch wohl in der Lage sein, seine eigenen Kinder zu ernähren?

»Für den Mann sind es ihre Kinder – bis sie selber Geld verdienen«, sagte Mma mit einem boshaften Lächeln, dann fuhr sie fort: »Ich habe drei Frauen und fünf Kinder«, wird er sagen. »Wie soll ich so viele ernähren?«

Endlich war es so weit, und das Treffen begann.

Lydia Atiiga, die Gruppenleiterin, war sehr schön: Anfang zwanzig, die Haut noch fest und straff, ohne Sorgenfalten auf der Stirn. In Lydias rechter Wange waren vier senkrechte wulstige Narben, eng beieinander liegend, zu sehen – die erste in der Nähe der Nase, die letzte unter ihrem Wangenknochen, jede ungefähr zwei Zentimeter lang.

Lydia trug einen hellblauen Baumwollkittel in westlichem Stil, der ihr auf einer Seite von der Schulter rutschte. Auf dem Kopf hatte sie einen straff gewickelten gemusterten Schal. Ihre Haut war dunkel und glänzend, ihre Arme wie gemeißelt – eine Michelangelo-Skulptur von einem unterernährten David. Sie hatte dünne, gerade Beine und trug keine Schuhe. Ihre Füße waren groß und breit; praktische Füße. Sie sah mehr wie eine kämpferische Fabrikarbeiterin aus, nicht wie eine Dorffrau.

Ich war gespannt auf ihre Geschichte, aber nach der Begrüßung lud Lydia mich ein, ihre Zwiebelfelder zu besichtigen. Prompt brachen wir auf und wanderten über das ausgetrocknete flache Land. Wollte ich wirklich ein Zwiebelfeld sehen?

Es war gegen Ende der Erntezeit, und die meisten Pflanzen waren aus dem Boden gezogen worden, sodass das gelbe, strohartige Zwiebelkraut schlaff über den leblosen braunen Knollen hing. Lydia dirigierte mich zu ein paar Gräben hin – oder waren es Löcher? –, umgeben von aufgetürmter Erde und getrocknetem Schlamm. Ich war verwirrt. Es sah wie eine verlassene Baustelle aus. Ich stieg auf einen der Wälle und schaute in einen steilwandigen Graben mit schlammigem Wasser auf dem Grund hinunter, während Lydia eine Treppe hinabstieg, die in die getrockneten Lehmwände gehauen war.

»In der Trockenzeit müssen die Frauen das Flussbett aufgraben, um an Wasser heranzukommen«, erklärte Mma an Lydias Stelle. »Jetzt, in der Erntezeit, haben sie viel Wasser, und sie verbrauchen nicht so viel.« Das schlammige Wasser bedeckte kaum Lydias Knöchel. »Sie sagt, wenn sie die Zwiebeln bewässern, trocknen die Löcher aus, und sie müssen jeden Tag tiefer graben.«

Lydia hielt einen großen, stundenglasförmigen Kürbis in jeder Hand; in die Verengung in der Mitte war ein Loch geschnitten worden, damit das Wasser in die untere Wölbung eindringen konnte – raffinierte Gießkannen. Lydia tauchte die Kürbisse unter, um sie aufzufüllen, stieg wieder die Treppe hinauf und machte mir ein Zeichen, ihr zu folgen, damit sie mir zeigen konnte, wie sie ihre Zwiebeln bewässerten. Sie stand in den kahlen, aufgerissenen Beeten, fasste die Kürbisse durch die Höhlung in der Mitte und neigte sie nach unten. Kleine, runde Löcher waren in die obere Wölbung gebohrt worden, sodass das Wasser gleichmäßig über die nicht vorhandenen Zwiebeln sprühte, um in der sengenden Sonne sofort zu verdunsten.

Nach einem lebhaften Wortwechsel zwischen Lydia und Mma erklärte Letztere: »Sie sagt, was die Frauen und das Dorf dringend brauchen, ist ein Staudamm. Mit einem Staudamm hätten sie bessere Ernten aus dem Trockenzeitgarten und mehr Sicherheit für ihre Regenzeiternten, falls der Regen ausbleibt.« Mma fügte hinzu, dass sie den Vorschlag der Regierung unterbreitet habe, dass aber kein Geld dafür vorhanden sei.

Mmas Übersetzungen öffneten mir eine ganz neue Welt, aber ich wünschte mir, ich könnte direkt mit Lydia kommunizieren. Durch die Übersetzung fühlte ich mich von Lydia getrennt – ich hörte mir ihre Probleme an, konnte aber keine Beziehung zu ihr aufbauen. Aber vielleicht lag das ja mehr an mir.

Mma sagte mir, dass die Frauen sich gewünscht hätten, Lese- und Schreibunterricht zu bekommen, und ich fragte sie, inwiefern es ihnen nützen würde. Eine der Frauen, die beste Schülerin, sagte etwas, und Mma übersetzte. »Sie sagt, wenn sie mit ihren Kindern ins Krankenhaus muss, kann es passieren, dass dort die Karteikarten der Kinder verwechselt werden, aber jetzt kann sie ihre Namen lesen und weiß, ob eine Verwechslung vorliegt oder nicht. Und wenn sie einem ihrer Kinder Medizin geben muss, kann sie zählen, wie oft sie das Medikament gibt. Auf dem Markt kann sie nicht mehr so leicht übers Ohr gehauen werden, weil sie zählen kann.« Die Frau blieb sehr ernst während der Übersetzung.

»Wenn sie arbeiten«, übersetzte Mma, nachdem Lydia gesprochen hatte, »ist ihr einziger Gedanke, dass sie damit ihre Kinder am Leben erhalten können, und dann schuften sie noch härter.«

Ich holte die Kolanüsse hervor, die ich auf Mmas Empfehlung als Geschenk mitgebracht hatte. Es war ein beliebter Leckerbissen, der den Gaumen rot färbte und ein wohliges, prickelndes Gefühl im Körper hinterließ. Alle – außer Mma natürlich – griffen freudig zu.

»Wie viel esst ihr?«, fragte ich, betroffen über die Magerkeit der Frauen. Ich wusste von Mma, dass »die Hungerzeit« in diesem Teil Nordghanas am Rand der Sahelzone von März bis Juli dauerte, und dann gab es eine zweite Hungerzeit im September und Oktober – das halbe Jahr war also Hungerzeit.

»Wenn sie dreimal am Tag essen, kommen sie nicht hin«, übersetzte Mma Lydias stolze Antwort. »Die Kinder essen dreimal am Tag, weil sie nicht wissen, dass Hungerzeit ist. Sie weinen, weinen, weinen. Die Frauen essen nur eine Mahlzeit am Tag, aber sie spüren es nicht.« Ich kaute auch eine Kolanuss – aber ich hätte gut etwas Wasser vertragen können.

Wir standen auf und gingen wieder aufs Feld, und ich fragte nach den Zwiebeln und ihren Darlehen. Ob sie viel Geld damit verdienen würden?

»Sie sagt, sie verdienen mehr Geld mit den Darlehen für die Regenzeiternten«, übersetzte Mma Lydias Antwort. »Bei den Zwiebeln wissen sie nicht, ob sie einen Gewinn machen werden.« Lydia beugte sich vornüber und holte mit einem kurzen, zugespitzten Grabstock eine der letzten dürren Zwiebelpflanzen aus dem Boden. Während sie mir die verschimmelte Oberfläche der Pflanze zeigte, fuhr Mma fort: »Sie sagt, diese Pflanzen sind verkümmert – das bedeutet, dass die Ernte nicht gut sein wird.« Anscheinend waren die Pflanzen von einer Krankheit befallen, deren Ursache Wassermangel war. »Das Problem ist, dass es zu viele Zwiebeln gibt«, fuhr Mma fort. »Die Preise sind niedrig, und nicht viele Lastwagen kommen von Accra und Kumasi, um Zwiebeln zu kaufen.«

Absatzmärkte zu finden war immer ein Problem für die Dorffrauen. Es lohnte sich oft nicht, das Geld für die Reise zu investieren, und so konnten die Konsumenten in den Städten zu niedrigen, ausbeuterischen Preisen kaufen.

Ich äußerte die Befürchtung, dass die Frauen durch die Darlehen noch ärmer würden anstatt reicher.

»Sie sagt, wenn du jemandem etwas schuldest, und du willst auch morgen noch Unterstützung von ihm, dann musst du bezahlen.« Einen Augenblick blieb es still, dann redete Lydia, und Mma übersetzte. »Dieses Jahr wird nicht so viel übrig bleiben, dass es für Medizin und Kleidung für ihre Kinder reicht.« Ich erfuhr, dass Lydia und ihre Gruppe mit dem Regenzeitkredit einen Gewinn von je 8000 Cedis gemacht hatte, ungefähr 13 US-Dollar, gerade genug, um die Schulgebühren ihrer Kinder zu bezahlen und ein paar Gewürze wie Salz, Pfeffer und Baobabblätter zu kaufen.

Lydia war wie viele der Frauen, die ich in den zwei Wochen in Bawku kennen lernte: stoisch im Angesicht des Unglücks, tatkräftig und hart arbeitend, und was sie niederhielt, waren einzig die mangelnden Gelegenheiten. Das Wichtigste war also, dass Lydia und anderen Frau der Zugriff auf Land, Kredite und Bildung erleichtert wurde – insbesondere Lesen und Schreiben.

Regionale, mit Spenden finanzierte Kreditfonds wie BEWDA wurden überall in Afrika ins Leben gerufen, um den Menschen Kredite für Kleinst-Unternehmen zu beschaffen. Wenn sie etabliert waren, erwiesen sie sich als enorm erfolgreich für Frauen – die Männer mit ihren grandiosen Plänen waren im Allgemeinen nicht an solchen Mini-Unternehmen interessiert –, aber leider kamen, wie ich später hörte, viele Projekte nicht über das Versuchsstadium hinaus. Eine amerikanische Kreditfonds-Verwalterin in Accra sagte mir: »Die Regierungen haben kein Interesse daran, noch mehr Fonds zu genehmigen, weil sie befürchten, dass die Frauen zu viel

Macht bekommen.« Immer dasselbe – Männer kommen einfach nicht mit unabhängigen Frauen zurecht.

Schließlich fragte ich, ob Lydia nächstes Jahr wieder einen Trockenzeitkredit aufnehmen und Zwiebeln anbauen würde, nachdem sich dieses Unternehmen als so wenig profitabel erwiesen hatte.

»Sie sagt, wenn man hinter etwas her ist, muss man zupacken«, übersetzte Mma. Lydia schaute mich mit einem stolzen Funkeln in den Augen an. »Sonst, sagt sie, kann man nicht sagen, dass man zu müde ist.«

Ich fand, dass das weise Worte waren, anwendbar auf so vieles im Leben – und ganz gewiss auf meine Reise.

Bevor wir uns von Lydia und den anderen Frauen von Lalsa verabschiedeten, ließen sie es sich nicht nehmen, mir ein Geschenk zu geben – den Grabstock, den Lydia benützt hatte, um die Zwiebelpflanzen zu ernten. Ich nahm ihn stolz entgegen und führte ihn auf meiner restlichen Reise mit mir, auf die hintere Radtasche geschnallt, als Erinnerung an ihre Strapazen, für die ich das bisschen Extra-Gewicht leicht in Kauf nehmen konnte.

Ich radelte in der drückenden Nachmittagshitze nach Bawku zurück, tief beeindruckt von dem Mumm und Pflichtbewusstsein all dieser Frauen, denen ich begegnet war. Endlich war ich mit richtigen Menschen in Berührung gekommen – nicht nur mit Postern und Literatur –, obwohl es mir nach wie vor schwer fiel, mich in ihr hartes Leben hineinzudenken. Der einzige Bezugspunkt, den ich finden konnte, war das Leben meiner Großmutter, einer Frau, die nach dem Ersten Weltkrieg in den australischen Busch ausgewandert war und dann ihre drei Töchter allein aufziehen und durch die Depressionszeit bringen musste. Die Geschichte meiner Großmutter hatte immer Wut und Verwirrung in mir ausgelöst. Mit diesen Frauen ging es mir jetzt ebenso – Wut und Verwirrung über das, was ich als Ungerechtigkeit empfand.

Waren diese Gefühle legitim? War es erlaubt, dass ich das Leben anderer Menschen nach meinen westlichen, eindeutig feministisch orientierten Werten beurteilte?

Aye!

Warum, verdammt noch mal, musste ich jedes Gefühl analysieren?

Ein verschrobener alter Engländer las mich und mein Fahrrad ein paar Kilometer vor Bawku mit seinem klapprigen Pick-up auf. Ich akzeptierte die Mitfahrgelegenheit und rechtfertigte es vor mir selber mit dem Argument, dass diese Ausflüge nicht zu meiner Radreise gehörten. Der Engländer hatte eine schrumplige Lederhaut, einen langen, struppigen weißen Bart und gehörte zu der Sorte Entwicklungshelfer, die sich mit ihren »40 Jahren Afrika auf dem Buckel« brüsten. Er hatte überall auf dem ganzen Kontinent gearbeitet, sogar noch vor der Unabhängigkeit einiger Länder.

»Nach Tansania wollen Sie? Lohnt nicht die Mühe, meine Liebe. Nicht seit '61.« Er spielte auf das Jahr an, in dem das damalige Tanganjika seine Unabhängigkeit von England erhielt. Über das Los der Frauen redete er genauso unverblümt und hielt mit seinen Werturteilen nicht hinterm Berg.

»Ich nehm nie Männer mit, diese faulen Dreckskerle«, schimpfte er. »Tun keinen Strich, die Typen.«

Ich ließ ihn reden und träumte von einer Dusche und einem kalten Bier.

»Hab vorher eine Frau die Straße langgehen sehen«, brummelte er weiter. »Mit 'ner Ladung Holz auf'm Kopf und 'm Baby auf dem Rücken. Und noch 'nen schweren Sack im Arm. Und wer spaziert stolz wie ein Pfau hinterher? Ihr gnädiger Herr Gemahl. Mit 'nem prunkvollen weißen *bubu* und 'nem Schirm in der Hand. Aber hält er ihn vielleicht über ihren Kopf? Nein, seinen eigenen kostbaren Kopf beschirmt er damit, der alte Hurensohn.«

Ein *whiteman* in einem Landrover
Bawku – Elmina, Ghana

Als ich von Bawku aus südwärts radelte, kam ich in ein Reich grüner Vegetation und roter Lehmböden. Eine fruchtbare Welt mit frischem, smaragdgrünem Unterholz und hoch aufragenden Bäumen. Der blaue Himmel und die Sonne verschwanden hinter grauen Schichtwolken. Es wurde kühler, und die Feuchtigkeit hatte zugenommen. Auf der Straße gab es Schlammstellen, und kleine Bäche liefen durch die Rinnen – ein Beweis, dass es geregnet hatte. Das war etwas, worauf ich mich freute: Ich hatte seit jenem grässlichen Aufstieg zum Futa Dschalon in Guinea keinen Regen mehr gesehen.

Je fruchtbarer das Land wurde, desto mehr nahm auch die Bevölkerungsdichte zu. Vorbei die Einsamkeit der Straßen im Sahelgebiet. Die Rufe – »*Hallo, whiteman*«; »*Wohin des Wegs, Schwester?*«; »*You try!*« – steigerten sich in direktem Verhältnis zu den südwärts zurückgelegten Kilometern.

Statt nach Bolgatanga zurückzufahren und von dort die Hauptstraße nach Kumasi zu nehmen – die als sehr verkehrsreich und extrem löchrig galt –, hatte ich mich für eine kleine, ostwärts führende Straße entschieden. Es war eine abgelegene Route, und die Orte, die auf der Karte eingezeichnet waren, entpuppten sich als kleine Dörfer mit ein paar Läden, einem Markt und einfachen »Resthouses«, in denen ein einsamer Radfahrer übernachten konnte.

Nachdem ich Nakpanduri und Gushiegu bereits hinter mir gelassen hatte, war ich heute von Yendi nach Bimbilla unterwegs. Insgesamt lagen fast 1000 Kilometer zwischen Bawku und meinem nächsten großen Ziel – dem Ozean! Herrje, was sehnte ich mich nach einem Bad im Meer und dem Gefühl, sauber zu sein! Mein durchgeschwitztes Haar klebte mir an der Stirn, meine Shorts an den Beinen, meine Handflächen und Kleider waren rot vom Staub, meine Fingernägel schwarz von der Fahrradschmiere, und Schweißbäche rieselten durch die Staubschicht auf meinen Beinen. Trotzdem war die Fahrt heute Morgen fantastisch gewesen. Ich war in aller Frühe aufgestanden, hellwach und fit, und um 6.30 Uhr bereits unterwegs. Bevor ich aus Yendi herausfuhr, hatte ich mich mit Kohlenhydraten – gebratene Teigbällchen – aufgepowert, und ich fuhr jetzt auf einem viel leichteren Rad.

Meine Stimmungen mochten schwankend sein (immer noch ein wesentlicher Teil meiner Afrikaerfahrung!), aber die Last, die ich bei mir trug, war nicht weniger wechselhaft. Ich gab T-Shirts weg, kaufte wieder neue in den Städten, aß einiges von meinen Vorräten, kaufte wieder neue, zerriss meinen Reiseführer und nahm nur die relevanten Seiten mit, bekam stattdessen Romane geschenkt. Doch als ich das erste Mal durch Bolgatanga gekommen war und bei den TRAX-Leuten gewohnt hatte, hatte ich eine wichtige Entscheidung getroffen und in die Tat umgesetzt: Ich hatte mein Gepäck auf die Hälfte reduziert.

DHL, einer meiner Sponsoren, hatte ein Büro in Bolgatanga, und so hatte ich die wertvolleren Gegenstände nach Hause geschickt, anstatt sie einfach wegzugeben. Ich verbrachte einen Vormittag damit, alle Taschen durchzugehen und zu entscheiden, was geopfert werden musste.

Raus mit dem sperrigen Proviantbeutel. Nicht lebensnotwendig. Raus mit dem Kocher. Die verstopfte Düse hatte mich das letzte Mal zur Weißglut gebracht! Ich konnte sicher den Herd meiner Gastgeber benützen. Wiedersehen, Pulli. Wann würde ich dich je wieder brauchen? Raus mit dem afrikanischen Outfit, das ich mir in Mali hatte machen lassen. Nur das neue aus Ouaga durfte bleiben.

Wiedersehen, Schlafsack. Ungeeignet für meine Zwecke – das seidene Schlaflaken war genug. Keine Gesichtscremes mehr. Na ja, außer Sonnenschutzfaktor 15, neu aus Ouaga – meine aufgeplatzte Unterlippe war immer noch wund. Was bleiben durfte, waren Seife, Shampoo, Plastikwaschschüssel, Körperlotion, Rasierer, Deodorant, Zahnbürste und -pasta und Tampons – für einen schlanken Toilettenbeutel! Hurra! Fort auch mit den Ouaga-Souvenirs. Ich kaufte immer noch zu viel. Ich dachte nicht an das Gewicht, wenn ich im Kaufrausch war. Oft gab ich die Sachen, die ich in der Stadt gekauft hatte, wieder weg, sobald ich auf der Straße war.

Nachdem das alles rausgeflogen war, konnte ich meine Ersatzteile und mein Erste-Hilfe-Set aus den vorderen Taschen nach hinten räumen. Voilà. Keine Vordertaschen mehr – eine Mega-Gewichtsersparnis!

Mit dieser neuen, stromlinienförmigen Ausrüstung musste das Radfahren ein Sonntagsspaziergang sein!

Jetzt, drei Wochen später, auf der Straße nach Bimbilla, hatte sich das neue Fahrgefühl bereits abgenutzt, und durch die einseitige Belastung des Hinterrads wurde es schwierig, das Rad zu manövrieren. Ich hatte jetzt nicht mehr das Gefühl, einen Panzer schieben zu müssen, stattdessen benahm sich mein Rad wie ein schwer beladener Einkaufswagen, bei dem dauernd ein Rad wegrutscht.

Zum Teil war meine Erschöpfung natürlich auf meine Kondition zurückzuführen – vielmehr auf das Fehlen einer solchen. Bevor ich von Bawku aufgebrochen war, hatte ich meine täglichen Aufzeichnungen über die Radstrecken, die ich zurückgelegt hatte, durchgeblättert und zu meinem Entsetzen festgestellt, dass ich in den vergangenen zwölf Wochen, seit ich in Sevaré, Mali, angekommen war, nur drei Wochen im Sattel gesessen hatte! Zu viele Aufenthalte. Diese Gewalttour zum Ozean kam mir sehr gelegen, weil ich erstens meine Muskelkraft wieder aufbauen musste und zweitens das Gefühl haben wollte, dass ich vorwärtskam. Bei meinem derzeitigen Tempo würde ich mich noch jahrelang auf afrikanischen Straßen herumtreiben!

Die Straße führte zwei Kilometer weit geradeaus bergab, dann zwei Kilometer geradeaus bergauf. Da sie keinerlei Krümmung machte, war sie natürlich zum kürzesten Weg für abfließendes Wasser geworden und völlig aufgewühlt und schlammig. Trotzdem fand ich dieses regelmäßige, vorhersehbare Muster inzwischen ganz beruhigend. Ich wusste, dass ein Zyklus zwanzig Minuten in Anspruch nahm: fünf Minuten, um die Furchen bergab zu bewältigen, und fünfzehn Minuten, um auf der anderen Seite in den Zwischenräumen wieder hinaufzuwackeln. Zwölf Kilometer pro Stunde – ich musste nur noch eineinhalb Zyklen hinter mich bringen.

Bis ich das alles ausgerechnet hatte, war einige Zeit vergangen.

»*Hallo, whiteman!*«, rief ein Mann – ja, ein Mann! –, der in seinem Jamsfeld arbeitete. Welch ungewohnter Anblick! Ich hätte zu Ehren dieses Anlasses anhalten sollen, tat es aber nicht. »Wo wollen Sie hin?«, rief er aggressiv.

Die Straße hatte nur ein Ziel – wo sollte ich also hinwollen? Ich biss die Zähne zusammen, lächelte zuckersüß und sagte: »Hallo, ich fahre nach Bimbilla.« Er grinste mich breit an, und ich bekam sofort ein schlechtes Gewissen, dass ich so gereizt und misstrauisch reagiert hatte.

Ich nahm die nächste Abwärtsstrecke in Angriff, den bei weitem leichtesten Teil der Übung, der dem Sinnieren förderlicher war, und da fiel mir Mindy ein, eine Amerikanerin, die ich auf dem Rückweg von meinem Abstecher nach Bobo-Dioulasso kennen gelernt hatte.

Mindy war ein interessantes, nein, umwerfendes Geschöpf, schlank und blond, ein paar Jahre älter als ich. Sie kam aus Minnesota, und ihr Reise-Outfit bestand aus schwarzen Leggins, einem eng anliegenden, tief ausgeschnittenen Kleid mit einem schwarzen

Sport-BH, der darunter hervorschimmerte, und Unmengen von Perlen und Glöckchen, die an ihr herumklimperten. Wir lernten uns in dem billigen kleinen Hotel in Bobo kennen, in dem wir beide abgestiegen waren. Ihr Balkon lag neben meinem, und eines Nachmittags – wir waren schon ein bisschen angeheitert – erzählten wir uns unsere Lebengeschichte. Ich erfuhr, dass sie seit zwei Jahren in der Welt herumreiste und von Kontinent zu Kontinent flog.

»Ich hab das Air Miles«, sagte sie schulterzuckend, als ich sie fragte, wie sie sich die vielen Flüge leisten konnte, aber anfangs antwortete sie nur ausweichend auf meine Fragen. Erst nach ein paar Tagen erzählte Mindy mir mehr über sich selber. Sie sagte mir, dass sie stellvertretende Vertriebsleiterin bei einem Rentenversicherungsunternehmen gewesen war. Irgendwann hätte sie gespürt, dass ihre Kreativität in der trockenen, durchstrukturierten und konservativen Welt der Broker und Versicherungsmakler allmählich zu versiegen drohte, und da hätte sie beschlossen, fortzugehen. »Ich lebte in zwei Welten«, fuhr sie fort. »Ich hab mich bei der Arbeit mit ein paar Leuten zusammengetan, aber meine wahren Freunde waren Rastas mit Dreadlocks, kreative Menschen, und meine Leidenschaft war das Reisen, nicht das Geschäft. Meine beste Freundin, Moonstar, rief mich immer in der Arbeit an und hinterließ Botschaften in der Art: ›Sagen Sie Mindy, dass ich sie liebe.‹ Natürlich haben alle gedacht, dass ich lesbisch sei oder eine Revoluzzerin, aber ich hab mich langsam selber gefragt: Wer zum Teufel bin ich eigentlich?« Es sei ihr von Tag zu Tag schwerer gefallen, ihre Fassade aufrechtzuerhalten, erzählte Mindy weiter – in ihr »Business-Ich« zu schlüpfen, während ihre Seele sich danach sehnte, frei zu sein.

Ich konnte es gar nicht fassen. Das war ja, als würde ich meinem Zwilling begegnen! Ich dachte an die betretenen Gesichter meiner Arbeitskollegen, wenn sie in meine Londoner Wohnung kamen und auf dem Boden sitzen mussten. Es war eindeutig, dass die sparsame, ethnische Einrichtung nicht ihren Vorstellungen von einer jungen, aufstrebenden Karrierefrau entsprach. Mir fiel mein Reisefreund Bronwyn ein, der zu einem Arbeitstreffen gekommen war und einen meiner Kollegen im Nadelstreifenanzug stürmisch, ja leidenschaftlich auf den Mund geküsst hatte. »Das war ein Schock für ihn, was?«, hatte er trimphierend gefragt, als wir gegangen waren – sichtlich entzückt über die Wirkung. Was mir daran gefallen hatte, war die völlige Zweckfreiheit gewesen, etwas, das er einfach nur zum Jux gemacht hatte. Es war wie eine Frischzellenspritze in dieser verkopften, kontrollierten Welt, und es waren Momente wie diese, in denen mir klar wurde, dass ich etwas Wesentliches verpasste.

Mindy sagte, der Entschluss fortzugehen habe sich einfach in ihr herausgebildet – das Spiel war aus, vorbei, es war Zeit, weiterzugehen, und sie wusste, dass der ständige Stress und der Zeitdruck, der mit ihrer Arbeit verbunden war, sie daran hinderte, mit ihrem wahren Selbst in Berührung zu kommen. Ich kannte dieses Gefühl auch. In ihrem ersten Jahr, erzählte sie, dem »Übergangsjahr«, habe sie noch versucht, ihren Reisen einen Zweck überzustülpen, um ihre Entscheidung vor anderen zu rechtfertigen, um sich selber zu beweisen, dass sie keine Pennerin, keine Arbeitslose war.

»Die Leute mussten mich in irgendeine Schublade stecken, also habe ich gesagt, ich sei in der Finanzbranche, im Business-Bereich«, sagte sie. »Aber nach dem ersten Jahr bin ich nach Minneapolis zurückgegangen, und ich konnte mich nicht mehr einfügen. Das Schlimmste war, dass Moonstar sich umgebracht hatte!« Sie lachte, aber der Schmerz in ihrer Stimme war nicht zu überhören. »Eines Abends, sie hatte Champagner getrunken und Marihuana geraucht, hat sie auf der Überholspur die Kontrolle über ihren BMW verloren, ist in einen Graben gekracht und durch die Windschutzscheibe geflogen.« Mindy schwieg einen Augenblick.

»Minneapolis war leer ohne sie«, fuhr sie schließlich fort. »Ich hab mich mit meinen Geschäftsfreunden getroffen, und sie haben über irgendwelche Deals geredet und über neue Business Ventures, und das hat mich nicht interessiert.« Ich fragte mich, ob mir das auch so gehen würde. Konnte ich mir vorstellen, wieder als Consultant zu arbeiten? Unmöglich. Mindy wühlte in ihrer kleinen perlenbestickten Umhängetasche, zog eine Visitenkarte hervor und reichte sie mir. »Ich denke, durch das Reisen werde ich irgendwann mehr wissen – mir schwebt ein Kunststudium in Paris vor, oder ich könnte mir vorstellen, dass ich mich aufs Fotografieren verlege. Aber im Augenblick sehe ich mich eben so.«

Auf der Karte stand: Mindy Jean Paul, Entdeckerin.

Ich war also nicht die einzige durchgeknallte Karrierefrau auf der Welt.

Jetzt war ich wieder auf der Aufwärtsstrecke, und während das Treten mühsamer wurde, der Druck auf Schultern und Rücken spürbarer, dachte ich darüber nach, inwiefern Mindys Übergangsjahr etwas mit mir zu tun hatte. Benützte ich mein Engagement für WOMANKIND als Deckmantel, um der Reise einen »würdigen« Zweck zu verleihen?

Vielleicht. Ich verfiel ins Brüten, und darüber verging einige Zeit.

Und was war mit meinen Interviews mit den Stadtfrauen in Ouaga? Nicht gerade der Stoff, aus dem Abenteuer gemacht sind, hatte ich mir damals kleinlaut gesagt, aber ich hatte es genossen und sehr anregend gefunden. Vielleicht, weil ich mich auf diese Weise immer noch hinter einer vertrauten Fassade verstecken konnte – meinem Manager-Ich?

Ich hatte eine Entdeckerin sein wollen – im Geist von Ibn Battuta reisen. Doch tief im Innersten wusste ich, dass ich mich in Wahrheit freistrampeln wollte, alle meine Fassaden loswerden – aber wozu? Was wollte ich stattdessen sein?

Ich versuchte immer noch, das Leben zu beherrschen. Warum konnte ich nicht loslassen?

Ich hielt an, griff nach meiner Wasserflasche und trank einen Schluck warmes Wasser. (Mein Kühlsystem funktionierte nicht in dieser Feuchtigkeit – keine Verdunstung). Ein weiterer Berg-und-Tal-Zyklus lag vor mir. Von Bimbilla keine Spur. Mist.

Ich sah einen nicht mehr ganz jungen Mann den Hang heraufradeln, den ich jetzt gleich hinunterfahren würde. Als er fast oben war, hielt er an.

»Wohin fahren Sie, *whiteman*?«

Grrr. Bin ich vielleicht hierher gekommen, um dämliche Fragen zu beantworten und mein Geschlecht verunglimpfen zu lassen?

»Bimbilla.«

Eine Schar von ungefähr zwanzig Kindern kam links von mir angestürmt. »*Whiteman*!« »Hallo, Schwester!« »Wo wollen Sie hin?« »*Whiteman*!« Und dann die Blicke! Ach, zur Hölle. Eine Lehmhütte mit Blechdach lugte zwischen dem Grün hervor. Anscheinend eine Schule. Ich war näher an Bimbilla, als ich gedacht hatte. »Ich hasse Kinder«, sagte ich unwirsch. Mein Gott, war ich mies.

»Oh, *white lady*! Ho ho!«

Er brach in Gelächter aus, war nicht gekränkt, vielleicht, weil er nicht begriffen hatte, dass ich es halb (äh, nein: ganz) ernst gemeint hatte. Ich spürte, wie es verdächtig um meine Mundwinkel zuckte, und dann lachte ich schallend mit ihm.

Hilfe und Zeit für Fremde war in Afrika in großzügigen Mengen zu haben, und ich war dankbar dafür, auch wenn ich nicht immer den Eindruck erweckte. In Bimbilla hielt ich kurz an der Weggabelung in der Nähe des kleinen Markts an, und im nächsten Moment war ich von jungen Männern umringt, von denen mir einer den Weg zum Resthouse zeigte.

Nachdem ich meine Eimerdusche genommen und mich umgezogen hatte, ging ich auf Essenssuche. Eine schwarze, alles verschlingende Wolke fegte über mich hinweg, und ein heftiger Wind erhob sich. Die Marktfrauen stoben davon, um Unterschlupf zu suchen – sicher war ein Unwetter im Anzug. Ich wäre auch geflüchtet, aber ich wusste, dass es bald dunkel werden würde, und ich musste schnell etwas zu essen auftreiben.

Ich hielt nach Kochfeuern Ausschau. Ich wollte Jams-Fritten – ein ghanaisches Grundnahrungsmittel, das ich südlich von Bawku entdeckt hatte. Ich fand es köstlich. Super-Kohlenhydrate mit scharfen Chilis gewürzt. Oho – was hat die Frau dort?, fragte ich mich und hielt an. Reis mit Bohnen. Hmm. Ah, hier ist noch ein Feuer am Rand des Markts.

»Guten Abend.«

»Guten Abend.«

Ich zeigte auf ihre zischende Pfanne, und sie hob den Deckel hoch und ließ brutzelnde Teigbällchen sehen. Mhmmm. Das würde als kleiner Imbiss genügen. Ich kaufte zwei für zehn Cedis (ungefähr 2 US-Cent), verspeiste sie an Ort und Stelle, und weil sie so gut schmeckten, kaufte ich noch einmal vier. Mangos beim nächsten Halt – es gab jetzt häufig welche – und Tomaten bei einem Mädchen, das in dem heftigen Wind zusammenpackte. Ich wollte eigentlich keine, aber wenn ich nichts anderes finden würde, konnte ich ein paar Tomaten mit dem hart gewordenen Brot essen, das ich bei mir hatte, und Früchte dazu.

Ich radelte zu einem anderen Feuer. Was gab es hier? Es war jetzt dunkel, also leuchtete ich mit meiner Taschenlampe in den Topf der Frau. Gekochter Jams. Aber was für eine Sauce dazu? Nur eine Fleischsauce, die ich nicht mochte. »Erdnusssauce?« Sie zeigte auf ein Haus in der Nähe. Super. Ich kaufte etwas Jams, dann brach ich zum nächsten Halt auf. Die Erdnusssauce sah gut aus, und ich nahm einen Schöpflöffel voll für 50 Cedis. Na also, super. Jetzt noch ein Bier. »Ja, ich verspreche, dass ich die Flasche morgen früh zurückbringe«, sagte ich zu dem Barmann, und die Sache war geritzt.

Als ich zur Unterkunft zurückkehrte – die ersten schweren Tropfen prasselten bereits vom wütenden, dunklen Himmel –, kam ich an einem letzten Kiosk vorbei, der noch aufhatte und Blue-Band-Margarine verkaufte. Gute Idee. Jetzt konnte ich nach Hause fahren.

Ich zog einen Stuhl auf die Veranda hinaus, der Regen hörte ebenso schnell auf, wie er angefangen hatte, aber der Himmel war noch dunkel, der Moschusgeruch, der aus dem feuchten Staub aufstieg, umhüllte mich wie der Duft von frisch gebackenem Brot, und die Grillen führten heisere Zwiesprache. Ich stellte die Kerosinlampe, die man mir gegeben hatte, ab, machte mein Bier auf und ließ mich nieder, um meine Schätze zu verzehren.

Das Bier war ein Club-Bier; der Slogan dieser Firma lautete: »Das Leben ist schön.«

Ja, es war schön.

Aber trotzdem war ich einsam. Bei den Stadtfrauen in Ouaga und den Dorffrauen in Bawko hatte ich mich mehr wie eine Journalistin gefühlt oder wie eine Unternehmensberaterin, die ein Frauenprojekt recherchierte. Heute war niemand da, nicht einmal ein Dorfintellektueller, mit dem ich das Wohl und Wehe der Welt diskutieren konnte. Der Sturm hatte die Leute nach Hause gescheucht. Als ich meine Mahlzeit beendet hatte, zog ich die Fotos meiner fernen Lieben hervor, dann mein Notizbuch und schrieb Gedichte. Na ja, Gedichte, plumpe Verse, ich weiß schon. Aber es kam von Herzen.

Ich war nur ein bisschen blau.

Ich dachte an William und berührte die Fotos von ihm. Jane von TRAX in Bolgatanga hatte William auf einem Treuhänder-Meeting in London gesehen. Er würde mich vermissen und ließe mir ganz, ganz liebe Grüße ausrichten, behauptete sie.

Ich war misstrauisch – das hörte sich nicht nach William an.

Außerdem war das schon im Januar gewesen – alte Nachrichten, älter als der Anruf, bei dem er mir gesagt hatte, dass er nichts mit unabhängigen Frauen anfangen könne.

Warum schickten wir uns weiterhin so widersprüchliche Botschaften? Ich war verwirrt. War die Beziehung mit ihm zu Ende oder nicht? Mein Herz zog sich zusammen bei jeder Nachricht, die ich von ihm erhielt. Und dennoch – wie sollte dieser Schmerz und, ich gestand es mir ein, vielleicht auch diese Liebe bis Daressalam anhalten? Sollte ich von Accra einen Abstecher zu ihm nach London machen?

Aye!

Es würde so schwer sein, dann wieder zurückzukommen. Wenn ich jetzt mein afrikanisches Leben mit einem europäischen Intermezzo unterbrechen würde, so sagte mir eine innere Stimme, würde ich alles verlieren, was ich gewonnen hatte, was ich gewinnen konnte. Ich konnte nicht genau den Daumen darauf legen, was hier mit mir passierte, aber mein Bauchgefühl sagte mir, dass ich bleiben musste.

Ich würde nicht nach Hause fliegen.

Ich trank mein Bier aus. Der Abend zog sich weiter hin, und ich schrieb noch mehr Gedichte. Ich fühlte mich Tausende Kilometer vom Ozean entfernt.

Von Bimbilla aus radelte ich an riesigen Termitenhügeln und Mangobäumen vorbei nach Salaga, wo ich in einem weiteren Resthouse übernachtete und unvermutet Gesellschaft von zwei Weißen bekam. Es waren Engländer, noch neu in Afrika und ein bisschen naiv. Sie hatten ihren Bus nach Norden verpasst, und da sie am Abend nicht mehr weiterkamen, waren sie die paar Kilometer zum Resthouse gelaufen, ohne sich auf dem Markt etwas zu essen zu besorgen. Was hatten sie hier draußen erwartet? Ein Vier-Sterne-Hotel? Ich hielt mir vor, wie oft ich in den Dörfern gastfreundlich aufgenommen worden war, und gab ihnen von meinem Essen ab.

»Übernachtest du oft in solchen Unterkünften?«, fragte der Typ.

»Klar«, sagte ich und dachte daran, wie leicht es war, anständige private Unterkünfte in Ghana zu finden. Natürlich gab es keine Elektrizität, kein fließendes Wasser und keine Toilette – wir gingen ums Haus herum in den Busch –, aber diese kleine Unannehmlichkeit nahm ich gern in Kauf. Erst als ich morgens aufwachte, kam mir zu Bewusstsein, wie fassungslos seine Stimme geklungen hatte. War ich auch einmal so naiv gewesen? Vielleicht war ich inzwischen doch mehr in Afrika zu Hause, als ich dachte.

Ich verließ Salaga, radelte zum Voltasee und ließ mich auf einer Fähre nach Yeji übersetzen. Der Voltasee wurde in den frühen Sechzigerjahren geschaffen, als der Akosombo-Staudamm über den Voltafluss gebaut wurde. Es war ein gigantisches Projekt, das Ghana und seine Nachbarstaaten mit Elektrizität versorgte (insbesondere ein neues Aluminiumwerk im Hafen von Tema – das Ghana natürlich dringend brauchte!). Die Kehrseite der Medaille war, dass große Teile des fruchtbarsten Ackerlands von Ghana überflutet wurden. In den umweltbewussteren Neunzigerjahren wäre der Staudamm vielleicht nie gebaut worden.

Er war ein Lieblingsprojekt von Kwame Nkrumah gewesen, dem ersten Präsidenten von Ghana. Ghana wurde 1957 als erste afrikanische Nation in die Unabhängigkeit entlassen. Nkrumah, ein Idealist und führender Kopf der panafrikanischen Bewegung, scheute keine Mühe, um die ghanaische Wirtschaft in Schwung zu bringen und von den ehemaligen Kolonialherren unabhängig zu machen. Sein leidenschaftlicher Nationalismus wirkte ansteckend auf den Unabhängigkeitskampf anderer afrikanischer Nationen, und er investierte viel in eine wertvolle Infrastruktur wie Krankenhäuser,

Universitäten usw. Er unterdrückte jedoch politische Gegner, baute einen Personenkult um sich auf und verschwendete viel Geld auf Prestigeobjekte, die die Mittel des ghanaischen Staates bei weitem überstiegen und sich im Endeffekt als nicht zukunftsträchtig erwiesen, wie der Voltastaudamm, oder kein Geld einbrachten wie das State House und andere Monumentalbauten.

Die katastrophalen Auswirkungen von Nkrumahs Prestigesucht und seiner Vernachlässigung der Landwirtschaft wurden noch spürbarer, als Mitte der Sechzigerjahre der Kakaopreis immer mehr in den Keller fiel – Kakao war neben Gold Ghanas Hauptexportartikel. Hohe Auslandsschulden, eine hohe Inflationsrate und hohe Arbeitslosigkeit führten 1966 zu Nkrumahs Sturz und einer 15 Jahre dauernden Militärregierung, gefolgt von kurzen Demokratieversuchen, die einer weiteren Militärdiktatur weichen mussten. Jede neue Regierung überbot die vorige an Korruptheit, und die Bevölkerung geriet immer tiefer ins Elend. 1979 riss der Luftwaffenoffizier Jerry Rawlings in einem Staatsstreich die Macht an sich und führte das Land durch ein Jahre währendes sozialistisches Abenteuer mit Antikorruptionskampagnen und Einparteienherrschaft. Wirtschaftlich gesehen war es kein Erfolg. 1991 führte Rawlings, von außen unter Druck gesetzt, wieder ein Mehrparteiensystem ein, und Ende 1992 trat er in den Wahlen an. Obwohl ihm Wahlbetrug vorgeworfen wurde, ging er als eindeutiger Sieger daraus hervor.

Ghana war jetzt ein Musterland für die Weltbank. Die Regierung hatte den Cedi gefloatet (sprich: abgewertet) – daher war für mich alles so billig – und war mit Volldampf dabei, die zuvor verstaatlichten Industrien wieder zu privatisieren. Keine schlechte Sache. Aber Ghana war immer noch ein Land, dessen Exporte auf Mineralien und Rohstoffe beschränkt waren – Posten also, bei denen die Preise je nach Angebot und Nachfrage weltweit heftig fluktuieren. Eine wirtschaftliche Formel, die bei Industrienationen funktioniert, muss nicht notwendigerweise bei einer Wirtschaft funktionieren, die auf dem Handel mit Rohstoffen basiert. Im Endeffekt ist es so, dass Ghana für dieselben Leistungen weniger bekommt. Für die Leute in den Dörfern war es keine Verbesserung – sie litten im Gegenteil darunter, dass Importgüter unerschwinglich wurden.

Immer dieselbe Geschichte ...

Am nächsten Tag fand ich mich die meiste Zeit auf Asphalt wieder, voller Schlaglöcher zwar, und einige Abschnitte fehlten ganz, aber es war Asphalt, himmlischer Asphalt! Ich kam zwei Tage später, am Ostersonntag, in Ejura an. Auf der Hauptstraße wimmelte es von Menschen – Männer in dunklen Hosen und weißen Hemden, kleine Jungen, die wie Miniaturausgaben ihrer Väter aussahen, kleine Mädchen in Spitzenkleidern und Frauen in leuchtenden pagnes oder westlicher Aufmachung, die alle zur Kirche gingen oder aus der Kirche herauskamen.

Ich durchquerte die Stadt, in der Absicht, nach Mampong (ungefähr 40 Kilometer weiter) weiterzufahren, aber bei dem Polizeiposten am anderen Ende des Dorfes sah ich, dass dunkle Wolken aufzogen. Ich hielt es für besser, mich vor dem drohenden Unwetter in Sicherheit zu bringen, und fragte den Polizisten nach dem Weg zum Resthouse.

Ein kleiner Junge zeigte mir mein Zimmer.

»Mmmh. Was riecht hier so gut?«, fragte ich, als wir in das Zimmer kamen. Ich schnupperte begeistert in die Luft. »Das riecht nach Fisch und Chips!«

Der Junge machte ein verlegenes Gesicht und sagte: »Ich glaube, das ist Ihr Fahrrad.«

Es war eine höfliche Umschreibung, wie mir siedend heiß bewusst wurde: Der köstliche Salz-und-Essig-Geruch, das war ich!

Autsch. Wozu schleppte ich eigentlich ein Deodorant mit?

Am nächsten Morgen, dem Ostermorgen, radelte ich nach einer mittleren Katastrophe aus Ejura hinaus: Ich hatte keinen Kaffee zum Frühstück bekommen, sondern nur Reiswasser. Kein Koffein! Die Ghanaer waren im Gegensatz zu den Afrikanern der ehemaligen französischen Kolonien keine Kaffeetrinker. In meiner Verzweiflung rührte ich einen Löffel voll von meinem eigenen Nescafé in kaltes Wasser ein. Iih! Aber wenigstens hatte ich meine Koffeinzufuhr bekommen.

Die Hauptstraße war ruhig, und ich kam bald wieder zu dem Polizeiposten. »Ein *whiteman* in einem Landrover hält nach Ihnen Ausschau.«

Wer? Wie sah er aus? Der Polizist sagte es so beiläufig, als wäre es das Selbstverständlichste der Welt, dass hier ein *whiteman* auf mich wartete. »Das hat er nicht gesagt«, erwiderte er auf meine aufgeregten Fragen und zuckte die Schultern, wie um anzudeuten, dass für ihn alle Weißen gleich aussahen.

Höchst seltsam war das. Und ein Jammer. Ich hätte nur zu gern Gesellschaft gehabt. Na ja ...

Dann, ein bisschen weiter unten an der Straße: »Ein *whiteman* in einem Landrover hat nach Ihnen gefragt.«

Schon wieder?

Ein zweiter Polizist, diesmal in einem parkenden Polizeiwagen am Ortsrand von Ejura, winkte mich herüber. Ganz schön hartnäckig, dieser *whiteman*, sagte ich mir. Der im Übrigen auch eine *white woman* sein konnte, so großzügig wie hier mit dem Ausdruck um sich geworfen wurde.

An diesem Morgen war die Welt schön. Die Straße war ruhig, eine neue, glatte, breite Asphaltspur mit gut eingeebneten Kurven, ein Traum zum Radfahren. Ich fuhr durch Regenwaldland, majestätische Bäume mit weißen Stämmen, die hoch in den klaren blauen Himmel aufragten.

Doch der rätselhafte *whiteman* ließ mir keine Ruhe.

Vielleicht werde ich nie dahinterkommen, sagte ich mir, während ich in die Pedale trat. Wer immer es gewesen war, er musste jetzt weit weg sein. Ein Shell-Mensch vielleicht? Aber wie sollten sie dort wissen, wo ich war? Und warum sollten sie nach mir Ausschau halten? Das hatten sie bisher noch nie gemacht. Es sei denn, es wäre zu Hause etwas Schreckliches passiert. Mein Magen krampfte sich zusammen. Hör auf damit!

Von meiner Liste mit Kontaktadressen wusste ich, dass es in Kumasi ein regionales Shell-Büro gab. Morgen, Dienstag, würde ich dort sein. Das Büro würde nach der Osterpause wieder aufmachen, und dann konnte ich der Sache nachgehen.

Gegen 11 Uhr vormittags erreichte ich die Abzweigung nach Mampong, meinem heutigen Tagesziel. Ein kurzer Tag, aber ich wollte morgen frisch und ausgeruht in Kumasi ankommen. Ich sah ein Hinweisschild auf eine Shell-Tankstelle, das erste in Ghana. Wenn jemand nach mir Ausschau hielt, war er hier vielleicht vorbeigekommen.

Ich fand die Tankstelle und hielt an und wollte eine längere Erklärung vom Stapel lassen, aber ich hatte noch nicht den Mund aufgemacht, als ein Mechaniker namens Francis unter einem Fahrzeug hervorgekrochen kam. Er wischte seine öligen Hände an einem Tuch ab und sagte: »Ein *whiteman* in einem Landrover sucht Sie.«

Nein, es war kein Shell-Angestellter. Dieser Fremde setzte wirklich alle Hebel in Bewegung, um mich zu finden.

»Es war ein weißer Landrover mit einer roten Schrift an der Seite und einem roten Dach ...«

Mein Herz machte einen Satz. Das hörte sich nach dem TRAX-Landrover an – ich hatte ihn in Bolgatanga gesehen. Konnte es William sein? Ruhig, sagte ich mir. Wahrscheinlich ist es einer von den TRAX-Leuten. Aber William hatte den Landrover vor ein paar Jahren gestiftet und von London nach Bolgatanga gefahren; er konnte ihn sicher jederzeit ausleihen ... Es war durchaus möglich, dass er der *whiteman* war.

Nein. Ich weigerte mich einfach, es zu glauben.

»Der Mann hat einen weißen Schlapphut getragen. Er sah sehr erhitzt aus ...« Ich hatte Fotos von William in Afrika gesehen, auf denen er einen weißen Schlapphut getragen hatte – und er hasste die Hitze! (Auch etwas, worin wir nicht übereinstimmten.) Ich wühlte in dem Sammelsurium in meiner Lenkertasche herum. Bananen, Kamera, gekochtes Ei, Obstmesser ... Endlich fand ich das schäbige, abgegriffene Foto. Ein schlanker, ernst blickender Mann in einem grauen Anzug.

Ich hielt den Atem an, als ich Francis das Foto zeigte.

»Ja, das ist er – nur sieht er da nicht so erhitzt aus«, sagte Francis ruhig. Er ahnte nicht, dass mein Herz Purzelbäume schlug.

»Das ist William. Das ist mein Freund!«, sagte ich ihm, und Francis grinste und schüttelte mir die Hand.

»Er hat gesagt, er geht nach Kumasi«, fügte er hinzu. Was? Die Nachricht riss mich aus meinem Glückstaumel. Anscheinend hatte ich ihn um kaum eine Stunde verpasst. Ich radelte also nach Kumasi. Bis ich auf die Hauptstraße zurückkam, war es ein Uhr mittags, und ich hatte 70 Kilometer in der schlimmsten Tageshitze vor mir. Und wenn es wieder ein Unwetter gab? Aber ich hatte keine Wahl. Wie hatte Lydia gesagt? Wenn man hinter etwas her ist, muss man zupacken. Sonst kann man nicht sagen, dass man zu müde ist. Und wenn jemand extra von London gekommen war, um ganz Afrika – na ja, Ghana – nach mir abzusuchen, dann würde ich bestimmt nicht sagen, dass ich zu müde sei! Leichter gesagt als getan.

20 Kilometer von der Abzweigung bei Mampong entfernt (50 von Kumasi) kam ich an einen weiteren Kontroll-Posten. Der Polizist winkte mich herüber.

»Hallo, Schwester, wohin soll's gehen?« Musste das sein? Das Einzige, was mich interessierte, war eine Nachricht von meinem *whiteman*.

»Ihr Mann war hier«, sagte der Polizist schließlich.

Wann? In welche Richtung war er gefahren? Aber leider gab es Verständigungsprobleme zwischen uns. »Tut mir Leid, ich verstehe Ihren Slang nicht«, sagte der Polizist schließlich. Das ghanaische Englisch war eben ziemlich anders als mein australisches Englisch. Dann zog er einen Zettel hervor. Williams Name und Adresse in England standen darauf, aber keine Botschaft. Ich war verwirrt. »Er hat gesagt, er fliegt am Mittwoch nach London zurück.« Mittwoch, also übermorgen? Wie lange suchte er mich schon? Ich radelte mit neuer Dringlichkeit weiter.

Geh nicht fort, William! Du musst warten! Zum Glück war die Straße immer noch gepflastert, nicht so neu und glatt wie die Strecke von Ejura nach Mampong, aber sie war eben. Wenn William für seinen Flug am Mittwoch in Accra sein musste, hatte er wahrscheinlich nicht in Kumasi angehalten, sondern war gleich weiter nach Accra gefahren. Auf jeden Fall würde er morgen hinfahren, ich musste ihn also, falls er in Kumasi war, unbedingt heute Abend noch finden. Ich war den Tränen nahe. Wenn ich nur nicht diese östliche Straße genommen hätte – wahrscheinlich hatte er mich auf der Hauptstraße gesucht. Wenn ich nur nicht in Ejura angehalten hätte ...

Ich trat in die Pedale wie verrückt. Und dann – ein Platten! Nicht jetzt, nicht jetzt ... Ich wechselte den Schlauch und stieg wieder auf.

Absurderweise wuchs meine Verzweiflung, je näher ich der Stadt kam. Plötzlich wurde mir klar, wie unwahrscheinlich es war, dass ich ihn finden würde, und ich verschluckte mich fast vor Verzweiflung. Ich musste anhalten, um mir eine Tüte kaltes Wasser am Straßenrand zu kaufen, und warten, bis mein Zittern nachließ.

Weiter nach Kumasi, immer weiter. Am Stadtrand, bei meinem ersten großen Kreisverkehr und überhaupt nennenswertem Verkehr, warf ich jede Vorsicht über Bord und stürzte mich in den Autostrom – nur um beinahe von einem Mercedes plattgefahren zu werden. Es gab eine Shell-Tankstelle an der Rundung, und ich hielt an und wartete, bis das Zittern nachließ. Schon wieder.

»Ganz ruhig, ganz ruhig, ganz ruhig ...«, sang ich mir immer wieder vor, wie ein Mantra.

Die Leute in der Tankstelle hatten keine Nachricht von einem *whiteman*, aber sie beschrieben mir die Richtung zum Shell-Büro. Vielleicht hatte William dort eine Botschaft hinterlassen. Wenn nicht, dachte ich, wie in aller Welt soll ich ihn dann finden – in einer Stadt, die eine Million Einwohner hat?

Als ich zum Shell-Büro kam, wurde ich zu Mr. Nkrumah, dem Leiter des Shell-Büros, in sein Haus im Innenhof gebracht. Mr. Nkrumah machte große Augen, als er am Ostermontag eine verzweifelte weiße Frau auf seiner Türschwelle vorfand. Er wusste weder etwas von mir noch von William, sagte aber, er würde mir ein Hotelzimmer besorgen. Er fuhr im Auto voraus, und ich folgte ihm, kaum noch fähig, die Tränen zurückzuhalten.

»Ich werde morgen früh mit dem Büro in Accra telefonieren«, versprach Mr. Nkrumah. »St. John Abbey weiß vielleicht, wo William ist.« Aber morgen war es zu spät! Sobald er gegangen war, machte ich einen letzten Versuch: Ich winkte ein Taxi heran und bat den Fahrer, mich zu jedem Hotel in der Stadt zu bringen. Der Fahrer war zuerst etwas verwundert, erwärmte sich aber schnell für mein Projekt. Ein Gewitter mit Blitz und Donner war losgebrochen, und die herunterprasselnden Regenwände verhinderten jede Sicht und machten manche Straßen unpassierbar, und doch fuhren wir in zwei Stunden ganz Kumasi ab. Wir stiegen zusammen bei jedem dunklen Hotel aus und waren beide klatschnass.

»Wohnt hier ein Weißer mit einem Landrover?«

Jedes Mal war die Antwort »nein« oder ein trauriges Kopfschütteln.

Irgendwann kehrte ich in mein komfortables Zimmer zurück, in Sicherheit vor dem Sturm, und verbrachte eine trostlose Nacht.

Als ich am nächsten Morgen aufwachte, hatte ich einen Plan. Ich würde nach Accra fliegen. Wahrscheinlich hatte William den British-Airways-Flug nach London gebucht, und dann konnte ich ihn zumindest noch in der Abflughalle sehen. Ich rief Mr. Nkrumah an und erklärte ihm meinen Plan, und innerhalb der nächsten Stunde rief er zurück.

»Er ist auf der Passagierliste für den Flug«, sagte Mr. Nkrumah. Ich fühlte mich ganz leer. Jetzt hatte ich die Bestätigung – er war hier gewesen und flog wieder weg. »Einer unserer Leute fährt nach Accra. Sie können mitkommen, wenn Sie wollen.«

Ich willigte ein, und dann kehrte ich in mein Zimmer zurück, um mich zu grämen und zu verfluchen und zu warten.

Nachdem die Shell-Leute jetzt an einem Strang mit uns zogen, hatten wir eine reelle Chance zusammenzukommen – aber für wie lange? William hatte sich so viel Mühe gegeben, und ich auch. Und doch hatten wir einander verfehlt. War das ein Omen?

Gegen Mittag erhielt ich einen Anruf in meinem Zimmer: Am Empfang warte ein Besucher auf mich.

William? Nein, nur ruhig. Es wird der Shell-Mensch sein, der dich nach Accra mitnehmen will.

Im Flur hörte ich dann seine tiefe Stimme. William! Er sah dünn aus und völlig erledigt von der Hitze, aber super. Ein Mensch aus Fleisch und Blut, keine Fotografie. Er war da – war extra meinetwegen gekommen.

Es war eine überschwängliche Begrüßung.

William war seit zwei Wochen in Ghana. Er war nach Bolgatanga gefahren, wo man ihm gesagt hatte, dass ich in Bawku sei, aber als er dort ankam, war ich bereits ein paar Tage fort. In Salaga, wo ich das naive englische Paar getroffen hatte, hatte er einen Samstag vergeudet, weil zwei Polizisten behauptet hatten, dass ich noch in der Stadt sei. Man hatte ihm gesagt, ich sei mit der Voltasee-Fähre nach Yeji gefahren, und am Sonntag, in Ejura, hatte er erfahren, dass ich den Kontrollposten passiert hätte. Der verdammte Polizist! Was hatte er sich dabei gedacht? Er hatte mich doch selber ins Resthouse geschickt! In Kumasi hatte William in einem Presbyterianer-Resthouse übernachtet – der einzigen Bleibe, zu der mich der Taxifahrer nicht hingefahren hatte!

Erst als er St. John angerufen hatte, um ihm zu sagen, dass er mich nicht gefunden hätte und nach Accra zurückkehren würde, hatte er eine Nachricht von mir erhalten.

»Schnell«, hatte St. John gesagt. (Später lernte ich ihn kennen, und er war ein hinreißend netter und unwiderstehlich fröhlicher Mensch. Als die Shell-Leute mir ihre Unterstützung zugesagt hatten, war ihnen bestimmt nicht klar, dass ihnen die Aufgabe zufallen würde, zwei Liebende zusammenzuführen, aber St. John war entzückt über die Rolle, die er bei unserer Wiedervereinigung spielte.) »Schnell, fahren Sie zum Shell-Büro. Sie will nach Accra fahren!«

In meiner Wiedersehenseuphorie sagte ich zu William, es sei das Romantischste, Wunderbarste, was jemals ein Mann für mich getan hätte! Und ich meinte es auch so. Es war wirklich ein großer Liebesbeweis!

William war glücklich, aber gedämpfter. »Oh ... na ja, ich wäre sowieso nach Ghana gekommen«, sagte er. »Ich musste – wegen TRAX.«

»Phh!«, machte ich. Ich zog es vor, ihm nicht zu glauben. »Erzähl mir nichts – ich weiß, dass du meinetwegen gekommen bist!«

William blieb nur bis Mittwoch. Ich ließ mein Fahrrad in Kumasi und ging mit ihm nach Accra – 36 Stunden zusammen –, dann kehrte ich allein zurück. Hinterher blieb ich fünf Tage in Kumasi und war völlig durcheinander. Es war eine leidenschaftliche Begegnung gewesen, aber William zierte sich immer noch und war nicht bereit, sich festzulegen und zu sagen, dass er auf mich warten würde – und ich wollte nicht nach Hause. Oder doch? Ich war hin und her gerissen. Einerseits fand ich es tröstlich, dass dort draußen jemand war, dem ich etwas bedeutete, aber andererseits brachte es mir auch klarer zu Bewusstsein, welchen Preis ich für meine seltsame Obsession bezahlte.

Während ich mich von der Aufregung erholte, besuchte ich Gaby und seine Familie. Er war eine Verbindung zu meinem afrikanischen Leben. Als ich auf meinem Fahrrad auftauchte, wurde ich auf dörfliche Art empfangen. Jemand kannte Gaby, und ein Kind wurde losgeschickt, um ihn zu holen.

Ich freute mich über das Wiedersehen. Da stand er erneut vor mir, ein Mensch aus Fleisch und Blut, nicht mehr nur einer der Geister, die in meiner Erinnerung lebten.

»*Oh, you try!*«, sagte er, als ich ihm von meinen Abenteuern auf dem Weg nach Süden erzählte. Dann stellte er mir verlegen seine ernste Frau, seine drei übermütigen Kinder, seine lärmende Schwägerin und seine neugierigen Nachbarn vor. Gaby verlegen? Unglaublich. Wir aßen zusammen *fufu*, gekochtes Jamsmehl, mit Fleischsauce, und er zeigte mir das Zimmer, in dem sich Kinderkleider stapelten – er würde bald wieder nach Mali reisen.

Nach fünf Tagen Ruhepause war es Zeit, wieder aufzubrechen. Ich hatte es immer noch eilig, zum Ozean zu kommen. Ich zapfte meine Willensreserven an, die offenbar unerschöpflich waren, und fand die Kraft weiterzumachen.

Die Fahrt zur Küste war eine Freude, ja, wirklich. Die Straße nach Cape Coast war neu gebaut und führte vom Hochland in Kumasi zur Küstenebene hinunter. Ich schaffte im Schnitt 25 Kilometer pro

Stunde und fühlte mich unglaublich fit. Eine schöne Abwechslung nach den Gefühlsstürmen. Wenn ich anhielt, kaufte ich Essen, schlang es in mich hinein und fuhr weiter. Als ob ich eine Kraftstoffdüse im Hals hätte, die ich regelmäßig auffüllen musste, damit der Motor wieder ansprang. Meine Beinmuskeln streikten, wenn ich zu lange anhielt, und so war es einfacher, weiterzuradeln.

Endlich, nach drei Tagen, war ich am Ort meiner Träume angelangt! Ja! Ich hatte 1000 Kilometer zurückgelegt! Ich war im Himmel – an einem palmengesäumten Strand, gegen den die Wellen anbrandeten.

Aber leider ist der Himmel nie ganz so, wie man ihn sich erträumt hat.

Mein Hotel bestand aus einer Ansammlung von strohgedeckten Lehmziegelbungalows, leicht angeschimmelt, sehr baufällig, und lag am Atlantischen Ozean in der Nähe von Elmina. Die Bungalows standen in einem Garten voller Kokosnusspalmen, aber die heftigen Stürme der vergangenen Tage – es war der Beginn der Regenzeit – hatten eine Menge von dem Grün heruntergerissen. Auch an diesem Morgen wurde ich von einem schlimmen Unwetter geweckt, und von meinem Fenster aus konnte ich zusehen, wie der Sturm abflaute und die fürchterlichen Wellen hereinkrachten. Doch die graue Landschaft konnte meine Begeisterung nicht dämpfen. Es war Ende April, und ich konnte auf 5000 Kilometer und sieben Monate zurückblicken – alles geradelt, durchlitten, erfüllt, zu Ende geführt! Es war ein wundervolles Gefühl.

Hmmm. Unglaublich, was eine gute Straße bewirken kann.

Nach und nach konnte ich ein kleines Fischerboot und die dunstige Silhouette der Burg von Elmina ausmachen, eine Hinterlassenschaft aus der schrecklichen Zeit des Sklavenhandels. An der ghanaischen Küste gab es viele Festungen, die den Europäern als Stützpunkte für den Sklavenhandel dienten, aber Elmina, 1482 er-

»Oh Gott, was hab ich nur getan?« Herzliche Verabschiedung in Dakar, Senegal.

Mein Fahrrad und ich bekommen Hilfe bei der Überquerung eines kleinen Bachs auf den »Straßen« im Futa Dschalon, Guinea.

Tief vermummt gegen die Tsetsefliegen auf der Straße nach Labé, Guinea.

Typisches Gedrängel, um einen Blick auf den »Alien« zu erhaschen, Futa Dschalon.

Im Dreiergespann – mit Al und Suze in den dunstigen Tagen des Harmattan, Mali.

Dörrfisch auf dem geschäftigen Markt von Djenné.

Meine Tuareg-Freunde: Ibrahim (im dunklen bubu), Fatimata und ihre Kinder in der Wüste vor Timbuktu.

In einem Dorf in der Nähe von Bawku, Nord-Ghana, wird Hirsebier gebraut.

Lydia schöpft Wasser aus einem tiefen Brunnen in Lalsa, Nord-Ghana.

Mit Stella, Hamidou und einer von Stellas Töchtern in Benin City, Nigeria.

Feuchtfröhlicher Nachmittag mit Femi und Fred am »schönsten Strand von Afrika«, Süd-Nigeria.

Der Fahrradmechaniker (links) *in Ibadan, Nigeria.*

Die »Abkürzung« in die Berge von Kamerun außerhalb von Bamenda.

Marie Carmen (ganz rechts) *mit Kindern und Freunden in ihrer Küchenhütte in Beayop, Äquatorialguinea.*

Caroline trägt Holz, Loubetsi, Republik Kongo.

Deka und Mputela im Krankenwagen, von pondu-*Büscheln eingerahmt.*

Kein Geld für Benzin oder Bustickets, Kinshasa, Zaire.

Pirogenhändler docken an unserem »fahrenden Dorf« auf dem Zaire-Fluss an.

Die Passagiere richten sich zwischen den Frachtgütern auf den Kähnen ein.

Bob und ich.

Chantal besucht mich in meinem Teesalon.

Dieser männliche Silberrücken-Gorilla beobachtet uns, Kahuzi-Biega-Nationalpark, Zaire.

Nach Zügen Ausschau haltend in der Nähe von Malagarasi, Daressalam, Tansania.

Verdammter Zementschlamm!

Mit meinen Eltern am Ende der Reise – ich kann gar nicht aufhören zu strahlen.

baut, war die erste und größte. Ich würde sie später noch besichtigen, aber jetzt war es 6.30 Uhr morgens, und der Regen hatte aufgehört. Höchste Zeit für einen Strandspaziergang und vielleicht eine Runde Schwimmen.

Beim Gehen ließ ich die Wellen gegen mich anrollen und nach meinen Beinen greifen, bis das Wasser zu meinen Shorts hochspritzte. Das Wasser war warm, aber es war kein freundliches Meer, und ich konnte Steine unter der krachenden Brandung ausmachen.

Ich nickte ein paar Männern zu, an denen ich vorüberkam, und hoffte, dass mein spärlicher Gruß sie davon abhalten würde, ein Gespräch mit mir anzufangen. Das hier war ein besonderer Moment für mich – mein erster Spaziergang am Ozean, dem ich so lange entgegengefahren war. Aber meine Freude ließ bald nach. An einem Strand sollte man mit jemandem zusammen sein – und ich dachte wieder einmal an William. Die innere Leere, die Gefühlsverwirrung hielt an.

Was hatte es bedeutet? Es war schön gewesen, dass er mich besucht hatte, und ich hatte mich geliebt und verliebt gefühlt, aber er war so schnell wieder abgereist. Ich hatte ihn gebeten, länger zu bleiben, und er hatte gesagt: »Du hast deine Pläne, und ich meine.«

Verwirrt und einsam steuerte ich auf die felsige Landzunge zu, die mich von der nächsten Bucht trennte. Ich kletterte auf den schwarzen Basaltausbiss hinaus, um einen besseren Überblick zu bekommen, als ich plötzlich ein paar weitere Männer entdeckte, die zwischen den Felsen hockten.

Oh, oh, dachte ich. Ich hatte mich in den Toilettenbereich der Männer verirrt. Ich kannte das bereits aus meinen Zeiten an den Ufern des Niger in Mali. Ich riskierte noch einen Blick. Diese Typen hatten ihre Hosen unten. Sie kackten! Entzückend.

Ich machte eine Kehrtwendung – nicht zu schnell, immer ruhig bleiben. Vor mir hatte ich drei oder vier andere Typen, die direkt über der Flutlinie im Sand hockten. Warum gerade dort? Im Schutz der ersten Sträucher, aber so, dass es irgendwann ins Meer hinausgespült wurde? Der Mann, dem ich unterwegs zugenickt hatte, hockte am Boden.

Vielleicht war der Ozean in Afrika doch nicht so paradiesisch, wie ich es mir erträumt hatte. Der Wind lebte auf, ich wusste, dass es bald regnen würde, und ich konnte den Gedanken nicht ertragen, in einem grauen Meer zu schwimmen, das womöglich voller Kacke war. Ich würde stattdessen unter die Dusche gehen.

Der Tod aller Romantik.

Programme und Paradiese
Elmina, Ghana – Cotonou, Benin

Ich war im Paradies. Ich hatte 40 Bahnen im Swimmingpool zurückgelegt, und es war beinahe erschreckend, wie fit und stark ich war, nachdem ich die 1000 Kilometer zum Ozean bewältigt hatte. Jetzt lag ich auf einem Liegestuhl neben dem Pool, tankte Sonne und genoss meine Umgebung. Der Hotelgarten quoll über von gelben und violetten Bougainvilleen, Palmen in allen Größen, Gummibäumen und duftenden Frangipanibäumen. Ein Kellner, ein lächelnder junger Mann namens Kujo, brachte eine Kanne Tee aus dem wuchtigen, zweistöckigen Gebäude hinter mir heraus. Er war einer von mindestens sechs Angestellten in diesem Luxushimmel.

In den letzten Tagen war meine Sicht der Dinge wieder rosiger geworden. Ich hatte zwar immer noch meine Hochs und Tiefs wegen William, aber insgesamt hatte sein Besuch mir einen emotionalen Höhenflug gebracht. Desgleichen hatten die Straßen seit Ejura mir das Leben erleichtert. Der anhaltende Asphalt, der Rückenwind und die kühleren Temperaturen auf der 175 Kilometer langen Strecke entlang der Küste von Elmina nach Accra hatten meine Zufriedenheit noch erhöht.

Ich hatte das Shell-Büro leicht gefunden, nachdem ich mit William schon einmal dort gewesen war. Ich ließ mein Fahrrad draußen bei einem Security Guard und ging zum Empfang und fragte nach St. John Abbey. Er erwartete mich und kam auf mich zugestürzt, um mich zu begrüßen.

»Willkommen!«, rief er mit einem strahlenden Lächeln im Gesicht. Ich wurde stürmisch umarmt. Dann schleppte er mich zu einer Blitzbesichtigung durch das zweistöckige Bürogebäude und stellte mich dem verwunderten Personal vor. Er platzte sogar in Besprechungen hinein und sagte: »Darf ich Ihnen diese Frau vorstellen – sie fährt mit dem Rad durch Afrika!« Seine Kollegen sahen verwirrt aus, aber sie schüttelten mir alle die Hand. Die Aufmerksamkeit, die ich erhielt, war überwältigend. Bald fand ich mich im Büro des *Daily People's Graphic* zu einem Interview und einer Fotositzung wieder! Endlich erreichten wir das Gästehaus von Shell.

Von Winneba, meinem letzten Halt, wo ich zwei Tage lang in einem billigen Hotel gewohnt und jede Nacht becherweise Wasser über mich geschüttet hatte, während ich unruhig hin und her wanderte, weil ich nicht schlafen konnte, war ich wie durch Magie in dieses exotische Shangri-La versetzt worden!

Es war ein Schock, aber einer, der nicht schwer zu verdauen war. Ganz anders als meine schuldbewusste Reaktion auf das Haus der Calloways in Conakry! Nach so vielen harten Tagen und heißen Nächten auf der Straße hatte ich ein bisschen Schlaf und Verhätschelung verdient – und ich nahm diesen Luxus dankbar als ein wunderbares, verjüngendes Geschenk an.

Nach einem köstlichen Abendessen machte ich es mir an diesem ersten Abend ganz allein in der großen Lounge bequem, einem Raum, der mit Plüschsofas, Eichentischen und Lampen möbliert war, und schaute mir ein Video an, bevor ich mich in mein klimatisiertes Schlafzimmer mit eigenem Wasserklosett (welch ein Segen) und gestärktem weißem Laken (himmlisch) zurückzog.

Mit meinen Sinnen saugte ich diesen unerhörten Luxus gierig in mich hinein. Ich hegte sehr freundliche Gefühle für Shell.

Das war jetzt acht Tage her, und wieder ging ein ereignisreicher Hauptstadt-Aufenthalt seinem Ende zu. Morgen würde ich auf mein Rad steigen, wahrscheinlich mit einem schlafferen Muskelkostüm als bei meiner Ankunft (und einer dickeren Taille!), und auf der ostwärts führenden Straße zur Grenze nach Togo fahren, eine Entfernung von ungefähr 200 Kilometern.

Ich aß mein letztes Abendessen (mein Henkersmahl?) mit zwei Shell-Managern aus London, Ian und Ron, die ebenfalls hier im Haus wohnten. Ian war ein Finanzmann, der von den Dampfmaschinen schwärmte, die er sich anschauen würde, wenn er wieder in England war. Total verrückt, der Typ, sagte ich mir. Ron war hier, um die Qualität der Schmiermittel der hiesigen Shell-Gesellschaft zu begutachten.

Kujo, der gerade die Suppenteller abgeräumt hatte, servierte uns jetzt Huhn, Kartoffelbrei und Rosenkohl – ahh! Er sah sehr edel aus in seiner weißen Uniform, und der Tisch war schön gedeckt, mit Leinen, Silber und einem riesigen Blumengesteck in der Mitte. Selbst nach acht Tagen war ich immer noch überwältigt von so viel Luxus.

Ich erzählte von meinem heutigen Besuch bei Dr. Esther Ocloo, der Generaldirektorin von Nkulenu Industries Ltd.

»Marmeladen-Königin!«, rief Ron. »Ich glaube, sie erfindet das alles.« Es klang herablassend und spöttisch, wie so oft, wenn ein Mann über die Leistungen einer Frau redet.

Sicher war ich in ihren Augen auch komplett verrückt.

St. John hatte für mich ein Treffen mit Dr. Ocloo arrangiert – sie war eine Berühmtheit in Accra, nachdem sie einen »African Leadership Award« gewonnen hatte –, und sie willigte ein, obwohl sie gerade von einer Beerdigung kam. Sie war eine zerbrechliche, zartknochige Frau, zwischen 60 und 70, mit sehr klugen Augen. Sie trug ein traditionelles Trauergewand: ein schwarzes *fula* mit einem rotbraun gemusterten Puffärmeloberteil und einem engen Rock.

Dr. Ocloo erzählte mir bereitwillig, wie sie angefangen hatte. »Ich komme aus einer armen Familie, aber ich habe ein Stipendium für die Achimota School bekommen«, sagte sie. Die Achimota

School war eine ghanaische Eliteschule für angehende Juristen, Ärzte und Politiker. »Ich hatte Englisch mit deutschem Akzent gelernt, und als ich in die Schule kam, erntete ich eine Menge Gelächter!« Nach der Schule blieb sie bei einem Onkel in Osu, einem armen Küstenvorort von Accra. Die Zeiten waren hart, aber eines Tages gab ihr eine Tante zehn Shilling. »Ich wusste, dass ich Wunder damit vollbringen musste – und ich kaufte Zutaten für Orangenmarmelade, die mich sechs Schilling kosteten. Eigentlich braucht man zwei Tage, um die Marmelade zu machen, aber mir war das nicht schnell genug. Am nächsten Tag verkaufte ich die Marmelade für zwölf Schilling auf dem Markt, und so hatte ich bis um 10 Uhr morgens sechs Schilling verdient.« Dr. Ocloo lachte vor Vergnügen. Sie habe sich schon immer für Lebensmittelverarbeitung und -konservierung interessiert, da ein Drittel der in Ghana produzierten Lebensmittel vergeudet würden. »Ich bekam eine Ausbildungsstelle an der Schwesternschule, aber ich wollte nicht, und meine Eltern dachten, ich sei übergeschnappt. Stattdessen habe ich gespart wie verrückt, und nach sechs Jahren hatte ich genug, um nach England zu gehen und Lebensmittelverarbeitung zu studieren. Das Geld reichte nur ein Jahr und drei Monate, dann musste ich nach Hause zurück und neues Geld zusammensparen. Nach zwei Jahren konnte ich wieder ans College gehen, und als ich 1962 nach Hause zurückkam, habe ich meine erste kleine Fabrik aufgebaut.«

Es war eine beeindruckende Geschichte.

Im Lauf der Jahre kaufte sie neue Maschinen und entwickelte mehr Produkte, zum Beispiel Bohnen in Palmöl und Palmfruchtcreme – die Basis für eine Dosensuppe, die in die Vereinigten Staaten exportiert wurde. Sie rief auch eine Stiftung ins Leben, die Frauen helfen sollte, Lebensmittel anzubauen und zu verarbeiten oder andere Produkte herzustellen. Außerdem sollten mit Hilfe dieser Stiftung Arbeitsplätze für Jugendliche geschaffen und ein

Ausbildungszentrum für Frauen eingerichtet werden. »Die Frauen leiden am meisten – 63 Prozent der Bauern sind Frauen. Aber es wird zu viel Wert auf technische Vorgänge gelegt, und nicht genug auf betriebswirtschaftliche.«

Ron und Ian wollten das alles gar nicht wissen; sie redeten bereits über Surinam. Surinam?

»Ich habe zwei Tage in Surinam festgesessen und musste zwei andere Länder streichen und einen Flug nach Europa buchen, um wieder rauszukommen!«

»Ja«, stimmte Ron zu. »Es gibt Shell-Leute in den Staaten, die nach Amsterdam fliegen, um den direkten Flug von dort zu nehmen – das ist die einzig zuverlässige Strecke.«

Eine Konversation, zu der ich nicht viel beitragen konnte. Ich fragte mich kurz, ob es viele Shell-Frauen gab – in Afrika hatte ich bisher nur Shell-Ehefrauen getroffen –, dann kehrten meine Gedanken wieder zu dem Programm der letzten acht Tage zurück. St. John hatte mir ein Visum für Togo beschafft und dafür gesorgt, dass ich ein paar medizinische Tests machen konnte. Es war nichts Verdächtiges dabei herausgekommen – außer dass ich irgendwann eine Typhusattacke gehabt hatte. Typhus?

Es musste ein leichter Anfall gewesen sein! Der Arzt nahm die Sache gelassen, und ich hatte auch gelernt, gelassen zu bleiben.

Außer Dr. Ocloo hatte ich noch Aba Quainoo kennen gelernt, eine dynamische junge Managerin bei Women's World Banking, die begeistert davon sprach, dass sie ihr Kreditsystem für Frauen auf den ganzen Staat ausdehnen wolle. Um dem Problem entgegenzuwirken, dass Frauen keine Aktivposten als Bürgschaften anbieten und keine Ersparnisse vorweisen konnten, griff sie auf *susu* zurück – das traditionelle Sparsystem der Frauen: Ein paar Frauen taten sich zusammen, sparten jeden Monat etwas an und gewährten sich gegenseitig Kredite aus diesem Pool.

Mrs. Tackie, die eine leitende Position beim »National Council for Women on Development« hatte, erläuterte mir die Frauenpolitik der ghanaischen Regierung, deren oberste Priorität die Vergabe von Kleinkrediten, technische Ausbildung und Alphabetisierung sei. »Ursprünglich war es unser Ziel, so viele Frauen wie möglich im Lesen und Schreiben zu unterrichten, aber die Frauen haben uns gesagt, dass sie mehr Geld in der Tasche brauchen!« Eine weitere Priorität sehe sie darin, den Frauen mehr Rechte zu geben und traditionelle Praktiken wie die Witwenschaftsriten abzuschaffen. »Nach alter Sitte muss eine Witwe in Schwarz gehen, ein Jahr lang allein in ihrem Zimmer bleiben, bekommt Pfeffer in die Augen gerieben. Das Gesetz verbietet das jetzt, aber manche machen es freiwillig. Es wird ihnen eingeredet, sie würden von den Geistern ihrer Männer heimgesucht, wenn sie die Riten nicht erfüllen. Diese Bräuche sind hartnäckig, aber wir haben einen Anfang gemacht.«

Die Begegnungen hinterließen bei mir den Eindruck, dass Ghana ein Land war, das die Probleme aus seiner Vergangenheit in Angriff nahm und langsam, aber sicher Boden unter den Füßen gewann.

Ich hatte auch ein gutes Gefühl bei den Leuten, die ich kennen gelernt hatte. Irgendwie hatte sich die Situation verändert: Aus Interviews mit Fremden, wie ich es in früheren Ländern empfunden hatte, war ein Austausch mit berufstätigen Frauen geworden. Vielleicht kam ich besser mit den Themen, mit meiner Rolle oder mit den Frauen zurecht. Vielleicht war die kulturelle Kluft nicht so groß, wie ich gedacht hatte. Vielleicht hatte ich auch einfach mehr Erfahrung mit Afrika.

»Wann werden Sie in Lomé sein?«, fragte Ron, als das köstliche Dessert serviert wurde.

»Ach, in drei oder vier Tagen«, erwiderte ich.

Er lachte schallend los. »Mein Gott, wie sich das anhört! Das sind ja tolle Terminpläne – komm ich heut nicht, komm ich morgen!«

Uns trennten wirklich Welten. Ich hatte auch einmal in Rons Welt gelebt, aber das alles war weit weg. Ich hatte mich endlich von meinem Zeitdruck freigemacht und akzeptierte den Lebensrhythmus in Afrika – zumindest den Lebensrhythmus in den Dörfern. Ich freute mich jetzt darauf, wieder auf die Straße zu kommen.

Am nächsten Morgen war es so weit. Nach einem fröhlichen Abschied von St. John und dem Personal des Gästehauses hatte ich mich durch das Verkehrschaos von Accra gearbeitet und radelte auf der Tema-Schnellstraße durch langweiliges flaches Küstenbuschland nach Osten. Ich war verschwitzt und schmutzig, und Klimaanlagen und Sauberkeit waren Schnee von gestern. Na ja. Hier hatte ich meine Freiheit, war von keinen fremden Zeitplänen abhängig, und ich *spürte* so viel, wenn ich auf der Straße war – körperlich, sicher, aber auch emotional. Ich hatte mehr Zeit zum Nachdenken und konnte Gefühle besser erkennen und sondieren.

So machte ich mir bewusst, wie sehr meine körperliche Verfassung meine Gefühle und Reaktionen auf Menschen und Situationen beeinflusste. Ich lernte, mehr auf meinen Körper zu hören – einen Tag Pause machen, wenn ich Erschöpfungssymptome bei mir entdeckte. Ich hoffte, dass ich diese Erkenntnisse in mein Londoner Leben hinüberretten konnte. Ich hatte meine Gefühle in der Vergangenheit viel zu lange unterdrückt, bis sie (unweigerlich) aus mir hervorbrachen, und dann gab ich anderen Leuten oder den Umständen die Schuld, anstatt selber eine Lösung für mich zu finden.

Doch es gab äußere Zwänge, gegen die auch meine neu erworbene Bewusstheit machtlos war – in diesem Fall die Geografie. Lomé war nur 200 km entfernt an der Atlantikküste; und Lagos, die riesige, albtraumhafte nigerianische Küstenstadt wieder nur 120 km weiter östlich. Ich wollte und musste in jeder dieser Städte einen Aufenthalt einlegen – Shell erwartete mich dort, es würden interessante Programme für mich arrangiert werden, und ich musste zur australischen Botschaft in Lagos, um meinen neuen Pass abzuholen.

Aber ich war ungeduldig. Wie sollte ich in Schwung kommen, wenn ich so oft hintereinander unterbrechen musste? Und zu allem Übel hatte ich erfahren, dass es von Mai bis Juli in Süd-Nigeria pausenlos regnete, und es war bereits Anfang Mai! Ich wollte endlich den Durchbruch von Westafrika nach Kamerun und Zentralafrika schaffen – ich war jetzt sieben Monate hier, mit der Aussicht, dass acht daraus werden würden, und es war Zeit, dass ich weiterkam, um andere Gegenden zu erkunden.

Von Accra reiste ich zwei Tage nach Sogakope an den Ufern des Voltaflusses, dann bog ich von der Hauptstraße ab in Richtung Keta an der Küste. In Keta bricht die Voltamündung zum Meer durch, und man hatte mir geraten, mich mit der Fähre übersetzen zu lassen und dann an der Küstenstraße nach Aflao am ghanaisch-togoischen Grenzübergang zu fahren. Auf diese Weise würde ich die Strände von Ostghana sehen.

Doch als ich nach einer langen Tagesreise in Keta ankam, erwartete mich eine böse Überraschung. Das Wasser im Mündungsgebiet war zu niedrig für den Fährverkehr – ich würde nach Sogakope zurückfahren und die Hauptstraße nach Aflao nehmen müssen. Verdammt! Na ja, egal. Das ist eben Afrika.

Ich musste kurz an Ron denken. Der hätte sich bestimmt nicht gefreut!

Am nächsten Morgen, auf der Rückfahrt, hielt ich kurz an der Mündung an, die sich als mein Verhängnis entpuppt hatte, als zwei ältere Männer auf mich zukamen.

»Guten Morgen«, sagte einer der beiden. »Wohin wollen Sie?« Ich erklärte es, und er wandte sich an seinen Freund, und es folgte ein rascher Wortwechsel in ihrer Sprache. Schließlich drehte er sich wieder zu mir um und sagte: »Mit dem Fahrrad können Sie hinüber.« Ich war skeptisch – Sand und Salz –, aber er fuhr fort: »Nach den letzten Regenfällen müsste der Sand fest genug sein, und Sie werden nicht so viel schieben müssen.« Ach, was soll's, sagte ich mir – ich probier's einfach.

Nachdem mir die Männer den Weg beschrieben hatten, fuhr ich los. Der Asphalt hörte bald auf und verwandelte sich in eine Schlammspur. Die Betonziegelbaracken und Ruinen ehemaliger Kolonialbauten, von der Brandung zerstört, machten offenen Flächen und Fischerhütten Platz. Dann wurde aus der Straße ein Brettersteg – zwei parallele Linien, die sich durch das feuchte Mündungsbett schängelten. Der Himmel war knallblau, und es war windig, aber heiß.

Als ich eine Pause machte, kam plötzlich ein Radfahrer hinter mir an. »Wollen Sie nach Kedji?«, fragte der junge Bursche. Kedji war das Dorf auf der anderen Seite der Mündung, und genau dort wollte ich hin. Garu war Student und wohnte in Kedji, und wir radelten zusammen, bis die Bohlen aufhörten und wir die Räder am Strand entlangschieben mussten.

Es war ein langer Weg, die Sonne war heiß, die Luftfeuchtigkeit hoch. Plötzlich sah ich im Dunst eine Luftspiegelung. Nein! Es war Wirklichkeit! Ein Junge mit einer Fanmilk-Kühlbox auf dem Kopf. Fanmilk ist eine Firma, die gefrorenen Joghurt und Eis produziert.

Ich kaufte gefrorenen Joghurt für Garu und mich. Sofort rottete sich die unvermeidliche Schar von zerlumpten Kindern um mich zusammen. Es war ihr Glückstag – ich kaufte jedem von ihnen auch einen gefrorenen Joghurt.

Ich entwickelte mich langsam zum Softie, was Kinder anging. Na ja, manchmal jedenfalls.

Endlich kamen wir nach Kedji, auf zersprungenem Asphalt, der wie Trittsteine aus dem Sand aufragte. Taxis und Lastwagen säumten die Straße und warteten auf Passagiere oder Warenladungen. Ich verabschiedete mich von Garu, dann radelte ich nach Aflao weiter: eine ruhige Fahrt auf einer palmengesäumten Straße. Saubere Hütten duckten sich hinter geflochtenen Palmstrohzäunen: Die Leute gingen, radelten oder arbeiteten in ihren Gehöften. Ich war in blendender Laune – Afrika konnte heute nichts falsch machen.

An der Kreuzung mit der Hauptstraße von Accra erlebte ich wieder eine Überraschung. Ich hatte ein kleines Dorf in der östlichsten Ecke von Ghana erwartet, stattdessen säumten dicht gedrängt Läden und Verkaufsbuden die Straße, und überall gingen und saßen Leute herum und redeten. Es war nicht weit bis zur Grenze, doch das Gewühle aus Passanten, Autos und Bussen wurde immer dichter. Ich kämpfte mich durch die ghanaischen Ausreise- und die togoischen Einreiseformalitäten hindurch, dann radelte ich nach Lomé weiter.

Nach Lomé? Plötzlich merkte ich, dass ich bereits in Lomé war! Ein breiter Boulevard erstreckte sich vom Grenzposten weg. Zu meiner Rechten lag ein ausgedehnter Sandstrand, leuchtend blau bis zum Horizont, und links von mir schicke Restaurants und kleine Geschäfte, und noch weiter vorne konnte ich Hochhäuser sehen. Ich kam mir vor wie in Nizza. Allerdings gab es keine Autos, keine Menschen, und keines der Geschäfte hatte geöffnet. Als hätten die Leute in dieser prächtigen Stadt ihre Sachen zusammengepackt, um in den Busch nach Ghana zu ziehen. Seltsam.

Endlich kam ich an eine große Kreuzung. Ein glitzernder Glaspalast, das Palm Beach Hotel, beherrschte die eine Seite. Ich hielt an, um einen der wenigen Fußgänger nach dem Weg zum Shell-Büro zu fragen und warum hier alles so ruhig sei? »Ist jetzt Essenszeit?«, fragte ich. Vielleicht machten die Leute alle Siesta?

»Nein, Streik«, erwiderte der Mann finster. Als ich von »Unruhen in Togo« gehört hatte, hatte ich mir ein wildes Chaos darunter vorgestellt, das von Zeit zu Zeit in Straßenschlachten gipfelte, nicht diese Friedhofsatmosphäre.

Beim Shell-Büro nahm mich ein Security Guard in Empfang und sagte mir, ich möge bitte warten. Kurze Zeit später tauchte meine Kontaktperson bei »Togo et Shell« auf, Déti Amegee. Eine Shell-Frau! Sie war für Presse und Marketing verantwortlich, sehr hübsch, mit eng geflochtenen Zöpfchen, einem breiten Lächeln, und sie hatte ungefähr dieselbe Größe und Figur wie ich. Sie brach wie ein Wirbelwind über mich herein.

»*Bienvenue au Togo!*«, rief sie und gab mir vier Wangenküsschen. Wie St. John in Accra wollte sie mich sofort herumreichen. Aber anders als in Accra fanden wir überall verschlossene und leere Büros vor. Es war kaum eine Menschenseele anzutreffen. »Die meisten Leute sind aus dem Land geflüchtet, oder sie arbeiten nur ein paar Stunden am Tag oder alle paar Tage. Es gibt sowieso nicht viel zu tun. Wir haben nur einen Notdienst laufen, und alle sind im Streik.«

Schließlich brachte sie mich in ihr Büro und übergab mir eine Nachricht vom *directeur général* Patrice Chanton, der mich in Lomé willkommen hieß, sich entschuldigte, da er leider auf Geschäftsreise sei, und dann fortfuhr: »Vielleicht haben Sie gehört, dass wir hier in den letzten zwei Jahren schlimme Zeiten erlebt haben: Putsche, Aufstände, Morde ... und seit sechs Monaten ist das ganze Land im Streik. Viele Leute haben das Land verlassen (400 000 sind jetzt in Benin oder Ghana), und bei Shell sind derzeit weniger als 30 Prozent des Personals in Arbeit ... Ich muss Sie bitten, sehr vorsichtig zu sein, und es ist wohl auch schwierig, in der gegenwärtigen Situation interessante Leute zu treffen.« Doch die tatkräftige Déti ließ sich nicht abschrecken. »Also, jetzt zu Ihrem Programm ...«

Uff, mir brummte der Schädel. Für eine Stadt, die vom Streik lahm gelegt war, entwickelten die Leute hier unglaubliche Energien.

Während ich mein Fahrrad abfahrtbereit machte, ließ ich die letzten vier Tage vor mir Revue passieren.

Ich hatte eine anstrengende Zeit hinter mir, und alles war in einem Irrsinnstempo über die Bühne gegangen. Statt zwei oder drei Treffen, die ich erwartet hätte, waren es ungefähr zwölf, plus drei Mittagessen, zwei Abendessen, eine Pressekonferenz und ein Fernsehinterview – mein erstes in Französisch.

Ich dachte an Dr. Moise Fiadjoe, einen Gynäkologen und ganz außergewöhnlichen Mann, der ebenso energiegeladen war wie Déti und von derselben Leidenschaft für eine bessere Zukunft für die Togoer beseelt. Die Frauen schworen auf ihn, nicht nur die Gattinnen der Regierungs-, sondern auch die der Oppositionsmitglieder, was bei der spannungsgeladenen politischen Atmosphäre in Togo etwas heißen wollte. Er behandelte jedoch auch ärmere Frauen, ohne Geld zu verlangen, und er stellte mir eine der Initiativen vor, die er, Déti und ein paar andere auf die Beine gestellt hatten – FAMME: Forces en Action pour le Mieux être de la Mère et de l'Enfant (Aktion für das Wohlergehen von Mutter und Kind). Ich schaute mir das Zuhause (nur ein kahles, sandiges Grundstück ohne Wasser und sanitäre Einrichtungen in einer ansonsten bebauten Gegend) von einigen der vernachlässigten jungen Frauen an, denen FAMME mit Krediten und medizinischer Versorgung half (sie litten an Unterernährung und waren extrem AIDS-gefährdet). Die *portefaix* – Lastenträgerinnen – waren Frauen, die auf Arbeitssuche nach Lomé gekommen waren und schließlich auf dem Markt endeten, wo sie schwere Lasten auf ihren Köpfen schleppten. Männer tragen nichts, wurde mir gesagt – sie waren die Haushaltsvorstände. Eine vertraute Geschichte mittlerweile.

Einmal war ich zum Mittagessen mit einer Wirtschaftsberaterin, Andrée Kokoé Kuevidjan, verabredet. Als sie zu dem Restaurant kam, einem der wenigen, die aufhatten, hielt sie ihr Air-France-

Ticket in der Hand und sagte schon bei der Begrüßung, es täte ihr Leid, aber sie könne nicht lange bleiben. Sie würde am Abend für drei Monate nach Paris fliegen. Nach den Wahlen würde man weitersehen. »Die Leute bauen sich anderswo ein neues Leben auf und kommen vielleicht nicht zurück. Es wird viele, viele Jahre dauern, bis die Wirtschaft von Togo sich erholt hat.«

Wenn ich jedoch abends das regierungstreue Fernsehen einschaltete, war kein Wort über den Streik oder die wirtschaftlichen Probleme von Togo zu hören, geschweige denn über die Flüchtlinge, die aus dem Land strömten. Stattdessen wurde Präsident Eyadema bei allen möglichen Veranstaltungen gezeigt, umjubelt von singenden und klatschenden Frauen. Selbst Madame Gazaro, die Menschenrechtsbeauftragte und Ministerin für »Soziales und für die nationale Solidarität« spielte mit keinem Wort auf die katastrophale Situation an. So als ob die Regierung der Ansicht wäre, dass Dinge, die sie nicht zur Kenntnis nahm, auch nicht existierten.

Schließlich fragte ich Madame Gazaro gerade heraus: »Ist es bei der schlimmen wirtschaftlichen und politischen Situation in Togo überhaupt möglich, etwas für die Frauen zu tun?«

»Davon bin ich überzeugt«, sagte sie nach einer langen Pause (in der sie mich vermutlich zum Teufel wünschte), »falls wir nach all diesen Problemen mit unserem derzeitigen Regierungschef weitermachen können. Ich stehe ihm nahe, und ich weiß, dass es ihm ein Anliegen ist, die Lage der Frauen zu verbessern.«

Sehr geschickt, wie sie sich aus der Affäre gezogen hatte – indem sie meine Frage völlig überging und jegliche Verantwortung für die gegenwärtige Krise ablehnte. Oder war ich zu hart?

Togo war bis zum Ersten Weltkrieg ein deutsches Protektorat gewesen. Nach dem Krieg wurde das Territorium geteilt und ein Drittel unter britische (heute zu Ghana gehörig) und zwei Drittel unter französische Verwaltung gestellt (dem heutigen Togo entsprechend). Natürlich wurde bei dieser Entscheidung keine Rücksicht auf die einzelnen Ethnien genommen, und mehrere Stämme, unter anderem die Ewe an der Küste, waren plötzlich durch eine Grenze von ihren Angehörigen getrennt. Als Togo 1960 unabhängig wurde, wurde Sylvanus Olympio zum ersten Präsidenten des Landes gewählt. Doch Olympio, ein Ewe, machte sich vor allem für die Wiedervereinigung seines Volkes stark, und darüber soll er die wirtschaftlichen und politischen Interessen der Menschen aus dem ärmeren Norden vernachlässigt haben.

Olympio wurde 1963 getötet, als marodierende Truppen aus dem Norden in sein Haus einfielen. Ein neuer Präsident wurde ernannt, der aber 1967 nach vier Jahren wirtschaftlichen Niedergangs von Etienne Eyadema (einem der Soldaten, die Olympios Haus gestürmt hatten) nach einem weiteren Putsch aus dem Amt gedrängt wurde. Eyadema ist seither an der Macht. Er repräsentiert die alten afrikanischen Militärdiktaturen, unfähig, die Zeichen der Zeit zu verstehen und seine Macht aus den Händen zu geben. Das waren die Hintergründe der Krise und des Streiks.

Die gegenwärtige Krise hatte 1990 begonnen. Die Verhaftung und Aburteilung von Mitgliedern einer oppositionellen Gruppe hatte zu massiven Demonstrationen in Lomé geführt, die blutig niedergeschlagen wurden. Durch fortdauernde Proteste und Druck von außen sah sich Eyadema gezwungen, die politischen Gegner zu legalisieren, aber als die Demonstranten Eyademas Rücktritt forderten, griff das Militär erneut brutal durch. Immer wieder flammten Streiks und Demonstrationen auf, die jedes Mal brutal zerschlagen wurden. 1992 fand im Norden, Eyademas angeblicher Hochburg, ein Mordanschlag auf Gilchrist Olympio statt, Sohn von Sylvanus und Anführer der Opposition. Eyademas Sohn war maßgeblich an der Schießerei beteiligt, was zu weiteren Demonstrationen und einem weiteren Generalstreik führte.

Im Januar 1993 sollte es noch schlimmer kommen.

»Der Streik ging weiter, und Deutschland und Frankreich schickten Abordnungen, die auf eine stärkere Demokratisierung drängen sollten«, erklärte mein Informant. »Die Opposition organisierte eine Demonstration, um ihrem Wunsch nach Demokratisierung Ausdruck zu verleihen. Die Demonstranten liefen mit weißen Taschentüchern auf den Köpfen durch die Straßen von Lomé und trugen Kerzen als Symbol der Hoffnung und des Friedens in der Hand. Die Soldaten eröffneten das Feuer, dann riegelten sie das Gebiet ab, brachten Lastwagen herein und schafften die Leichen fort. Niemand wusste, wie viele umgebracht worden waren. Ungefähr eine Woche später, am 30. Januar, wurde der Tod von zwei Sicherheitsbeamten mit brutalen Vergeltungsmaßnahmen beantwortet. Die Soldaten schossen beim Markt von Lomé wild in die Menge, und es gab viele Tote.« Die Leute verließen in Scharen das Land, der Streik ging weiter, und die Wirtschaft ging bankrott.

»Er hat das Land ausgeplündert«, wurde mir gesagt, »und jetzt terrorisiert er lieber sein eigenes Volk und lässt die Wirtschaft kaputt gehen, ehe er sich das Vergnügen nehmen lässt, dass er nur mit den Fingern zu schnippen braucht, und alles tanzt nach seiner Pfeife.«

Aber für mich wurde es Zeit, weiterzufahren.

»Ah, Shell schmiert also Ihre Reise?«, fragte Déti fröhlich, als sie aus dem Haus kam und sah, wie ich meine Fahrradkette ölte. Das war gut gesagt. Shell fabrizierte nicht nur Schmiermittel, sondern »schmierte« auch meine Reise, indem die Gesellschaft dafür sorgte, dass ich mich zwischendurch erholen konnte, und mir Kontakte vermittelte, durch die ich wichtige Einblicke in die sozialen und politischen Probleme Afrikas gewann. »Sie können heute nicht abfahren«, fuhr Déti fort. »Ich habe ein Treffen mit zwei Nana-Benz-Frauen für Sie arrangiert.« Ich blieb. »Nana Benz«, so wurden die sagenhaft mächtigen Frauen genannt, die den Tuchhandel in Westafrika kontrollierten – Großhändlerinnen, die ihre Ware bei den großen Herstellern bezogen und an Händler in ganz Afrika weiterverkauften. Ich war sehr gespannt auf dieses Treffen.

»Ich dachte mir, Sie müssen die Nana Benz unbedingt kennen lernen, weil sie eine Nana *vélo* sind«, scherzte Déti. Die Frauen wurden »Benz« genannt, weil sie angeblich immer im Mercedes fuhren – warum sollte ich also nicht nach meinem Fahrrad benannt werden?

Als Erstes kam ich mit der 26-jährigen Mademoiselle Marie-Ange Anthony zusammen, einer jungen Nana Benz. »Meine Großmutter hat das Geschäft vor 43 Jahren angefangen, und ich habe es übernommen, als sie vor kurzem gestorben ist.« Marie-Ange hatte Betriebswirtschaft in Frankreich studiert und war zurückgekommen, als ihre Mutter erkrankte. Sie wirkte sehr sanft für eine Frau, die eine derartige Macht repräsentierte, aber ich wusste, dass man sich vom äußeren Schein nicht täuschen lassen darf. Es zeigte sich schnell, dass sie ihr Metier perfekt beherrschte. »Wir kaufen Stoffe von Tuchfabriken in Holland, Manchester, Japan, Senegal, Elfenbeinküste, Benin und Gabun. Es ist wichtig, die Märkte zu kennen. Zum Beispiel mögen die Togoerinnen keine hellen Farben, die burkinischen Frauen hingegen bevorzugen Muster mit Sonne, Mond und Sternen und hellere Farben.« Sie erzählte mir, dass sie Modedesigner beschäftigte, sodass einige der Muster ihr Eigentum waren. »Es ist jetzt ganz anders als früher. Wir haben Computer, Lagerwirtschaft, Vertriebsleute … aber hier in Togo ist der Markt natürlich dicht. Alle unsere Kunden haben das Land verlassen, und alle unsere Aufträge kommen aus Cotonou und Abidjan.« Ich konnte mich mühelos mit ihr verständigen – vielleicht weil wir über Geschäfte redeten.

Marie-Ange verkörperte den neuen Nana-Benz-Stil. Madame Patience Sanvee, die andere Nana-Benz-Frau, die ich kennen lernte, gehörte zum alten Schlag. Patience Sanvee empfing mich in ihrem Wohnzimmer. Sie war ungefähr 60, und sie strahlte Autorität, Gediegenheit und Macht aus. »Ich habe mit nichts angefangen«, erzählte sie. Sie hatte nur ein paar Jahre Schulbildung bekommen und verkaufte bereits als Achtjährige auf dem Markt von Lomé Zigaretten und Parfüm. Aus der kleinen Straßenhändlerin wurde eine der mächtigsten Nana-Benz-Frauen. Sie zeigte mir ein Buch mit vergilbten Zeitungsausschnitten – alles Artikel über sie. In einem Artikel in der New York Times von 1987 wurde sie als »Rangälteste der ungefähr 15 mächtigen Frauen, die den Tuchhandel von Togo beherrschen« angepriesen. Weiter wurde in dem Artikel berichtet, dass diese Frauen oft in Opposition zur Regierung stünden und wie Präsident Eyadema 1987, als sie gegen die Einführung von Preiskontrollen protestierten, vor ihnen kapitulieren musste. Er soll gesagt haben: »Die Nana Benz sind der Stützpfeiler, auf dem die Regierung ruht. Wir müssen sie alle respektieren.« Eine nette Geschichte.

Dennoch wurden Madame Sanvees Geschäfte bei der Vergeltungsaktion vom 30. Januar zerstört, als das Militär den ganzen Markt in Schutt und Asche legte. Madame Sanvee hat 800 Millionen CFA-Francs an Lagerbeständen – ungefähr 3 Millionen Dollar zum damaligen Wechselkurs – verloren. »Ich habe mit nichts angefangen«, sagte sie, »und seltsamerweise bin ich jetzt wieder in derselben Situation.« Sie zeigte mir einen Brief an einen Staatsminister, in dem sie Entschädigung verlangte. Dann rief sie leidenschaftlich: »*Le moment viendra! La vérité triomphe toujours!* Der Augenblick wird kommen! Die Wahrheit siegt immer!«

Wenn ich nur auch so zuversichtlich sein könnte!

(Madame Sanvee hat keine Entschädigung bekommen und ist nicht mehr die mächtige Nana-Benz-Frau, die sie einmal war. Ihre Gesundheit ist zerstört, und sie ist eine alte Frau geworden.)

Am nächsten Morgen brach ich endlich von Lomé auf. Es war ein Sonntag, und viele der Angestellten und anderen Leute, die ich kennen gelernt hatte, waren gekommen, um mich zu verabschieden. Ich fühlte mich sehr geschmeichelt.

Für die 155 Kilometer nach Cotonou würde ich nicht allzu lange brauchen – etwa zwei Tage –, aber Déti wollte es genauer wissen, also sagte ich drei. Es gab keine Shell-Niederlassung in Benin, aber Déti hatte Kontakte dort und wollte hinkommen und mich bei ihren Freunden einführen. Wir verabredeten uns für Dienstag, 6 Uhr Nachmittag im »Croix du Sud Hotel« in Cotonou. Ich war froh, dass ich ein vertrautes Gesicht vorfinden würde, jemanden wie Déti, die mir sehr ans Herz gewachsen war.

Ich entdeckte Grand Popo auf meiner Fahrt nach Cotonou, wo ich mit Déti verabredet war. Grand Popo war früher eine Sklavenhandels-Festung gewesen, wovon jedoch nicht mehr viel zu sehen war, weil der Atlantik alle Spuren weggewaschen hatte. Ich bog dennoch von der Hauptstraße ab, als ich ein Hinweisschild sah, um einen kurzen Blick darauf zu werfen. Ich radelte den holprigen, schlammigen Weg hinunter, an ein paar zerstreut liegenden Häusern vorbei. Eine zweihundert Meter breite Sandfläche, mit großen, dürren Palmen gesprenkelt, dehnte sich zwischen mir und dem Ozean aus. Alte rote Kolonialbauten lagen verlassen da, außer einem, das als Schule diente. Es bestand aus zwei Zwillingsgebäuden mit spitzen Dächern, breiten Giebeln und einem überdachten Eingang. Auf dem einen stand *Filles*, auf dem anderen *Garçons*. Die Gebäude waren parallel zueinander angeordnet, mit einem Pausenhof in der Mitte, auf dem die Flagge von Benin wehte. Dann entdeckte ich die *auberge*.

Es war ein einfacher, zweckmäßiger, wellblechgedeckter Bau mit einer Veranda zum Meer hin. Palmengedeckte Pavillons standen in der Nähe, und jenseits der Grasfläche waren die Ruinen eines weiteren verlassenen Gebäudes zu sehen. Aus dem weißen Sand im Vordergrund schimmerten blauweiße Schirme und Sonnensegel hervor. Ich hielt zum Essen an, um das Geräusch der Brandung zu genießen, und einer der Kellner sagte mir, dass es Zimmer in einem anderen Gebäude gebe, das etwas vom Meer zurück versetzt war.

Ich konnte nicht widerstehen – dieser Ort hier war das Paradies, von dem ich geträumt hatte. Endlich hatte ich meinen Ozean gefunden. Nichts gegen Gästehäuser mit Swimmingpools, aber ich liebte die Einfachheit und Ruhe hier. Ich blieb über Nacht und fuhr am nächsten Morgen widerstrebend weiter.

Die Zeit drängte bereits. Es waren noch 90 Kilometer bis Cotonou – und meinem Rendezvous! –, und unterwegs wollte ich noch in Ouidah Halt machen, einer Stadt, über die ich viel gelesen hatte. Ouidah war wie Grand Popo und Porto Novo, die Hauptstadt von Benin, einer der großen Sklavenhandels-Stützpunkte an der Sklavenküste für das Königreich Dan-Homey (von den Franzosen Dahomey genannt) im 18. und 19. Jahrhundert gewesen. Dieses Königreich, berühmt-berüchtigt für seine Menschenopfer und seine schlagkräftigen und gut ausgebildeten Kriegerinnen, hatte seinen Sitz in Abomey, einer Stadt 100 Kilometer weiter landeinwärts. Im frühen 19. Jahrhundert schloss der junge Prinz Ghezo einen Pakt mit einem brasilianischen Mulatten namens Francisco Felix de Souza. Mit de Souzas Hilfe konnte Ghezo den Thron besteigen; als Gegenleistung räumte er de Souza das Monopol für den Sklavenhandel ein. De Souza wurde »Vizekönig von Ouidah«, eine Gestalt, die Bruce Chatwin in seinem faszinierenden Buch verewigt hat.

Auch im voranschreitenden 19. Jahrhundert gab es im Dan-Homey-Königreich keine nennenswerten Exportalternativen, und der Sklavenhandel wurde nur langsam vom Palmölhandel abgelöst. Die letzten Sklaven wurden noch 1885 auf portugiesischen Schiffen von Ouidah exportiert.

Im Übrigen gilt Ouidah auch als Hochburg des Voodoo, der traditionellen Religion, die bis heute an dieser Küste praktiziert wird und mit den Sklaven nach Haiti, Kuba und Brasilien gelangte. Der Ausdruck Voodoo wird gleichermaßen für die Geister wie für die Menschen verwendet, die mit den Göttern kommunizieren. Frank, ein Barmann in Grand Popo (ein sehr verlässlicher Informant), hatte mir gesagt, dass man nur durch einen Voodoo-Priester mit den Göttern sprechen könne. Die Leute könnten sich Dienste von den Göttern erbitten, indem sie ihnen Opfer brachten. Allerdings konnte das auch ins Auge gehen, wie Frank mir erzählte: »Ein Mann könnte zum Beispiel ein Opfer bringen, um eine Frau zu gewinnen. Aber in einem kleinen Dorf sieht ihn sein Rivale vielleicht dabei. Der Rivale könnte dann Wein opfern, um den Voodoo-Priester betrunken zu machen, und ihn überrumpeln, indem er ihm Pfeffer in die Augen reibt, damit er nicht mehr klar sehen kann. Das würde den Voodoo verwirren, und er würde den Gott vielleicht bitten, die Frau dazu zu bringen, dass sie den Rivalen vorzieht.« Es hörte sich ziemlich kompliziert an, und die Liebe war auch so schon kompliziert genug! Weiter sagte Frank mir, dass ich mich vor pyramidenförmigen Strohballen auf den Feldern in der Nähe eines Dorfes hüten müsse. Das seien Voodoo-Fetische, die nachts zum Leben erwachten und durch die Felder wirbelten, um ihre Mission zu erfüllen. Die Strohballen sah ich wohl, aber von Wirbeln konnte keine Rede sein.

Ouidah war so interessant wie seine Geschichte, aber nach einem kurzen Abstecher in das Museum – das alte portugiesische Fort, das 1721 erbaut wurde – fuhr ich weiter, und die Fahrt am Nachmittag war ein Albtraum. Die Straße wurde eng und sehr verkehrsreich, und es war bald so gefährlich, dass ich zur linken Straßenseite überwechselte, um dem Feind ins Auge zu blicken, anstatt hinterrücks niedergemäht zu werden. Dann hatte ich einen Platten, stellte fest, dass meine Luftpumpe kaputt war, und musste mich zum Schieben bequemen. Doch wie immer, wenn es am schlimmsten war, kam Afrika mir zu Hilfe.

Ich hatte erst 100 Meter geschoben, als ich an einer kleinen Hütte vorüberkam, vor der ein Mann mit einem auf den Kopf gestellten Fahrrad und einer Fahrradpumpe hockte. So etwas würde einem in Europa nicht passieren.

Zur Rush Hour kam ich nach Cotonou – bedrohliche Gefährte wie Motos, Taxis und Lastwagen sausten vorbei. Ich hielt mich stur am Rand, dem entgegenkommenden Verkehr ins Auge blickend, trotz der bösen Blicke der Fußgänger und obwohl ich bald im weichen Sand zu versinken drohte. Ich verfranste mich und war bereits zu spät dran für mein Rendezvous im »Croix de Sud Hotel«. Ich hielt an und fragte einen Mann nach dem Weg. Ich muss ziemlich aufgelöst ausgesehen haben, denn er sprang sofort auf sein Fahrrad, um mich hinzubringen. Das würde einem in Europa auch nicht passieren, dachte ich, dankbar für die Hilfe.

Endlich kam ich bei Déti in der Empfangshalle an. Sie sah smart aus, ich hingegen ziemlich abgerissen; nach dem Fiasko mit dem Platten war ich heute noch schmieriger und verschwitzter als üblich.

»Ah, da sind Sie ja«, sagte Déti gänzlich unaufgeregt. Dabei konnte ich es gar nicht fassen, dass ich noch am Leben war. Ich hätte umfallen können vor Erschöpfung. »Kommen Sie«, sagte Déti fröhlich. »Ich habe hier eine Frau, die Sie unbedingt kennen lernen müssen.«

Es war immer dasselbe Problem, das ich mit den Shell-Leuten hatte. Ich fühlte mich wie ein überdehntes Gummiband – von den körperlichen Strapazen der Reise bis aufs Äußerste in die eine Richtung gezerrt, und wenn ich dann in eine Stadt kam und mich mit

Geschäftsleuten, Regierungsmitgliedern und den Medien auseinandersetzen und mein Hirn gebrauchen musste, dann wurde ich in die andere Richtung gedehnt. Eine gute Übung, die Spaß machte und motivierte, aber an ein- und demselben Tag in beide Richtungen gezerrt zu werden, das war des Guten zu viel. Ich hätte schreien können.

Am Ende musste ich jedoch zugeben, dass mein Aufenthalt in Cotonou dank Déti sehr interessant war, angefüllt mit weiteren anregenden Begegnungen und freundlichen Menschen.

Am faszinierendsten fand ich Rebecca Dossou-Gbété, eine temperamentvolle, gebildete Frau, die ein sehr unkonventionelles Leben führte. Sie hatte nur eine Tochter und lebte getrennt von ihrem Mann, der bei der französischen Regierung arbeitete und im Ausland lebte. Sie hatte dieses Arrangement gewählt, damit sie ihre Karriere weiterverfolgen konnte.

»Ich hatte ein schönes Zuhause in Frankreich – wirklich schön«, erzählte Rebecca. »Marmorböden, große Räume, Garten ... Aber eines Tages dachte ich, was mache ich eigentlich hier? Wozu habe ich so viele Jahre an der Universität verbracht? Um zu Hause zu bleiben? Also ging ich zu meinem Mann und sagte ihm, dass ich arbeiten wollte. Aber ich wollte etwas für Afrika tun, und in Toulouse gab es nichts für mich. Mein Mann sagte: ›Ich bleibe in Frankreich‹, und da habe ich ihm gesagt, ich würde zu meiner Familie zurückkehren, die mich unterstützen würde, bis ich Arbeit hatte. Die Leute waren entsetzt. ›Du hast deinen Mann verlassen! Was denkst du dir dabei?‹ Und mein Mann war wütend ...« Sie verstummte einen Augenblick, und wir konnten die Grillen in ihrem Garten hören und das gedämpfte Geräusch der Motos von der Straße her. »Das war vor zehn Jahren, und jetzt ist er stolz auf mich!« Rebecca war für ein Projekt des »United Nation Funds for Population« verantwortlich gewesen und zog jetzt ein eigenes Consulting-Unternehmen auf.

Ich erzählte Rebecca von dem Lebensstil und dem Mann, die ich aufgegeben hatte, um hier sein zu können. »Wir beide könnten Zwillinge sein!«, rief sie. Wir hatten beide unsere Träume verfolgt.

Ich lag auf dem weißen Sand unter dem Schatten des blauen Sonnensegels, das an Bambusstöcken aufgespannt war. Dahinter leuchtete ein wolkenloser blauer Himmel. Wenn ich meinen Kopf umdrehte, sofern ich die Energie dazu aufbrachte, konnte ich die ausgefransten, schwankenden Wedel der Kokospalmen sehen. Das Donnern der Brandung hätte jedes andere Geräusch verschluckt, falls es eines gegeben hätte. Aber das hier war ein ruhiger Ort. Es war wirklich mein Paradies.

Ich war nach Grand Popo zurückgekehrt und schon seit zehn Tagen hier! Bei Rebecca war ich krank geworden, mit Hals-, Kopf- und Gliederschmerzen und Fieber. Vielleicht war es Malaria, vielleicht auch nur die Hitze, die Feuchtigkeit und der Staub. Ich schob die Schuld auf Cotonou – ich mochte die Stadt nicht –, aber dann hielt ich mir vor Augen, wie sehr meine Stimmungen und Urteile von meiner körperlichen Verfassung abhingen. Kurz entschlossen nahm ich ein Buschtaxi und fuhr nach Grand Popo zurück, um wieder ins Gleichgewicht zu kommen.

Außerdem wartete ich auf einen neuen Reifen. In letzter Zeit hatten sich die Platten gehäuft, ein sicheres Zeichen, dass ich einen neuen Reifen brauchte, und ich hatte von Lomé eine Botschaft an einen Freund geschickt. Es war jedoch Mitte Mai, und ich hatte vergessen, dass in Europa die Urlaubszeit begonnen hatte. Es war nichts gekommen in den paar Tagen in Cotonou, aber ich hoffte, dass ich den neuen Reifen und die neue Pumpe dort vorfinden würde, wenn ich wieder hinkam.

In Grand Popo genoss ich ein paar himmlisch faule Urlaubstage. Keine Frauenthemen, keine Politik, kein Radfahren. Ich tat mich mit ungefähr sechs anderen Gästen zusammen – Peace-Corps-Helfern im Urlaub und, ein ungewöhnlicher Anblick, Rucksacktouristen. Wir tranken Tee oder Bier, schwammen, spielten *huit américains*, das Lieblingskartenspiel aller Afrikaner, die ich kennen lernte, und ließen die Zeit verrinnen.

Bald kehrten mein inneres Gleichgewicht, meine Gesundheit und die Zufriedenheit mit Afrika zurück, sodass ich bereit war, mein nächstes Land, Nigeria, in Angriff zu nehmen.

Roadfever

Cotonou, Benin – Calabar, Nigeria

Ich musste nach Lagos, um mein Visum abzuholen und für ein weiteres Städteprogramm, wollte aber nicht mit dem Rad hineinfahren – die Stadt war mir viel zu groß und zu gefährlich. Stattdessen radelte ich von Cotonou nach Porto Novo, der Hauptstadt von Benin, dann weiter nach Nordosten, um die Grenze zu Nigeria bei Idiroko zu überqueren, und von dort aus nach Ilaro, Abeokuta und Ibadan. Ibadan war eine große regionale Hauptstadt, die zweitgrößte Stadt Nigerias mit mehr als fünf Millionen Einwohnern, 125 Kilometer von Lagos entfernt. Der Bruder von Ninon Asuni, meiner Londoner Fahrradhändlerin, lebte dort. Ich besuchte Tomi und seine Frau Martine, die mich sehr gastfreundlich aufnahmen. Tomi war Marketingleiter von »Fanmilk Nigeria«, und ich bat ihn um eine Fabrikbesichtigung – mit vielen Kostproben und einer Fahrt auf einem Fanmilk-Fahrrad! Danach ließ ich mein Rad bei ihnen, um einen Kurzbesuch in Lagos zu machen. Ich wollte die Sache so schnell wie möglich hinter mich bringen, weil Lagos als gewalttätig und kriminell verschrien war, und dann weiter durch Nigeria und nach Kamerun hineinfahren.

Die Stadt war auf mehreren kleinen mangrovenbewachsenen Inseln gebaut. Kilometerlange Wohn- und Fabrikareale erstreckten sich über das Festland. Beim Näherkommen geriet ich in ein totales Verkehrschaos und kroch im Schneckentempo an riesigen Werbetafeln vorbei, auf denen alles angepriesen wurde, was man sich nur denken kann, vom Hautaufheller bis zu Zigaretten und Margarine. Dann stieg die manhattanartige Skyline der City über dem Wasser auf. Eine Albtraumstadt mit über zehn Millionen Einwohnern – kein Vergleich mit Accra oder Cotonou. Das Land selber ist etwa viermal so groß wie England, hat über 100 Millionen Einwohner und damit die höchste Bevölkerungszahl aller afrikanischen Staaten.

National Oil, die Vertriebsgesellschaft, an der Shell mehrheitlich beteiligt war, würde sich in Nigeria um mich kümmern, obwohl man dort ursprünglich der Meinung gewesen war, dass meine Reise zu gefährlich sei.

Die Manager, mit denen ich in Lagos zu tun hatte, waren im Endeffekt ebenso enthusiastisch wie alle anderen vor ihnen. Mit ihrer Hilfe war es kein Problem, meinen neuen Pass und mein Visum für Kamerun zu bekommen. Ich hatte jedoch weiterhin Reifenprobleme. Zwar hatte ich das verlangte Ersatzteil in Cotonou bekommen und folglich keinen Platten mehr, stellte aber fest, dass ich für Kamerun Reifen mit stärkerem Profil brauchte, und wollte mir deshalb Spezialreifen nach Lagos schicken lassen. Leider hatte DHL nichts für mich. Ich ließ einen letzten SOS-Ruf los, mit der Bitte, mir die Reifen nach Calabar zu schicken, der letzten nigerianischen Stadt mit einem DHL-Büro, bevor ich die Grenze nach Kamerun überqueren würde.

Ich blieb so kurz wie irgend möglich in Lagos (sechs Tage), und selbst das war noch länger, als ich eigentlich geplant hatte, aber Orlando Ojo, der Vertriebsleiter von National Oil, hatte mir geraten, bis zum Wahltag am 12. Juni zu bleiben. »Wir wissen nicht, was passieren wird. Es ist besser, wenn Sie während der Wahl in Lagos sind und nicht auf Ihrem Rad.« Er machte es sehr dringlich, und ich hörte auf ihn. Die Wahl war das beherrschende Thema während meines gesamten Nigeria-Aufenthalts. Sie sollte den Beginn einer neuen, demokratischen Ära einläuten. Es gab nur zwei Kandidaten, Moshood Abiola und Bashir Tofa, nachdem Generalmajor Ibrahim Babangida nur zwei Parteien zugelassen hatte.

Die »Federation of Nigeria« erhielt 1960 die Unabhängigkeit, und 1963 wurde der Bundesstaat Nigeria gegründet. Nigeria ist ein Land mit einer großen ethnischen und kulturellen Vielfalt – es gibt schätzungsweise 250 verschiedene Volksstämme und Sprachen. Die drei mächtigsten ethnischen Gruppen, die Haussa im Norden, die Yoruba im Südwesten und die Igbo im Südosten, hatten sich darauf geeinigt, dass die einzelnen Regionen getrennt verwaltet werden sollten, aber unter einer Zentralregierung und einem gemeinsamen Staatsoberhaupt. Doch es kam rasch zu Feindseligkeiten zwischen den einzelnen Stämmen und schließlich zu einem ersten Militärputsch (1966). Von nun an löste ein Militärregime das andere ab. Babangida hatte sich 1985 an die Macht geputscht, aber bald darauf den Übergang zu einer demokratischen Regierung in Aussicht gestellt. Die Wahlen waren seit 1990 dreimal verschoben worden, und die Leute glaubten schon lange nicht mehr, dass es tatsächlich dazu kommen würde. Was mich an diesem Wahltag am meisten beeindruckte, war die Stille – der Verkehrslärm war endlich verstummt, und ich konnte sogar die Vögel singen hören. Eine echte Wohltat!

Es war offensichtlich, dass die Infrastruktur von Lagos mit dem rasanten Wachstum nicht Schritt halten konnte. Lagos war zwar nicht mehr die Hauptstadt – der Regierungssitz war 1991 nach Abuja verlegt worden –, blieb aber weiterhin der kommerzielle Mittelpunkt Nigerias.

»Wir brauchen drei Stunden, bis wir morgens zur Arbeit kommen, und abends noch einmal drei Stunden, sodass wir frühestens um zehn zu Hause sind. Und dann gibt es meistens kein Wasser und kein Licht«, erzählte mir ein Manager, mit dem ich im Sammeltaxi fuhr, »es ist schrecklich.«

An einem anderen Tag ging ich zu Fuß durch Lagos, es goss in Strömen, und die Straße war im Handumdrehen überschwemmt. Gut gekleidete Nigerianer, Männer und Frauen in Business-Anzügen und bestickten Gewändern hatten die Hosenbeine hochgekrempelt und wateten bis zu den Knöcheln im Wasser – ein Anblick, den ich höchst erheiternd fand. Ich zog meine Kamera hervor und wollte ein Foto machen, erhielt aber eine Lektion, die ich nicht so bald vergaß. Die Nigerianer reagierten sehr empfindlich auf alles, was sie als Kritik an ihrem Land auffassten.

Die ganze Straße fiel über mich her.

»Was machen Sie da?«, schrie eine Frau aus ihrem Auto heraus.

»Das dürfen Sie nicht«, kreischte eine andere und packte mich am Arm.

»Hier tut man so was nicht!«, mischte sich ein Dritter ein.

»Warum fotografieren Sie hier? Gibt es so was nicht in Ihrem Land?«

»Nein«, giftete ich zurück, »wir haben Gullys zu Hause!« Dann ergriff ich die Flucht.

Ich war froh, als ich Lagos endlich den Rücken kehren konnte; ich holte mein Rad bei Ibadan ab und fuhr aus der Stadt. Wieder musste ich mich durch ein unbeschreibliches Verkehrschaos kämpfen. Mein Tagesziel war Ife, ungefähr 90 Kilometer entfernt. Für die nächsten 200 Kilometer würde ich wieder auf der Straße sein, frei und unabhängig, ganz meinem eigenen Rhythmus überlassen. Hurra!

Plötzlich trat ich ins Leere und rammte schnell meinen Fuß auf den Boden, um mich aufrecht zu halten. Die Kette war gerissen, und das Gehäuse des Gangschaltungskabels abrasiert. Ich verfluchte den Geist, der mir das angetan hatte.

Als ich mein Rad auf den Bordstein rollte, entdeckte ich einen Fahrradmechaniker auf der anderen Straßenseite. Keine großartige Werkstatt, sondern ein alter Mann, der auf dem Bordstein an einem Rad herumhantierte, während hinter ihm ein paar weitere Räder aufgebockt waren. Afrika ist fantastisch, jubilierte ich – meine Gereiztheit löste sich in Wohlgefallen auf.

»Guten Morgen«, rief ich, und der Mechaniker grüßte zurück. Er war hager und trug ein kurzärmeliges weißes Hemd, das über seine hellblaue Hose hing. Sein Englisch war nicht gut, aber er verstand mein Problem und legte sofort das andere Rad weg. Er wollte die Kette mit einem Kettenglied reparieren, aber ich hatte eine durchgehende Kette. Ich wollte ihm zeigen, was er tun musste, doch er hielt hartnäckig an seiner falschen Methode fest. Schließlich schwatzte ich ihm sein Werkzeug ab und reparierte den Schaden selber. Die Menge um uns herum schaute ehrfürchtig zu.

Als ich fertig war und das Rad wieder belud, sagte der alte Mann: »Sie sind keine Frau, Sie sind ein Mann!« Wahrscheinlich sollte das ein Witz sein.

Fünf Abende später fuhr ich in Benin City ein. Es war, wie üblich, nervenzermürbend. In Nigeria waren alle Straßen gepflastert, und die Leute rasten wie die Irren. Nebenstraßen gab es anscheinend keine. Ich war von Ibadan gekommen, vermutlich eine ruhigere Strecke, aber selbst dort war der Verkehr entsetzlich. Jeden Tag kam ich mindestens einmal fast unter die Räder, rasselte mit einer aggressiven Menge zusammen und erlebte zum Ausgleich eine spontane Freundlichkeit (zum Beispiel etwas zu essen, ohne dass ich darum gebeten hatte).

Am Abend verkroch ich mich in ein kleines Hotel. In Nigeria, einem Land mit so großen und zahlreichen Städten, hatte ich keine Möglichkeit, in einem ruhigen Dorf zu kampieren. Die Zimmer, in die ich geführt wurde, waren meist hellblau oder rot gestrichen, und eine einzige nackte Glühbirne baumelte von der Decke. Dort saß ich dann und versuchte mich von dem Horror der Straße zu erholen. Irgendwann wagte ich mich auf die Straße hinaus, um ein Bier trinken zu gehen, aber bei der Sintflut, die jetzt allabendlich niederging, waren nicht viele Leute in den Bars, mit denen man reden konnte.

Ich fuhr jetzt wieder auf dem Freeway von Lagos, der einzigen Route von Westen nach Benin City. Im letzten Moment entschloss ich mich, die City zu umfahren. Da ich am nächsten Tag auf der östlichen Straße nach Onitsha fahren wollte, konnte ich mir ebenso gut in dieser Ecke ein Hotel suchen, damit ich morgen schneller herauskam. Sobald ich eingecheckt hatte, wollte ich zurückradeln und mir das Stadtzentrum ansehen – wie Ouidah war Benin eine berühmte Stadt.

In Benin City war die Hauptstadt des Königreichs Benin angesiedelt, das zeitgleich mit dem Oyo- und dem Dan-Homey-Reich existierte. Es hat nichts mit dem heutigen Benin zu tun. In seiner Blütezeit um 1500 hatte das Königreich eine Ausdehnung von über 400 Kilometern und reichte von der Lagos-Lagune im Westen bis zum Nigerdelta im Osten. Vom 15. bis zum 18. Jahrhundert, als das Reich verfiel, betrieben die *obas* (die Herrscher) von Benin einen regen Handel mit den Europäern, wobei ihre wichtigsten Exportgüter Pfeffer, Elfenbein, Gummi und Baumwollstoffe waren. 1897 wurde Benin City von den Engländern geplündert und zerstört, nachdem eine britische Delegation bei dem Versuch, eine friedliche Machtübernahme auszuhandeln, ermordet worden war. Benin hatte eine hoch entwickelte höfische Kunst: Bronzebüsten der *obas* und Kupferplatten, auf denen ihre Heldentaten dargestellt waren. Bei dem britischen Gewaltstreich wurden diese wunderbaren Kunstwerke entwendet und fortgeschafft. Ich hatte die Beute im »Museum of Mankind« in London ausgestellt gesehen.

Oh, Moment mal! Wo war Benin City geblieben?

Ich hatte nur ungefähr zehn Kilometer zurückgelegt, sehr langsam bei dem dichten Verkehr. Ich hatte nach Hotels Ausschau gehalten und zwei entdeckt und inspiziert – eines war voll, das andere eine Spelunke. Der Portier der Spelunke hatte mir geraten, auf der Straße nach Onitsha weiterzufahren, wo ich weitere Hotels finden würde. Jetzt war ich plötzlich aus Benin draußen, und es war vier Uhr nachmittags. Ich drehte um und radelte die hundert Meter zu einer Tankstelle gegenüber von ein paar großen Öltanks zurück. Ich wollte etwas zu trinken kaufen und nach dem Weg fragen. Als ich anhielt, merkte ich, dass meine Muskeln schwer wie Blei wurden, und ich wusste, dass ich heute nicht mehr weiterkonnte.

»Fragen Sie mal die Frau, die den Laden auf der anderen Straßenseite führt – vielleicht können Sie bei ihr übernachten«, sagte ein Soldat in einer grünen Tarnhose, der neben den Benzinpumpen herumlag. Er hielt sein Gewehr im Schoß und sah nicht besonders vertrauenswürdig aus. »Ich bring Sie rüber zu Stella – ich kenne sie gut.« Ich schaute zu dem kleinen Kramladen hinüber, wo es Bier und Softdrinks, Zigaretten, Brot und Blue-Band-Margarine zu kaufen gab – eine Frau stand dort hinter der Theke und bediente. Ich sagte mir, dass es einen Versuch wert war, und ging hinüber.

Stella, die sehr hübsch und jugendlich aussah, nahm mich bereitwillig auf. Ich könne im Zimmer ihrer Tochter Henrietta schlafen, sagte sie, und ich war überwältigt von so viel spontaner Gastfreundschaft.

»Das Bad ist nicht in Ordnung«, sagte Stella. »Am besten duschen Sie draußen.« Sie führte mich zu den Fundamenten eines Hauses, das sie nebenan bauen ließ, und dort konnte ich eine Eimerdusche nehmen.

Gegen sechs tauchte ich frisch gewaschen wieder auf und blödelte mit der siebzehnjährigen Henrietta vor dem Laden herum. Auch Henrietta war sehr hübsch: Sie hatte blitzende Augen und ein sonniges Gemüt. Sie brachte mir ihr bestes Gewand heraus, und ich probierte es über meinen Kleidern an. Es war ein Wickelrock mit passendem Oberteil und einem *fula* aus einem silber-weißen schweren Stoff, lila bestickt. Ich zog das Oberteil an und wickelte den Rock um meine Hüften.

»*Oh, very fine!*«, rief Henrietta. Dann zeigte sie mir, wie ich das *fula* auf verschiedene Arten binden konnte. An der hoch gewachsenen, schmalhüftigen Henrietta war das alles bestimmt hinreißend. Ich sah wie eine wandelnde Hochzeitstorte aus. Ich freute mich auf einen ruhigen Abend mit Stella und Henrietta, aber die Soldaten machten mir einen Strich durch die Rechnung. Sie kamen herüber und tranken Bier, obwohl sie nicht dienstfrei hatten. Ich lächelte grimmig.

Wir saßen auf der Veranda im Dunkeln vor dem Laden – Autos und Lastwagen brausten vorbei, sodass es nicht besonders still war –, als Hamidou, einer der Soldaten, der inzwischen ziemlich betrunken war, unvermittelt sagte: »Sie können genauso gut sonntags fahren.«

Für ihn stand offenbar fest, dass ich am nächsten Tag abreisen würde, während ich überlegte, ob ich nicht noch einen Tag bleiben sollte, um mir die berühmten Kunstschätze von Benin City anzusehen.

»Der Verkehr ist dann nicht so schlimm«, fuhr er fort. »Die Straße von Benin City nach Onitsha ist die gefährlichste in Nigeria! Sie ist schnurgerade und zu eng, und es gibt viele Unfälle und Tote auf der Straße.« Also gut. Ich würde morgen weiterfahren und zudem die 139 Kilometer an einem Tag hinter mich bringen. Der Museumsbesuch fiel aus.

Am nächsten Morgen brach ich in aller Frühe auf, denn ich hatte eine anstrengende und lange Fahrt vor mir. Die Strecke war zwar asphaltiert, doch ich merkte bald, dass es zu gefährlich war, auf der Straße zu fahren.

Für die Autofahrer war ein Fahrrad nur ein lästiges Hindernis, das man anhupen und notfalls platt walzen musste, falls es die Situation verlangte. Mein Pech, wenn ich zufällig im Weg war! Die Straße hatte einen schmalen, unbefestigten Randstreifen, der voller

Schlaglöcher war und von überholenden Fahrzeugen ignoriert wurde, aber ich holperte trotzdem darauf entlang. Dichtes Gestrüpp drängte zu beiden Seiten am Straßenrand herein, sodass ich manchmal gezwungen war, auf die Straße auszuweichen. Es gab keine Dörfer, Häuser oder offenen Landschaften und erst recht keine anderen Radfahrer. Busse und überladene Lkws beherrschten das Bild, aber es waren auch unglaublich viele Mercedesse unterwegs – vielleicht, weil nur gewerbliche Fahrzeuge und reiche Leute Benzin bekamen. Und heute war Sonntag und deshalb weniger Verkehr, wie Hamidou gesagt hatte!

Am späten Nachmittag, als ich ungefähr 90 Kilometer auf dieser höllischen Strecke zurückgelegt hatte, sah ich, dass die Autos einem Baumstamm auswichen, der weit vorne auf der Straße lag. Beim Näherkommen nahm das Hindernis allmählich Gestalt an. Komisch, dachte ich, und im nächsten Moment wurde der Baumstamm von einem Auto gerammt und flog auf die Seite.

Es war aber kein Baumstamm – es war eine Leiche.

Ein grässlich verstümmelter Menschentorso, zu einem grotesken Ballon aufgebläht, die Gliedmaßen abgetrennt, vermutlich von den Fahrzeugen, die hier entlangbretterten. Ich schaute weg, aber ich konnte das Bild nicht aus dem Kopf bekommen. Ich musste anhalten, ich zitterte vor Angst.

Hamidou hatte gesagt, dass Leichen manchmal tagelang am Straßenrand liegen blieben. Besonders die Leichen von Banditen.

Wusch! machten die Autos, wenn sie hinter mir heranbrausten. Tuut!, wenn sie mich überholten. Wrrrumm!, wenn sie in der Ferne verschwanden. Wusch! Tuut! Wrrrumm! Wusch! Tuut! Tuuut! Wrrrumm! Ich sah mich bereits als arm- und beinlose Leiche am Straßenrand liegen.

Gegen Abend kam ich an eine Brücke über den Niger, die am Ortsrand von Onitsha lag. Es war das erste Mal, dass ich den Niger zu sehen bekam, seit ich Mali verlassen hatte, und es würde auch das letzte Mal sein. Nach Onitsha teilt sich der Niger in eine Unzahl von Flussarmen auf, die zum Atlantik strömen, und ich hatte nicht vor, das Mündungsgebiet zu erkunden. Es war eine Etappe, ein Augenblick zum Verweilen, den ich normalerweise genossen hätte, aber leider war ein gewaltiges Unwetter im Anzug. Es wurde rasch dunkel, und ich brauchte einen Unterschlupf. Ich radelte weiter.

Ich nahm mir den Montag frei, wachte aber am Dienstag immer noch mit schweren Gliedern auf, und der Gedanke an die Straße jagte mir Angstschauer über den Rücken. Der eine Tag reichte nicht aus, um mich wieder ins Gleichgewicht zu bringen, aber ich wollte trotzdem nicht länger bleiben: Das Straßenfieber hatte mich gepackt! Ich wollte über die Grenze, so schnell wie möglich, und vor allem lebend! In Kamerun war es bestimmt ruhiger auf den Straßen. Dachte ich jedenfalls.

»*Onacha! Onacha!*«, riefen die Leute hinter mir her, als ich aus Onitsha hinausfuhr. Ich war jetzt im Igbo-Gebiet, und *onacha* war das Igbo-Wort für »Weiße«. Ich weiß nicht, ob sie mich über meine Hautfarbe aufklären oder einfach nur den Autolärm und das Hupen übertönen wollten ...

Es regnete, und die Leute gingen am Straßenrand entlang, manche mit Schirmen, andere rennend und auf der Suche nach einem Unterschlupf. Die Straßen waren glitschig. Autos, Lastwagen, Busse und Vans verkeilten sich ineinander und kämpften um die Vorfahrt. Es war das absolute Chaos. Ich hatte längst auf »Autopilot« umgeschaltet, und obwohl es vernünftiger gewesen wäre, ins Hotel zurückzukehren, schob ich stur weiter, immer einen Fuß vor den anderen setzend. Ich hatte nur noch einen Wunsch – raus aus Nigeria!

»*Onacha!*«, schrie mir ein Mann aus nächster Nähe ins Gesicht, sodass mich sein Speichel traf. »*Onacha!*«

»*Onacha!*«, brüllte ich zurück und merkte zu spät, dass ich ihn einen Weißen geschimpft hatte. Er sah verdattert aus. »Na? Wie gefällt Ihnen das?«, schrie ich, während ich mein Rad an ihm vorbeischob. Ich war sehr empfindlich, wenn ich müde war, und die Wut hatte mich meine Angst vergessen lassen – vorübergehend jedenfalls.

Einmal blieb ich an einer Bude am Straßenrand stehen, um Bananen zu kaufen, und sofort entstand Bewegung unter den Leuten, die alle einen Blick auf die *onacha* erhaschen wollten. Sie drängelten bis auf die Schnellstraße hinunter und verursachten einen Verkehrsstau.

»Sie dürfen hier nicht halten«, rief mir ein Mann aus einem Taxi zu, wahrscheinlich in guter Absicht.

»Das müssen Sie denen dort sagen!«, schrie ich zurück und fuchtelte mit den Armen wie eine Irre, während ich mich durch die Menge schlängelte und zu entkommen versuchte.

Kaum war ich auf der Straße unten, regnete es wieder. Der Randstreifen wurde noch schlammiger, aber ich wagte mich nicht weiter in die Straße hinein. Plötzlich rutschte das Rad unter mir weg, und ich lag der Länge nach auf dem Asphalt. Entsetzt rappelte ich mich auf, packte mein Rad und stolperte zur Böschung zurück.

Ein Fahrzeug zischte vorbei. Ich hatte Glück gehabt. Mein Sturz war in eine der seltenen Verkehrslücken gefallen.

»Gut gemacht!«, brüllte mir jemand aus einem Auto zu.

Eine ältere Frau, die an der Straße entlangging, setzte die große Blechschüssel ab, die sie auf dem Kopf trug, und half mir, mich und mein Fahrrad hochzuhieven. »*Sorry*«, sagte sie und bot mir eine Mango aus ihrer Schüssel an. Ich versuchte zu lächeln, aber es gelang mir nicht. »Danke«, brachte ich endlich hervor. Es war sehr nett von ihr.

Ich stolperte ein paar hundert Meter weiter, dann hielt ich an, um mich zu erholen. Kinder, Erwachsene und ein Polizist tauchten aus den Häusern auf, die hinter der üppigen Vegetation am Straßenrand verborgen waren.

»Wie geht es Ihnen?«, fragte der Polizist höflich.

»Schrecklich!«

»*You are trying*«, sagte er. Anscheinend hatte er gar nicht gemerkt, dass ich nicht »danke, gut« geantwortet hatte.

»Dieser Verkehr bringt mich noch um«, murmelte ich.

»*Sorry*«, sagte er, und ich begriff, dass ihm meine Verzweiflung keineswegs entgangen war. Ich atmete tief durch und versuchte mich zu beruhigen. Das war Nigeria. Ungeachtet der chaotischen Zustände waren viele Leute hier freundlich, höflich, gesellig und voller Energie.

»Gut gemacht«, riefen sie mir oft aus dem Auto zu und winkten. Einmal hielt ein Mann sogar an und gab mir Geld. In Nigeria werden gute Tänzer belohnt, indem man ihnen Geldscheine auf die Stirn legt. Dieser Fremde würdigte meine Mühe und zeigte es mir auf dieselbe Weise.

Bei aller Angst und Erschöpfung war mir bewusst, dass ich so extrem reagierte – brüllen, lachen, schreien –, weil das Leben, das ich führte, extrem war. Höchste Zeit für eine längere Pause, ein paar Tage Urlaub, ein paar nette Begegnungen. Aber erst einmal musste ich das hier überstehen.

Nach ein paar weiteren Kilometern kam ich in eine kleine Marktstadt, in der ich mich ein bisschen ausruhen wollte. Es war ein x-beliebiger Ort, aber trotz des Regens hatte sich eine Menschenmenge zusammengerottet. Ein Unfall? Beim Vorbeiradeln schaute ich nach rechts. Eine Leiche, von einem *pagne* verhüllt – nur wenige Augenblicke vorher war eine Frau überfahren und getötet worden. Mir wurde übel, und ich würgte.

»Ich ertrage dieses Land nicht!«, schrie ich stumm in mich hinein, und meine Augen zuckten. Ich hielt nicht an.

Ein paar Kilometer weiter vorne lag ein umgestürztes Auto auf der Straße, und wieder waren Leute darum versammelt. Ich hielt den Atem an, als ich vorbeifuhr. Das Fahrzeug war leer – kein Toter diesmal.

Noch ein Stück weiter, in einer bergauf führenden Kurve, lag ein umgestürzter Van rittlings über dem Straßengraben. Ein Abschleppwagen versuchte ihn herauszuziehen. Ich schaute nicht hin, als ich vorbeifuhr, aber hinter dem Wrack sah ich einen jungen Mann, der wie benommen auf der Straße stand. Wahrscheinlich der Fahrer.

»Ist jemand verletzt?«, fragte ich, auf das Schlimmste gefasst.

»Nein, alles in Ordnung«, erwiderte er.

Es war nicht in Ordnung, aber ich biss die Zähne zusammen und machte weiter.

Der Horror ging bis Owerri und den ganzen nächsten Tag bis Aba weiter, wo ich ein Hotel am Ortsrand fand. Es war eine lange Tagesfahrt gewesen (über 100 Kilometer). Am nächsten Tag fuhr ich geradewegs ostwärts in Richtung Rivers State zu der kleinen Stadt Itu. Sobald ich aus Aba heraus war, verebbte der Verkehr, und ich fuhr den ganzen Tag auf einer ruhigen Teerstraße durch üppige grüne Vegetation. Sogar der Regen hatte aufgehört. Die Geister waren mir wieder gewogen.

Am späten Nachmittag kam ich zu der Abzweigung nach Itu und entdeckte, dass Itu in Wahrheit am Cross River lag, das heißt, ich musste mehrere Kilometer von der Hauptstraße herunter und natürlich dieselbe Strecke wieder zur Hauptstraße hinauf. Während ich resigniert vor mich hingrübelte, winkten mich ein paar Leute an einer Bushaltestelle in der Nähe herüber. In Itu, so erfuhr ich, gab es keine Übernachtungsmöglichkeit. Uff. Dann meinte jemand, ich könne es bei der »Nigerian Newsprint Manufactoring Company« probieren.

Ich radelte ein paar Kilometer die Straße hinunter in Richtung Calabar, folgte einem Pfeil nach rechts und war überrascht, als die Straße zu einem ansehnlichen Fabrikgelände führte, das mit einem hohen Zaun umgeben und von Security Guards bewacht war. Ich präsentierte mich am Fabriktor, und erst nachdem ich meine Bitte vorgebracht hatte, wurde mir bewusst, wie unverfroren sich das anhören musste. Wäre ich in England jemals auf die Idee gekommen, am Tor der Mars-Fabrik anzuklopfen und ein Bett zu verlangen?

Doch meine Bitte wurde ernst genommen, und ich wurde zum Personalchef, Femi Fadeyi, geführt.

Femi und ich verstanden uns auf Anhieb. Er war ein richtiger Clown und brachte mich pausenlos zum Lachen. Er hatte ein Gummigesicht, das er in alle Richtungen verziehen konnte, um Freude oder Verzweiflung zu mimen. »Wir haben keine Gästeunterkünfte«, sagte er mit tief trauriger Miene. »Aber Sie können bei mir wohnen!« Jetzt grinste er selig.

Ach ja? War das der Haken bei der Sache? Er war ungefähr 40, sehr attraktiv und trug einen goldenen Ring an der linken Hand. Aber was hieß das schon bei einem Nigerianer (und überhaupt bei jedem Mann)?

»Nein, nein, nichts dergleichen!«, rief Femi, der offenbar Gedanken lesen konnte. »Ich fahre heute Abend nach Calabar und komme erst sehr spät zurück – Sie werden ein eigenes Zimmer und die ganze Wohnung für sich haben!« Er lachte wieder und streckte die Hände aus, um mich zum Bleiben zu bewegen. Ich lachte auch.

Er stieg in seinen Wagen, fuhr vor mir her zu den Personal-Unterkünften, ließ mich in seine Wohnung und zeigte mir mein Zimmer, erklärte mir die Mikrowelle und das Videogerät, dann ließ er mich allein. Es war fantastisch!

Am nächsten Morgen frühstückten wir zusammen, und er bekniete mich, noch einen Tag zu bleiben.

»Wir gehen zum Strand – der schönste Strand in ganz Afrika!«, rief er. »Und ich stelle dir meinen Freund Fred vor.« Ich ließ mich gern überreden.

Fred war ebenfalls ein lustiger Vogel. Er war DJ beim örtlichen Radiosender, wo er das nächtliche Jazz-Programm moderierte, und hatte alles von P.G. Wodehouse gelesen.

Als wir in Femis Auto zum Strand fuhren, fragte Fred mich über meine Reise aus. Irgendwann mischte Femi sich ein und wollte wissen: »Wie hältst du es eigentlich so lange ohne Sex aus?«

Es war eine gute Frage. Je schlimmer die Bedingungen wurden, je isolierter ich mich fühlte, desto mehr fehlte mir William. Die Abende in den Hotels waren am schlimmsten – nach einem Bier wuchs meine Sehnsucht ins Uferlose. Das heißt aber nicht, dass William der einzige Grund war, warum ich bisher niemand anders gefunden hatte. Ich fuhr zu schnell weiter, und es war für mich eine Frage der Sicherheit, neutral zu bleiben. Ich hatte meine Sexualität heruntergedreht wie eine Gasflamme.

Das behielt ich natürlich für mich. Ich ließ mich auf nichts weiter ein und lachte nur. Femi war nicht der erste Nigerianer, der mir diese Frage stellte. In anderen Staaten bewunderten die Männer meinen Mut, fragten, ob ich verheiratet war, aber die Nigerianer kamen unverzüglich zur Sache.

»Der ganze Druck, der sich da aufstaut«, meinte Femi, während er uns durch die üppig grüne Landschaft aus Palmen, Bambus und Mangobäumen zur Küste fuhr. Es ging so schnell im Auto, dass ich gar nicht alles aufnehmen konnte. Femi brach wieder in sein ansteckendes Lachen aus und sagte: »Ich könnte das nicht aushalten.«

Der Strand – irgendwo in der Bucht von Biafra – war alles andere als idyllisch. Er war von Sümpfen umgeben und lag in der Nähe einer Öltank-Installation mit einer riesigen Gasfackel, die dicke schwarze Rauchwolken produzierte. Nachdem wir den Wagen abgestellt hatten, mussten wir über Planken gehen, um auf den weißen Sand zu kommen. Es war Ebbe, und das Wasser war unappetitlich braun, mit Sand und Mineralien oder was auch immer vermischt.

Femi und Fred verloren kein Wort über den Qualm, und auch kein Nigerianer, mit dem ich ins Gespräch kam, hat jemals das Thema Umweltschutz oder Menschenrechtsprobleme im Zusammenhang mit den Ölfirmen angeschnitten. Damals drehte sich alles nur um die Politik und die korrupte Militärregierung. Die Präsidentschaftswahl entpuppte sich als Farce – es waren keine Ergebnisse bekannt gegeben worden, und man ging davon aus, dass Babangida einen Rückzieher machen und die Macht an eine bürgerliche Regierung abgeben würde. Aber das kümmerte uns wenig an jenem brütend heißen Nachmittag. Wir saßen an einer seichten Stelle im Wasser, ließen uns von den Wellen schaukeln und tranken kaltes Star-Bier aus der Flasche. Femis Strand gefiel mir von Minute zu Minute besser, und ich war wieder mit der Welt versöhnt.

Ein weiterer ruhiger Sonntag ging ins Land, diesmal in Calabar. Calabar war ein wunderbarer Ort, der schönste in Nigeria. Im Gegensatz zu den meisten anderen nigerianischen Städten lag Calabar am Meer oder vielmehr im Mündungsdelta des Cross River. Ich war zu lange im staubigen Binnenland gewesen und empfand es jetzt als Wohltat, wieder einmal Weite und Wasser zu erleben.

Ich besuchte das Calabar-Museum in der ehemaligen Residenz des Kolonial-Gouverneurs – er hatte sich einen guten Platz ausgesucht, hoch oben auf einem Hügel, mit Blick auf den Hafen und eine Flussbiegung, und ich war entzückt, als ich aus einer Regierungsnotiz erfuhr, dass Fahrräder in der Geschichte dieser Gegend eine

Rolle gespielt hatten: »In den östlichen Provinzen, wo in den heftigen Regenfällen Lastwagen oft bis über die Achsen im Schlamm auf der Hauptstraße stecken bleiben, ist das einzige alternative Fortbewegungsmittel das vielseitig verwendbare Fahrrad ...«

Ich fand den Gedanken nicht sehr angenehm, dass ich bei Regen bis über die Radachsen im Schlamm stecken würde, zumal ich in dem winzigen DHL-Büro vergeblich nach meinen Spezialreifen gefragt hatte. Doch daran ließ sich nichts mehr ändern.

Es war sehr still in dem Museum, und ich setzte mich an die Bar draußen und bestellte einen Tonic. Außer mir waren nur zwei Gäste anwesend, ein Security Guard und eine junge Frau, die sich leise mit dem Barmann unterhielten.

»Das nächste Mal geht keiner mehr wählen«, sagte der Barkeeper zu den anderen. »Hat ja doch keinen Zweck.«

»Er hat Nigeria vor der Welt bloßgestellt«, sagte der Security Guard.

»Er wollte nur, dass jemand aus dem Norden an die Macht kommt – aus dem Süden lässt er keinen ran«, sagte die Frau.

Am Vorabend hatte Präsident Babangida die Annullierung der Präsidentschaftswahlen verkündet. Er sei weiterhin entschlossen, eine demokratische Regierung herbeizuführen, ließ er wissen, und er würde Neuwahlen anberaumen – mit neuen Regeln und neuen Kandidaten. Die Kandidaten der Juni-Wahlen (Tofa und Abiola, von denen Letzterer gewonnen haben soll), hatte er verboten, und andere Anwärter, die er früher verboten hatte, wieder legalisiert.

»Der Mann ist verrückt!«, schimpfte die Frau.

»Ich werde nie wieder wählen«, sagte der Wachposten.

»Wir können uns kein zweites Biafra erlauben.« Das war der Barkeeper.

Ich mischte mich nicht in das Gespräch ein. Es war ihr Schmerz, ihre Enttäuschung.

Zweiter Teil

Loslassen und hinsehen

*»Wenn ich loslasse, was ich bin, werde ich, was ich sein könnte.
Wenn ich loslasse, was ich habe, bekomme ich, was ich brauche.«*

Lao Tse, Tao Te King

»Wir sehen die Dinge nicht, wie sie sind, sondern wie wir sind.«

Anaïs Nin

Warum quälen sich die Weißen so?
Ekok, Nigeria – Beayop, Äquatorialguinea

Am Tag zuvor hatte ich Nigeria bei der hektischen Grenzstadt Ekok verlassen und war über die viel ruhigere Ansiedlung Eyumojuk nach Kamerun eingereist. Dort durfte ich mein Zelt auf der Veranda des kamerunischen Polizeipostens aufstellen. In der Nacht goss es in Strömen, und der Regen trommelte auf das Blechdach. Wie so oft in Nigeria hatte ich an diesem Tag eine große Entfernung zurückgelegt – über 130 Kilometer –, und das, obwohl der Weg durch bewirtschaftete Berghänge stetig anstieg. Ich schlief wie ein Stein, trotz des Regens. Erst am Morgen, als ich bei feinem Nebel aufbrach, stellte ich fest, wie dramatisch meine Umgebung sich verändert hatte.

Bewaldete Berge lagen halb verborgen hinter wirbelnden, flaumigen, weißgrauen Wolken. Schlingpflanzen rankten sich um die hohen Bäume und verwandelten sie in freundliche Gnome und Trolle und die üppige Vegetation am Straßenrand in ein unentwirrbares Dickicht. Weder Menschen noch Dörfer waren in Sicht, und nur ein einziges Auto hatte mich bisher überholt, obwohl ich seit Stunden unterwegs war. Es war eine frische, wohltuende Landschaft, von feuchten, modrigen Gerüchen erfüllt, und die Luft hallte vom Zwitschern der Vögel und Summen der Insekten wider.

Ich atmete auf. Das Schlimmste hatte ich offenbar überstanden.

Die Straße wand sich jetzt in ein wucherndes Tal hinunter zu einer Brücke, die über einen reißenden Bergbach führte, und ich ergötzte mich an dem schmatzenden Geräusch meiner Reifen, die sich durch die weiche obere Schlammschicht in den härteren

Lehm darunter bohrten. Es regnete wieder. Ich trug meine Goretex-Jacke über meinem T-Shirt und meinen Shorts. Schlammbrocken klatschten gegen meine Beine, aber es machte mir nichts aus. Ich fand die Kühle herrlich. Ich behielt meine Augen auf dem Tacho und wartete auf die runde Kilometerzahl, die bald auftauchen würde. Als ich mich der Brücke näherte, bremste ich ab, um den Übergang von 6999,9 auf 7000,0 richtig genießen zu können. 7000 Kilometer in genau neun Monaten zurückgelegt – heute war der 2. Juli. Hurra! Ich hielt an der Brücke an, schaute in das tosende Wildwasser und dachte an die neun Monate in Westafrika zurück. Welche neuen Abenteuer würden mich in den Regenwäldern von Zentralafrika erwarten, die ich jetzt eindeutig erreicht hatte?

Ich plante im Allgemeinen nicht mehr als drei Tage voraus – bis zur nächstgrößeren Stadt und meinem jeweiligen Programm. Es war besser so, denn bei dem bloßen Gedanken an die vielen Kilometer, die zwischen mir und Tansania lagen, brach mir der Angstschweiß aus. Hatte ich überhaupt schon die Hälfte hinter mir?

Im Nachhinein weiß ich, dass ich nicht nur auf halber Strecke angekommen war, sondern an einem Wendepunkt, was meine Gefühle gegenüber Afrika und den Afrikanern anging. Meine Erfahrungen in Kamerun eröffneten mir einen ganz neuen Zugang zu den Dorfbewohnern und ihrem Leben, doch davon ahnte ich vorläufig noch nichts. Ich schnitt zur Feier des Tages eine Ananas an, die ich in Ekok gekauft hatte, biss in das süße Fruchtfleisch und ließ den Saft an meinem Kinn herunterrinnen.

Obwohl mich immer noch die Sehnsucht nach meinen Leuten quälte – eher mehr als weniger im Lauf der Monate –, fühlte ich mich in meinem afrikanischen Leben allmählich zu Hause, wie ich jetzt mit Genugtuung feststellte. Ich war gesund und fit, ich konnte mich auf meine Kräfte verlassen, und meine Programme hatten mir einen guten Einblick in das Leben der Dorffrauen gewährt.

Doch meine Selbstgefälligkeit sollte bald einen kräftigen Dämpfer erhalten.

Ich radelte weiter, bergauf, bergab. Die Straße stieg immer noch an und wurde in dem unablässigen Regen allmählich schlammig, sodass ich meine ganzen Fahrkünste aufbieten musste, aber es machte Spaß. Nach ein paar Kilometern erreichte ich eine weite Lichtung mit einer Ansammlung von Holzhütten, die sich an der Straße aneinander reihten. Seltsamerweise war die Straße gesperrt. Ein Polizeiposten?

Als ich an der Schranke anhielt, rief eine Männerstimme heraus: »Pamela! Salut!«

Ich schaute zu der Hütte hinüber, aus der die Stimme kam. Es war eine Bar, auf ein paar Betonstufen erbaut, mit bunten Guinness-Fähnchen über dem Eingang und einer Veranda an der Seite. Ein Mann in einer grünen kamerunischen Polizeiuniform und einem roten Käppi auf dem Kopf war aufgestanden und winkte mir zu. Es war Anastase, von dem Polizeiposten, bei dem ich gestern Abend mein Zelt aufgeschlagen hatte.

»Salut!«, rief ich, streifte meinen aufgeweichten Hut und meine Radhandschuhe ab und zog meine Regenjacke aus. Bevor ich die Treppe hinaufging, wühlte ich in der Lenkertasche nach meiner Haarbürste und einem Papiertuch, um mir das Gesicht abzuwischen. Ich sah bestimmt schrecklich aus, im Gegensatz zu Anastase, der einen echten Traumbody hatte ... Ob alle Kameruner so toll waren?

Anastase schaute mich aus blutunterlaufenen, müden Augen an, aber ich wusste, dass er Nachtschicht gehabt hatte. Jetzt trank er morgens um elf schon Bier. Trotzdem war ich fasziniert von seinem schönen, geschmeidigen, muskulösen Körper: Seine Haut glänzte kaffeebraun, seine Handflächen hatten einen wunderbaren Mokkaton, die Fingernägel waren sauber geschnitten und seine Lippen dick und sinnlich. Er hatte seine Uniform gelockert, und das rote Käppi saß verwegen auf seinem Kopf – Wahnsinn!

»Hast du gar nicht geschlafen?«, fragte ich auf Französisch und staunte über mich selber. Wie kam es, dass ich auf einmal so nachsichtig mit den afrikanischen Männern war? Tz, tz.

Anastase lächelte nur und zuckte mit den Schultern.

»Setz dich, Pamela«, sagte er, schon etwas lallend, aber mit einem hinreißenden französischen Akzent, »die Straße ist gesperrt. Was willst du trinken?« Ich akzeptierte eine Orangenlimo, dann fragte ich, warum die Straße gesperrt war.

»Wegen dem Regen – die Straße ist jetzt viel zu schlammig, aber sie wird bald wieder geöffnet, vielleicht in einer Stunde.« Der Regen hatte nachgelassen, es drangen sogar ein paar Sonnenstrahlen durch die dicken Wolken, und ich hoffte, dass ich nicht allzu lange warten musste. Obwohl, bei dieser Gesellschaft ...

Wir redeten über Nigeria.

»*Ils ne sont pas sérieux*«, sagte Anastase. Sie sind nicht zuverlässig. Das waren harte Worte – genau dasselbe, was die afrikanischen Frauen über die afrikanischen Männer sagten. Ich hatte viel Schlechtes über Nigeria – Land und Leute – von anderen Afrikanern gehört, aber am meisten wurde in Kamerun über die Nigerianer hergezogen, vielleicht wegen des uralten Grenzstreits um die Bakasi-Halbinsel, einem Küstenstreifen zwischen den beiden Ländern, in dem reiche Ölvorkommen lagern sollen.

Mitten in unser Gespräch hinein ertönte plötzlich lautes Motorengeheul von der Grenze her, und ein Überlandtransporter kam dahergeholpert. Es war ein privater Lkw – keiner von den großen Firmen, die Überlandreisen in Afrika tätigen –, ein Vehikel Marke Eigenbau mit einer seitlich offenen Kabine, die auf einen Pritschenwagen montiert war. Ich stand auf, um besser sehen zu können, und entdeckte ein paar Weiße auf dem Dach und im hinteren Teil. Mir fielen fast die Augen aus dem Kopf – ich hatte seit Grand Popo keine europäischen Reisenden mehr gesehen, und das war fast zwei Monate her!

»Sie kommen hier rüber«, sagte Anastase. Kurz darauf war erneut Motorenlärm zu hören. Ein Fahrzeug, das weiter oben an der Straße hinter der Regensperre geparkt hatte, kam zurück, und ein Mann stürzte heraus, um die Schranke zu öffnen.

»Ah, das ist mein Wagen«, sagte Anastase. Es waren seine Kollegen, die in einem Büro oder an einer anderen Schranke weiter oben Dienst gehabt hatten. Jetzt kehrten sie zur Grenze zurück. Anastase stürzte sein Bier hinunter, wünschte mir alles Gute und verschwand. *C'est la vie*, dachte ich. Mein Traumtyp war fort, die Gelegenheit vertan.

»Hi, ich heiße David«, sagte jemand auf Englisch. »Ist das dort dein Fahrrad?« Er war mit dem Lastwagen gekommen, ein süßer, strahlender Junge mit krausen schwarzen Haaren.

»Hi«, sagte ich. »Ja, das ist meins, ich heiße Pamela.« Eine weitere kurzlebige Freundschaft bahnte sich an, und ich sagte mir, dass das Leben auf der Straße fantastisch war.

Ich schaffte es bis Mamfé an jenem Abend. Mamfé war eine hübsche kleine Stadt mit einem frischen, kühlen Bergdorf-Flair, und da es zum anglophonen Teil Kameruns gehörte, wurde dort Englisch gesprochen.

Kamerun war vor dem Ersten Weltkrieg eine deutsche Kolonie gewesen, die von den alliierten Siegermächten erobert und aufgeteilt wurde – in eine englische Sektion, ungefähr ein Fünftel des Landes, und eine französische Sektion, die den Rest umfasste. Vor der Unabhängigkeit wurde heftig diskutiert, ob die Kameruner sich zu einem Land vereinigen oder ob die englische Zone dem nigerianischen Bundesstaat beitreten sollte. In einem Plebiszit, das von den Vereinten Nationen überwacht wurde, entschied sich die Mehrheit für den Zusammenschluss, und das Land erhielt 1960 seine Unabhängigkeit.

Ich hatte es eilig, in diesem neuen Land voranzukommen. Von Mamfé aus wollte ich in die Berge nach Bamenda weiterfahren, dann noch weiter hinauf über die Grassfields und die Ndop-Ebenen des Bamenda-Hochlands nach Jakiri und Foumban. Von dort würde ich wieder nach Bafoussam, Bafang, Nkongsamba und schließlich Douala absteigen, der wichtigsten Handelsstadt an der Atlantikküste und meinem nächsten Shell-Halt. Es war eine Entfernung von 750 Kilometern, und ich schätzte, dass ich in ungefähr zwei Wochen in Douala sein würde. Es gab eine direktere Route über Koumba, aber alle Straßen im englischsprachigen Teil des Landes waren als »teilweise ausgebesserte Erdstraßen« markiert, die sich »bei schlechtem Wetter als unbefahrbar erweisen könnten«, eine Warnung, die man besser nicht ignorieren sollte. Wenn schon schlechte Straßen, sagte ich mir, dann wenigstens in einer schönen Umgebung, und die Straßen der Bamenda-Hochebene waren als landschaftlich besonders reizvoll auf der Michelinkarte gekennzeichnet.

Von Mamfé bis Bamenda waren es laut Karte 205 Kilometer. Eine einzige weitere Stadt war zwischen Mamfé und Bamenda eingezeichnet, und das war Batibo, 123 Kilometer entfernt. Am nächsten Morgen brach ich in aller Frühe in Mamfé auf, fest entschlossen, bis zum Abend Batibo zu erreichen und am nächsten Tag Bamenda.

»Die Straße ist nicht gut.« Das hatte nicht nur Anastase gesagt, sondern auch der Lkw-Fahrer, den ich auf dem Markt in Mamfé getroffen hatte. Auf den ersten 20 Kilometern war die Lehmstraße in Ordnung, wenn auch an manchen Stellen etwas glitschig. Dann erreichte ich die Abzweigung nach Bamenda und bog nach links ab, in Richtung Hochebene. Die Vegetation erinnerte mich an die

Grenzstraße nach Mamfé – ein Blättergewirr, das verzweifelt ans Licht drängte. Die Straße war sehr eng, nur eine Spurbreite mit ein paar Ausweichstellen dazwischen, was das Gefühl der Abgeschiedenheit noch verstärkte. Meilensteine säumten den Straßenrand – ja, richtig: Meilen. Hieß das etwa, dass die Straße seit der britischen Kolonialzeit nicht mehr in Stand gesetzt worden war? Dörfer, Menschen und Fahrzeuge tauchten nur in großen Abständen auf, stattdessen war ich von Vogelgezwitscher und vom Summen der Insekten umgeben. Dem Lärm nach mussten es ganze Heerscharen von Insekten sein.

Nach ungefähr einer Stunde auf flachem Terrain wurde ich unsanft aus meiner verwunschenen Welt gerissen. Als ich um die nächste Kurve bog, fand ich mich in einem Straßentunnel wieder, der von Lehmmauern eingeschlossen war, und ein Wagen kam in vollem Tempo und wildem Zickzackkurs auf mich zugeschleudert. Ich riss mein Rad zu einer Lehmböschung herum, und der Wagen zischte um Haaresbreite an mir vorbei. Im nächsten Moment ging sein Motorgeheul in ein klägliches Winseln über – der Wagen war in einer tiefen Schlammfurche stecken geblieben. Sofort kamen ein paar muskulöse, hemdlose, lehmverschmierte Männer die Straße heruntergerannt, liefen an mir vorbei, ohne mich eines Blickes zu würdigen, und scharten sich um das Fahrzeug, um es herauszuschieben. Hinter ihnen tauchte eine Prozession von jämmerlich zugerichteten Leuten auf, wahrscheinlich die Passagiere des Fahrzeugs, die sich vorsichtig durch den Schlamm arbeiteten. Die Frauen hielten ihre pagnes hoch, und die Männer hatten ihre Hosenbeine über die Knie aufgekrempelt, aber sie steckten bis zu den Waden im Matsch. Ich stand da und fragte mich, wie ich über ieses Chaos hinüberkommen sollte.

Ich schob mein Rad ein Stück ... mit dem Ergebnis, dass ich seitlich wegrutschte und auf dem Hintern landete. Sofort war ich von vier eifrigen, lehmverkrusteten Männern umringt, einer schöner als der andere, die sich meines Fahrrads bemächtigten. Mühelos wurde es in die Luft gehoben und 300 Meter über die schlimmsten Schlammfurchen getragen. Ich rutschte und stolperte eilig hinterher.

»*Dash me something*«, sagte einer der Männer, als ich ankam, um mein geliebtes Rad wieder an mich zu nehmen.

»*Dash me*«, rief ein anderer.

Da begriff ich endlich, dass diese Dorfbewohner ein Geschäft damit machten, Fahrzeuge aus dem Schlamm zu hieven: »*Dash me something*« – etwas hinwerfen – bedeutete, gib mir ein bisschen Geld, ein Trinkgeld, und in diesem Fall war ich gern dazu bereit.

Ich fragte die Männer, ob die Straße so weiterging.

»Die Straße ist nicht gut«, meinte einer meiner unwiderstehlichen Helfer, und ein anderer fügte hinzu: »Bei Meile 22 ist es genauso schlimm.« Die Dörfer an dieser Straße wurden offenbar nach dem jeweiligen Meilenstein benannt. Ich war in der Nähe von Meile 17.

Ich war fast genauso schlammig wie die Männer, als ich wieder losfuhr. Die Straße stieg jetzt an, wand sich in die Berge hinein. Der zähe Schlamm verklumpte unter den Schutzblechen, und die Räder fraßen sich häufig fest, sodass ich absteigen und den Schlamm mit einem Stock oder notfalls mit den Fingern herauspulen musste. Ich sah aus, als hätte ich mit einem Eimer Schokoladeneis gekämpft.

Wie angekündigt, kam bei Meile 22 der nächste lange Abschnitt mit tiefen Schlammfurchen. Ich hielt an und wartete darauf, dass ein paar starke Männer auftauchten, so wie vorher.

Niemand kam. Verdammt. Kein Unternehmergeist hier.

Ich hievte, zerrte und glitschte das Rad durch den Schlamm.

Der Tag war eine einzige Strapaze. Häufig reihten sich Schlamm- und Wasserlöcher nahtlos aneinander. Anfangs stieg ich ab und schob das Rad durch. Bald quoll mir der Schlamm zwischen den Zehen hervor, und irgendwie kam er auf meine Hände und in mein Gesicht. Schließlich wurde mir das ständige Absteigen zu viel, und ich entdeckte, dass ich oben bleiben und auf dem Rad durch den Lehm rutschten konnte, wenn ich meine ganze Kraft in die Arme legte.

Am späten Morgen kam ich zu einer kleinen Ansiedlung und hielt an. Ich hatte die Fahrrad-Schutzbleche über 7000 Kilometer weit mitgeschleppt, und wie sich jetzt herausstellte, waren sie völlig nutzlos. Eine kleine Schar von Kindern, Männern und Frauen standen um mich herum und schauten zu, wie ich mein Fahrrad ablud, es umdrehte und die Schutzbleche abmontierte. Mein Rad wurde immer stromlinienförmiger.

»Weiße!«, rief ein kleines Kind und löste damit eine ganze Salve von Rufen aus. »Weiße, Weiße!« Wie hatten sie es bloß gemerkt? Meine Haut war mittlerweile rundum ockerfarben.

Endlich war ich fertig und warf einem erschrockenen Dorfbewohner das vordere Schutzblech zu. Das hintere behielt ich, weil es vielleicht ein bisschen voreilig war, beide Schutzbleche auf einmal wegzugeben. Ich schnallte es am Gepäckträger fest, und dort blieb es zehn Tage, bis ich es ebenfalls verschenkte.

Trotz aller Schwierigkeiten an diesem Tag war ich viel besser gelaunt als auf den Straßen Nigerias – der Schlamm war wenigstens nicht lebensgefährlich. Ich kam jedoch nur langsam voran. Im Lauf des Tages stufte ich mein ursprüngliches Ziel, Batibo bei Meile 74, immer weiter zurück. Am frühen Nachmittag begegnete mir ein Dorfbewohner, den ich nach einem näheren Ort fragte. Widikum, sagte er, bei Meile 54. Nach zwei Stunden wusste ich, dass das zu weit war, und fragte einen anderen Vorüberkommenden nach einem näheren Ziel. Kendem, sagte er, bei Meile 37. Das musste machbar sein. Inzwischen war ich tief erschöpft und fand das Ganze nicht mehr so lustig.

Dann tauchten ein paar saubere Hütten am Straßenrand auf, und ich sah Leute, die in ihren Höfen arbeiteten, ein Anblick, der mich aufatmen ließ. Es war Kendem, nur 62 Kilometer von Mamfé entfernt, aber die Dämmerung nahte, ich war seit zehn langen Stunden auf der Straße, und zum ersten Mal in Afrika war mir ziemlich kalt. Aber nachdem jetzt eine Unterkunft in Sicht war, eine Dusche, trockene Kleider und Essen, kehrten meine Lebensgeister sofort zurück.

Ich muss sehr abschreckend auf die Bewohner von Kendem gewirkt haben, schmutzig und abgerissen wie ich war, aber sie kamen spielend damit zurecht.

»Weiße!«

»Weiße!«

»*Dash me something!*«

Ich hielt in dem leichten Nieselregen an und war bald von drei jungen Männern umringt. Nachdem wir uns begrüßt hatten, fragte ich nach einem Dorfvorsteher, der mir eine Unterkunft zuweisen konnte, aber die jungen Burschen starrten mich verständnislos an. Ich fragte nach der Polizei oder der Verwaltung. Einer der Jungen, der ein schlammgelbes T-Shirt anhatte, bot mir an, bei ihm zu übernachten, aber darauf war ich nicht erpicht, und bald entdeckte ich, dass weiter vorne eine Krankenstation mit einer Veranda war – genau das Richtige für mein Zelt, denn alles deutete darauf hin, dass es wieder eine verregnete Nacht werden würde.

Ich fuhr hin, und als ich anhielt, war ich sofort von einer Schar kleiner Kinder umringt. Ich fragte nach dem Doktor. Zwei Jungen liefen über die Straße zu dem Gebäude, und bald kam ein kleiner Mann in weißem Hemd und schwarzer Hose heraus und tastete sich unter einem Regenschirm über die Straße. Er war einverstanden, dass ich mein Zelt auf der Veranda der Krankenstation aufbaute, hatte es jedoch eilig, ins Trockene zurückzukommen. Ich sah, dass seine Frau im Hof das Abendessen zubereitete, und konnte es ihm nicht übelnehmen. (Seine Frau durfte ruhig nass werden!)

Die Kinder ließen sich von dem bisschen Regen und Kälte nicht abschrecken, und da ich gut gelaunt war, veranstaltete ich ein Zauberspektakel und baute mein Zelt unter viel Brimborium auf. Zuerst riss ich die Zeltrolle auf, wedelte sie in der Luft herum, um zu zeigen, dass nichts drin war. Dann hielt ich ein Bündel mit eingeklappten Stangen in die Luft. Die Kinder konnten nicht wissen, dass die Stangen innen mit einem Gummi verbunden waren. Ich hielt das Ende einer Stange hoch und ließ meinen Unterarm herumschnellen, sodass die übrigen Teile heraussprangen. Voilà. Zack, zack, zack. Die Aluminiumteile klickten zu einer einzigen biegsamen Stange zusammen. Oh Wunder! Mein Publikum wich einen Schritt zurück, bis der anfängliche Schrecken sich in fröhliches Gelächter auflöste.

Sobald ich mein Zelt aufgebaut hatte, fragte ich nach einer Badegelegenheit. Meine Energie verpuffte allmählich, und je schneller ich die Waschprozedur hinter mich brachte und zum Essen übergehen konnte, desto besser.

»Sie können in den Fluss gehen«, sagte ein junges Mädchen, das unter den Zuschauern war. Sie hieß Celia, und sie wollte mir mit ihrer Freundin Rose zusammen den Weg zeigen.

»Geht nach Hause«, sagte ich zu den anderen Kindern und winkte ihnen zum Abschied. Ich wollte ungestört baden und versuchte es mit afrikanischer Direktheit, hatte aber wenig Erfolg damit. Celia, Rose und ich wurden von einer begeisterten und stetig wachsenden Menge zum Fluss eskortiert. Ich seifte mich in BH und Unterhose ein, was mir vor dieser kichernden Horde schrecklich unangenehm war. Weiter flussaufwärts wusch sich ein Mann, und wir vermieden sorgfältig jeden Blickkontakt, aber die Kinder hatten keine derartigen Skrupel.

Ich seufzte, biss die Zähne zusammen, und nachdem ich mich fertig eingeseift hatte, sprang ich in den kalten, sauberen, schnell fließenden Bach, um mich abzuspülen. Rose wusch währenddessen meine schlammverkrusteten Socken, die nach ausgiebigem Rubbeln und Schlagen wieder erstaunlich weiß wurden. Allerdings ging meine halbe Seife dabei drauf.

»*Dash me something!*«, rief Rose. Ich gab ihr die restliche Seife, die ihr gefiel, weil sie parfümiert war.

»*Dash me something!*«, verlangte auch Celia, und ich gab ihr meine Feuchtigkeitscreme. Mein Toilettenbeutel hatte gewaltig abgespeckt, aber in Bamenda konnte ich alles wieder neu kaufen.

»*Dash me something!*«, johlten die Kinder. »*Dash me ... dash me!*«

Allmählich wurde es mir zu viel. Ich war erschöpft, meine Muskeln schmerzten, und ich hatte immer noch großen Hunger. »Nein«, sagte ich und flüchtete in der Dämmerung zu meinem Zelt zurück, während die Kinder hinter mir her stolperten.

Die Nacht brach schnell herein, sodass ich mein Rad nicht im Fluss waschen konnte. Außerdem war ein Gewitter im Anzug, und bald schüttete es wie aus Kübeln, sodass es keinen Sinn hatte, auf Essenssuche zu gehen.

Ich kroch in mein Zelt und wühlte in meinem Proviantbeutel. Die Ausbeute war mager – ein Kohlkopf und Bournvita-Trinkkristalle. Den Kohl hatte ich in Mamfé gekauft. Ich hasse Kohl, aber ich bekam hier so wenig Grünzeug, dass ich es mir nicht leisten konnte, wählerisch zu sein. Im Augenblick war mir der Kohl jedoch zuwider, und ich erklärte mich für verrückt, dass ich das Ding überhaupt mitgeschleppt hatte. Ich verputzte stattdessen die Bournvita-Trinkkristalle.

Inzwischen hatte ich alle meine trockenen Kleider übergezogen – nur ein paar T-Shirts außer meiner afrikanischen Baumwollkluft, nachdem ich meinen Pulli im heißen Ghana über Bord geworfen hatte –, und ich lag schlotternd und hungrig in meinem Seidenschlafsack. Ich dachte an William, träumte davon, in einem warmen Bett mit ihm zu liegen, aber es half nichts. Am nächsten Morgen war ich steif und ausgehungert.

Als Erstes musste ich mein Rad sauber kriegen. Ich rollte es zum Waschen in den Fluss, und im Handumdrehen war ich wieder von einer gaffenden Kinderschar umringt. Als ich zum Zelt zurückkam, stellte ich fest, dass der verkrustete Schlamm die Bremskabel überdehnt hatte, und ich musste ein paar Korrekturen vornehmen.

Endlich konnte ich auf Essenssuche gehen. Ich war so ausgehungert, dass ich nicht einmal vor einem Hühnermord zurückgeschreckt wäre, aber ich fand nur eine Frau, die ein paar gekochte Kartoffeln und gebratene Bananen verkaufte. Es schmeckte ausgezeichnet, ein guter Energielieferant für die Straße. Ich bezahlte sie und schenkte ihr den Kohlkopf dazu. Kaffee gab es nirgends zu kaufen – also kein Koffeinschub heute. Die Straße von Kendem nach Widikum war steiler als die gestrige und zudem mit tiefen Schlammlöchern übersät. Nach kurzer Zeit war ich wieder von Kopf bis Fuß mit Wasser und Schlamm voll gespritzt. Ich hatte immer noch Hunger, aber es kamen keine Dörfer, nur ein paar kleine Ansiedlungen, und ich hielt vergeblich nach Kochfeuern Ausschau. Am späten Morgen fand ich schließlich eine Frau, die *puff-puffs* verkaufte, in Öl gebratene Teigbällchen. Ich kaufte ein paar und verschlang sie gierig.

Die Euphorie der letzten Tage war verflogen, und ich fühlte mich jetzt sehr einsam auf dieser stillen Straße. In Gedanken flog ich zu William, meinen Eltern und meinen Freunden zurück, eine Art geistige Flucht aus meinem gegenwärtigen Elend. Ich sah sie alle deutlich vor mir. Gesprächsfetzen und Worte aus ihren Briefen gingen mir im Kopf herum, aber es hatte nur die Wirkung, dass ich mich noch einsamer fühlte. Wie sollte ich damit fertig werden? Es wurde zu einer zusätzlichen Belastung. In mir war eine Art Leere, manchmal wie ein bohrender Schmerz in meinen Eingeweiden, der meine Erschöpfung noch verstärkte.

Ein Frau kam mir um eine Biegung entgegen, und unsere Blicke kreuzten sich. Sie sah auch erschöpft aus und ging mit langsamen, schweren Schritten. Sie trug eine große Bananenstaude, frisch vom Baum geschnitten, auf ihrem Kopf. »*Aysha!*«, rief sie mit müder Stimme.

»*Aysha!*«, rief ich zurück, ohne zu wissen, was es bedeutete, aber ich hoffte, dass ich »Hallo« gesagt hatte, nicht »Weiße«.

Ich fuhr weiter und traf auf einen älteren Mann. Er saß auf einer Böschung, mitten im Niemandsland, mit einem großen, bootsförmigen Bananenblatt als Sonnenschutz auf dem Kopf. »*Aysha!*«, sagte er.

»*Aysha*«, antwortete ich mit einem erschöpften Lächeln, und er lächelte zurück. Er sah sehr alt und verrunzelt aus.

Die Straße zog sich weiter durch eine düstere Urwaldhöhle, die nach Verfall roch. Ich schob das Rad und griff hin und wieder nach unten, um meine juckenden Beine zu kratzen. Ich war völlig zerstochen.

Ein junger Mann in einem nassen Baumwollhemd und einer Hose, die ihm an seinem dünnen Körper klebte, kam im Leerlauf auf seinem großen, klapprigen chinesischen Fahrrad heruntergesaust. Er hielt neben mir an. »Warum quälen sich die Weißen so?«, fragte er.

Ich wusste nicht, was ich sagen sollte, und ich hatte auch gar keine Kraft zum Reden. Ich zuckte mit den Schultern, und dann war er fort. Doch seine Frage brachte mich ins Grübeln: Ich quälte mich wirklich.

Wollte ich mich selber finden? Eine hirnrissige Idee. Oder glaubte ich etwa, dass mein wahres Ich hinter der nächsten Straßenbiegung auftauchen würde? Dass meine Hemmungen und Verschrobenheiten von mir abfallen und ich über Nacht ein anderer Mensch sein würde? Weit gefehlt – ich war hier kein bisschen anders als in der Stadt: dickköpfig und launisch, an Business- und Frauenthemen interessiert, auf saubere Kleider und Spülklosetts fixiert. Das Einzige, was ich mir bisher erworben hatte, waren dickere Muskeln und Narben.

Und das Abenteuer? Hatte ich das wenigstens gefunden? Ja, schon, aber es hatte wenig Spektakuläres an sich. Das hier war kein Bungee-Jumping. Was mich faszinierte, war vielmehr die Freiheit, die ich hatte, die Ungewissheit, wo ich am Abend ankommen und wem ich begegnen würde. Es war ein gutes Gefühl, allein auf die eigene Geistesgegenwart und Körperkraft angewiesen zu sein. Das Leben zu spüren, anstatt nur als Betrachter daneben zu stehen, das war für mich, wie ich jetzt erkannte, einer der wichtigsten Aspekte dieser Reise.

Ich hatte im Lauf der Monate viel über die politische Landschaft Afrikas und die Konflikte mit dem Westen erfahren, aber manches hatte ich vorher schon gewusst. Das eigentlich Neue waren für mich die Einblicke in das Alltagsleben in den Dörfern, die ich gewonnen hatte – in die tieferen Schichten Afrikas, den Bereich, der den Kontinent trotz allem in Gang hält. Ich wusste um die Dinge, die das Dorfleben ausmachten – die Härten und Ungerechtigkeiten, die Fürsorge und Verantwortung, die schwere Arbeit, das Leiden. Gut und schön, sagte ich mir, aber was hatte ich davon? Und was nützte es den Leuten, mit denen ich zusammenkam?

Warum ging ich nicht einfach nach Hause, weg von diesem täglichen Kampf, dieser Qual, dieser schrecklichen, nagenden Einsamkeit, zurück in mein behagliches kleines Leben? Ich seufzte. Ich war zu müde, um eine Antwort auf diese Fragen zu finden.

Am Spätnachmittag kam ich in Widikum an (bei Meile 54), einem winzigen Ort, der mich an eine Western-Stadt erinnerte: Holzhäuser mit breiten Veranden, und die Leute strotzten vor Energie, was ich seit Nigeria nicht mehr erlebt hatte. Widikum lag in einer weiten Lichtung, und es war eine Wohltat für mich, aus dem finsteren Urwaldtunnel ans Tageslicht zu kommen. Ich suchte mir etwas zu essen – Bananen und ein paar *puff-puffs*. Zum Frühstück war ich zu spät dran und zum Abendessen zu früh, sodass ich nichts Warmes auftreiben konnte. Ich kaufte Reis, Zwiebeln und Tomaten. Im Lauf des Tages hatte ich nach trockenen Zweigen und Ästen Ausschau gehalten, was in diesem Klima nicht einfach war, aber ich hatte einen kleinen Stapel zusammengebracht. Holz, Reis und Gemüse waren die Garantie für mich, dass ich heute Abend ein warmes Essen bekommen würde.

Ich verspeiste meine letzten *puff-puffs* am Straßenrand, und ich muss einen jämmerlichen Anblick geboten haben, nass und schmutzig, wie ich war. Ein Buschtaxi kam von Bamende her. Der Verkehr war spärlich – es war das erste Auto, das ich heute gesehen hatte. Ein Mann arbeitete sich aus dem Taxi heraus. Er war um die 30 und trug einen Anzug, was hier sehr seltsam anmutete. Wir tauschten Grüße aus. Er fragte mich nach meiner Reise, ich ihn nach seiner Arbeit. Er arbeitete in einem Verwaltungsbüro in dem winzigen Widikum und war zum Einkaufen in Bamenda gewesen. Plötzlich stellte er mir dieselbe Frage wie der Mann auf dem Fahrrad.

»Warum quälen sich die Weißen so?« Und dann fügte er hinzu: »Wir arbeiten für Geld, damit es uns und unseren Familien besser geht. Wir sehen Videos von Weißen, die in schönen Häusern leben, mit schönen Frauen. Wir sehen Weiße in großen, klimatisierten Wagen vorüberfahren, und sie sehen sauber und reich aus. Dann sehen wir Weiße wie Sie, die sich im Schmutz abstrampeln. Warum tun Sie das? Warum quälen Sie sich, so wie wir es müssen?«

Die Antwort fiel mir nicht leicht, obwohl ich mir lange genug den Kopf darüber zerbrochen hatte.

»Ich fühle mich hier lebendiger und freier«, sagte ich schließlich. »Und vielleicht bin ich ein bisschen verrückt.« Ich lachte, das erste Mal an diesem Tag.

Der Mann nickte und lachte auch.

Ich wechselte schnell das Thema. »Wie ist die Straße zwischen hier und Bamenda?«, erkundigte ich mich.

»Nicht gut«, sagte er und fügte mit einem verschmitzten Lächeln hinzu: »Sie werden sich quälen müssen.« Mist.

Am späten Nachmittag hielt ich bei einem Weiler an, der in einen Berghang gebaut war, kurz vor Batibo. Ich konnte einfach nicht mehr weiter – meine Beine waren wie Zement. Ich hatte nicht mehr als 30 Kilometer an diesem langen Tag zurückgelegt, und trotzdem war ich völlig ausgepowert und mehr tot als lebendig.

Ein Jugendlicher in einem blauen Trainingsanzug und Spike-Laufschuhen trat mir aus dem kleinen Grüppchen entgegen, das sich bei meiner Ankunft zusammengeschart hatte – ich glaube, weil er am besten Englisch sprach. Er hieß Peter, ein ruhiger, ernster Junge, der mir auf Anhieb sympathisch war. Er zeigte mir, wo ich mein Zelt aufbauen konnte: ein Stück weit entfernt von den strohgedeckten Lehmhütten auf einem flachen, erhöhten Gelände. Zumindest war ich aus der Waldüsternis in die lichteren Hochebenen gekommen. Die Luft war frisch, und ich hatte einen wunderbaren Blick auf den Regenwald und die bewirtschafteten Täler unten, während über mir die Grasebenen in der Sonne glühten. Nur wenige Leute blieben da, während ich mein Zelt aufbaute, sodass ich mich geschützter fühlte als unter der Kinderschar in Kendem.

Peter führte mich zu einem nahen Bach und ließ mich in einer kleinen Feengrotte mit einem gurgelnden Rinnsal zurück. Ich zog mich aus und nahm meinen Plastikbecher, um mich mit dem eiskalten Wasser abzuduschen. Es war erfrischend, meine Energien kehrten zurück, und ich stand bibbernd auf den moosigen Steinen und schaute in das kristallklare Wasser. Meine Knöchel schmerzten von der Kälte, aber es war mir egal. Das war es, warum ich die ganze Quälerei auf mich nahm – um magische Orte wie diesen hier zu erleben. Erst durch die Strapazen, denen ich tagsüber ausgesetzt war, wusste ich die kleinen Freuden am Abend richtig zu schätzen. Ich ging leichteren Herzens zu meinem Zelt zurück.

Eine alte Frau kam mir auf der Straße entgegen.

»Guten Abend«, sagte ich.

»Guten Abend«, grüßte sie zurück. Sie war sehr klein und gebeugt und trug ein verwaschenes *pagne*. Ich sagte ihr, dass ich vom Baden käme, und sie schüttelte traurig den Kopf.

»Ach, das Wasser ist zu kalt«, rief sie zu meiner Überraschung auf Englisch aus, »man bekommt nur Rheuma davon!«

Es dämmerte fast, und ich ging zum Rand des Steilhangs, um zuzusehen, wie die Sonne hinter den Bergen versank, durch die ich heraufgekommen war. Peter gesellte sich leise zu mir, und wir saßen eine Weile beisammen. In den Tälern stieg Nebel auf, und die Sonne, ein orangefarbener Feuerball, glitt jetzt rasch hinab. Der Himmel hinter den Berg-Silhouetten erstrahlte in unbeschreiblicher Farbenpracht – eine Schönheit, die mir die Kehle zuschnürte.

Plötzlich machte Peter den Mund auf. »Das Land ist schlecht – so viele Hügel und Täler, so steile Hänge – das macht die Arbeit auf den Feldern sehr schwer.« Ich sah es mit seinen Augen und nickte.

Als es dunkel wurde, ging ich zu meinem Zelt zurück und versuchte mit den Zweigen, die ich gesammelt hatte, ein Feuer in Gang zu setzen. Ich war völlig ausgehungert und freute mich auf etwas Warmes. Ich verbrauchte massenhaft Streichhölzer und blies mir die Lunge aus dem Leib, aber mehr als Qualm brachte ich nicht zustande. Natürlich war ich wieder von Zuschauern umringt und schämte mich sehr, dass ich mich so ungeschickt anstellte. Ich wandte mich an Peter und fragte ihn, ob er mir helfen könne.

»Ich?«, rief Peter entsetzt. »Oh, nein! Wir kochen mit Kerosin.«

Ich musste mich mit einer kalten Mahlzeit – Tomaten, Zwiebeln und *puff-puffs* – begnügen. Es war scheußlich, und hinterher saß ich schlotternd vor meinem Zelt und schaute in die Sterne. Die Nacht war finster, kein Mond, und die Leute hatten sich in ihre Hütten zurückgezogen. Ich kratzte meine juckenden Insektenstiche und dachte darüber nach, wie sehr sich meine Wahrnehmungen von denen der Leute hier unterschieden: Ich sah einen idyllischen Badeplatz, während die Großmutter an das kalte Wasser dachte, von dem sie Rheuma bekam. Ich bewunderte den prachtvollen Sonnenuntergang, und Peter hatte nur die harte Arbeit vor Augen. Ich wollte auf einem offenen Feuer kochen; die Dorfbewohner nahmen lieber Kerosin. Und ich hatte mir eingebildet, dass ich mit dem Dorfleben vertraut war!

Nachdem ich zwei weitere Tage im Schneckentempo und mit wenig Essen zurückgelegt hatte, war ich nur noch ein paar Kilometer von Bamenda entfernt. Die Straße war nicht »*fine*« gewesen, und zudem hatte es ein heftiges Unwetter gegeben, sodass sich ganze Schlammströme die Straße herunterwälzten und über sie hinwegschossen. An manchen Stellen musste ich durch tiefe, schnell fließende Bäche waten. Wenn schon!

Als ich endlich auf Asphalt kam – ich heulte vor Freude –, hörte der Regen auf. Häuser tauchten auf, und plötzlich sah ich ein Schild »Bamenda Modern Bakery«, und es duftete nach frisch gebackenem Brot. Ich legte eine Vollbremsung ein und ging, tropfnass wie ich war, in den Laden, um ein *pain au chocolat* zu kaufen.

»Kommen Sie von Mamfé?«, fragte der Ladenbesitzer entsetzt. Ja, nach vier Tagen war ich angekommen.

Bamenda, die Hauptstadt der Nordwestprovinz, war eine große, freundliche Stadt mit frischer, sauberer Bergluft und vielen Nadelbäumen. Die »Commercial Avenue« war die wichtigste Geschäftsstraße, und meine erste Handlung bestand darin, mir einen neuen Kocher zu kaufen. Schluss mit der Lagerfeuer-Romantik – von jetzt an wurde mit Camping-Gas gekocht.

Bamenda war auch politisch bedeutsam: Es war die Heimatstadt von John Fru Ndi, dem populären Führer der wichtigsten Oppositionspartei, der hier eine Buchhandlung führte. Kamerun wurde seit 1982 von dem nicht gewählten Präsidenten Paul Biya regiert, aber im letzten Oktober waren Präsidentschaftswahlen abgehalten worden, wie unter der neuen demokratischen Verfassung vereinbart. John Fru Ndi hatte vermutlich verloren – mit 37 Prozent gegenüber Biyas 40 Prozent –, aber die Wahl war nach Meinung von Beobachtern eine Farce gewesen. Auch Kamerun litt unter einem Diktator, der nicht einsehen wollte, dass seine Zeit abgelaufen war, dass die Leute ihn nicht mehr wollten. Die Opposition gegen Biya hatte sich ursprünglich im anglophonen Kamerun formiert und dann immer weiter ausgebreitet. 1991 war ein Generalstreik ausgerufen worden, der immer noch in Kraft war. Die Leute streikten von Montag bis Freitag, was Bamenda zur »*ville morte*« machte, zur toten Stadt. Der Handel, hauptsächlich mit Gütern des täglichen Bedarfs, fand außerhalb der Geschäftszeiten statt – wenn überhaupt. Die Wirtschaft des Landes, einst eines der wohlhabendsten Afrikas, war zerrüttet. Die Opposition hatte eine neue Verfassung durchgesetzt, aber Biya war immer noch an der Macht. Er hatte die Demonstrationen nach der Wahl zum Vorwand genommen, um Fru Ndi und andere Oppositionsführer mit Hausarrest zu belegen, und laut Amnesty International gab es Massenverhaftungen und zahlreiche Tote in den westlichen Provinzen.

Ich suchte Fru Ndis Buchladen, fand ihn aber nicht.

Stattdessen lernte ich bei meinen Streifzügen durch Bamenda einen australischen Kaffeeröster kennen. Bamenda ist dank des

Kaffees, der in den umliegenden Hochländern angebaut wird, eine wohlhabende Stadt. Tony und seine Frau Jacqui luden mich in ihr Haus in »Upper Station« ein, einem Viertel, in dem weiße Geschäftsleute und reiche Kameruner lebten und das hoch oben auf einem Steilhang über Bamenda lag. Es war eine anstrengende Fahrt die steile Straße hinauf, aber zur Belohnung wurde ich zwei Tage lang nach Strich und Faden verwöhnt, bekam Kaffee und Croissants zum Frühstück und konnte in sauberen, trockenen Kleidern, von Jacqui geborgt, herumlaufen, während meine eigenen in der Waschmaschine gewaschen wurden.

Doch bald wurde es Zeit, den Elementen wieder die Stirn zu bieten. Ich fuhr auf der Ringstraße los, einer Panoramastraße, die um die hügeligen »Grassfields« herumführt, eine der schönsten Landschaften im Hochland von Bamenda. Ich wollte auf dieser Strecke 109 Kilometer nach Osten fahren, bis zu den beiden kleinen Städtchen Ndop und Jakiri, dann die Panoramastraße verlassen und weitere 100 Kilometer südwärts bis Foumban zurücklegen. (Foumban ist keine Provinz-Hauptstadt, aber die Hauptstadt des Bamoun-Stammes, der in dieser Provinz lebt, und daher ein wichtiges Zentrum.)

Als ich meinen letzten Frühstückskaffee trank, rieten mir meine Gastgeber, eine Abkürzung über Sagbo zu nehmen (nicht in meiner Michelinkarte eingezeichnet). »Die Strecke ist nicht nur kürzer, sondern wunderschön«, verkündete Jacqui fröhlich.

Ich sollte noch an ihre Worte denken.

Die ersten fünf Kilometer bestanden aus aufgewühltem nassem Schlamm, der das Fahren schwierig, aber nicht unmöglich machte. Dann wurde die Straße steiler, und es stellte sich heraus, dass ich einen wilden Pass überqueren musste, auf den sich nicht einmal eine Bergziege hinaufgewagt hätte. Bald brach der Regen los, und die Fahrspur verwandelte sich in eine glänzende, glitschige Matschfläche. Ich stieg ab und schob, konnte es aber trotzdem nicht verhindern, dass ich weiter hangabwärts schlitterte, als ich bisher hinaufgekommen war. Schließlich landete ich nach einer rasanten Talfahrt der Länge nach in einer Senke, wurde so glitschig wie die Straße und gab auf. Ich lud das Fahrrad ab und schleppte das Gepäck in zwei Ladungen hundert Meter weit den Berg hinauf, dann ging ich ein drittes Mal zurück, um mein Fahrrad hochzuholen. Diesen Vorgang wiederholte ich, bis ich zwei Stunden später endlich den Pass erreichte, auf dem im selben Augenblick ein fürchterliches Gewitter losbrach. Ich erspähte einen einsamen kleinen Baum, unter dem ich vergeblich Schutz vor den eisigen Regengüssen suchte.

Mein Frühstückskaffee war unendlich weit weg.

Ich zitterte vor Kälte und aß einen kamerunischen Schokoriegel (aus Bamenda), um wieder zu Kräften zu kommen.

Der Weg nach unten war so schlüpfrig wie der Aufstieg, und an Fahren war gar nicht zu denken. Ich grub meine Fersen in den Schlamm, bevor ich das Fahrrad mit seinem ganzen Gewicht nachrutschen ließ, und stemmte mich rückwärts in den Berg, um der Schwerkraft entgegenzuwirken – und trotzdem schlitterte ich mehrmals gefährlich den Hang hinunter.

Gegen vier Uhr (um neun war ich aufgebrochen) kam ich endlich in einem kleinen Dorf an – ich hatte nicht mehr als elf Kilometer zurückgelegt! Der Ort bestand nur aus ein paar Holzhäusern, von kleinen, gepflegten Gärtchen mit blühenden Büschen und winzigen Hecken umgeben, aber für mich war es, als würde ich in die Zivilisation zurückkommen. Der Regen hatte aufgehört. Ich stieg wieder auf – die Straße ging jetzt nicht mehr so steil bergab – und landete auf dem Hintern. Also weiterschieben. Ich vermisste meine Spezialreifen schmerzlich.

Als ich das Dorf verließ, kam jedoch die Sonne durch, der Himmel wurde blauer, und eine atemberaubend schöne Landschaft tat sich vor mir auf. Die schmale, glänzende, ockergelbe Straße wand sich zwischen hohem smaragdgrünem Gras hinunter, das mit zarten Blumen gesprenkelt war. Runde grüne Hügel und kahle, hohe Granitfelsen glänzten regenfeucht. Stimmen ertönten, ein Bach gluckerte, Vögel zwitscherten. Alles war frisch und hell und offen.

Dann sah ich einen alten Mann, der mir entgegenschaute.

»Wo ist Ihr Mann?«, fragte er unvermittelt, als ich anhielt.

»Ich habe keinen«, sagte ich stolz, dachte aber insgeheim: Ja, wo war er, wo nur? Ich beschwor William im Geist herauf, während ich das Rad weiterschob, und da blieb er eine Weile, bis der Schmerz zu groß wurde und ich schnell an etwas anderes dachte.

»*Aysha!*«, rief eine alte Frau, die auf mich zukam, unter einer schweren Last gebeugt. Als sie den Kopf hob, die Augen starr vor Erschöpfung, begegneten sich unsere Blicke.

»*Aysha*«, erwiderte ich. Wahrscheinlich sah ich auch sehr müde aus. Ich schob weiter. Ich musste unbedingt herausfinden, was dieses Wort bedeutete – morgen.

Der Schlamm war jetzt zäher, nicht mehr so glitschig. Nach ein paar Stunden ohne Regen trocknete er allmählich, und ich stieg auf und radelte vorsichtig durch die hügelige grüne Landschaft. Gegen fünf Uhr, nachdem ich 15 Kilometer zurückgelegt hatte, erreichte ich die Hauptstraße von Bamenda nach Ndop. Die Abkürzung hatte mich acht Stunden gekostet!

Zu dieser späten Stunde, in der klaren, rein gewaschenen Luft war die Landschaft noch spektakulärer, ein bisschen wie im schottischen Hochland. Bei jeder Biegung tauchte ein kleiner Wasserfall auf, und Nebel hing über den hohen Bergen. Nach ein paar Kilometern erreichte ich das Städtchen Sagbo, aber ich hielt nicht an, weil Tony und Jacqui mir geraten hatten, bis Bamessing zu fahren, wo es eine Presbyterianer-Mission gab und ein paar Schweizer, mit denen sie bekannt waren.

»Es ist nur zehn Kilometer hinter Sagbo«, hatte Tony gesagt. Ich hätte inzwischen wissen müssen, was ich von ihren Tipps zu halten hatte, aber der Gedanke an eine Dusche und eine trockene Nacht war einfach zu verlockend. Leider hatte ich nicht bedacht, dass Bamessing in der Ndop-Ebene unten lag – der Endpunkt eines zehn Kilometer langen Zickzack-Abstiegs. Die Straße fiel fast sofort ab, nachdem ich Sagbo verlassen hatte. Zum Glück war die Strecke geteert, eine ungeahnte Wohltat in der Nordwestprovinz. Dann fing es wieder an zu regnen. Eisiger, peitschender Regen. Auf einmal merkte ich, dass es gar kein Regen war – es hagelte! Große Eisgeschosse prasselten auf mich herunter, und das 6 Grad nördlich des Äquators!

Immer weiter ging es bergab. Ich hätte nie gedacht, dass Abwärtsfahren so schlimm sein kann. Die Straße war steil und glitschig und voller Wasser, und ich bremste wie verrückt, aber die Bremsbacken glitschten an den Felgen ab, ohne dass sich mein Tempo nennenswert verringerte. Meine Hände schmerzten, bis ich schrie.

Endlich kam ich in der Ebene unten an und konnte das Fahrrad anhalten – mitten in einem Fluss, der über die Straße fegte.

Ich fragte mich zu der Presbyterianer-Mission durch, wo ich ohne viel Aufhebens ein Bett zugewiesen bekam. Ich war auch viel zu müde zum Reden. Ich nahm das Bett dankbar an, war froh, dass ich in der wilden Nacht nicht draußen sein musste, und fiel sofort in einen tiefen Schlaf.

Wie üblich erwachte ich am nächsten Tag ausgeruht und zuversichtlich, und ich brach früh auf, um durch das Tiefland des Ndop-Beckens zu fahren. Es waren die »Grassfields« – hohes, grünes Gras und reifender Mais –, und die Landschaft sah sehr schön aus vor dem Hintergrund der hohen grünen Berge und dem blauen Himmel. Es war Sonntag, und als ich auf Ndop zufuhr, begegnete ich vielen Männern, Frauen und Kindern im besten Sonntagsgewand, die auf dem Weg zur Kirche waren oder von dorther kamen. Ich hielt an, um etwas zu trinken, und ein paar Familien blieben ebenfalls stehen.

»*Aysha!*«, sagte ein Mann. Er war dünn, trug eine Brille und hielt ein kleines Mädchen in einem Spitzenkleid an der Hand.

»*Aysha!*«, sagte ich und fragte schnell, was das Wort bedeutete.

»*Aysha*«, wiederholte er ernst. »Es bedeutet: Ich achte deine Mühe.«

Ein schöner Gruß, fand ich.

Ich fuhr weiter durch die Ebenen, aber am frühen Nachmittag verschwand die Sonne, Wolken zogen auf, und es fing an zu regnen. Verdammt. Die Straße wurde schlammiger, und ich fuhr langsamer. Meine Energiereserven schwanden dahin, und trotz Schokoladenzufuhr war ich nach einer Stunde völlig ausgelaugt. Plötzlich kam das Fahrrad an einer glitschigen Stelle ins Rutschen, und ich mit ihm. Das Rad und die Taschen auf der einen Seite waren mit ekligem braunem Matsch überzogen. Meine Shorts klebten vor Schlamm, und meine Schuhe verwandelten sich in schwere Schlammgaloschen. Ich kämpfte mich noch kurze Zeit weiter, aber als ich einen offenen Unterstand zwischen den Feldern am Straßenrand sah, legte ich eine Erholungspause ein. Ich machte Wasser auf meinem Kocher heiß und kochte Kaffee, während der Regen draußen herunterplatschte. Ich hatte genug von all dem Dreck.

Plötzlich tauchte eine alte Frau aus dem hohen Mais auf. Sie hatte wahrscheinlich den ganzen Tag auf dem Feld gearbeitet und ging jetzt nach Hause. Ihre Kleider waren zerlumpt und so nass wie meine.

»*Aysha!*«, rief sie, und als ich ihrem Blick begegnete, sah ich die Erschöpfung und den Schmerz in ihren Augen. Es war ein vertrautes Bild in diesem Teil der Welt. Wir litten alle dieselben Qualen.

»*Aysha!*«, grüßte ich zurück, und es kam mir aus tiefstem Herzen.

Am späten Nachmittag kämpfte ich mich auf einer weiteren einsamen Schlammstraße aus dem Ndop-Becken herauf, diesmal nach Jakiri. Es war nicht ganz so schlimm wie der Bergpass gestern. Zumindest musste ich mein Fahrrad nicht abladen. Hart war es trotzdem – schweißtreibendes Schieben in ständig wiederkehrenden Regengüssen, die den Weg in flüssigen Matsch verwandelten. Die letzten zwei Tage hatten mich an die Grenzen meiner Kraft gebracht, und meine Batterien leerten sich im Nu.

Dann tauchten ein paar Vans auf und rissen mich aus meinen Gedanken. Fahrzeuge waren immer noch selten und kamen in großen Abständen.

Als sie nahe genug heran waren, konnte ich die Botschaften auf ihrer Kühlerhaube lesen: »Ohne Fleiß kein Preis«, verkündete der erste Van, als er vorbeizischte. »Geduld!«, stand auf einem anderen. Ein guter Rat.

Schließlich kam ich in ein kleines Dorf und hielt bei einer Bar an, um nach der Straße nach Jakiri zu fragen. Die Männer, die wenig Anteilnahme zeigten, schlugen eine Abkürzung vor. Ich war misstrauisch nach meinen jüngsten Erfahrungen, aber es dämmerte bereits, und eine Abkürzung konnte ich gebrauchen.

»Geht es bergauf?«, fragte ich. Das war mein oberstes Kriterium bei der Straßenwahl.

»Nein, ziemlich flach«, sagte einer der Männer. Es seien ungefähr zwei Kilometer, und ich würde vier Kilometer einsparen, erfuhr ich noch. Ich folgte ihrem Rat – es wurde bereits dunkel.

Die Abkürzung entpuppte sich als glitschiger Fußweg, momentan eher ein Bach, der ziemlich eben war, aber an einem steilen Hang entlangführte. An einer Stelle rutschte und schlitterte ich fünf Minuten lang herum, bis ich es geschafft hatte, mich und das Rad eine kleine Anhöhe hinaufzuhieven.

Als ich auf die Hauptstraße zurückkam, war ich völlig zerschlagen, und selbst die Schokoladenzufuhr konnte mich nicht mehr aufmöbeln. Ich fluchte eine Weile vor mich hin, dann rappelte ich mich auf, meine Beine gehorchten mir wieder, und ich stapfte im Dämmerlicht weiter. Ich traute mich nicht, wieder aufs Rad zu steigen, nicht einmal auf den sanften Abwärtsstrecken, die jetzt kamen, weil ich einfach nicht die Kraft dazu hatte.

Wo bleibt dieses verdammte Jakiri? brüllte ich in den Wind, aber bald war ich so schwach, dass ich nicht einmal mehr fluchen konnte. Ich verfiel in dumpfes Schweigen und schob mein Rad durch die Dunkelheit, die mich jetzt einhüllte.

Plötzlich leuchteten Scheinwerfer auf, ein einsamer Wagen kam auf mich zu und hielt an.

»Suchen Sie eine Unterkunft?«, fragte der Fahrer grinsend. Ich nickte schwach. »Das Hotel ist dahinten«, fuhr er fort. Ich war daran vorbeigefahren!

Das »Trans-African Hotel« war nirgends angekündigt, aber der Autofahrer zeigte mir die Abzweigung, und ein paar Jungen, die aus dem Dunkel auftauchten, halfen mir, mein Fahrrad den schlammigen Hang zu dem einfachen kleinen Hotel hinaufzuschieben. Ich war angekommen.

Ich bekam eine enge Zelle zugewiesen und schob das Rad hinein. Ich lud mein Gepäck ab, dann legte ich mich auf das harte Bett und fühlte mich sehr seltsam – meine Augen waren offen, aber mein Geist und mein Körper hatten abgeschaltet. Endlich schlief ich ein.

Am nächsten Tag war ich immer noch benommen. Mein Verstand arbeitete in Zeitlupe, und mein Körper war bleischwer und fühlte sich an, als ob er mir gar nicht gehörte. Die Fahrt von Mamfé und die letzten zwei Tage hatten mich restlos erschöpft, und diesmal kehrte meine Energie nicht zurück. Ich lag im Bett, registrierte vage, dass ich noch in meinen nassen Kleidern war, und schaute auf mein Fahrrad, das in einer Ecke stand, von seiner Last befreit, schlammverkrustet und verloren.

»Guten Morgen, Ibn«, lallte ich erschöpft. Irgendwo in meinem müden Kopf war mir der Gedanke gekommen, dass mein treuer Weggefährte einen Namen brauchte, und ich hatte ihn Ibn genannt, nach Ibn Battuta. Ibn bedeutet »Sohn von« – ich würde ihn demnach Ibn Watson nennen. Sehr passend!

Das Packen und Frühstücken ging im Schneckentempo vonstatten. Ich stand auf, um zu duschen, als ich wieder den schlammigen Ibn in seiner Ecke stehen sah und mir plötzlich einfiel, dass ich ihn in die Duschkabine rollen könnte. Ich ging also mit Ibn unter die Dusche.

Verdammt – was hatte ich mir dabei gedacht? Ibn war so dick mit Schlamm verkrustet, dass der Abfluss verstopfte. Das Schlammwasser quoll wieder hoch, und die Dusche verwandelte sich in einen See. Zum Glück war ich viel zu benommen, um mich darüber aufzuregen. Ich bekämpfte den See mit Toilettenpapier, im Schneckentempo, versteht sich, und ohne große Wirkung, selbst nachdem ich eine halbe Stunde gewischt hatte. Es war einfach zu viel Schlamm da. Was sollte ich bloß dem Hotelbesitzer sagen?

Ich wäre vielleicht noch einen Tag geblieben, aber jetzt packte ich zerknirscht und feige meine Sachen zusammen, ließ ein bisschen extra Geld im Zimmer und stolperte hinaus.

Als ich Jakiri in Richtung Foumban verließ, registrierte ich kaum, wie ich aussah. Meine Wahrnehmungen, Gefühle, Gedanken blieben gedämpft. Der Schlamm war klebrig und verklumpte an den Reifen, sodass ich nach wenigen Minuten wieder absteigen und das Zeug mit den Händen abschälen musste. Wieder war ich voller Schlamm – ich hatte ihn unter den Nägeln, auf den Kleidern, an den Beinen. Es regnete so heftig, dass die Haut an meinen Fingern schrumpelig wurde und den ganzen Tag so blieb. Die Insektenstiche hatten sich entzündet, und solange sie dauernd nass waren, würden sie auch nicht verheilen. Immer wenn ich wieder aufstieg, hatte ich Angst, das Rad könnte unter mir wegrutschen. Ich war in den letzten Tagen zu oft gestürzt und hatte es satt, von oben bis unten mit Schlamm bedeckt zu sein. Aber schieben wollte ich auch nicht mehr. Ich war den Tränen nahe.

Warum ich weitermachte? Weil ich zu müde war, um mir etwas anderes zu überlegen. Ich hatte nur einen Gedanken: nach Foumban zu kommen, aus dem Bamenda-Hochland hinaus, auf geteerte Straßen.

Am Abend fand ich ein kleines Dorf-Resthouse, in dem ich übernachten konnte. Mitten in der Nacht wachte ich schlotternd auf, und am nächsten Morgen fühlte ich mich, als ob ich unter eine Dampfwalze geraten wäre. Ich musste mich regelrecht vom Bett hochstemmen, als ich aufs Klo musste. Es war eine mühsame Prozedur – ich war völlig steif und wund.

Ich stolperte zur Latrine, einem bestialisch stinkenden Loch im Boden.

Mein Abscheu vor stinkenden Dorfklos hatte auch sein Gutes: Ich wusste, dass ich hier nicht krank werden durfte. Ich würde mich einen weiteren Tag durch den Schlamm kämpfen, um Foumban zu erreichen, das hoffentlich eine größere Stadt mit Wasserversorgung und sanitären Anlagen war.

Ich schaffte es tatsächlich bis Foumban, fand ein altes Kolonialhotel, »Le Prunier Rouge«, und mietete mich in ein schäbiges, aber luftiges Zimmer mit einem richtigen Bad und Toilette ein. Obwohl ich nachmittags wieder Schweißausbrüche hatte und so schwach war, dass ich Hilfe brauchte, um Ibn samt Gepäck in mein Zimmer hinaufzuschaffen, putzte ich als Erstes das Bad und die Toilette. Ich wollte hier eine Weile bleiben, und wenn ich sauber machte, war es mein Zuhause, und jeglicher Schmutz, der hinzukam, würde mein eigener sein.

Die Schweißausbrüche wiederholen sich am nächsten Morgen, und ich tippte auf Malaria. Malariaparasiten werden von Moskitos in das Blut ihres Wirtes übertragen, wie ich seit Als Erkrankung wusste. Die Diagnose kann schwierig sein, da die Symptome bei den einzelnen Stämmen stark variieren, und unter dem Mikroskop ist der Malariaparasit im Blut eines Europäers nicht immer leicht zu erkennen. Wenn die Behandlung sich jedoch verzögert, kann das bedeuten, dass der Parasit sich im Blutstrom rasant vermehrt und sich dann in seiner latenten Phase in der Leber versteckt. Hat er sich dort erst eingenistet, so wie bei Al, ist es viel schwieriger, ihn auszumerzen. Ich ließ keine langwierigen Bluttests machen, sondern nahm sofort Halfen, ein Malariamittel, das ich bei mir hatte. Die Schweißausbrüche hörten auf, und ich war froh, dass ich offenbar eine Variante erwischt hatte, bei der das Medikament anschlug. Aber ich fühlte mich sehr schwach. So beschloss ich, meinem Körper – und meiner Seele – vier Tage absolute Ruhe zu gönnen.

Ich ertrug es nicht mehr, nass zu sein, und da es immer noch unablässig regnete, blieb ich die meiste Zeit in meinem Zimmer. Foumban war auf mehreren üppig grünen Hügeln erbaut – Häuser mit roten Lehmwänden und rostigen Dächern, Mango- und Papayabäume, Bananen- und Dattelpalmen und sprießender Mais – und sicherlich ein interessanter Ort. Sehenswert war zum Beispiel der Sultanspalast, das reiche Handwerks- und Antiquitätenviertel und der betriebsame Markt. Ich raffte mich irgendwann auch auf, das alles anzuschauen, ja ich kaufte sogar Stoff auf dem Markt und ließ mir ein neues Afrika-Ensemble schneidern, damit ich meine alten, abgetragenen Kleider wegwerfen konnte. Ich blieb jedoch lustlos, außer wenn draußen ein Unwetter losbrach. Dann saß ich an meinem Fenster, schaute in die zuckenden Blitze, lauschte auf das Donnergrollen und den Regen, der auf das Blechdach trommelte, beobachtete die Leute, die unter Bananenblättern und umgedrehten Wannen davonrannten, und ergötzte mich an den Schlammbächen, die die Straße überfluteten – und das alles von meinem schönen trockenen Plätzchen aus.

Meine Einsamkeit wurde in dieser Zeit nahezu unerträglich. Seit ich tagsüber nicht mehr von den Strapazen der Straße abgelenkt wurde, machte sich der nagende Schmerz in meinen Eingeweiden noch heftiger bemerkbar. Es lockte mich nicht, hinauszugehen und Leute kennen zu lernen, nicht einmal die Bar konnte mich reizen. Ich wollte William und meine Eltern und meinen Bruder und meine Freunde, und ich baute ihre Fotos auf dem Schreibtisch in meinem Zimmer auf wie einen Heiligenschrein – und redete mit ihnen! Ich machte mir Vorwürfe, dass ich überhaupt hier war, dass ich mit meiner Sturheit und Unvernunft so viel Angst und Schmerz über andere und mich selber gebracht hatte. Wenn es einen internationalen Flughafen in Foumban gegeben hätte, wäre ich in das nächste Flugzeug nach Hause gestiegen.

Stattdessen kaufte ich bei einem meiner seltenen Marktbesuche in Foumban Papier und Filzstifte und schrieb lange Briefe, in denen ich meine Empfindungen zum Ausdruck brachte und mit tiefsinnigen Zeichnungen illustrierte. (Die Empfänger waren ziemlich perplex über meine Machwerke, wie ich später erfuhr.)

Schließlich gönnte ich mir fünf Tage Ruhe, dann fühlte ich mich stark genug, den Kampf mit den Elementen wieder aufzunehmen, obwohl meine Stiche immer noch nicht verheilt waren. Aber meine Neugier war zurückgekehrt, und ich war gespannt, was der nächste Tag oder die nächste Woche oder das nächste Land mir bringen würden. Ich war bereit für neue Abenteuer.

Als ich zusammenpackte, schaute ich noch einmal meine kleine Fotosammlung an und warf einen letzten Blick aus dem Fenster.

Bald würde ich mein Rad wieder durch den Schlamm schieben, und meine Haut würde vor Nässe schrumpelig werden.

»*Aysha!*«, ermunterte ich mich. Ich sah, was ich durchmachte, aber es war in Ordnung. Ich musste das Gute und das Schlechte nehmen, wie es kam. Im Augenblick war das hier mein Leben.

Ungefähr drei Wochen später kam ich bei Einbruch der Nacht in einem kleinen Dorf an, in Beayop. Es war eine Lichtung mit einer Reihe von Holzhütten zu beiden Seiten der Straße. Als ich anhielt, traten ein paar grimmige Männer vor, darunter ein streng aussehender Polizist mit einer dunklen Brille, die mich drohend umringten.

»*Buenas tardes*«, sagte ich eingeschüchtert.

Ich war in Äquatorialguinea, meinem elften Land, einer ehemaligen spanischen Kolonie, und musste mich in einer neuen Sprache durchschlagen, von der ich kaum ein Wort verstand.

Ich hatte fünf Tage von Foumban bis zu der Hafenstadt und Handelsmetropole Douala gebraucht. Zum Glück waren es schlammfreie Tage gewesen – ab Foumban war die Straße asphaltiert –, aber es hatte unablässig geregnet, sodass ich wieder in ziemlich elender Verfassung war, als ich nach Douala hineinhinkte. Einer meiner Insektenstiche war zu einer eiternden Geschwulst geworden. Ich brauchte dringend Ruhe und eine Unterkunft, in der ich mich regenerieren konnte. Shell war auch diesmal zur Stelle, mit einem Willkommens-Spruchband über der Straße und einer komfortablen Unterkunft im Haus des *directeur général*, medizinischer Hilfe (es brauchte zwei Penizillin-Behandlungen, um die Infektion einzudämmen) und einem weiteren anregenden Programm. Außerdem bekam ich endlich meine Spezialreifen.

Von Douala reiste ich auf Asphalt nach Jaunde weiter, der großen, modernen Hauptstadt von Kamerun, dann südwärts in die kleine, aber hübsche Provinzstadt Mbalmayo. Meine abgegriffene alte Michelin-Karte Nr. 953 hatte jetzt ausgedient, und ich musste die neue Michelin-Karte 955 von Zentral- und Südafrika hervorholen. Ein echter Meilenstein! Ich fuhr zügig südwärts bis Ambam, wo ich die Grenze nach Äquatorialquinea überquerte und in der kleinen Stadt Ebebiyin ankam. Von dort radelte ich durch dichte Regenwälder auf unbefestigten, trockenen Straßen – hier war keine Regenzeit – nach Beayop weiter, wo mir dieser unfreundliche Empfang zuteil wurde.

»Buenas tardes«, erwiderte der Polizist endlich. Er musterte mich misstrauisch. Er schoss ein paar Fragen auf Spanisch auf mich ab, aber ich zuckte hilflos mit den Schultern. Ich hatte das Wort *dinero* aufgeschnappt – Geld –, ignorierte es aber. Keiner der Männer ließ sich herbei, mir eine Übernachtungsmöglichkeit zu zeigen.

Schließlich trat eine stämmige kleine Frau vor, die ich auf etwa 30 schätzte. Sie war in braune Lumpen gehüllt und trug eine schwere Holzlast auf dem Kopf.

»Ich bin Marie Carmen«, sagte sie ruhig und stellte mir ein paar Fragen auf Französisch. Ich antwortete ihr. Die anderen schienen nichts von unserem Wortwechsel zu verstehen.

»Kommen Sie«, sagte sie schließlich energisch. »Sie können bei mir übernachten.« Dann wandte sich Marie Carmen an die Männer und redete heftig auf sie ein. Widerstrebend wichen die Männer zurück und ließen mich durch. Marie Carmen schritt zielstrebig voran, immer noch ihr Holzbündel auf dem Kopf, und ich folgte ihr.

»Sie wollten Geld von Ihnen«, sagte sie über die Schulter und spuckte die Worte regelrecht aus. Ich hatte mir das bereits gedacht und war dankbar, dass sie mir zu Hilfe gekommen war.

Wir kamen bei einer kleinen Holzhütte an.

»Das ist meine Küche«, sagte Marie-Carmen. Ich ließ mein Fahrrad draußen und folgte ihr in das düstere Innere. Drinnen standen mehrere niedrige Bambusgestelle und ein größeres Bambusregal, das mit Blechtöpfen voll gestellt war.

»Sind das alles Ihre?«, rief ich entgeistert aus. Sie hatte mindestens fünfmal so viele Töpfe wie ich in meiner Londoner Küche.

»Wir sind eine große Familie«, erwiderte Marie Carmen ernst. Au weia, da war ich wohl in ein Fettnäpfchen getreten. Wir kannten uns noch nicht gut genug. »Wir sind zu zweit – zwei Ehefrauen«, erklärte sie schließlich widerstrebend, und ich fragte mich, ob sie glücklich damit war. Oder befürchtete sie, dass ich Anstoß daran nehmen würde?

Marie Carmen ging aus der Hütte, um sich umzuziehen. »Ich bin gerade aus dem Wald gekommen«, entschuldigte sie sich, ehe sie in ihrer zerlumpten braunen Arbeitskluft verschwand.

Als sie zurückkam, trug sie einen farbenfrohen Rock und eine Rüschenbluse, hatte einen straff gewickelten Schal um den Kopf, billige weiße Plastikperlen um den Hals und Plastiksandalen an den Füßen. Sie hatte ihr jüngstes Baby auf die Hüfte gestemmt, sodass ihr kräftiger Arm und ihre starken Beinmuskeln zur Geltung kamen. Sie war nicht schön im üblichen Sinn, aber ich war beeindruckt von dem Feuer in ihren Augen.

Ich hatte mich mit einer Horde kleiner Rabauken vergnügt, aber jetzt bekam ich einen Eimer Wasser zum Duschen.

»Die Dusche wird gerade gebaut«, sagte Marie Carmen, als sie mich zu einer anderen Hütte führte.

Ich kehrte sauber und erfrischt zurück.

»Ich kann Sie hierher einladen«, sagte sie stolz und deutete auf ihre Küche. »Ich habe das alles mit meinem eigenen Geld gebaut.« Ich schloss daraus, dass das Haus ihrem Mann gehörte und dass ich dort nicht ohne seine Erlaubnis übernachten konnte. Ich wollte jedoch lieber in meinem gut isolierten Zelt schlafen – es gab zu viele Insekten im Wald. Außerdem war es für alle Beteiligten einfacher – meine Gastgeber mussten sich meinetwegen nicht einschränken, und ich konnte eine ruhige, moskitofreie Nacht verbringen.

Ich wusste inzwischen, was ich sagen musste, damit niemand gekränkt war. »Danke, aber mein Zelt ist mein Zuhause. Ich bin jeden Abend woanders, und da ist es besser für mich, wenn ich in meinem eigenen Bett schlafen kann.« Marie Carmen verstand mich. Als ich das Zelt aufstellte, entstand der übliche Aufruhr, und die Kinder hatten großen Spaß an meiner Vorführung – meine Zauberkünste wurden immer perfekter. Es war auch eine gute Methode, das Eis zwischen den Leuten und mir zu brechen, und es gab mir das Gefühl, dass ich die Situation (und mein Publikum) besser im Griff hatte.

Bald wurde es dunkel, und wir kehrten in die Küche zurück und unterhielten uns. Mehrere Kinder und Marie Carmens Schwägerin gesellten sich zu uns. Ich kochte Tee, aber Marie Carmen lehnte die angebotene Tasse ab. Sie hatte noch nie Tee getrunken und meinte, es lohne sich nicht, dass sie jetzt damit anfange.

Dann wurde Fleisch gekocht, die Männer tauchten auf, und Marie Carmen stellte mir ihren Mann vor. Er war etwa 35, sah gut aus, wirkte aber leicht angetrunken. Als die Männer gegessen hatten, stürzten sich die Kinder auf die Reste.

Ich fragte Marie Carmen, wie es kam, dass sie in einem spanischsprachigen Land Französisch gelernt hatte, und sie erzählte mir, dass ihre Eltern nach Kamerun geflüchtet seien, als Macius an die Macht gekommen war. Macius Nguema war der erste Präsident von Äquatorialguinea nach der Unabhängigkeit 1968. In den elf Terrorjahren, bevor er gestürzt wurde, soll er tausende Menschen ermordet und zwei Drittel der Bevölkerung dazu gebracht haben, aus dem Land zu fliehen.

Wir redeten jetzt bei Lampenlicht, und ich fragte sie nach ihren Kindern.

Zuerst sprach sie nur von den dreien, die bei uns in der Küche waren – ein zehnjähriges Mädchen und zwei Babys, etwa ein Jahr auseinander. Schließlich erzählte sie mit erstickter Stimme, dass sie sechs Kinder gehabt hätte – drei seien gestorben, zwei bei der Geburt, eines mit vier Jahren. Ich schätzte Marie Carmen auf Mitte 30, etwa in meinem Alter.

Stille trat ein, ein gelöstes Schweigen. Ich bewunderte Marie Carmens Stärke. Früher hätte ich vielleicht nur die Unterschiede in unserem Leben gesehen, aber heute Abend überwog das Gefühl der Verbundenheit, und ich kam mir nicht wie ein Eindringling vor. Ich erinnerte mich an Ibrahims Worte, die er vor vielen Monaten in der Wüste vor Timbuktu gesagt hatte: »Wir Tuareg glauben, dass Leiden notwendig ist, um das Leben wahrhaft zu schätzen.« So wie ich die abendliche Dusche zu schätzen wusste, nachdem ich mich tagsüber auf der Straße abgestrampelt hatte.

Ich fragte Marie-Carmen, womit die Leute im Dorf ihren Lebensunterhalt verdienten.

»Die Frauen bauen Essen an – Maniok, Zuckerrohr, Erdnüsse. Es ist für die Familie, aber wenn wir genug haben, verkaufen wir auch etwas.« Maniok (ein anderer Name für Cassava, insbesondere Cassavamehl) wird nach der Ernte gestampft und vergoren und dann einzeln in Bananenblätter gewickelt, die so genannten *bâtons*, Stäbe. Maniok ist eine der wichtigsten Kohlenhydratquellen in Zentralafrika. (Ich fand ihn scheußlich.) Marie Carmen sagte mir, dass 300 *bâtons* den Frauen ungefähr 25 US-Dollar einbringen. Wieder trat Schweigen ein.

»Die Frauen hier leiden am meisten«, sagte sie plötzlich. Kampf und Leiden waren häufige Worte im Dorfvokabular und wurden stets ohne Wehleidigkeit, ganz nüchtern verwendet.

Marie Carmen erzählte mir weiter, dass sie Essen kochte, das sie auf dem Markt im Dorf an Buschtaxi-Reisende verkaufte. Außerdem arbeitete sie als Krankenschwester im Dorf. Sie hatte mit ihrem Mann eine dreimonatige Ausbildung gemacht, um diese Position zu bekommen, obwohl sie nicht bezahlt wurde. Ihr Mann hatte den Kurs auch gemacht, sonst hätte er sie nicht darin unterstützt.

»Ich arbeite also auf dem Feld, ich arbeite in der Krankenstation und ich arbeite im Haus.« Den Essensverkauf zählte sie nicht mit. Marie Carmen war ebenso energisch und fleißig wie Dr. Ocloo in Ghana, die Marmeladenmagnatin, die mit ihren zehn Shilling Wunder gewirkt hatte. Unter weniger ungünstigen Bedingungen und mit ein bisschen mehr Geld hätte Marie Carmen dasselbe geschafft.

»Die Männer tun nichts«, sagte sie verächtlich. »Sie helfen beim Pflügen und manchmal arbeiten sie auf dem Bau.«

Marie Carmens Hände ruhten keine Sekunde, während wir redeten. Es war wie bei meinen verheirateten Freundinnen in London. Die Kinder wurden gefüttert und gewaschen. Marie Carmens mittlerer Sohn, der im Krabbelalter war, hatte eine entzündete Zehe. Sie reinigte die Wunde, und er schrie. »Wir tun, was wir können«, sagte sie über sein Gebrüll hinweg, »aber die Kinder sind immer krank.«

Ich half ihr Erdnüsse schälen, und sie sagte: »Die verkaufe ich für Geld.«

Sie fegte den Boden, dann verschwand sie nach draußen, um Feuerholz zu holen, ich folgte ihr. Ein riesiger Stapel lagerte vor der Tür.

»Wir haben ein Fest am Wochenende«, erklärte sie, »deshalb brauche ich so viel Holz.« Am Samstagabend wurde ein Fest gefeiert, gefolgt von einer Taufe und einer Kommunion am Sonntag. Sie zeigte mir den Korb, in den sie das Holz warf, und sagte mir, es sei heute ihre zweite Ladung gewesen. »Normalerweise würde das eine Woche lang reichen.« Es sei schwer, trockenes Holz zu finden, erzählte sie, und sie hätte ungefähr eine Stunde gehen müssen, um so viel zusammenzubringen. Dann hatte sie eine weitere Stunde gebraucht, um das Holz mit der Machete zu zerkleinern.

»Wenn ich mich abends schlafen lege, tut mir rundum alles weh«, sagte sie.

Das konnte ich gut nachfühlen. Kein Wunder, dass die afrikanischen Frauen, die ich so bewunderte, frühzeitig alterten. Ich hatte abends oft solche Schmerzen, dass ich Aspirin und Piriton nahm – ein Antihistaminikum, das den Juckreiz von den Insektenstichen linderte und mir beim Einschlafen half. Wie musste es erst Marie Carmen ergehen! Ich betrachtete ihren mageren, sehnigen Körper und dachte nur: *Aysha!*

Ich half ihr, das Feuerholz in der Küche aufzustapeln.

»Dann hast du jeden Tag eine andere Arbeit?«, fragte ich.

»Ja, morgen muss ich Maniok ernten und stampfen und die *bâtons* für das Fest rollen.«

Später saßen wir beim Holzkohlenfeuer, das hinten in der Küche brannte, in der Nähe der Tür, die uns von dem pechschwarzen Dunkel draußen trennte. Die Hütte war von unablässigem Insektensummen erfüllt. Marie Carmen röstete Erdnüsse, die sie gelegentlich mit der Hand in der geschwärzten Pfanne umdrehte. Es stieg nur wenig Rauch vom Feuer auf, aber den ganzen Abend brannten meine Augen, und meine Nase lief.

Marie Carmens Schwiegermutter saß ruhig beim Feuer und wärmte sich, indem sie ihre spindeldürren Beine zu den glühenden Kohlen ausstreckte. Wir schwiegen, lauschten auf die Insekten und schauten in die glühende Asche. Es war sehr behaglich.

»Du wirst viel zu erzählen haben«, sagte Marie Carmen plötzlich. »Du bist jetzt im tiefsten Afrika.«

Ihre Anspielung auf mein anderes Leben gab mir einen Stich, und auf einmal war mir ganz elend zumute. Ich fühlte mich dieser Frau tief verbunden, ich teilte ihren Schmerz, und doch würde meine Reise eines Tages enden. Ich würde in eine andere Welt zurückkehren, eine Welt der Hoffnung und Möglichkeiten.

Die Kluft vertiefte sich noch, als ich Marie Carmen fragte, was ihr nächstes Projekt sein würde, wenn sie das Geld dazu hätte.

»Ich würde ein Zimmer für meine Kinder bauen«, erwiderte sie. »Ich habe nur ein Zimmer im Haus meines Mannes, und dort wird es zu eng, wenn die Kinder größer werden.« Sie schwieg eine Weile, vom Feuerschein umspielt, dann fügte sie hinzu: »Ich möchte so viel Geld haben, dass ich die Kinder in die Schule schicken kann.« Sie zeigte auf ihre schlafende älteste Tochter: »Ich möchte, dass sie eine bessere Schulbildung bekommt als ich.« Marie Carmen hatte drei Jahre Highschool, war dann aber von der Schule gegangen, um zu heiraten. »Ich habe eine bessere Schulbildung als die meisten Frauen hier, aber ich hätte gern noch mehr gehabt.«

Marie Carmen setzte ihre ganze Hoffnung in die Kinder. Meine Hoffnung war, dass ich heil nach Daressalam kommen und mich selber finden würde.

Wir redeten bis tief in die Nacht hinein, bevor ich mich endlich in mein Zelt zurückzog. Noch lange danach hörte ich leise Frauenstimmen und Wasserplätschern. Von den Männern keinen Ton.

Ich klopfte den Kleiderstapel zurecht, der mir als Kissen diente. Marie Carmen war eine Frau wie ich, mit denselben Gefühlen und Empfindungen, und doch trennte uns ein Abgrund an Möglichkeiten und Hoffnungen. Ich wollte nicht den Fehler machen, ihr Leben zu sentimentalisieren, aber ihre Qualen gingen mir nicht aus dem Kopf – sie musste einen verdammt hohen Preis bezahlen, um das Leben richtig schätzen zu können!

Nichts los in Äquatorialguinea?

Beayop – Luba, Äquatorialguinea

Nachdem ich Beayop und Marie Carmen Lebwohl gesagt hatte, musste ich noch ungefähr 150 Kilometer westwärts zur Atlantikküste und bis Bata zurücklegen, dem wichtigsten Festlandhafen Äquatorialguineas. Die Straße durch Rio Muni, wie das Festland genannt wird, hätte einfach sein müssen – hügelig und unbefestigt, aber zum Glück ohne Berge oder Schlamm –, aber ich war schwer erkältet, mit Schnupfen, Kopfweh und Fieber. Zudem machte mir die Umgebung, durch die ich fuhr, zu schaffen – dichter Regenwald.

Das lag vielleicht zum Teil an den Geschichten, die ich von den Shell-Leuten in Kamerun bei meinem Abschiedsessen gehört hatte. Wir hatten uns über den Urwald, über wilde Tiere und Geister unterhalten.

»Wenn Sie glauben, dass Sie den Urwald erlebt haben«, sagte Yonn, der clevere Vertriebsleiter, »dann warten Sie nur ab, bis Sie in die Regenwälder von Guinea und Gabun kommen.« Er malte mir aus, wie dicht und dunkel diese Wälder waren, dann gab er mir Ratschläge, wie ich mich wilden Tieren gegenüber verhalten sollte.

»Wenn Sie es bei Einbruch der Nacht nicht bis zum nächsten Dorf geschafft haben, klettern Sie ja nicht auf einen Baum! Da treffen Sie vielleicht auf eine Schlange. Auf dem Boden könnten Sie allerdings Bekanntschaft mit einer Hyäne machen.« Sehr beruhigend, zumal die Dörfer im »richtigen« Urwald angeblich 40 Kilometer auseinander lagen. »Bleiben Sie lieber in Ihrem Zelt«, fuhr Yonn fort. »Aber schlafen Sie nicht! Dann kommen die wilden Tiere. Machen Sie viel Lärm, aber leuchten Sie nicht mit Ihrer Taschenlampe – das Licht lockt die Tiere an.« Ich stellte mir vor, wie ich in einem feuchten, finsteren Wald in meinem Zelt lag und zitternd auf das Knurren einer Hyäne oder auf einen Geist wartete, während ich laut sang und mit einem Löffel auf meinen Topf einhämmerte.

Ich fand Yonns Geschichten übertrieben, aber andere hatten mir das Gleiche erzählt, und der Wald an der nigerianisch-kamerunischen Grenze, der mir am ersten Tag so ruhig und schön erschienen war, hatte bald sein Gesicht verändert und war zu einer einsamen, stickig-feuchten Moskitohölle geworden. Die Erinnerung war noch sehr lebendig in mir, und ich fröstelte bei dem Gedanken, Tausende von Kilometern durch die dunklen, einsamen Wälder von Äquatorialguinea und Gabun zu reisen.

»Keine Sorge«, tröstete mich Yonn, als hätte er meine Gedanken gelesen. »Ich werde bei Ihnen sein – mein Geist wird kommen und Sie beschützen!«

Eine andere Shell-Angestellte schenkte mir ein *juju* in Form eines Lederarmbands. »Es gibt viele böse Geister, aber das hier wird Sie beschützen«, sagte sie tröstlicherweise und fügte hinzu: »Hüten Sie sich vor Krokodilen und vor allem vor Banditen – es gibt viele, viele Banditen in Gabun.« Super.

Jetzt fuhr ich im Urwald. Wucherndes Gras, Farne und Palmen, die unter hohen Bäumen ans Licht drängten, beherrschten die Landschaft im südlichen Kamerun, seit ich Mbalmayo verlassen hatte. Je weiter ich kam, desto dichter wurde die Vegetation, und hier, in Äquatorialguinea, auf den stillen, unbelebten Straßen, war der Wald noch furchterregender.

Die Straße von der kamerunisch-äquatorialguineischen Grenzstadt Ebebiyin zur Küste war wie eine dämmrige, stickig-feuchte Schlucht zwischen hoch aufragenden, stillen Bäumen, die jedes Geräusch darin verschluckten. Kilometerlang zog sich die staubige rote Straße wie ein dünner Faden durch das wuchernde Grün. Die

Strecke verlief nach dem immer gleichen Muster: Sie wand sich nach rechts hinunter, um dann eine Kehrtwendung nach links zu machen, wo sie einen sanften Anhang hinaufführte. Große Bäume warfen düstere, kühle Schatten. Es gab nur einen einzigen Grünton, obwohl die Form der Blätter unendlich variierte und die Bäume und Büsche ganz unterschiedlich groß waren. Manchmal ragte ein einzelner Baum höher hinauf als alle anderen, und seine Silhouette zeichnete sich vor dem Himmel ab, doch meistens war nichts als eine endlose Mauer von Grün zu sehen.

Vögel tauchten krächzend und schreiend in der Straßenschlucht auf, und das Echo, das von den grünen Dschungelmauern widerhallte, erschreckte mich. Falken glitten lautlos dahin. Seltsame große Vögel schlugen so laut mit den Flügeln, dass es sich wie das Knattern eines Propellers anhörte.

Alle drei bis fünf Kilometer kam ein kleines Dorf in einer sonnigen Lichtung. Die Türen und Fenster der winzigen, dicht zusammengedrängten Holzhütten waren fast immer geschlossen. Die Fensterrahmen und Türen waren hellblau oder gelb gestrichen und die Höfe sauber gefegt, doch es war niemand zu sehen. Manchmal hing ein toter Affe oder eine tote Buschratte an einer Stange, offensichtlich zum Verkauf bestimmt, aber ohne Verkäufer.

In den größeren Dörfern, etwa alle 20 Kilometer, war es auch nicht viel anders. Meistens sausten mir am Ortseingang ein, zwei kleine Jungen auf ihren Holzrollern entgegen. »*Hola, hola!*«, riefen die Jungen aufgeregt, aber in der stickigen Hitze gaben sie die Verfolgung schnell wieder auf. Ich traf immer wieder auf eine Ansammlung von Hütten in einer etwas größeren Lichtung, mit dem Unterschied, dass es eine Bar gab, erkennbar an den L&B- und Dallas-Zigaretten-Fähnchen. Die wenigen Regale waren mit ein paar Biersorten und Vino tinto (spanischer Importware) in roten Tetrapacks gefüllt. Letzteres war eine Rarität in Afrika. Zigaretten wurden einzeln verkauft. Zu essen gab es nichts außer ein paar angestaubten Kekspackungen. Ich hielt nicht gern an, weil ich immer von einer Horde Männer umringt war, viele betrunken, und meistens war einer in Uniform dabei, der meine Papiere sehen und mich schikanieren wollte.

Auf dem Weg nach Mikomessing kam ich an einem dieser größeren Dörfer vorbei und entdeckte einen Aluminiumkessel neben der Bar, ein Hinweis, dass hier vielleicht Essen verkauft wurde. Ich war hungrig und fuhr hinüber. Als ich den Deckel aufmachte, kamen fettige Fleischbrocken zum Vorschein, die wie graubraune Gummiröhren aussahen. Ein paar Männer lungerten im Schatten neben der Bar herum. Sie tranken selbst gebrauten Palmwein und kamerunisches 33-Bier und spielten Schach. Ich fühlte mich nach Mali zurückversetzt. Diese Männer hatten sicher viele Entscheidungen zu treffen.

»*Buenas dias*«, lallten sie mir entgegen.

Ich grüßte zurück, zeigte auf den Topf und fragte: »Was ist das?« »*Singe*, Affe«, antwortete ein besonders schmuddeliger und betrunkener Mann, womit das Thema für mich erledigt war.

Dann stand ein anderer Mann auf, der sauber gekleidet, aber nicht in Uniform war, und verlangte meine Papiere. Selbst hier im Schatten trug er eine Sonnenbrille.

»*Non*«, fauchte ich, und es war mir egal, ob er mich verstand oder nicht. Anscheinend hatte sich seit Macius Nguemas Sturz in Äquatorialguinea nicht viel geändert. Macius war von seinem Neffen Teodoro, dem jetzigen Präsidenten, aus dem Amt vertrieben worden. Zu dem Zeitpunkt, als ich mich in Äquatorialguinea aufhielt, ließ Teodoro demokratische Präsidentschaftswahlen durchführen (die nach Einschätzung der US-Regierung nichts weiter als eine Farce waren, wie ich später erfuhr). »Ich zeige meinen Pass nicht jedem«, fügte ich wütend hinzu.

Die betrunkenen Männer reagierten betreten. »Zeigen Sie ihm den Pass, er ist ein wichtiger Mann«, drängten sie.

Ich blieb stur, bis Mr. Sonnenbrille einen Plastikausweis hervorholte. Ich sah nur die Worte »Securidad Presidencia.« Kleinlaut hielt ich ihm meinen Ausweis hin, kaufte eine Packung Kekse und machte mich davon, so schnell ich konnte.

Ein Stück weiter vorne an der ruhigen Straße hielt ich an, um etwas zu trinken und ein paar aufgeweichte Kekse zu essen. Es war eine gedämpfte Welt, aber als sich meine Ohren an die Stille gewöhnt hatten, nahm ich einzelne Geräusche wahr. Vogelrufe schwebten von den Baumwipfeln herunter, und von unten drang Insektensummen an mein Ohr. Ich konnte sogar menschliche Stimmen hören, ganz schwach nur, tief im Wald drinnen, und das Geräusch einer Machete, die gegen einen Baumstamm geschlagen wurde.

Plötzlich trat eine Frau auf die Straße heraus. Wir fuhren beide zusammen. Sie war in braune Lumpen gehüllt und trug eine Machete in der Hand. Ein Seil aus Lianen war um ihre Stirn geschlungen und an einem Korb mit Feuerholz befestigt, der ihr über den Rücken hing.

»*Hola!*«, sagte ich.

»*Hola*«, erwiderte sie, immer noch ein bisschen erschrocken. Doch als ich meine Nase zukniff und mich kräftig schnäuzte (keine Taschentücher, iiih!), lächelte sie – Geister sind nicht erkältet – und ging langsam die Straße hinunter.

Ich fuhr weiter, überholte sie und legte Tempo zu, bis ich plötzlich voll auf die Bremse trat.

Eine kurze grüne Schlange glitt vor mir über die Straße – ich hätte sie beinahe überfahren! Schnell stieg ich ab und schaute unter den Taschen und sogar unter meinem Sitz nach, falls das verdammte Ding irgendwie heraufgesprungen war. Von Marie Carmen wusste ich, dass Schlangenbisse für die Frauen, die im Wald arbeiteten, die größte Gefahr darstellten, und ich erinnerte mich dunkel, dass mir jemand gesagt hatte, tödliche Mambas seien kurz und grün.

Bald kam ich in Mikomessing an, das nicht viel mehr war als eine Kreuzung, ein paar staubige rote Straßen, ein paar weiß verputzte Holzhütten mit rostigen Dächern, ein paar Bars mit den vertrauten Fähnchen und eine Kirche. Ich hatte meine Erwartungen heruntergeschraubt, seit ich Westafrika verlassen hatte. Das heruntergekommene Koundara war eine Großstadt und Labé eine blühende Metropole gewesen, verglichen mit den ruhigen kleinen Ansiedlungen im spärlich bevölkerten zentralafrikanischen Regenwald. Vorerst war ich jedoch froh, dass ich den düsteren Wald hinter mir gelassen hatte, und das Licht war hier – zwei Grad nördlich des Äquators – von einer Klarheit wie sonst nur in den Bergen. Ich hatte nichts gegen Mikomessing einzuwenden, und falls ich eine Unterkunft finden sollte, würde ich hier übernachten. Ein Mann in einer Uniform stand an der Kreuzung, und ich versuchte, ihn auf mich aufmerksam zu machen.

»*Buenos dias*«, rief ich fröhlich, »gibt es hier ein Hotel?«

»Ein Weißer wohnt hier«, erwiderte er. Kein Gruß, kein Lächeln. »In der Mission.« Dann verlangte er misstrauisch meine Papiere.

Trotzdem führte mich der Polizist zur Salesianer-Mission, wo ich Antonio kennen lernte, einen ältlichen spanischen Priester, der Französisch sprach und mich herzlich willkommen hieß. Er gab mir ein Zimmer in dem kühlen Holzhaus, in dem die paar Priester wohnten, die in Mikomessing ausharrten, und nach einer Dusche und einem leichten Lunch mit den Priestern blieb ich den ganzen Nachmittag im Bett, um die schlimmsten Erkältungssymptome wegzuschlafen.

Gegen Abend ging Antonio mit mir durch die vier Straßen von Mikomessing. Ich mochte ihn – er hatte eine wohltuend friedfertige Ausstrahlung, und ich fragte ihn, ob er Afrika liebte.

»Was dachten Sie denn?«, sagte er lächelnd. Es war eine dumme Frage: Er war seit 30 Jahren hier. Was ihn an Afrika so fasziniere, bohrte ich weiter.

»Das hier«, sagte er achselzuckend. Wir gingen langsam, hielten ab und zu an, wenn Antonio Vorüberkommende begrüßte. Die Sonne ging unter, und in der kühleren Abendluft kamen ein paar Leute heraus, schlenderten Arm in Arm umher, sogar die Männer. Promenieren. Vielleicht war das eine Hinterlassenschaft der spanischen Kolonialherren. »Es ist die Zeit, die verrinnt, die Menschen, mit denen man zusammenwächst, wertvolle Zeit, die man mit anderen verbracht hat.« Ich empfand das auch so, und ich wünschte mir, ich könnte länger bei den Menschen bleiben, die mir begegneten. »Wenn ich nach Spanien zurückgehe, fühle ich mich nicht mehr zu Hause«, fuhr Antonio fort. »Ich sehe die Städte, die Hektik, den ganzen Lärm. Hier gibt es keine Zeitungen. In Spanien wird man von allen Seiten mit Nachrichten bombardiert, aber es ist alles dasselbe, alles zu viel.« Ob es mir auch so gehen würde, wenn ich nach Hause zurückkam?

Ich fragte Antonio, warum die Dörfer so leer wirkten.

»Weil sie leer sind«, erwiderte er. »Die meisten Leute gehen nach Kamerun und Gabun, um Arbeit zu finden. In Guinea gibt es nichts.«

»Was wird hier in Guinea hergestellt?«

»*Nada*«, sagte er – nichts. »Das Einzige, was sie exportieren, sind die Bäume, die sie aus den Wäldern heraushauen.«

»Und was macht der Präsident?«

»*Nada*. Er hat nur eins im Kopf: an der Macht zu bleiben.« Teodoro, so erklärte er, stamme wie Macius aus dem kleinen Dorf Mongomo an der gabunischen Grenze im Osten. »Er regiert das Land wie ein feudales Fürstentum und verschachert alle wichtigen Posten und Einnahmequellen an Verwandte aus Mongomo und an seine Stammesbrüder, die Fang.«

Ich fragte, warum die Leute hier nur die Schultern zuckten und lachten, wenn ich auf die wirtschaftliche und politische Situation von Äquatorialguinea zu sprechen kam. »Haben sie nicht den Antrieb, etwas zu ändern?«

»Die Leute hier haben viel erduldet«, sagte Antonio. »Sie haben keinen Antrieb mehr, sie fügen sich in ihr Elend. Für sie ist das alles *nada, nada, nada.*«

Inzwischen hatte ich mich daran gewöhnt, dass ich ständig meine Papiere vorzeigen musste, und es regte mich nicht länger auf, doch stattdessen machte mir die endlose rote, staubige Strecke zu schaffen. Wann fing endlich der Asphalt an? Was war das für ein beschissenes Land, in dem man nicht einmal fünf Kilometer außerhalb von *el centro* auf Asphalt kam?

Wütend riss ich meinen Akubra vom Kopf – er war jetzt eine Persönlichkeit mit vielen Löchern. Meine Kleider waren wie üblich mit rotem Staub bedeckt, und ich hatte mir beim Absteigen die Hose im Schritt aufgerissen. Jetzt musste ich mich ziemlich verrenken, wenn ich den Anstand wahren wollte. »*Buenos dias*«, sagte ich gequält.

»*Buenos dias*«, erwiderte der Uniformierte herablassend.

Oh, Mist. Ich wusste, was er wollte, holte meinen Pass aus der Lenkertasche und hielt ihn ihm unter die Nase.

Er blätterte die Seiten durch, ich schob die Unterlippe vor. Schließlich kam er zu der ersten Seite mit den Personalien und meinem Foto. Ich war sicher, dass er kein Englisch konnte. Er drehte den Pass in den Händen. Na los, dachte ich, lass mich endlich nach Bata reinfahren! Aber der Polizist starrte jetzt das Foto an, dann mich, dann wieder das Foto. Ich warf ärgerlich einen Blick darauf. Eine lebenslustige Frau mit braunen Locken und blauen Augen in Blazer und Bluse lächelte mir entgegen. Ich schaute den Polizisten an, der etwas ratlos dreinschaute. Als unsere Blicke sich begegneten, lachten wir beide. Er hatte Recht. Das war nicht mehr ich.

Dann fuhr ich in Bata ein, auf Asphalt, und die Kinder johlten mir entgegen. »*Turista! Turista!*« Okay, okay – aber wo war *el centro*?

Schließlich erreichte ich den Uferbezirk. Die Luft war immer noch schwer und feucht. Wellen rollten träge gegen den Strand, ein verlassener Pier ragte in die unbewegte graue See hinaus. Das hier war immer noch der Atlantik, an der Nordsüdküste von Afrika. Ich hatte die Achsel umrundet, blieb aber in ihrem Bannkreis. Einige Überreste spanischer Architektur waren zu sehen, ein paar zinnenbewehrte Mauern und spanische Ziegel auf den Dächern. Ich entdeckte ein interessantes Bauwerk mit Uhrturm, wohl der Marktplatz der Stadt. Ich hatte richtig geraten – in den Buden wurden Kleider und Früchte und tote Affen, an den Zehen aufgehängt, zum Verkauf angeboten.

»*Turista!*«, schrien die kleinen Kinder, und ein paar Erwachsene blickten überrascht auf. Bata war eine ruhige Stadt. Es waren natürlich mehr Leute unterwegs, aber ansonsten ging es kaum lebhafter zu als in den Dörfern. War denn überhaupt nichts los in Äuatorialguinea?

Ich fragte mich zu Olga durch, einer Geschäftsfreundin von Yonn, die das Büro der Schiffsgesellschaft CONARE managte. Ich wollte einen Abstecher zur Insel Bioko machen, und sie beschaffte mir ein Ticket für die Überfahrt. Bioko gehörte zu Äquatorialguinea und war der Sitz der Hauptstadt Malabo. Beide Orte hatten während der Kolonialzeit andere Namen gehabt: Die Insel hieß damals Fernando Po und die Hauptstadt Santa Isabel. CONARE hielt einen Fährverkehr zwischen Bata, Malabo und Douala aufrecht.

Die *Doña Elvira*, erzählte mir Olga, liege momentan im Hafen und würde nach Malabo abfahren, sobald sie fertig beladen sei. Olga war um die 30, hatte afrikanisches und spanisches Blut in den Adern, ein

Gesicht voller Narben und war sehr zugeknöpft – vermutlich, weil sie viel durchgemacht hatte in ihrem Leben. Ich könne auf der *Doña Elvira* wohnen, bis das Schiff ablege, sagte sie mir. Fantastisch.

Paco, ein stämmiger, überschwänglicher Spanier, war der Kapitän der *Doña Elvira*, eines kleinen Frachters, der auch Passagiere aufnahm. Das Schiff lag ein paar Kilometer außerhalb von Batu vor Anker, und ich radelte zu der Anlegestelle und hievte Ibn und mich an Bord. Wir mussten vier Tage warten bis zur Abreise – eine Zeit, in der ich völlig den Kontakt zu Afrika verlor und mich blendend amüsierte!

Morgens stand ich spät auf, und wenn ich mich aus meiner Koje gewälzt hatte, trottete ich zum Speisesaal hinüber.

»*Hola, Paco! Hola, Marie Luce! Hola, Ramon!*«, rief ich. Marie Luce war Pacos goldhäutige, blutjunge Freundin aus der Ukraine; Ramon war ein raubeiniger, graubärtiger Spanier. Ich hielt ihn für den Maschinisten, aber als ich ihn danach fragte, sagte er: »Ich bin Frauenkenner.« Richtig. Das war in etwa unser Gesprächsniveau, da ich auf Spanisch nicht viel mehr als ein paar Substantive und Gelächter beitragen konnte, wenn ich merkte, dass jemand einen Witz machen wollte, der meistens unter der Gürtellinie war, aber das störte mich nicht weiter, wenn ich wohlig angetrunken mit diesen großzügigen, geselligen Menschen zusammensaß.

Manchmal kam Genaro dazu, wenn ich beim Essen saß. Genaro kam meinetwegen. Er war ein hinreißender Spanier mit riesigen, schmachtenden braunen Augen, die noch feuriger wurden, wenn sie mich ins Visier nahmen, und er sprach weder Englisch noch Französisch – außer »*Je t'aime*« natürlich.

Wir saßen alle auf zwei Plastikbänken um einen Plastiktisch im Unterdeck. Marie Luce, die ihren Platz neben dem kleinen Kühlschrank hatte, tischte auf – Butter, Ketschup, Salami, andere würzige Wurstsorten und Käse. Dann holte sie eine Ladung Getränke hervor und fragte mich: »*Bière, coca, vin?*« Außer Olga, die gelegentlich zum Lunch kam, war sie die Einzige, mit der ich Französisch sprechen konnte. Wenn ich Cola sagte, wurde unweigerlich Whisky in mein Glas geschüttet, meistens von Genaro, und daher zog ich es vor, mit Rotwein anzufangen. Es war kein Vergleich mit meinen harmlosen »Gespritzten« in den Covent-Garden-Restaurants.

Dann wurde das Mittagessen aufgefahren. Als Vorspeise gab es immer eine riesige Platte mit frisch gekochten ungeschälten Shrimps. Nicht die kleine, wabbelige, blassorange Sorte, die ich anderswo abgelehnt hatte, sondern köstliche, acht Zentimeter lange, dicke, frische, rote Shrimps. Wir machten uns alle darüber her, grapschten ganze Hände voll an Fühlern und Schwänzen und ließen sie auf unsere Teller fallen. Jeder riss sich ein Stück Baguette ab, und das Festmahl begann, wobei pausenlos geredet und gelacht wurde. Das meiste verstand ich nicht, konnte es mir aber ungefähr zusammenreimen – das Geplänkel zwischen dem Kapitän und Marie-Luce oder Ramons anzügliche Bemerkungen über Genaro und mich. Ich aß und trank viel zu viel.

An der Wand hing ein Schild »*Ne pas fumer*«, und ich fragte mich, wozu? Ramon und Paco rauchten, was das Zeug hielt.

Als Hauptgang folgte meistens ein Schmorgericht, oder wir stopften uns mit Salami und Käse voll. Ramon war für den Filterkaffee verantwortlich, der in der Maschine gemacht wurde. Er kochte ein starkes Gebräu, das nach Zucker schrie und das alle mit Whisky aufpeppten.

Ich merkte, wie mein Verstand sich im Lauf des Essens verabschiedete, bis ich nur noch die Gesichter um mich herum wahrnahm: Ramon mit den funkelnden Augen und den dichten, gebogenen Wimpern; Marie Luce mit ihrem überschäumenden Lachen und ihren lebhaften Zügen. Sie knutschte hemmungslos mit dem

Kapitän, der um die 40 war und dieselbe seidige, makellose Haut wie Marie Luce hatte. Und Genaro – Genaro war ein Traumtyp, sehr muskulös, mit einer wunderbaren olivfarbenen Haut.

Wie kam es, dass sie alle so glücklich aussahen? Sie mussten halb tot sein vom Alkohol!

Sobald das Essen vorüber war, standen meine Tischgenossen auf, sammelten die Teller ein, stellten sie in die Durchreiche und verschwanden. Keine Verabschiedung, nichts – sie gingen einfach wieder an die Arbeit. Ich kletterte zum Oberdeck hinauf, ein bisschen schwankend, obwohl das Schiff im Hafen lag, und suchte mir ein sonniges Plätzchen, wo ich bis zum Abendessen vor mich hindöste.

So vergingen mehrere Tage. In nüchternen Momenten (die eher selten waren) fragte ich mich, ob in Äquatorialguinea so viel gefeiert wurde, weil es sonst nichts zu tun gab. Oft weilten meine Gedanken auch bei Genaro. Was erhoffte er sich von mir? Wir konnten uns nicht verständigen, aber er brauchte offensichtlich Ablenkung. Ich vielleicht auch. Ich ließ mir noch einen Drink von ihm einschenken.

Endlich fuhr die *Doña Elvira* in Richtung Malabo ab, und das wilde Leben war vorbei (dachte ich zumindest). Wir legten die kurze Strecke bei Nacht zurück, und morgens stürzte ich an Deck, um die Ankunft nicht zu verpassen. Ein Bergkegel ragte aus der grauen See, von Wäldern bedeckt und in Wolken gehüllt. Es war der Mount Malabo, einer der beiden Vulkankegel, aus denen die Insel bestand. Nach einer Weile teilten sich die Wolken, und am Horizont tauchte ganz fern und riesig der zweite Kegel auf – Mount Cameroon.

Als wir in Malabo angelegt hatten, verabschiedete ich mich von meinen Freunden (ich würde in einer Woche mit ihnen zurückfahren) und fuhr los, um eine Unterkunft zu suchen und die Gegend zu erkunden.

Malabo ist eine Besonderheit in der portugiesisch-spanischen Geschichte. Es wurde im 15. Jahrhundert als eine der ersten europäischen Ansiedlungen von den Portugiesen gegründet. Im 18. Jahrhundert gaben die Portugiesen die Herrschaft über die Insel an die Spanier ab, und im 19. Jahrhundert diente die Insel verschiedenen europäischen Mächten als Umschlagplatz für den Sklavenhandel. 1827 errichtete England einen Marinestützpunkt in Malabo, während Spanien sich erst für die Insel interessierte, als dort im späten 19. Jahrhundert Kakao angebaut wurde. Auf den ersten Blick war diese bewegte koloniale Vergangenheit noch überall in den arkadenüberwölbten Gässchen und Plazas von Malabo gegenwärtig. Die Häuser waren sehr individuell, einige verputzt und farbenfroh, andere aus Holz, oft zweistöckig, mit Geranientöpfen an den Balkonen. Hin und wieder gewährten die Gässchen einen kurzen Blick auf den wolkenverhüllten, üppig grünen Mount Malabo. Es gab eine sehenswerte Kathedrale und schmiedeeiserne Bogengänge auf dem nahen Marktplatz, die von blühenden Schlingpflanzen überwuchert und mit geradlehnigen, gekachelten Sitzbänken ausgestattet waren. Obwohl viele der Kacheln fehlten, konnte man Szenen aus dem Dorfalltag erkennen: Frauen, die Hirse stampften, tanzten, sich die Haare flochten. Es war eine willkommene Abwechslung zu den ewigen Kriegern, Jägern und Häuptlingen, die man sonst auf öffentlichen Gebäuden zu sehen bekam – auch wenn die Frauen alle blutjung und makellos und nackt bis zum Nabel waren.

Wenn die Sonne unterging, wurde es in der Stadt lebendig. Kinder spielten in den Gassen, alte Leute schwatzten an der Straßenecke, und gut gekleidete Paare promenierten in den Gassen. Sir Richard Burton, mein Abenteurer-Idol, war von 1861 bis 1864 britischer Ehrenkonsul auf Fernando Po gewesen. Ich stellte mir vor, wie er im viktorianischen Gehrock und Zylinder durch die Straßen flanierte.

Das heutige Malabo hatte jedoch wenig Romantisches an sich. Die Wände waren mit Einschusslöchern übersät. Polizeiautos kurvten durch die Straßen, uniformierte Soldaten mit Maschinengewehren über der Schulter standen an den Straßenecken, gingen auf Streife. Vor Männern in Zivil, einschüchternden Gestalten, wurde salutiert. Ich musste oft meinen Pass vorzeigen und fühlte mich beobachtet. Ich sah keine anderen Touristen. Eines Abends sprachen mich zwei Männer an und plauderten mit mir über meine Reise, um mir dann zu eröffnen, dass sie zur Leibwache des Präsidenten gehörten. Sie waren Marokkaner – kein afrikanischer Diktator konnte es sich leisten, seine Leibwache unter den eigenen Leuten zu rekrutieren, und anscheinend waren es vor allem Marokkaner und Israelis, die die Stoßtrupps dieser verhassten Machthaber stellten. Ich fragte mich, ob die Männer die Absicht gehabt hatten, mich auszuhorchen.

Wenn in Malabo die Rede auf Politik kam, schüttelten die Leute nur den Kopf und sagten: »Die Politik ist schlecht.« Auf der *Doña Elvira* hatte mir eine Frau erzählt, was sie als junges Mädchen in Malabo unter der Macius-Herrschaft erlebt hatte: »Viele Mädchen wurden vergewaltigt – er hat viele Leute umgebracht. Die Schulen wurden geschlossen, und die Kirchen auch. Viele Leute sind in den Busch geflohen oder auf kleinen Booten entkommen. Meine Tante kam ins Gefängnis, und es war furchtbar. Sie haben sie in ein Loch mit vielen Ameisen gesperrt. Wir haben ihr Essen gebracht, sonst hat sie nichts bekommen, aber die Wachen haben uns gezwungen, das Essen zu probieren ... immer wieder ... bis nichts mehr da war.« Die Frau sprach nigerianisches Englisch. Sie war auf einem Boot dem Irrsinn entkommen – nach Nigeria, das ich so schrecklich gefunden hatte, während sie sich dort wie im Paradies fühlte.

Ich hatte nicht den Eindruck, dass sich in Äquatorialguinea viel geändert hatte, und weil ich der bedrohlichen Atmosphäre in Malabo entkommen wollte, fuhr ich nach Luba, das außer Malabo der einzige größere Ort auf der Insel war. Ich kam vom Regen in die Traufe.

In Luba herrschte eine lähmende Stimmung, ein Gefühl wie am Ende der Welt. Die Stadt bestand aus zwei düsteren Straßen mit verfallenen spanischen Häusern, die sich um eine halbkreisförmige Bucht drängten, und darüber ragte der Mount Isabel auf, ein weiterer Vulkankegel. Ich zog in das einzige Hotel der Stadt, einen schönen Kolonialbau, in dem ich ein großes, luftiges Zimmer mit Balkon und Blick auf die Bucht und den verrottenden Pier bekam. Sobald ich mich eingerichtet hatte, ging ich auf die Straße, um Bekanntschaft mit den Einheimischen zu schließen.

»Mangaram's« war der einzige größere Laden in der Stadt, aber das Angebot war kaum vielfältiger als in den Dörfern des Rio Muni. Wie üblich war der Laden zugleich die Bar, und an der Theke stand ein Spanier in mittlerem Alter und trank ein Bier. Ich kaufte mir auch ein Bier, gesellte mich zu ihm und erfuhr, dass er Choochi hieß, für »Cooperación Española« arbeitete und in dem Jeep gesessen hatte, der mich als einziges Fahrzeug auf dem Weg von Malabo hierher überholt hatte.

Choochi wartete auf zwei Regierungsvertreter. »Das sind die großen Männer hier in Süd-Bioko«, sagte er ohne jeden Sarkasmus.

Bald tauchten Bernado und Thomas auf, die »großen Männer«, die sich als mittelalt, korpulent und wichtigtuerisch entpuppten. Bernado war der Parteibonze von Süd-Bioko. Thomas, etwas schlanker, aber nicht weniger arrogant, der Parteibonze von Batete, einem Dorf in der Nähe.

Bernado, der offenbar Eindruck auf mich machen wollte, zählte mir auf, was ihm hier alles gehörte – vermutlich, nachdem er es den rechtmäßigen Besitzern weggenommen hatte. Ich musste mit ihm vor die Tür gehen, damit er mir sein Haus zeigen konnte. Es lag neben einem spanischen Kolonialbau, der mit Einschusslöchern übersät war.

»Wem gehört das hier?«, fragte ich Choochi, der zu uns herausgekommen war, und zeigte auf ein schönes zweistöckiges Jugendstilhaus, das am Ende der Straße lag, wo diese bergauf in Richtung Malabo führte.

»Das ist das Haus des Kommandanten«, erklärte Choochi, nachdem er Bernado gefragt hatte. »Er sagt, von dort kann er jeden sehen, der im Ort ein und aus geht – damit es keinen Ärger in Luba gibt.« Big Brother is watching you …

Spätabends, nach einem üppigen Mahl und reichlich Bier in meinem Hotel, fuhren Choochi, Bernado, Thomas und ich in Choochis Wagen die kurvenreiche Bergstraße zu Thomas' kleinem Dorf Batete hinauf. Die Straße war voller Schlaglöcher, der Bergwald in Nebel gehüllt, und ich war gespannt, wo wir herauskommen würden.

Nach etwa einer Stunde Fahrt kamen wir auf eine Lichtung, und im Schein des Vollmonds, der zwischen den Wolkenschleiern hervorlugte, konnte ich Batete erkennen. Der Ort bestand aus Holzhäusern, viele zweistöckig, die über den gerodeten Berghang verstreut lagen, und er kam mir größer als Luba vor. Es gab jedoch nur zwei Gebäude, die über einen Generator verfügten und beleuchtet waren. Eines davon war Thomas' Haus, zu dem wir jetzt fuhren.

Wir standen auf der Holzveranda, tranken Bier und schauten über die Geisterstadt hinweg auf den fernen orangeroten Lichtschimmer der nigerianischen Öltürme und die kegelförmige Silhouette des Mount Isabel. Ich war in einem angenehm losgelösten Zustand. Schon wieder betrunken. Bernado wurde langsam zudringlich, und ich war froh, als wir zu dem anderen erleuchteten Gebäude fuhren – der Disko. Es war Samstagnacht. Wir spazierten durch die verlassenen, schmutzigen Straßen zu der Disko von Batete, aus der laute Musik dröhnte. Die Tanzfläche war dunkel – nur draußen brannte Licht –, sodass mir Bernados schmachtende Blicke erspart blieben. Ich war schon völlig benebelt, trank aber weiter und ließ mich in das Gedränge auf der Tanzfläche ziehen. Wechselnde Männer drapierten ihre Arme um mich, während die Frauen mich bei der Hand nahmen und mir vormachten, wie man die Hüften zu dem wiegenden Rhythmus bewegte. Alle, auch ich, tanzten in Zeitlupe. Es war eine seltsame, beinahe außerkörperliche Erfahrung.

Mitten in der Nacht fuhren wir in die Disko von Luba zurück und tanzten weiter, tranken, tanzten. Um fünf Uhr morgens gingen Choochi und ich (die anderen hatten wir verloren) auf den verrotteten Holzpier von Luba hinaus, tranken Bier und betrachteten den Sonnenaufgang. Der dunkle Schatten des Mount Isabel ragte über uns auf, und ich fühlte mich wie im Paradies. Dann riss mich Choochi aus meinen Träumen.

»Die Leute verschwinden einfach«, sagte er. »Freunde, Leute, die man kennt, verschwinden, werden erschossen.« Verzweiflung lag in seiner Stimme, und seine Augen waren schmerzerfüllt.

Der ganze Alkohol, und trotzdem kein Entrinnen! »Die Angst ist überall«, fuhr er fort. »Ich liebe dieses Land, ich bin hier geboren, aber ich werde wohl wegmüssen.«

Es war so traurig. Und ich hatte gedacht, es sei nichts los in diesem Land – *nada* ...

Ehrfurcht vor dem Leben

Cogo, Äquatorialguinea – Brazzaville, Kongo

Als ich aus dem finsteren Äquatorialguinea nach Gabun kam, hatte ich das Gefühl, endlich wieder durchatmen zu können. Uff! Ich sollte jedoch bald eines Besseren belehrt werden. Nachdem ich von meinem Abstecher auf die Bioko-Insel zurück war, fuhr ich 130 Kilometer südwärts nach Acalayong, um die Ausreise-Formalitäten zu erledigen, und dann weiter nach Cogo, immer noch Äquatorialguinea, wo ich übernachtete. Am nächsten Morgen setzte ich in einer motorisierten Piroge nach Cocobeach über und fuhr gleich anschließend die 135 Kilometer nach Libreville, der Hauptstadt von Gabun, zurück.

Libreville war schön. Der Ölreichtum Gabuns spiegelte sich in den modernen Glastürmen, dem riesigen Präsidentenpalast und der breiten Prachtstraße an der palmengesäumten Bucht wider, aber wie in allen Großstädten existierte die bitterste Armut neben der glanzvollen Welt der Reichen. Das war sogar auf den Boulevards zu spüren – man sah entweder brandneue Jeeps und Limousinen mit getönten Scheiben oder klapprige, verrostete Buschtaxis und Lastwagen, die mit Menschen und Säcken voll gestopft waren. Ich sollte beide Seiten kennen lernen.

Die hiesige Shell-Niederlassung sorgte wie immer bestens für mich. Anatole Bourobou, der *directeur générale* von »Pizo Shell«, führte mich zum Essen in ein schickes Restaurant in der City aus. Er war liebenswürdig und gewandt, etwa 50, mit tief liegenden schwarzen Augen, und beim Aperitif schwärmte er von den Wäldern.

»Ich bin in einer kleinen Stadt im Regenwald aufgewachsen«, sagte er und fügte wehmütig hinzu: »Ich bin gern im Wald.«

Bei mir war das leider immer noch nicht der Fall. An meinem letzten Abend vor Libreville hatte ich in einer Holzbaracke übernachtet, die sich Hotel nannte. Es war sehr einsam gewesen, ringsum nur Bäume und Dunkelheit, und plötzlich war ich aufgewacht, weil etwas über mein Bein huschte – Rattenfüße! Ich schreckte hoch, und die Ratte floh, aber ich hörte sie die restliche Nacht in meinem Proviantbeutel herumrascheln. Zum Glück konnten mich solche kleinen Widrigkeiten nicht mehr lange aus der Fassung bringen. Ich strotzte vor Tatendrang, ich war in Afrika, auf großer Fahrt! Obwohl ich zugeben musste, dass ich in letzter Zeit nicht allzu viele große Fahrten hinter mich gebracht hatte! In den sechs Wochen, seit ich in Douala angekommen war, hatte ich nur jeden dritten Tag im Sattel gesessen. Außerdem hatte ich hier viel weniger auf den Straßen zu kämpfen als in Kamerun. Bis jetzt jedenfalls. Wenn ich Libreville verließ, würde ich auf meist unbefestigten Straßen die 1000 Kilometer bis Brazzaville, der Hauptstadt von Kongo, zurücklegen müssen, und ich würde reichlich Gelegenheit haben, den Urwald und das Dorfleben kennen zu lernen.

»Ich finde es schrecklich«, gestand ich Anatole. »Können Sie mir irgendwie vermitteln, was Sie daran so faszinierend finden? Vielleicht weiß ich dann, was ich tun muss.«

»Es ist die Stille im Wald«, fing er an. »Es ist so friedlich. Ich kann dort klarer denken. Ich gehe gern im Wald spazieren, an den Bächen entlang. Es ist kühl im Wald. Ich jage gern dort.«

»Aber ich fürchte mich vor den wilden Tieren«, wandte ich ein und fragte ihn, auf welche Art er jagte.

»Mit Fallen. Für Tiere, die so gehen, Gazellen zum Beispiel«, sagte er und ließ seine gepflegten Finger anmutig über die weiße Tischdecke gleiten, »mache ich eine Falle mit einem Loch im Boden.

Andere Tiere fange ich mit der Schlinge. Ich stelle eine Stockfalle mit einem Köder auf. Wenn das Tier sich dem Köder nähert, steckt es seinen Kopf in eine verborgene Schlinge, der Stock schnellt hoch, die Schlinge wird zugezogen und das Tier erwürgt.«

Das hörte sich gut an. Vielleicht sollte ich mir diese Technik zeigen lassen, falls mich wieder eine Ratte heimsuchte!

»Aber Vorsicht«, warnte Anatole, »wenn der Stock unten liegt, war nichts da. Wenn er ganz oben ist, hat das Tier den Köder gefressen und ist entkommen. Aber wehe, der Stock ist halb oben! Dann ist das Tier gefangen. Es ist entweder tot oder sehr, sehr böse.« Er hielt einen Augenblick inne, dann fuhr er genüsslich fort: »Kann sein, dass Sie einen Gorilla oder einen Panther gefangen haben, und dann müssen Sie sich auf einen Kampf gefasst machen!«

Vergiss die Jagd, sagte ich mir.

Anatole war jetzt weit weg in seinem geliebten Dorf. »Die Bäche im Wald sind so schön«, murmelte er. Ich konnte ihn kaum hören. »Und die Hügel und Täler. Der Wald verändert sich. Er ist überall schön.«

Das Essen wurde aufgetragen. Anatole hatte Buschfleisch bestellt. Der *maître* hatte dafür gesorgt, dass er den Teil bekam, der ihm am besten schmeckte – den geschmorten Kopf.

»Das ist der beste Teil«, rief Anatole, während er in dem Schädel herumstocherte. Anatole trug einen gut geschnittenen Anzug, hatte ein Glas Rotwein neben sich stehen und hantierte mit dem Silberbesteck. Ich konnte ihn mir nicht mehr in einem Dorf vorstellen, mochte er sich auch noch so sehr nach seinem Regenwald sehnen. Ich machte mich über meine Pepperoni-Ananas-Pizza her und versank ebenfalls in Nostalgie.

Am anderen Ende des sozialen Spektrums von Libreville lebten zwei junge Frauen, mit denen ich mich unterhielt – Valerie und Grace. Sie waren Prostituierte.

In den ersten Tagen meines Aufenthalts in Libreville hatte ich Suzi kennen gelernt, eine amerikanische Peace-Corps-Mitarbeiterin, die sich für das gabunische Anti-Aids-Programm einsetzte. Suzi wollte mit Prostituiierten reden, um herauszufinden, wie weit sie über Aids aufgeklärt waren, und um Kondome an sie zu verteilen. Ich wollte mit Prostituierten reden, weil ich anderswo in Afrika die Erfahrung gemacht hatte, dass die Mädchen in den Bars oft sehr unabhängig und aufmüpfig waren und viel zu erzählen hatten.

Als wir zwei junge Frauen gegenüber dem Novotel »Rampochombo«, dem ersten Hotel am Platz, beieinander stehen sahen, gingen wir hinüber und sprachen sie an. Valerie plauderte gern mit uns, während Grace sich anfangs im Schatten hielt und uns ängstlich beobachtete.

Valerie war wie eine anmutige Gazelle, klein und zierlich gebaut. Sie trug eine braune Lockenperücke im europäischen Stil, und ihre Lippen waren tiefrot geschminkt. Sie hatte einen roten Minirock und eine gelbe Rüschenbluse an, eine funkelnde Kette um die Hüfte, und war mit teurem Modeschmuck behängt. Die scheue Grace trug einen Minirock aus billigem schwarzem Baumwollstretch und ein schwarzes Stretchoberteil, das sie noch dünner aussehen ließ. Sie ging in High Heels, wie Valerie, hatte aber keinen Schmuck und keine Perücke an. Ihr Haar war nicht gestylt, sondern lag in dichten krausen Locken um ihren Kopf. Grace hatte den Blick abgewandt und sah sehr jung, sehr scheu aus.

Valerie hatte Grace anscheinend unter ihre Fittiche genommen, obwohl sie nur wenig älter sein konnte.

Wir erfuhren, dass die beiden Mädchen vor fünf Monaten aus dem englischsprachigen Teil Kameruns gekommen waren, und schalteten auf Englisch um. Anfangs beschränkten wir uns auf unverfängliche Themen. Valerie sagte, sie seien Schwestern, aber das kann auch im weiteren afrikanischen Sinn gemeint gewesen sein –

Freundinnen, die derselben Großfamilie, demselben Volksstamm oder derselben Region angehörten. Schließlich fragte Suzi, ob sie sich in Gabun wohl fühlten.

»Das Leben ist zu teuer hier, zu hart«, erwiderte Valerie.

»Warum seid ihr aus Kamerun weggegangen?«, fragte ich.

»In Kamerun ist das Leben auch hart«, sagte Valerie. »Und der Präsident verschleudert unser Land – es ist sehr schwer, dort Geld zu verdienen.«

Wir redeten noch eine Weile über die Schönheiten Kameruns und einigten uns lachend darauf, dass die Straßen miserabel waren. Als ich jedoch fragte, ob Valerie Kamerun vermisste, verstand sie mich nicht.

»Wie ... ein Miss-Kamerun-Wettbewerb?«

Ich klärte den Irrtum auf, und sie rief: »Ach, und wie! Wir sind ganz krank vor Heimweh! Wir reden die ganze Zeit von Kamerun!« Sie fügte hinzu, dass sie keine Freunde hier in Libreville hätten. »Das gibt zu viele Probleme.«

Ich wusste nicht, ob Valerie von Eifersüchteleien redete, oder ob sie fürchtete, dass ihr Vater von ihrem »netten kleinen Job« erfahren könnte, wie sie es in ihren Briefen an ihn umschrieb. »Wir wollten nicht Prostituierte werden«, fuhr Valerie fort, »aber es ging nicht anders.« Gabun war zu teuer für die beiden Mädchen, und sie konnten das Geld für eine *carte de séjour*, eine Arbeitserlaubnis, nicht zusammenbringen. Die Prostitution war für sie die einzige Möglichkeit, wie sie sich am Leben erhalten und genug verdienen konnten, um Geld nach Hause zu schicken.

Grace und Valerie beteuerten, dass sie immer Kondome benützten, aber Suzi glaubte ihnen nicht so recht. Kondome waren teuer, das Budget für das gabunische Anti-Aids-Programm nur gering, und die Zahl der HIV-Infizierten stieg an. Suzi gab Valerie und Grace ein paar Gratisproben, und beide kicherten verlegen.

»Die Männer hier sind nicht anständig – die Franzosen oder die Gabuner«, sagte Valerie. »Sie wollen uns nicht einmal einen Drink bezahlen – bloß Sex und fertig.«

Grace war inzwischen ein bisschen näher gekommen. »Manche Männer setzen uns einfach am Waldrand ab«, warf sie schüchtern ein. »Sie sind sehr schlecht, und wir müssen mit dem Taxi zurückfahren.« Ein schrecklicher Gedanke, nachts allein im Urwald herumzuirren!

Valerie erzählte uns von den Problemen, die sie mit Männern hatten. »Oft überfallen uns junge Kerle, Banden, die uns mit Messern bedrohen und uns ausrauben, und die Polizei will immer Geld! Einmal haben sie mich aufs Revier mitgenommen, und sie wollten mir den Kopf kahl rasieren und mich auspeitschen, aber zum Glück war ein Polizist dabei, ein Freund von mir, der ihnen gesagt hat, sie sollen mich in Ruhe lassen.« Dann lachte sie und zeigte auf ihre Lockenperücke. »Das war, bevor ich das hier hatte«, und ich fragte mich, ob sie ein anderes Mal weniger Glück gehabt hatte.

Sie hatten Träume. »Oh, nein, wir möchten nicht mehr als Prostituierte arbeiten, wenn wir von Gabun weggehen.« Grace wollte Medizin studieren, aber Valerie hatte andere Pläne. »Ich möchte Literatur studieren oder Computerwissenschaft«, sagte sie. »Das könnte ich in Kamerun gut gebrauchen. Aber ich möchte auch gern in die USA oder nach Europa gehen.« Die Arbeit auf den Feldern oder Feuerholz schlagen im Wald hatte nichts Romantisches für sie. Sie sehnten sich nur nach den Menschen zu Hause, nicht nach dem entbehrungsreichen Leben, das sie hinter sich gelassen hatten.

Ich blieb acht Tage in Libreville, doch es war jetzt Mitte September, und ich wollte auf die Straße zurück. Ich hatte eine lange, aber ruhige Strecke bis Brazzaville vor mir – hoffte ich jedenfalls. Auf der gabunischen Route würde ich durch Lambarene am Ogooué-Fluss kommen, dann durch Fougamou, Mouila und Ndendé, aber wenn ich die kongolesische Grenze überschritten hatte, würde ich die nächsten 300 Kilometer südwärts nur noch durch kleine Dörfer kommen, bis zu der Eisenbahnstadt Dolisie, und von dort würde ich noch einmal 350 Kilometer ostwärts durch einsame Gegenden bis Brazzaville fahren müssen. 120 Kilometer würde ich auf Asphalt zurücklegen, die restlichen 1000 Kilometer waren unbefestigte, teilweise ausgebesserte Straßen. Es wurde Zeit, dass ich aufbrach.

Während ich weiter nach Gabun hineinfuhr, gelang es mir tatsächlich, den Urwald in einem anderen Licht zu sehen und meine Angst zurückzudrängen. Ich achtete mehr auf die verschiedenen Baumarten, die Sträucher und Schlingpflanzen, und lauschte auf die Vogelrufe und Insektenstimmen. Der Wald veränderte sich nach und nach, wie Anatole gesagt hatte. Die staubige rote Straße war im Allgemeinen breiter als in Äquatorialguinea, und die Urwaldschluchten, durch die ich radelte, waren nicht so düster. Doch manchmal drängte der Wald weiter herein, und ich radelte durch tiefe Schatten. Dann wieder kamen lichtere Abschnitte, mit Sonnenflecken gesprenkelt und mit blühenden Pflanzen überwuchert, und die Luft war von Vogelrufen erfüllt. Es war, als würde ich durch einen tropischen Garten fahren.

Dazwischen tauchten Dörfer auf, nicht 40 Kilometer auseinander, wie man mir in Kamerun gesagt hatte, sondern alle acht bis zehn Kilometer. Meist handelte es sich um eine kleine gerodete Lichtung mit ein paar Holzhütten. Es waren stille Dörfer, wie in Äquatorialguinea, aber sie wirkten kleiner und bescheidener als in Westafrika und waren tagsüber verlassen. Menschen traf ich nur auf der Straße, wenn sie aus dem Wald auftauchten, meist in Begleitung von Hunden.

Ich hasste die Hunde, besonders auf dem Rad, wenn meine Beine schutzlos preisgegeben waren.

»Sie müssen weiterfahren und laut brüllen oder so tun, als ob Sie Steine nach ihnen werfen«, sagte ein Dorfbewohner lachend, nachdem sein Hund mich gejagt hatte, bis ich vom Rad gefallen und in den Brennnesseln gelandet war. Ich konnte gut auf seine Ratschläge verzichten, solange er den Hund von mir fern hielt. »Sie dürfen keine Angst vor Hunden haben – das merken sie sofort.« Mit der Zeit wurde ich ein Profi darin, durch den Schotter zu schlittern, von Ibn abzuspringen und das Rad zwischen mich und den Hund zu halten.

An meinem letzten Tag auf Asphalt fiel mich ein knurrender Hund an, und diesmal bremste ich zu hart auf dem lockeren Teer und sandigen Randstreifen, sodass ich samt Ibn auf dem Boden landete. Mein Ring- und Mittelfinger hatten sich unter dem Lenker verklemmt; der Nagel des Ringfingers wurde herausgerissen und im Nagel des Mittelfingers hatte ich ein großes Loch.

Eine Frau stürzte aus einem Haus in der Nähe, warf ein paar Steine nach dem Hund, rannte ihm nach und schlug ihn mit dem Rechen, den sie in der Hand hielt. Endlich schlich der Hund davon.

»Sie dürfen keine Angst haben«, sagte sie. »Er ist nicht böse.« Ich saß auf der Straße, ein Bild des Jammers: Blut sammelte sich auf meinen Fingerspitzen, und mir war übel von dem Schmerz. Dann fiel mein Blick auf den Rechen, und ich sann auf Rache. Komm nur her, Hündchen, knurrte ich. Ich bring dich um, du Köter!

»Die Ehrfurcht vor dem Leben war Albert Schweitzers Grundgedanke«, erklärte mir der kraushaarige Pierre mit den funkelnden Augen.

Ich war seit gestern im Albert-Schweitzer-Hospital in Lambarene. Pierre, ein Apotheker, war Präsident einer der drei Schweitzer-Stiftungen, die das Krankenhaus finanzierten.

Die Anlage bestand aus einer Reihe von alten und neuen Gebäuden, die sich in eine weite, ebene Lichtung an einer breiten Biegung des grauen Ogooué-Flusses schmiegten. Moderne Kliniken standen neben schmutzigen Hütten mit rostigen Blechdächern für das Personal oder die Familien der Patienten. Es gehörte zu den Regeln der Stiftung, dass die Patienten von Angehörigen betreut wurden, die sie pflegten und ihnen zu essen gaben, was zu Schweitzers Zeiten als revolutionäre Neuerung galt.

»Die Ehrfurcht vor den anderen war für ihn das Wichtigste«, fuhr Pierre fort, »vor anderen Menschen, Tieren, Pflanzen …«

»Auch Hunde?«, fragte ich.

Albert Fry, ein Patensohn von Albert Schweitzer und diesem zum Verwechseln ähnlich – gebeugt, stämmig, Lederhaut, weißes Haar, Spitzbart –, hatte sich zu uns gesellt. Er war ein protestantischer Prediger, der gern redete, besonders über Albert Schweitzer. Fry und Pierre zeigten mir eine Rekonstruktion von Albert Schweitzers altem Haus und Fotos des jungen Albert Schweitzer – groß und schwarzhaarig –, aber auch die bekannteren, auf denen er als gebeugter, weißhaariger alter Mann mit Tropenhelm und weißen Kleidern zu sehen war. Immer war er von Frauen umgeben. Ich wurde zu dem Schreibtisch geführt, an dem er nächtelang geschrieben hat. Vor dem Pult stand ein hölzerner Hocker. Fry sagte, Schweitzer habe in seiner Sprechstunde und bei seinen Schreibarbeiten auf diesem Hocker gesessen und erst mit siebzig ein Kissen akzeptiert. Fry hatte noch mehr Anekdoten zu berichten.

»Wenn jemand eine Tsetse-Fliege erschlagen wollte, die auf Schweitzers Schulter saß, wies er ihn zurecht. Das ist meine Fliege, sagte er, und ich entscheide, ob sie lebt oder stirbt.«

Eine seltsame Art, das Leben zu achten, fand ich, aber der Gedanke an die Tsetsefliegen, die vielleicht im Wald auf mich lauerten, machte mir im Augenblick viel mehr zu schaffen.

»Schweitzers Tochter Renée hat einmal erzählt, wie sie als kleines Mädchen ihren Vater, der nach langer Abwesenheit nach Europa zurückgekehrt war, mit einem frisch gepflückten Blumenstrauß begrüßte. Er hat gesagt: Warum hast du das gemacht? Die Blumen wollen auch leben!«

»Eigentlich ist gar nichts Besonderes an seiner Philosophie«, meinte Pierre später. »Alle großen Religionen sagen dasselbe.«

Die Gabuner, denen ich begegnete, waren alle voller Bewunderung für Albert Schweitzers Werk, während mir seine Prinzipien hier in Afrika ziemlich fragwürdig erschienen.

Lambarene lag drei Tagesreisen hinter mir, als ich in einem kleinen Dorf zwischen Fougamou und Mouila beim Häuptling übernachtete. Er war ein würdevoller älterer Mann mit trauriger Stimme und sanften Augen. Ich wurde zu ihm zum Essen eingeladen, obwohl ich eine Frau war, vielleicht weil er als Einziger Französisch sprach. Wir saßen allein in seiner Hütte, während die Frauen draußen Zuckerrohr für die Palmwein-Zubereitung pressten. »Damit macht man am meisten Geld«, hatte der Häuptling mir erklärt. Die Frauen und Kinder würden hinterher essen, was wir übrig ließen.

»Ich möchte gern meine eigenen Sachen essen«, sagte ich und stürzte mich in eine längere Erklärung, um ihn nicht zu kränken. »Ich habe schon unterwegs gegessen, und jetzt habe ich nicht mehr viel Hunger.«

Tatsächlich hatte ich auf dem Markt von Lambarene ein paar Äpfel entdeckt – Neuseelandäpfel! Es gab nicht viele Früchte im Regenwald, außer Bananen, und seit Libreville hatte ich nicht einmal mehr Bananen bekommen. Ich musste meistens um eine Papaya bitten – Papayas wuchsen hier wie Unkraut, und weil sie so gering geschätzt wurden, wurden sie auch nicht verkauft. Ich wusste, dass ich bis Dolisie vermutlich nichts mehr bekommen würde, und hatte zwölf Äpfel auf einmal gekauft! Heute Abend aß ich beim Häuptling Apfel-Papaya-Salat mit leicht ranzigem Jogurt.

Wir unterhielten uns im Schein der Kerosinlampe. Der Häuptling erzählte mir, wie schwer das Leben für die Leute in den Dörfern hier war. »Die Arbeit ist so hart. Man muss stark sein. Dann bekommt man alles vom Wald, was man will. Es ist harte Arbeit, aber man kann gut davon leben.« Geld brauchten sie fast nur für Seife und Kerosin, erkärte er weiter.

Als wir von seiner Hütte in den hinteren Teil des Hofs gingen, klagte der melancholische Häuptling, dass die jungen Leute nicht mehr mit dem Dorfleben zufrieden seien. »Sie bekommen eine Schulbildung, aber keine Arbeit – sie wollen nicht im Wald schuften, so wie wir. Sie wollen Dinge, die Geld kosten, und manche gehen in die Stadt.«

Bis dahin hatte ich das Dorfleben und das Leben in den Städten als zwei getrennte Welten gesehen – ich hatte mir nicht überlegt, welchen Einfluss die eine auf die andere haben könnte.

»In der Stadt braucht man Geld«, fuhr der Häuptling fort. »Aber die Jungen finden oft keine Arbeit, wenn sie in die Stadt gehen, und dort ist niemand, der sie unterstützt. Wenn hier jemand krank ist, treiben die Leute irgendwie genug Geld auf, um ihn ins Krankenhaus zu schicken. Aber in der Stadt muss man bis zum Monatsende warten! Dort stirbst du.«

Der Häuptling entfernte sich, um zu rauchen, und ich blieb im Hof draußen, fasziniert von dem leuchtenden Vollmond und den dunklen Umrissen der Bäume, und genoss die frische erdige Luft. Die Frauen hatten ihre Arbeit beendet und saßen jetzt mit ihren Kindern um ein Holzkohlenfeuer beim Abendessen. Ich lächelte ihnen zu, sie lächelten zurück und aßen weiter. Bei Nacht waren die Dörfer still und friedlich, eine Wohltat für gestresste Stadtgemüter, aber als ich meine Schultern bewegte und den üblichen Schmerz fühlte, konnte ich verstehen, warum die Leute dieses harte Leben hinter sich lassen wollten.

Der Häuptling kam jetzt zurück und reichte mir ein Glas Palmwein. »Trinken Sie das«, sagte er gutmütig und verschwand.

Ich schaute zu, wie der Mond höher am Himmel aufstieg, nippte an dem starken, bitteren Likör und wälzte finstere Gedanken über die skrupellosen »großen Männer«.

Seit ich in Gabun unterwegs war, hatte ich mehrmals Flugzeuge und Hubschrauber gesehen, die über mich hinweggedonnert waren. Präsident El Hadj Omar Bongo und seine Entourage vermutlich. Die Präsidentschaftswahlen fanden erst in zwei Monaten statt, aber Bongo hatte eine landesweite Kampagne via Flugzeug gestartet. Warum fuhr er nicht auf den löchrigen Straßen, die sich bei jedem Unwetter in Schlamm verwandelten? Dann wüsste er, wie er die Öleinkünfte seines Landes sinnvoll investieren könnte!

Der Häuptling war skeptisch, was die Wahlen anging. »Unser gegenwärtiger Präsident ist seit 26 Jahren an der Macht, und wir haben in Frieden gelebt.« Er machte sich Sorgen um die Stabilität des Landes. Andererseits klagte er über das harte Dorfleben und die mangelnden Arbeitsplätze in der Stadt. Er sah darin keinen Widerspruch und fragte sich nicht, warum der Ölreichtum Gabuns nicht bis zu den Dörfern vorgedrungen war.

Gabun hätte ein wohlhabendes Land sein müssen. 1992 hatte es ein Bruttoinlandsprodukt von 4,6 Milliarden US-Dollar erwirtschaftet. Ein großer Teil davon stammt aus dem Ölexport, aber Gabun ist auch reich an anderen Bodenschätzen wie Mangan, Eisen, Chrom und Diamanten. Gabun hat nur eineinviertel Millionen Einwohner und damit ein Pro-Kopf-Einkommen von fast 4000 US-Dollar, was sehr viel ist für Afrika. Und dennoch gab es keine asphaltierte Straße zu diesem Dorf und keine Elektrizität, kein Wasser, keine Kanalisation – wo also war das ganze Geld geblieben?

»*Il a bouffé l'argent*«, wurde mir in Gabun oft gesagt. Er hat das Geld verschlungen.

Der Bau des riesigen Präsidentenpalastes in Libreville hatte 800 Millionen US-Dollar gekostet – und das in den Siebzigerjahren.

Zwei Tage später kam ich nach Ndendé, der letzten kleinen gabunischen Stadt vor der kongolesischen Grenze, und die Leute dort waren in heller Aufregung. Präsident Bongo würde am nächsten Tag kommen. Das wollte ich mir nicht entgehen lassen. Außerdem konnte ich sowieso nicht weiter, weil die Grenze während seines Besuchs geschlossen war.

Die Leute versammelten sich morgens um halb zehn vor der Präfektur. Der Präsident war für zehn Uhr angekündigt, aber er verspätete sich natürlich. Die Leute standen in ihren Sonntagskleidern da und warteten – die Anzüge der alten Männer waren mit Medaillen dekoriert, und die Frauen trugen bestickte Gewänder oder *pagnes* und T-Shirts mit einem Bild von Bongo.

»Die Frauen dort drüben haben sie mit einem Lastwagen vom Kongo geholt«, sagte eine Gabunesin neben mir. »Es gibt nicht genug hier in Gabun.« Als der Hubschrauber mit Bongo und seinem Anhang landete, führten sie einen Tanz zur Begrüßung auf. Gab es etwa nicht genug Tänzerinnen in Gabun? Oder nicht genug Frauen, die Bongo unterstützten?

Der Distriktsvorsteher hieß den Präsidenten herzlich willkommen und dankte ihm für einen Kilometer Asphalt hier und 500 Meter dort. Dann jedoch las er eine lange Liste von unhaltbaren Missständen vor: keine Wasserpumpen, keine funktionierenden Telefonverbindungen in einer strategisch so wichtigen Grenzstadt, keine Bank, keine Schulbücher. Abschließend stellte er fest, dass Ndendé praktisch leer ausgegangen sei, und er sei neugierig, was der Präsident jetzt anzubieten habe.

Präsident Bongo ging zum Mikrofon. Er war ein kleiner, jovialer Mann in einem perfekt geschnittenen dunkelblauen Anzug. Bongos

Frau blieb sitzen und verschanzte sich hinter ihrer teuren dunklen Sonnenbrille. Der Präsident bedankte sich des Langen und Breiten für den herzlichen Empfang, dann machte er vage Versprechungen und sagte, dass er mit den zuständigen Behörden reden werde.

(Am Abend schaltete ich mein Radio ein, und da wurde mir klar, warum es keine Rolle spielte, was er den Leuten erzählte – der gabunische Sender übertrug nur Bongos Antwort.)

Als ich später auf dem Weg zur Grenze war, etwa 15 Kilometer hinter Ndendé, überholte ich einen älteren Mann im Rollstuhl. Ich hatte ein ähnliches Gefährt bereits in Zentralafrika gesehen: Es war eine Art Dreirad mit Handpedalen, die mit den Hinterrädern verbunden waren. Eine geniale Konstruktion, nur war leider die Kette gerissen, und der Mann musste sich schlingernd vorwärts schieben.

»Ich habe heute Ihren Präsidenten in Ndendé gesehen«, sagte ich, als ich anhielt, um ihm zu helfen.

»Und was hatte er zu sagen?«, fragte der weise alte Herr.

»Nicht viel«, erwiderte ich und erzählte ihm von der Liste und Bongos ausweichender Antwort darauf.

»Er wird nicht mehr lange da sein«, sagte der Mann. »Am fünften Dezember ist er weg. 26 Jahre, das ist mehr als genug.«

(1993 wurde Bongo trotz Korruptionsverdachts für die nächsten sieben Jahre zum Präsidenten gewählt – was zu Aufständen in Libreville führte.)

Ich hatte zwei Wochen für die 500 Kilometer von Libreville zur gabunisch-kongolesischen Grenze gebraucht, einschließlich meines dreitägigen Aufenthalts in Lambarene. Auf den letzten 200 Kilometern war das Land allmählich trockener geworden, und die Umgebung veränderte sich. Die dichten, hohen Wälder machten zerzausten Bäumen und niedrigem Gras und Büschen Platz. Und hier, in Kongo, wurde die Landschaft noch trockener. Ich war im Land der niedrigen Horizonte, der endlosen Himmel und des grellen Lichts – grüne Grasebenen mit hier und da ein paar Bäumen, die über die niedrige Vegetation hinausragten. Zu meiner Verwunderung waren viele dieser Bäume Kokospalmen. Sie wirkten irgendwie fehl am Platz in dieser Steppenlandschaft. Die Straße blieb weiterhin ein rotes Staubband (ich hatte seit 400 Kilometern keinen Asphalt mehr gesehen), die Fahrspur war zerfurcht und aufgewühlt, mit tiefen Staubmulden an den Rändern. Wenn ich mich zum Pinkeln ins Gebüsch wagte, landete ich knöcheltief in mehlfeinem Staub. Daher hielt ich lieber auf einer geraden Strecke an, wenn keine Leute in Sicht waren, und hockte mich schnell neben Ibn. Zum Glück war der Staub extrem saugfähig, sodass ich keine verdächtigen Spuren hinterließ.

Meine erste Nacht im nördlichen Teil Kongos hatte ich in einem Hotel in Nyanga verbracht, das sich als Fledermaushöhle entpuppt hatte. Jetzt hielt ich am Straßenrand irgendwo zwischen Nyanga und Loubetsi an. Ich wusste nie so genau, wo ich war, denn in meiner Karte waren nur wenige Orte eingezeichnet, und zudem herrschte hier ein Namenswirrwarr, weil die kongolesische Regierung vor kurzem die Namensänderungen nach der Unabhängigkeit wieder rückgängig gemacht hatte. Meine nächste Stadt zum Beispiel hatte bei den Franzosen Dolisie geheißen, war dann in Loubomo umgetauft worden und hieß jetzt wieder Dolisie – mit dem Erfolg, dass die Leute denselben Ort oft unterschiedlich benannten, vielleicht je nach ihrer politischen Einstellung.

Nachdem ich in Windeseile mein Geschäft erledigt hatte, zog ich ein Stück Baguette zur Stärkung hervor. Ich aß es ebenfalls schnell, während ich auf näher kommende Holztransporter lauschte. Anscheinend gab es noch Wälder im nördlichen Kongo, denn ich wurde häufig von Holzschleppern überholt, die mich in eine Wolke aus feinem rotem Staub hüllten. Ich erstickte fast daran, meine Kleider und meine Haut waren staubverkrustet, Ibns Kette und Gangschaltung blockierten, und wenn ich etwas aß, war es ebenfalls voller Staub.

Bei diesem Halt fuhr der Schlepper zum Glück erst vorbei, als ich gerade meinen letzten Bissen kaute. Der Staub legte sich, und ich streckte meinen Arm aus und musterte ihn kritisch. Sehr apart, wirklich. Mein Unterarm muskelbepackt, die Haut ein wunderbares Rot, von Schweißbächen durchzogen, und meine kräftige, breite Hand von schmutzigen Fingernägeln gekrönt (allerdings nur die rechte, an der linken fehlten zwei). Ich trug jetzt Secondhand-Kleider, »*dead whitemen's clothes*«, wie die Afrikaner das nennen, weil sie nicht verstehen können, dass jemand zu Lebzeiten so gut erhaltene Kleider weggibt. Meine einst weißen Schuhe changierten zwischen Schlamm-Schwarz und Staub-Rot, und einer war von einer Maus angenagt. Ich zog meinen Spiegel hervor, um mein Gesicht zu begutachten. Ich sah mich so selten in einem größeren Spiegel, dass ich mich hin und wieder vergewissern musste, ob ich noch da war.

Ich gefiel mir sehr gut in letzter Zeit. Mein Haar klebte mir am Kopf – es wurde nie trocken in dem stickig-feuchten Klima; meine Wangen waren hohl, meine Schultern breit und muskulös. Und in meinen Augen lag etwas Brennendes, Wildes, das nicht da gewesen war, als ich London verlassen hatte.

Während ich im Staub grimassierte, kam ein einsamer Fußgänger vorbei.

»Sind Sie heruntergefallen?«, fragte der Mann teilnahmsvoll.

Am Abend kam ich in Loubetsi an, einem großen Dorf – einer Kommune im Sprachgebrauch des ehemals marxistischen Kongo –, in dem es eine protestantische Mission gab. Ich wurde von dem Leiter der Mission, dem reizenden zierlichen Pastor Germain, herzlich aufgenommen.

»Willkommen, willkommen!«, rief er aufgeregt. Er war klein und drahtig, und seine Augen funkelten verschmitzt. »Sie müssen bei uns übernachten, das Haus ist voll, aber Sie sind uns von Herzen willkommen!«

Ich wollte lieber im Zelt übernachten. Hinter seinem Haus erspähte ich ein ebenes Gelände mit schattigen Bäumen, fern der anderen Höfe, und ich fragte, ob ich dort mein Zelt aufbauen konnte.

»Dort drüben?«, fragte er überrascht und etwas verwirrt. »Sie wollen draußen übernachten!« Ich erzählte meine übliche Geschichte, und er ließ mir meinen Willen.

Hohe Mangobäume, sicher gut 50 Jahre alt, ragten dicht an dicht um meinen Lagerplatz auf. Sie warfen einen Schatten, der selbst um diese Tageszeit willkommen war. Ein kleines Häuschen, wie eine Gartenlaube, war an der einen Seite des ebenen, sauber gefegten Geländes zu sehen. Es hatte ein flaches Dach, war ungefähr so groß wie ein Zimmer und mit Holz eingefasst. Die drei Wände und das Dach bestanden aus getrockneten Palmwedeln. Ein Zaun aus Bambuspfählen führte an der offenen Seite entlang, der mir, nachdem ich mich und meine Kleider gewaschen hatte, als Wäscheleine diente. Das Beste war jedoch, dass der nächste Hof mindestens 50 Meter entfernt war!

Es wurde ein ruhiger Abend. Nach dem üblichen Zelt-Spektakel zerstreute sich die Menge, und ich konnte den Sonnenuntergang in ungewohntem Frieden genießen. Stimmen erhoben sich in der nahen Kirche, und in den umliegenden Höfen wurde getrommelt. Das Singen hörte irgendwann auf, doch das Trommeln ging den ganzen Abend weiter und hallte angenehm einlullend aus den verschiedenen Höfen wider.

Ich wachte früh auf und ging zu meinem Wasserbeutel hinüber, der an Ibns Lenker hing. Ich trank einen Schluck, dann wusch ich mein Gesicht und meine Hände. Hin und wieder fiel ein Sonnenstrahl durch die Laubkuppel über mir, aber die Luft war noch dunstig. Der Himmel hatte, soweit ich ihn sehen konnte, einen silbrigen Schimmer. Die Lehmhütte und der Lehmboden meiner nächsten Nachbarn leuchteten in sattem Orange, wenn die Sonne einen Augenblick durch den Dunst drang. Jetzt tauchte eine Frau auf, den Besen in der Hand, beugte sich vornüber und fing energisch zu fegen an. Die Hennen und ihre Kücken pickten hektisch vor ihr herum, um schnell noch ein paar Körnchen zu erhaschen, ehe sie weggefegt wurden. Zwei kleine Jungen spielten in einer Ecke mit einem selbst gebastelten Holzlaster, den sie hinter sich herzogen. Um das Grundstück herum wuchsen malerische Kokospalmen.

Es war Sonntag, und ich blieb allein, während die Leute sich zum Singen und Beten in der Kirche versammelten. Vögel zwitscherten in den Bäumen über mir. Ich hatte es nicht eilig, zusammenzupacken und weiterzufahren. Ich hatte schon wieder einen Staubhusten, aber das Leben war trotzdem schön. Ich machte Wasser auf meinem Gaskocher heiß, legte mir ein Stück altbackenes Brot und meinen Nescafé zurecht, als Caroline, die Tochter von Pastor Germain, auftauchte. Sie war Anfang 20 und ihrem Vater sehr ähnlich – zierlich und drahtig, mit intelligenten, funkelnden Augen. Sie trug ein blendend weißes T-Shirt und ein blaues, geblümtes *pagne* um die Hüften. Ihr Haar lag dicht an ihrem Kopf an, sodass die hohen Wangenknochen hervortraten.

»Also doch – Weiße trinken morgens Kaffee!«, platzte sie heraus und erschrak mindestens genauso sehr wie ich. Dann lächelte sie mich spitzbübisch an.

»Und du? Was machst du morgens?«, fragte ich zurück.

»Ich steh einfach auf und geh aufs Feld – gegen zehn esse ich vielleicht Maniok«, erklärte sie, immer noch ein bisschen perplex. »Ich habe es in Videos gesehen, wo die Weißen aufwachen und Kaffee trinken! Und du machst das auch!« Lachend fügte sie hinzu: »Ich hab sogar mal ein Video mit einem Mann gesehen, der nicht aufstehen wollte, bevor er seine Tasse Kaffee bekommen hatte. Dann stimmt es also.« Sie schüttelte ungläubig den Kopf, bis ich selber ganz durcheinander war.

»Das ist ein schöner, ruhiger Platz«, sagte ich zu Caroline, während ich meinen Kaffee trank. Ich hatte ihr eine Tasse angeboten, aber sie hatte abgelehnt. Die Sonne gewann jetzt an Kraft, und Sonnenkringel tanzten auf dem Boden. Es wurde lebendiger in den umliegenden Höfen, und die Leute gingen hinter meiner Baumgruppe die Straße entlang.

»Ja«, stimmte Caroline zu. »Hier halten wir unsere Gottesdienste ab.«

»Eure Gottesdienste?«, rief ich entsetzt. »Du meinst, das ist eine Freiluftkirche?«

»Ja, und das dort«, sagte sie und zeigte auf die »Gartenlaube«, »das ist der Altar!« Bestürzt starrte ich zu dem Altar hinüber, vor dem meine Unterhose und mein T-Shirt fröhlich im Wind flatterten.

Ich hatte einen schlimmen Fauxpas begangen, aber niemand nahm Anstoß daran. Caroline zuckte nur mit den Schultern und lachte über die seltsame Weiße. Ich sprang auf, riss meine Kleider vom Zaun und wollte das Zelt abbauen.

»Bleib doch noch einen Tag«, sagte Caroline. Der Gedanke war verlockend. Ich litt unter meinem Staubhusten – ich hatte unterwegs den ganzen roten Staub in meine Lunge bekommen und musste ihn jetzt wieder aushusten.

»Soll ich mein Zelt woanders aufstellen?«, fragte ich vorsichtshalber.

»Warum? Gefällt es dir hier nicht?« Damit war die Sache entschieden; ich kroch in mein Zelt zurück und gönnte mir den Luxus, krank zu sein.

Am Nachmittag rappelte ich mich auf und ging zu Pastor Germains Haus hinüber. Der Pastor war nicht da, aber ich erspähte Caroline im Schatten eines Mangobaums, wo sie einem kleinen Mädchen geschickt die Haare flocht.

»Wie viele Kinder hast du, Pamela«, fragte Caroline ohne Umschweife, als ich mich zu ihr setzte. Sie war immer sehr direkt. Mir fiel auf, dass sie nicht gefragt hatte, ob ich verheiratet sei – die erste Frage, die mir die Männer stellten.

»Keine«, sagte ich. »Und du?«

»Ich habe zwei, von meinem Mann. Wir sind jetzt geschieden.« Geschieden mit Anfang 20. Das war ungewöhnlich.

Wir plauderten weiter, und ich schaute Caroline beim Haareflechten zu. Sie nahm eine streichholzkurze krause Haarsträhne, trennte sie in drei Teile und flocht ein winziges Zöpfchen, das sie am Kopf der Kleinen anlegte. Es war kein Baumwollfaden nötig, um das Zöpfchen abzubinden.

»Hier, fühl mal«, rief Caroline und zerrte mich am Arm. Ich fasste in das Haar der Kleinen, das sich wie Stahlwolle anfühlte, viel kräftiger und drahtiger als andere Haare, die ich während meiner Reise berührt hatte. Das Mädchen, das nicht Carolines Tochter war, kicherte und fasste jetzt ihrerseits in meine Haare, und Caroline folgte ihrem Beispiel. Sie fanden es komisch, und Caroline ließ einen Augenblick von der Kleinen ab, um mir die Haare auszubürsten, die so verfilzt waren, dass es ziemlich ziepte. Dann wandte sich Caroline wieder der Kleinen zu, und ich fragte sie: »Warum bist du geschieden?«

»Weil er andere Frauen genommen und mich geschlagen hat«, sagte sie gleichmütig. »Er war beim Militär und hat zu viel getrunken. Männer ...« Sie verstummte und schüttelte den Kopf, ohne mich anzusehen. Einen Augenblick schwieg sie, dann fuhr sie fort: »Er wollte sich eine zweite Frau nehmen, aber das habe ich nicht zugelassen.« Sie erzählte, wie ihr Mann eines Nachts nicht nach Hause gekommen war und sie ihn gesucht hatte. Damals hatten sie in Brazzaville gelebt, der Hauptstadt von Kongo. Sie wusste, wo sie suchen musste. »Ich habe ihn in einem Hotel gefunden, und ich habe an die Tür gehämmert, bis er mich hereingelassen hat. Ich bin auf die Frau losgegangen, und sie ist nackt die Treppe runter geflüchtet.« Sie unterbrach ihre Arbeit und schaute mich an. Ihre Augen funkelten.

»Und was hast du mit deinem Mann gemacht?«, fragte ich.

»Er ist weggelaufen!« Sie lachte, aber es klang nicht echt. »Das war hart für meine Familie. Nach der Scheidung mussten wir das Geld zurückgeben, das mein Mann für mich bezahlt hat.«

Inzwischen hatte sich Carolines jüngerer Bruder Emmanuel zu uns gesellt. Er war groß und schlank, hatte sanfte braune Rehaugen und war sehr freundlich, wenn auch etwas zurückhaltender als seine Schwester.

»Wie viel bezahlt ein Mann in Australien für eine Frau?«, fragte Emmanuel.

»Nichts«, sagte ich.

»Nichts!«, rief Emmanuel und riss seine Rehaugen auf. »Du meinst, deine Eltern würden gar nichts bekommen?« Selbst Caroline fand das komisch, und Emmanuel fragte hoffnungsvoll: »Dann kann ich also nach Australien kommen und mir einfach eine Frau nehmen?«

»Ich weiß nicht, ob sie sich das gefallen lassen würde«, sagte ich. Wie sollte ich ihm die absonderlichen Sitten, die bei den Weißen herrschten, vermitteln?

Am späten Nachmittag, als es kühler wurde, gingen wir zum Fluss, um eine Runde zu schwimmen und meine Kleider noch einmal zu waschen. Caroline behauptete, sie seien nicht sauber, was auch stimmte.

Wir badeten in einem schattigen Flussbecken, dem Frauenbereich. Jetzt, in der Trockenzeit, war nicht viel Wasser drin, aber es sah sauber aus. Während ich mit den Kindern herumplantschte, nahm Caroline meine Leggins und mein T-Shirt an sich. Die Sachen wurden energisch eingeseift, geschlagen, geschrubbt und gerubbelt, mit einer Ausdauer, wie ich sie immer noch nicht aufzubringen vermochte. Nach fünfzehn Minuten war mein T-Shirt wieder weiß.

Als wir ins Dorf zurückgingen, erzählte mir Caroline von ihren Zukunftsplänen. »Ich möchte Ärztin werden, aber ich hab mein Abitur noch nicht«, sagte sie. »Ich bin zweimal durchgefallen, aber ich pauke weiter, bis ich durchkomme. Physik ist am schlimmsten, das reißt mich immer wieder rein.« Ich sagte ihr, dass Physik auch mein schlechtestes Fach gewesen sei.

Als wir wieder im Dorf waren, ging ich mit ihr Feuerholz sammeln, das sie auf dem Kopf zu einem anderen Gehöft trug. Es war schon Abend, und ich konnte mir nicht erklären, was Caroline vorhatte. Dann sagte sie: »Morgen muss ich aufs Feld, aber *mes règles* (meine Tage) machen mir Probleme. Das hier ist das Haus des Heilers.« Das Feuerholz war die Bezahlung.

Wir gingen nach hinten, wo bereits mehrere Patienten warteten. Endlich war Caroline an der Reihe, ging hinein und kam wieder heraus, um erneut zu warten. Nach ungefähr einer halben Stunde gab ihr die Frau des Heilers ein Glas mit einer roten Flüssigkeit, die zuvor erhitzt worden war.

»Das hilft sehr gut«, sagte Caroline. »Aber es macht mich müde.«

Ich war auch müde, und ich ging zu meinem friedlichen Zelt zurück und kochte mir etwas zum Abendessen. Als ich später draußen saß und in den sternenübersäten Himmel schaute, kam Caroline zu mir herüber. Wir saßen eine Weile traulich beisammen und lauschten den Trommeln in den nahen Häusern. Ein schöner, friedlicher Tag ging zu Ende.

»Warum bist du nach Loubetsi zurückgekommen?«, fragte ich Caroline.

»Wegen dem Bürgerkrieg«, sagte Caroline zu meiner Überraschung.

Kongo war bis 1990 ein marxistischer Staat gewesen, was jedoch unter der Herrschaft von Colonel Denis Sassou-Nguesso (1979–91) reine Theorie blieb. 1990 wurde der Marxismus abgeschafft. 1991 musste Sassou-Nguesso abdanken, und 1992 wurde ein demokratisches Mehrparteiensystem eingeführt. In den darauf folgenden Wahlen siegte Pascal Lissouba – Premier-Minister der ersten marxistisch-leninistischen Regierung von 1963 –, aber er hatte keine Mehrheit im Senat oder der Nationalversammlung. Lissouba rief 1993 Neuwahlen aus. Seine Partei ging als Sieger hervor, aber die Ergebnisse wurden angezweifelt, und überall im Land kam es zu Ausschreitungen zwischen dem Militär und den Anhängern des Oppositionsbündnisses, zu dem auch Sassou-Nguessos Partei gehörte.

»Es gibt zu viele Kämpfe in Brazza. Es ist dort nicht mehr sicher«, fuhr Caroline fort. Ich war der Meinung gewesen, die Lage hätte sich beruhigt, aber ich würde es ja bald selber sehen.

Ich brauchte zwei höllische Tagesreisen, um von Loubetsi nach Dolisie zu kommen.

»Als junger Mann bin ich in fünf Stunden nach Loubomo geradelt«, hatte Pastor Germain mir beim Abschied gesagt. »Die Straßen waren gut, aber jetzt sind sie völlig zerfurcht.« Ich konnte ihm nur Recht geben! Mein armer Körper wurde erbarmungslos durchgerüttelt. Meistens verliefen die Furchen Kante an Kante, sodass es kein Entrinnen gab – meine Arme fühlten sich an, als würde ich einen Schlagbohrer bedienen. Einmal, als mein Tacho gerade die 10 000-Kilometer-Marke überschritt, hielt ich an, um die Kette zu ölen. Ich nahm einen Schluck aus meiner Wasserflasche, und dabei riss der Halter ab. Oh, Ibn, dachte ich, du bist genauso müde wie ich. Ich ließ mich auf den Hintern plumpsen und saß im tiefen Staub, während um mich herum kleine Staubwölkchen aufstiegen. Das T-Shirt, das Caroline gewaschen hatte, war wieder rot. Ich starrte stumm auf den abgebrochenen Halter und auf Ibn. Ich war wie gelähmt vor Erschöpfung und Hitze. Minutenlang wiegte ich mich hin und her und starrte Löcher in die Luft. Diesmal war ich wirklich an die Grenzen meiner Kräfte gekommen.

Nachdem ich mich erholt hatte – mit Hilfe von Zucker und einer Ruhepause –, fragte ich mich, ob afrikanische Frauen sich jeden Tag so fühlten.

Dolisie war eine große Stadt mit kolonialem Flair, aber alles war versperrt und verbarrikadiert wegen der jüngsten Unruhen. Ich fand heraus, dass am Abend ein Zug nach Pointe Noire ging, und entschloss mich zu einem kurzen Abstecher an die Küste mit der Congo Ocean Railway – dem Zug, der zwischen Brazzaville und dem Atlantikhafen verkehrt. Die Franzosen hatten afrikanische Zwangsarbeiter für den Bau der Strecke eingesetzt (zwischen 1924–1938), und Tausende von Arbeitern waren dabei umgekommen. Für mich und Ibn jedoch war die Eisenbahn ein komfortables Transportmittel, das uns über Nacht durch Schluchten und Buschland nach Pointe Noire brachte, wo ich mir ein paar erholsame Tage gönnte.

Dann hieß es »Adieu Atlantik« (dachte ich jedenfalls) und zurück nach Dolisie, um die östliche Etappe bis Brazzaville zurückzulegen. Die Sonne knallte herunter, die Straßen waren schlecht, und es dauerte nicht lange, bis ich wieder erschöpft war. Sechs Tage knochenzermürbendes Fahren.

Endlich, 90 Kilometer vor Brazzaville, kam ich auf Asphalt und erreichte die Ausläufer der Stadt. Ich war froh, dass ich aus den beklemmend einsamen Gegenden Kongos heraus war, obwohl die

Strecke von Dolisie trotz Schotter, Staub und Schlamm faszinierend gewesen war: sanfte Grashügel, hohe, weiße Wolkenhimmel, und schließlich die beiden Sierra-Madre-ähnlichen Bergpässe, die ich überqueren musste. Das Licht war kristallklar dort oben und die Straße fern der Dörfer ruhig. Oft hörte ich nichts als das Summen der Fliegen und Zwitschern der Vögel – eine Stille, die unbeschreiblich war.

Auf dem letzten Pass jedoch ereilte mich ein gewaltiges Unwetter: Die Regenzeit hatte in diesem Teil Afrikas eingesetzt. Verdammt, fluchte ich, während ich, von Blitzen umzuckt, die Bergstraße hinaufstrampelte. Hätte das nicht bis Brazza warten können!

Das Unwetter verstärkte noch meine Ängste. In den letzten vier Tagen, als ich wieder näher an die Dörfer heranrückte, war es aus mit der Stille, und mit ihr verschwand jedes Gefühl von Frieden und Sicherheit.

»*Arrêt! Arrêt!*« Und »*cadeau!*«, schrien mir aggressive Halbwüchsige nach und starrten mich böse an, während sie die Hände aufhielten. Ein paar Mal grapschten sie sogar nach mir, wenn ich an ihren Dörfern vorbeiradelte, aber zum Glück war ich schnell genug, um ihnen zu entkommen.

Schwester Marie hatte Recht gehabt. Am zweiten Abend nach Dolisie hatte ich in einem Kloster übernachtet, wo ich Schwester Marie kennen lernte, eine französische Nonne, die seit 28 Jahren in Kongo war, und Pater Thomas, einen französischen Priester, der schon 32 Jahre hier lebte. (Es gibt zahlreiche Missionen und religiöse Orden in Zentralafrika, in denen ich immer freundlich aufgenommen wurde.) Beim Abendessen im Refektorium hatten sie über die Situation in Kongo gesprochen.

»In den Sechzigerjahren war das hier ein Land mit Zukunft«, sagte Pater Thomas. Er hatte weißes Haar, einen langen, spitzen Bart und sah alt aus, obwohl er vermutlich erst Ende fünfzig war.

»Die Leute hatten Ideen. Sie wollten etwas bewegen, ein besseres Leben für alle verwirklichen.«

»Damit ist es vorläufig zu Ende«, fügte die kleine, dunkelhaarige Schwester Marie hinzu, die etwa im selben Alter wie Pater Thomas war. »Im Juli war es schrecklich. Die Stammesbrüder des Präsidenten und die der Oppositionsführer haben sich gegenseitig umgebracht und aus ihren Häusern verjagt.«

»Die jungen Leute haben überall im Land Barrikaden errichtet«, erzählte Pater Thomas. »Sie haben Geld verlangt, Windschutzscheiben eingeschlagen, waren sehr gewalttätig ...«

»Und sie sind immer noch frech und unverschämt und bedrohen die Leute«, sagte Schwester Marie. »Niemand hat sie aufgehalten, jetzt meinen sie, sie können sich alles erlauben.«

Die Drohungen fingen bereits am nächsten Tag in den Dörfern an, und wie verbreitet dieses Problem war, erlebte ich zwei Abende später, als ich in dem kleinen Dorf Kinkembo übernachtete. Der alte Häuptling hieß mich willkommen, aber als ich ihm sagte, dass ich im Zelt schlafen wollte, schüttelte er entschieden den Kopf. »Ich kann Ihnen draußen keine Sicherheit garantieren. Sie werden Ihr Fahrrad mit hereinnehmen und bei uns schlafen«, befahl er und fügte traurig hinzu: »Es sind die jungen Männer – sie sind von Brazzaville zurückgekommen, wollen aber nicht auf dem Feld arbeiten. Es hat Diebstähle und Gewalttätigkeiten gegeben. Die Dinge stehen sehr schlecht.«

Nicht einmal die kleinen Dörfer blieben in Kongo von den wirtschaftlichen Unruhen und dem politischen Terror verschont.

Bald radelte ich durch endlose Vororte nach Brazzaville hinein, das ebenfalls kein Hort der Sicherheit war. In der City gab es schöne Boulevards, Bürogebäude und Baudenkmäler, und von Kämpfen war zunächst nicht viel zu spüren – bis ich am nächsten Morgen die beschädigten Gebäude sah.

Jetzt, in der Abenddämmerung, wirkte die Stadt ruhig. Ich radelte an der Corniche de Brazzaville vorbei, auf der Suche nach einer Unterkunft. Es gab keine Shell-Niederlassungen in Kongo. Hier war Elf König, und ich war auf mich allein gestellt. Ich war wie elektrisiert von meiner ersten Begegnung mit dem Zaire-Fluss, der hier ungefähr einen Kilometer breit war, braun und mit schwimmenden Schilfgräsern bedeckt, die in der schnellen Strömung flussabwärts trieben. Auf der anderen Seite war die Skyline von Kinshasa zu sehen, einer weit größeren Stadt als Brazzaville. Ich konnte es kaum erwarten, den Fluss zu überqueren, nach Zaire zu kommen und herauszufinden, ob der Dampfer nach Kisangani verkehrte. Unterwegs hatte ich gehört, dass er nicht fahren würde, aber ich blieb zuversichtlich. Irgendwie würde es klappen, und ich würde bald mit dem Boot ins wilde Innere Zaires unterwegs sein.

Plötzlich heulten Sirenen auf, und ich schwenkte zum Randstein hinüber. Polizisten auf Motorrädern rasten vorbei, gefolgt von Soldaten in Jeeps. Was hatte das zu bedeuten? Der Präsident vielleicht? Weit gefehlt. Hinter den Soldaten raste in vollem Tempo ein Leichenwagen her. Ein Leichenwagen? Ich fragte einen Passanten.

»Das ist die Frau eines Ex-Präsidenten«, sagte der Mann. »Sie ist in Frankreich gestorben.« Ich erfuhr, dass sie die Frau eines ermordeten Präsidenten war. »So ist das bei uns«, sagte der Mann sarkastisch. »Erst bringen wir sie um, und dann heben wir sie in den Himmel.«

Geduld

Brazzaville, Kongo – Kinshasa, Zaire

Ich ließ Brazzaville so schnell wie möglich hinter mir und überquerte den Fluss nach Kinshasa, einer weitläufigen Stadt mit über 5 Millionen Einwohnern und Hauptstadt eines großen Landes mit einer Bevölkerung von gut 42 Millionen – des faszinierenden Zaire. Zum Glück war Shell hier vertreten, und ich konnte mich nach der langen, strapaziösen Fahrt von Libreville wieder einmal in einen Luxuspalast zurückziehen – ein imposantes, wenn auch spartanisch möbliertes zweistöckiges Haus mit einem Swimmingpool ganz für mich alleine. Natürlich wartete auch wieder ein interessantes Programm auf mich.

Mein Betreuer hieß Kalonji. Er war hoch gewachsen und temperamentvoll und sorgte dafür, dass die Dinge zügig erledigt wurden. Als Erstes zog er für mich Erkundigungen über den Dampfer ein (oder *courrier*, wie das Schiff genannt wurde, weil es Post und Zeitungen mitführte).

»ONATRA«, ließ er mich wissen, »lässt dieses Jahr nur einen *courrier* laufen.« (ONATRA war die staatliche Transportgesellschaft, die den Dampfer nach Kisangani unterhielt). Wir hatten jetzt Ende Oktober. »Am besten, Sie fahren mit dem Frachtboot – Frachter fahren ständig, aber die Bedingungen sind hart. Glauben Sie, dass Sie damit zurechtkommen?«

Ich war enttäuscht, dass der *courrier* nicht in Frage kam, ein alter Kolonialdampfer, drei Stockwerke hoch, mit verlotterten Prunkräumen und Erster-Klasse-Kabinen (von fragwürdigem Komfort, aber mit einem Minimum an Privatsphäre), der die Fahrt nach Kisangani machte, indem er mehrere Schuten mit Passagieren und Frachtgütern vor sich herschob. Es war eine berühmte Reise, oft beschrieben und fotografiert, und ich war extra so weit südwärts gefahren, weil ich mir dieses Erlebnis nicht entgehen lassen wollte, und jetzt verkehrte der *courrier* nicht! Zudem führte die einzige Straße aus Kinshasa heraus nach Südosten in die Shaba-Provinz, weit weg von Kisangani und der Route nach Tansania, die ich mir zurechtgelegt hatte.

Außerdem wollte ich diesen großen Fluss bereisen, auf dem Henry Morton Stanley zwischen 1887 und 1889 den Kontinent durchquert hatte. Von den 620 Männern, die Stanley auf seiner katastrophalen Expedition dabeihatte, kehrten nur 225 zurück. Der Rest kam unterwegs durch Krankheit, Hunger, wilde Tiere und feindselige Stämme um. Die Expedition hatte das Ziel, den Deutschen Emin Pascha zu retten, den Gouverneur von Äquatoria, einer fernen Provinz im heutigen Uganda, aber wie sich herausstellte, war Pascha nicht nur besser gekleidet und ernährt als seine Retter – er konnte sogar Champagner zur Begrüßung hervorzaubern! Wenn Stanley und seine Männer so viele Strapazen umsonst in Kauf genommen hatten, dann musste ich wohl fähig sein, mit einem Frachter zu reisen, und seien die Bedingungen noch so schlecht. Die Frage war nur, wann?

Ich ahnte nicht, wie lange ich auf die Folter gespannt werden würde und wie zermürbend das Warten sein kann.

Am Tag nach meiner Ankunft ging ich mit Kalonji zum Hafen. An dem grasbewachsenen Flussufer und dem alten Holzkai lagen rostige Schubboote und Frachtkähne im Wasser; andere, kleinere Boote waren mit dem Bug voraus dazwischen verankert. Rostige Wracks lagen auf der Seite oder waren auf Pfählen im trockenen Schlamm aufgebockt, aber gearbeitet wurde kaum daran. Der Hafen glich einem großen Schrottplatz.

Wir suchten das Büro von Mboliaka, der Gesellschaft, die das Frachtboot unterhielt, das nach Kalonjis Informationen Ende der Woche abfahren sollte. Ich ging hinter Kalonji an einer Reihe von Containern vorbei, die Kante an Kante standen, dann eine steile Eisenleiter hinauf, die dagegen lehnte. Wohin führte er mich? Oben stand ein Doppelcontainer mit Gucklöchern und einer Tür: das Mboliaka-Büro!

Hinter dem Schreibtisch saß eine Frau, die sich als Madame Kabamba vorstellte. Wir fragten nach dem Boot, das morgen abfahren sollte (heute war Donnerstag), und erfuhren, dass der Treibstoff noch nicht da sei. »Der Treibstoff kommt am Montag und wird am Dienstag verladen.« Es klang alles sehr effizient und zuverlässig. »Und die Fracht ... nun, die Fracht wird eintreffen, sobald die Zollformalitäten erledigt sind.« Madame Kabamba lächelte schief. »Kommen Sie am Dienstag wieder und versuchen Sie es dann alle zwei Tage.«

»Zeit ist ein dehnbarer Begriff in Zaire«, meinte Kalonji.

Der energiegeladene Personalchef von Shell, Pierre Zumbi, sagte so ungefähr dasselbe. »Das ist der Z-Faktor«, verkündete er fröhlich. »Die Zeit vergeht, und nichts geschieht. Dagegen kämpfen wir in Zaire!« Es hörte sich an, als hätte er seinen Spaß daran.

Ich blieb cool. Eine Woche musste ich mindestens einkalkulieren, das war klar, aber es gab in Kinshasa genug zu sehen, und ich konnte mit Ibn durch die Stadt fahren und Vorräte für die große Flussreise einkaufen. »Für Ihr Essen und Wasser müssen Sie selber sorgen«, hatte Madame Kabamba gesagt.

Eine Woche später kurvte ich den Boulevard 30 Juin hinunter, die sechsspurige Schnellstraße im Herzen von Kin (wie die Einheimischen die Stadt nannten). Imposante Bürogebäude aus der belgischen Kolonialzeit beherrschten das Bild, daneben moderne Bürogebäude und Läden, aber die meisten waren geschlossen und die

Fenster verbarrikadiert. Soldaten saßen vor jedem Gebäude oder patrouillierten in den Straßen. Überall spazierten Leute herum, Männer und Frauen in Anzügen und traditionellen *pagnes*, und starrten mich an. In den Dörfern erwartete ich nichts anderes, aber in größeren Städten blieb ich sonst unbehelligt. Hier jedoch nicht: Kein Europäer ist in Kinshasa zu Fuß unterwegs, geschweige denn mit dem Rad.

»Fahren Sie lieber nicht mit dem Rad«, hatte Zumbi mich gewarnt. Aber mit dem Rad war ich schneller und konnte meine Verfolger abschütteln.

Ein Stadtbus rumpelte vorbei, völlig überladen, sodass die Leute aus den Türen heraushingen. Dann ertönte ein wildes Hupkonzert von einer Wagenkolonne, die auf mich zukam. Ich fuhr an den Rand und schaute zu.

»Das ist eine Beerdigung, Madame«, erklärte ein Mann, der neben mir stand, »für einen Soldaten.« Die Prozession war auf dem Weg zu einem nahe gelegenen Friedhof. Die Leute in den Wagen schwenkten Zweige aus den Fenstern. Der Sarg stand hinten auf einem Pick-up, von Soldaten bewacht, die mit geschultertem Gewehr danebensaßen. Das Hupen verebbte, und ich stieg wieder auf und fuhr zum Supermarché Select, wo es das breiteste Angebot an Dosengerichten und westlichen Waren gab.

Als ich hinkam, war es ein Uhr, und der Laden hatte schon wieder geschlossen. Das ging seit drei Tagen so – am Montag um drei, am Dienstag um zwei und heute um eins. Immer war ich zu spät dran! Der Supermarkt machte zu, um seine Preise nach oben zu korrigieren und dem rasant absackenden Wechselkurs entgegenzuwirken. Bei meiner Ankunft hatte ich 9 Millionen Zaires für einen US-Dollar bekommen, eine Woche später waren es 45 Millionen. Ich hatte meine Dollars zu einem Kurs von 20 Millionen umgetauscht, und je schneller ich mein Geld loswurde, desto besser.

Die Situation war grotesk: 1000 Prozent Inflationsrate, und die Preise gingen in die Millionen Zaires. Als ich angekommen war, hatte ein Tetrapack Orangensaft 35 Millionen Zaires gekostet, und die größte Banknote war 1 Million Zaires! Die Leute trugen prall gefüllte Geldbörsen und -taschen mit sich herum und bezahlten mit dicken Notenbündeln. Ich hatte 200 Millionen Zaires bei mir, was einen gut 15 Zentimeter dicken Stapel ergab.

Ich radelte zum Marché Central, einem riesigen Platz, mehrere Wohnblocks groß, auf dem es trotz der irrwitzigen Inflationsrate äußerst hektisch zuging. Es wimmelte von Händlern und Waren, die wild übereinander purzelten – Stoffe, Lebensmittel, Kosmetika, Kleider, Haushaltsgegenstände.

»Madame! Madame!«, riefen die Leute von allen Seiten, um mich auf ihre Waren aufmerksam zu machen.

Seit über einem Jahr hatte ich notgedrungen nur selten und sparsam eingekauft, aber jetzt hatte ich einen Vorwand, mein Geld mit vollen Händen hinauszuwerfen. Ich steuerte auf die Plastikabteilung zu, wo es Eimer, Schüsseln, Teller, Tassen und Körbe in leuchtendem Blau, Orange, Rot, Lila und Gelb gab. Ich wählte einen blauen Eimer mit Deckel für das Trinkwasser aus, eine neue lila Plastiktasse zum Wasserschöpfen, eine grüne Henkelflasche, an der ich ein Seil befestigen konnte, und eine blaue Lunchbox, die ich einfach schön fand. Ich bezahlte mit einem fetten Geldbündel, mit 100 Millionen Zaires. Ich war jetzt richtig im Kaufrausch und stellte befriedigt fest, dass ich noch weitere 100 Millionen Zaires zum Ausgeben hatte.

In den nächsten Wochen wurde die alte Währung gegen neue Zaires ausgetauscht, zu einem Kurs von 3 Millionen alten Zaires pro neuem Zaire. Aber die Regierung hatte keine Devisen-Rücklagen, um die neue Währung in Umlauf zu bringen, und keine Garantie, dass sie auf dem Markt akzeptiert werden würde.

Das war Kinshasa in den letzten Jahren unter Präsident Mobutu, der 1965 bei einem Staatsstreich an die Macht gekommen war. Trotz erheblichen Drucks von innen und außen war Mobutu nicht bereit, die Macht aus den Händen zu geben. 1990 wurde eine Nationalversammlung einberufen, um eine neue demokratische Verfassung auszuarbeiten, und 1992 wurde ein neuer Premierminister, Etienne Tshisekedi, und eine Regierung mit Oppositionsmehrheit gewählt, die von der Nationalversammlung anerkannt wurde. Mobutu rächte sich, indem er einen eigenen Premierminister, Faustin Burundwa, ernannte, was zu einem verbissenen Machtkampf führte.

Ein Wort, das in Kinshasa häufig wiederkehrte, war »*pijage*«, was ich anfangs als »*péage*« (Mautgebühr) verstand. Schließlich fragte ich nach und erfuhr, dass es »Aufruhr und Plünderung durch das Volk« bedeutete. Mit »*pijage*« war also »*pillage*« gemeint – das, was die Vandalen in Rom gemacht hatten. Ich fand den Ausdruck höchst seltsam, bis ich hörte, dass es tatsächlich zwei Plünderungen in Kinshasa gegeben hatte.

Die erste hatte sich im September 1991 ereignet. Manche behaupteten, die Plünderung sei von Mobutu inszeniert worden, mit dem Ziel, den Wohlstand der Opposition zu zerschlagen. Anderen zufolge war es ein Aufstand unbezahlter Soldaten gewesen. Soldaten machten jedenfalls den Anfang, doch der Aufruhr griff schnell auf die Zivilbevölkerung über. Büros und Häuser wurden nicht nur völlig ausgeplündert, es wurden auch alle Leitungen, Böden und Dachverkleidungen herausgerissen.

Zu der zweiten Plünderung kam es im Januar 1993, als Mobutu seine Soldaten mit der neuen 5-Millionen-Zaire-Note entlohnen wollte. Als die Soldaten herausfanden, dass die Note nicht von den Händlern angenommen wurde, fingen sie erneut mit Plünderungen an.

Diesmal folgte ihnen die Bevölkerung jedoch nicht.

»Ich hab eine Mama gesehen, die mit einem Fernseher auf dem Kopf herumstolzierte, als wär's ein Korb Bananen«, hatte mir ein Franzose bei einem Abendessen erzählt.

»Und ich hab einen Mann mit einem Kühlschrank nach Brazza schwimmen sehen«, fügte ein anderer hinzu.

Unter den Weißen, die die Plünderungen miterlebt hatten, waren viele, die ein eigenes Geschäft hatten und seit Jahren in Zaire lebten. Sie waren hier geblieben oder hatten das Land nur vorübergehend verlassen, während die Weißen mit Zweijahresverträgen schleunigst die Flucht ergriffen hatten. Die Veteranen erzählten sich grässliche Geschichten – von Frauen, die mit vorgehaltenem Gewehr vergewaltigt und tagelang ohne Wasser liegen gelassen wurden, brutal von ihren Kindern fortgerissen, ohne zu wissen, was mit ihnen passiert war. Trotzdem wollten alle, die die Plünderungen überstanden hatten, um jeden Preis hier bleiben.

Niemand konnte sagen, wie es weitergehen würde.

»Diesmal ist es vielleicht nicht die Politik, die die Leute auf die Barrikaden bringt, sondern der leere Magen«, meinte ein Belgier, der seit vielen Jahren in Zaire lebte. »Bei den Preissteigerungen können die Leute sich kein Essen mehr kaufen. Sie hungern.«

Zumbi von Shell bestätigte: »Das schlimmste Problem in Kinshasa ist heute der Hunger.«

Ich wusste, wovon sie redeten – vor ein paar Tagen hatte ein kleines Baguette noch 2 Millionen Zaire gekostet, am Nachmittag schon 3 Millionen, am nächsten Tag 8. Ein Fahrer verdiente 30 Millionen Zaire pro Monat, ein Fabrikdirektor 130 Millionen Zaire. Die Arbeiter und Angestellten des Öffentlichen Dienstes waren seit acht Monaten nicht bezahlt worden.

Die Leute gingen zu Fuß in den Straßen von Kinshasa umher, nicht um einen Einkaufsbummel zu machen, sondern weil sie sich keine Bustickets leisten konnten.

»Sie müssen Ihr Radio mitnehmen und es die ganze Zeit anlassen«, hatte Zumbi gleich bei meiner Ankunft gesagt und mir ein Funkradio gegeben, das alle Shell-Angestellten auf einer privaten Frequenz in Kontakt hielt. »Falls es brenzlig wird, versammeln wir uns alle am Fluss unten beim Haus des *directeur général*.« Bei der zweiten Plünderung war das Shell-Personal zum Haus des Direktors geflüchtet und mit einem Boot nach Brazza hinübergefahren, aber man hatte auf sie geschossen. Der Vertriebsleiter, Nkobe Makabi, war am Arm verletzt worden und immer noch in Belgien in ärztlicher Behandlung. Wenn ich durch Kinshasa fuhr, ragte also eine Funkantenne aus meiner Lenkertasche.

Natürlich kreiste alles um die Frage, wie man Mobutu loswerden könnte. »Wir hätten es längst geschafft ohne die Troika«, sagte Zumbi heftig, womit er Belgien, Amerika und Frankreich meinte, die drei Länder, die die größten Besitzstandsinteressen in Zaire hatten.

Viele andere sahen das ebenso: »Bush George ...« – in Zaire nennt man den Nachnamen als Erstes – »wurde von Mobutu gekauft, genau wie Mitterand und Chirac – er hat sie alle bestochen. Bei Clinton Bill wissen wir es nicht, aber bei den anderen ist es klar. Gistaing Valérie kommt nach Zaire und macht Urlaub bei Mobutu, und ein Sohn von Mobutu ist mit dem jüngsten Sohn von Mitterand befreundet.«

Der Vorwurf, dass ausländische Mächte sich in die Belange Zaires einmischten, tauchte häufig bei Dinnerpartys und in der normalen Bevölkerung auf. Fest steht, dass Mobutu jahrelang Gelder veruntreute und in seine eigene Tasche oder die seiner Anhänger fließen ließ. Doch in der Zeit des Kalten Krieges waren die westlichen Machthaber froh, dass Zaire, ein riesiges Land im Herzen Afrikas, von einem prowestlichen Diktator beherrscht wurde. Außerdem lagerten reiche Bodenschätze in Zaire, und es standen viele lukrative Minen-Pachtverträge auf dem Spiel.

Ich schnallte gerade meine Plastikeimer auf dem Gepäckträger fest, als mein Funkradio zum Leben erwachte. »Kalonji an Watson, Kalonji an Watson, over.«

Ich antwortete.

»Ich habe mit Madame Kabamba von Mboliaka gesprochen, over«, sagte Kalonji. Mein Herz machte einen Satz. Das Boot fuhr ab, und ich hatte meine Einkäufe noch nicht erledigt!

»Ja? Und?«, rief ich. »Over.«

»Sie warten immer noch auf Treibstoff und Fracht«, tönte es aus dem Radio. »Sie sagt, es kann noch ein, zwei Wochen dauern.«

Mist. Ich wartete schon eine ganze Woche, und jetzt wurden womöglich drei daraus. Ich bekam allmählich den Z-Faktor zu spüren – in voller Stärke.

»Sie sagt, Sie sollen jeden Tag anrufen«, fuhr Kalonji unter lautem Geknister fort. »*Patientez-vous, Paméla.*« Er wusste, dass ich enttäuscht war. »Sie glauben, ein Tag hat 24 Stunden«, fügte er lachend hinzu. Die Zairer begegnen allen Widrigkeiten des Lebens mit einem Lachen, so viel hatte ich in der einen Woche gelernt. Es war ihre Überlebensstrategie. »In Zaire ist ein Tag wie sieben Tage. Over.«

Auf der staubigen Straße von Libreville hatte ich die ganze Zeit von einem Zuhause geträumt, in dem ich von morgens bis abends sauber sein konnte. Mein Traum war in Erfüllung gegangen, was wieder einmal beweist, dass man vorsichtig mit seinen Wünschen sein sollte. Um den Z-Faktor zu bekämpfen, stand ich früh auf, schwamm ein paar Runden im Pool, radelte durch das Marktviertel und fuhr dann zurück, um Frühstück zu machen – Kaffee, Bananen, Papaya –, natürlich am Pool eingenommen. Manchmal ging ich einkaufen, obwohl die meisten Läden leer waren oder gar nicht mehr aufmachten, kümmerte mich um mein Visum, verfasste mein Rundschreiben, erkundete die Stadt per Fahrrad oder ging zum

Hafen, um nach dem neuesten Stand der Dinge zu fragen. Außerdem hatte Shell trotz der bedrohlichen Situation ein Programm für mich zusammengestellt, und ich lernte zwei Frauen kennen, mit denen ich mich anfreundete.

»Sie sind die *grandes dames* des Ministeriums«, erklärte mir Zumbi. Beide Frauen waren *chef de services* im Sozial- und Familienministerium. Madame Bolie Odette war die Leiterin der Rechtsabteilung, während Madame Mputela Antoinette für die soziale und wirtschaftliche Besserstellung der Familien zuständig war.

Bolie war groß, hatte straff zurückgekämmtes Haar, trug elegante *pagnes* und konnte sehr kämpferisch sein. »Laut Gesetz dürfen Frauen nur mit Erlaubnis ihrer Männer arbeiten«, erklärte sie unumwunden. »Angenommen, ein Mann lässt sich von seiner Frau scheiden, dann kann er ihren Arbeitgeber anrufen und sagen, er will nicht, dass sie arbeitet. Und dann muss der Arbeitgeber sie entlassen! Das ist nicht in Ordnung und muss geändert werden.«

Die kleinere Mputela war eine weniger auffällige Erscheinung, aber genauso streitbar. »Und was ist mit den Monatsbinden?«, fragte sie energisch. »Darüber redet niemand, weil es mit Menstruation zu tun hat. Aber es gibt keine mehr, und die importierten sind zu teuer. Was sollen die Frauen und jungen Mädchen tun? Da muss etwas geschehen!«

Das schlimmste Problem in Kinshasa war jedoch der Hunger, darin waren sich die beiden Frauen einig.

»Gesundheit ist ein unerschwinglicher Luxus. Die Tuberkulose ist wieder auf dem Vormarsch, und die Frauen haben kein Geld, um auch nur die einfachste Salbe für ihre Kinder zu kaufen«, sagte Bolie.

»Die Leute sind froh, wenn sie etwas zu essen auftreiben können. Die Frauen müssen Gemüse anbauen oder Geld verdienen, um Essen zu kaufen – auch wir. Wir wurden seit März nicht mehr bezahlt, und wenn wir das Geld jetzt bekommen würden, wäre es wertlos!«, rief Mputela entrüstet. »Für uns zählt nur noch, wie wir unsere Familien satt kriegen.«

Wir besuchten eine Gruppe, die uns ihren »Fonds Rotatif des Lapins« vorstellte. Wie bitte? Rotierender Kaninchenfonds? Ich hatte mich wohl verhört ...

»Der Fonds verleiht Kaninchen«, sagte die Gruppenleiterin. »Jede Frau bekommt ein Männchen und ein Weibchen zugeteilt. Für jedes Männchen muss sie zwei Kaninchen, für jedes Weibchen vier zurückzahlen.«

Warum Kaninchen?

»Weil sie eine gute Proteinquelle sind und leicht zu halten, und weil sie sich vor allem schnell vermehren ... In 30 Tagen kann ein Wurf von zehn bis zwölf Kaninchen erzielt werden!«

Ein sinnvolles Projekt, von dem Mputela und Bolie so begeistert waren, dass sie sich das Datum der nächsten Zusammenkunft notierten – sie wollten auch Kaninchen halten!

An meinem dritten Samstag in Kinshasa holten Bolie und Mputela mich zu einem Besuch in Manenga ab, einem Dorf in der Nähe von Kinshasa.

»Die Frauen haben mit unserer Unterstützung dem früheren Häuptling Land abgekauft, um eine Krankenstation und eine Kindertagesstätte zu bauen«, hatte Mputela mir vorher erklärt. »Aber jetzt ist ein neuer Häuptling da, und wir haben gehört, dass er die Frauen nicht auf dem Land arbeiten lässt. Er hat die Krankenstation zugemacht und die Tagesstätte zerstört!«

»Diese Häuptlinge machen, was sie wollen«, sagte Bolie erbittert.

»Wir gehen hin und reden mit ihm – da muss etwas geschehen«, fügte Mputela entschlossen hinzu.

Ich war sehr gespannt auf diesen Ausflug, um so mehr, als Bolie und Mputela – mit zwei Stunden Verspätung – in einem Krankenwagen aufkreuzten!

»Der einzige Wagen, der einsatzbereit war«, erklärte Mputela, die lediglich die Tatsache bemerkenswert fand, dass sie überhaupt Benzin bekommen hatten. Wegen der Währungskrise wurde kein Benzin mehr importiert, und die Vorräte waren knapp geworden. Deka, ein junger Arzt, den ich bereits kannte, saß am Steuer.

Beim Marché Central gerieten wir in einen endlosen Stau, aus dem sich Deka geschickt und geduldig herauswand, um dann in weiteren Staus und Straßenblockaden in der Innenstadt stecken zu bleiben. Die offenen Abzugsgräben neben der Straße waren mit Müll zugeschüttet, und oft verschwand der Asphalt unter hervorschießenden Wassermassen oder einfach so. Die Häuser, meist bloße Blechbaracken, waren dicht zusammengedrängt, die Straßenböschungen und jedes freie Plätzchen in Gemüsebeete umfunktioniert. Die Leute gingen an der Straße entlang, sprangen über Hindernisse und brachten sich vor den Autos in Sicherheit, die in halsbrecherischem Tempo dahergerast kamen. Vor den Tankstellen warteten endlose Fahrzeugschlangen, die Deka umfahren musste. Er holperte über Straßenböschungen und Mittelstreifen, um eine Blockade zu umgehen, oder er riss den Wagen herum und versuchte es in der anderen Richtung, nur um in der nächsten Schlange festzusitzen.

»Das Leben ist hart in Kinshasa«, rief er einmal. Mputela und Bolie stimmten zu, aber alle drei lachten und hatten offensichtlich ihre Freude an der Schlacht.

Das Leben in Kinshasa hatte etwas Surreales – und ich genoss es ebenfalls.

Es regnete jetzt, und die Leute liefen unter Regenschirmen, Bananenblättern, Aktenmappen oder was auch immer herum. Wir hielten an und lasen einen großen, hageren Mann mit einer viel zu weiten Jacke auf. Es war ein Freund von Deka, der als Chefstatistiker bei der Regierung arbeitete. Deka fuhr einen Umweg durch ein schlammiges Seitengässchen, wo er den Statistiker absetzte. Es war 12.30 Uhr.

»Die Mamas warten sicher schon auf uns«, sagte Mputela grinsend. »Ich habe uns für zwölf Uhr angekündigt.« Wir waren noch nicht einmal aus Kinshasa heraus und hatten 30 Kilometer Landstraße vor uns. Wieder hielten wir an, diesmal bei einem Straßenmechaniker, der den Ersatzreifen reparierte.

Als wir endlich in der Nähe von Manenga ankamen, war es fast 2 Uhr. Wir ließen den Wagen stehen, überquerten den reißenden Fluss auf einer prekären Brücke aus Lianen und Brettern, stapften einen steilen grünen Hügel hinauf und erreichten auf einem Schlammpfad das Dorf. Die Frauen stürzten aus ihren Lehmhütten, um uns zu begrüßen.

»*Bonjour!*«

»*Bonjour!*«

Aber der Häuptling war nicht da.

»Er ist absichtlich weggeblieben«, sagte Mputela.

»Wo ist sein Sohn?«, fragte Bolie eine der älteren Frauen, und wir wurden zu einem weiß verputzten Gebäude geführt. Die Frau rief, und Petit Thomas, der älteste Sohn des Häuptlings, tauchte mit einem Handtuch um die Hüfte in der Tür auf. Der Häuptling war mit seiner Familie in die Krankenstation eingezogen!

Petit Thomas wurde von den grandes dames des Ministeriums scharf ins Verhör genommen. Schließlich wurde uns etwas zu trinken vorgesetzt – Palmwein, der mit jedem Schluck besser schmeckte –, dann brachte eine Frau einen Topf mit Essen heraus.

»Was ist das?«, fragte ich, als der Deckel gelüftet wurde und kleine weiße Klumpen zum Vorschein kamen.

»*Çe sont des chenilles*«, sagte Bolie. Raupen!

»*C'est de la protéine*«, fügte Mputela hinzu und nahm sich eine Hand voll.

»*Très bon*«, rief eine andere Frau, und alle griffen herzhaft zu.

Ich wusste, dass in Zaire Insekten gegessen wurden – auf dem Markt hatte ich Wannen voll zappelnder Maden gesehen. »Eine gute Proteinquelle, nachdem das Fleisch so teuer ist«, hatte mir ein Mann beteuert, als er mein entsetztes Gesicht sah. Jetzt probierte ich es. Ich schnupperte an einem der weißen Klümpchen – es roch nach Pilzen. Ich steckte es in den Mund und schob es mit der Zunge herum – nicht viel Geschmack. Ich biss hinein – es war knusprig. Alle lachten, ich nahm noch ein paar, und wir tranken weiter Palmwein.

Der Nachmittag verlief ergebnislos, und nachdem wir uns verabschiedet hatten, alle in bester Laune, fragte ich: »Warum haben sie die Kindertagesstätte zerstört?«

»Petit Thomas hat gesagt, eine große Schlange habe sich darin eingenistet«, antwortete Mputela. »Die Leute in den umliegenden Häusern hätten sich gefürchtet, und sie hätten das Haus abgebrannt, um die Schlange zu töten.« Mputela und Bolie lachten krächzend über diese bizarre Erklärung.

Nicht weit von der Stelle, wo der Krankenwagen stand, war ein großer Markt, auf dem Maniokblätter, *pondu*, verkauft wurden.

»Das ist unsere Grundnahrung«, erklärte Bolie, während sie mit dem Händler feilschte. Maniokknollen und -blätter, auf verschiedene Weise zubereitet, werden überall in Zentralafrika gegessen, und mit der Zeit fand ich Geschmack daran.

»Es ist wie Spinat«, sagte Mputela, die ebenfalls heftig feilschte. In Kinshasa war der Maniok fünfmal so teuer wie hier draußen. »Am besten schmeckt er mit Dörrfisch.«

Gegen 5 Uhr traten wir endlich den Rückweg an, und der Wagen war bis oben hin mit pondu voll gestopft, sodass von den Insassen nicht mehr viel zu sehen war. Die Fahrt hatte sich also doch noch ausgezahlt!

Am Mittwoch, drei Wochen nach meiner Ankunft, erreichte die Währungskrise ihren Höhepunkt, aber ich musste eine Entscheidung treffen – Kalonji hatte mir mitgeteilt, dass das Boot morgen definitiv ablegen würde.

»Sie müssen raus aus Kinshasa, solange es noch geht«, bekam ich zu hören. »Es wird jetzt brenzlig hier.« Andererseits wurde mir abgeraten, Kinshasa zu verlassen. »Hier ist überall Militär, und Plünderungen wird es in Kisangani genauso geben.« Und dann gab es noch den Rat: »Der Kapitän kann das Boot auf der Flussmitte halten, falls es Ärger gibt. Sie sollten abfahren.«

Aber die Plünderungen waren nicht meine Hauptsorge. In den ersten paar Nächten in meiner Luxusunterkunft in Kinshasa waren meine Beine von kleinen schwarzen Insekten zerstochen worden. Ich hatte die Stiche aufgekratzt, und sie hatten sich zum Teil entzündet. Die antiseptische Salbe, mit der ich die Stiche behandelt hatte, zeigte bisher wenig Wirkung, und Kalonji setzte alle Hebel in Bewegung, um ein Antibiotikum für mich aufzutreiben. Wie sollten meine Wunden verheilen, wenn ich wochenlang in dem feuchtstickigen Klima und unter gänzlich unhygienischen Bedingungen unterwegs war? Ich hatte einen eisernen Magen (mehr oder weniger), aber ich wusste, dass ich anfällig für Infektionen war. Ich war schon so weit gekommen, ich konnte es jetzt einfach nicht riskieren, im Krankenhaus zu enden oder aus Kisangani ausgeflogen zu werden.

Dabei wünschte ich mir nichts sehnlicher, als fortzukommen. Kinshasa war abenteuerlich und faszinierend, aber fürs Erste hatte ich genug. Ich wollte weiter, und wer weiß, wann bei der gegenwärtigen Benzinknappheit das nächste Boot gehen würde?

Kalonji kam am nächsten Morgen zum Gästehaus. Ich hinkte mit bandagierten Beinen hinunter, um ihn zu begrüßen. Er brachte mir die Antibiotika.

»*Tu pars ou tu ne pars pas?*«, fragte er feierlich. Fährst du, oder fährst du nicht?

»Ich fahre nicht«, antwortete ich, den Tränen nahe, Tränen der Enttäuschung. Nein, ich würde nicht abreisen, es war zu riskant, aber es drückte mir fast das Herz ab.

»Du hast die Kinshasa-Lethargie«, rief Jason, ein kanadischer Freund. Jason und seine Frau hatten ein eigenes Geschäft in Kinshasa, und sie hatten mit ihren zwei Kindern beide Plünderungen überstanden. Nachdem ich mich zum Bleiben entschlossen hatte, wurde schnell klar, dass ich künftig für mich selber sorgen musste – mein Zimmer wurde für zwei Manager aus Europa gebraucht, und ich wollte die Gastfreundschaft der Shell-Leute nicht über Gebühr strapazieren. Jason und Suzanne kamen mir zu Hilfe, indem sie mir anboten, bei ihnen zu wohnen. »Erst sagen die Leute, sie wollen nur ein paar Tage länger bleiben, und am Ende werden Jahre daraus«, meinte Jason. »Das Leben ist so schön hier.« Dann wurde ihm bewusst, was er gesagt hatte, und wir lachten alle.

Es dauerte seine Zeit, bis ich wieder auflebte. Die Antibiotika schlugen an, was mich aber seltsamerweise noch mehr deprimierte. Hätte ich doch gehen sollen? Ich wollte hier niemandem lästig fallen. Wann würde ich jetzt fortkommen? Die Zeit verging, und ich machte mir Vorwürfe, dass ich nicht bei meiner Familie und William sein konnte. Sollte ich nach Hause fliegen? Aber dann erhielt ich Post von einer Freundin in Australien, die mir einen guten Rat gab: Gib niemals auf!

Die Krise spitzte sich Ende November immer mehr zu. Der neue Zaire wurde eingeführt und an den meisten Orten akzeptiert, doch die Preise schnellten erneut in die Höhe, weil die Ladenbesitzer den neuen Zaire nicht durch drei Millionen teilten, sondern einfach die Nullen abstrichen. Ein Baguette, das vorher 18 Millionen Zaires gekostet hatte, kostete also 18 statt 6 neue Zaires. Die Angst vor neuen Plünderungen wuchs, aber daran hatte ich mich gewöhnt.

Nach endlosem Warten zeichneten sich schließlich zwei Möglichkeiten für eine Reise nach Kisangani ab: der ONATRA-Dampfer und ein Frachtboot. Ich war wie elektrisiert, doch als ich der Sache nachging, musste ich zu meiner Erbitterung feststellen, dass weiterhin alles im Ungewissen blieb.

Ich suchte jetzt regelmäßig das Büro von Monsieur Wampileka auf, der für den Fahrplan des ONATRA-Dampfers verantwortlich war. Häufig traf ich ihn nicht an, aber ich ging trotzdem hin, nur um etwas getan zu haben.

»Nein, Madame, der Termin steht noch nicht fest«, sagte er unweigerlich, wenn ich ihn doch einmal erwischte. Monsieur Wampileka war ein freundlicher Mann, aber es schien ihn wenig zu kümmern, ob der Dampfer ging oder nicht. »*Patientez-vous*«, riet er mir grinsend. Immerhin war jetzt ein Dampfer von Kisangani zurückgekommen, die *Kokolo*. Wo ein Schiff ist, ist Hoffnung. »Wir warten auf Treibstoff, Madame«, erklärte Wampileka. »Aber es wird nicht lange dauern. ONATRA ist ein großes Unternehmen – sie müssen uns Benzin geben.« Ach ja?

Kalonji hielt mich über das andere Boot auf dem Laufenden, aber die Lage hatte sich nicht geändert.

»Nein, noch nichts, Madame«, ließ er mich über das Funkgerät wissen, das ich immer noch bei mir hatte, obwohl meine Kontakte zu Shell immer spärlicher wurden. »*Patientez-vous*. Over.«

Inzwischen war es Mitte Dezember, ich saß seit sieben Wochen in Kinshasa fest, und immer noch kein Boot in Sicht! Nach dem neuesten Informationsstand würde der Frachter vermutlich erst im neuen Jahr gehen, aber was war mit ONATRA? Ich hatte Monsieur Wampileka schon länger nicht mehr aufgesucht. Dann traf ich Zumbi auf der Treppe, als ich einen Besuch bei Shell machte. »Haben Sie schon gehört?«, fragte er. »Das ONATRA-Boot soll am Sonntag abfahren.«

Was?

Ich radelte sofort zu Monsieur Wampileka. Er war da. Ich zwang mich, ruhig zu bleiben.

»Wie steht es mit dem Diesel?«, fragte ich angespannt.

»*Ça va*«, erwiderte er.

»*Ça va!*«, rief ich aus.

»Ja, wir haben den Treibstoff«, sagte er lächelnd. »Aber jetzt ist eine Reparatur angefallen. Der *courrier* wird vielleicht im neuen Jahr fahren.«

Ich strampelte mit meiner Katastrophenbotschaft zu Zumbi zurück, doch der gähnte nur. »Ach, Pamela! Sie glauben, wenn ein Zairer A sagt, dann meint er A. Er meint aber B.« Monsieur Zumbi schüttelte sich vor Lachen, und als er wieder reden konnte, fügte er hinzu: »*Patientez-vous.*«

Nachdem ich jetzt wusste, dass vor dem neuen Jahr ohnehin kein Boot mehr fahren würde, entschloss ich mich zu einem Abstecher an den Atlantik. Wieder einmal.

Ich rollte über Nacht in einem Holztransporter gen Westen nach Matadi und von dort aus mit verschiedenen Fahrzeugen nach Muanda an der Küste. In Muanda feierte ich ein zweites Weihnachten mit neu gefundenen Freunden: Wir saßen in den Wellen, aßen Krabben, tranken zu viel Primus-Bier und tanzten die ganze Nacht zu dem lauten, schnellen, wunderbaren zairischen *soukous*. Ich genoss die Ablenkung, war aber dennoch vor Neujahr wieder in Matadi, um mit einem anderen Lastzug in die Hauptstadt zurückzukehren.

Ich hatte mein Tief in der Neujahrspause überwunden, und mein alter Optimismus war zurückgekehrt. Es hatte keine Plünderungen gegeben, und die Währung hatte sich stabilisiert (bei 125 neuen Zaires pro 1 US-Dollar). Das war eine Abwertung von über 400 Prozent, aber zumindest konnten jetzt wieder Benzin und andere Güter importiert werden. Am ersten Werktag nach Neujahr, einem Dienstag, ging ich zum Hafen, um nach den Schiffen zu fragen.

Nkobe Makabi, der Vertriebsleiter, war aus Europa zurück, und ich suchte ihn auf. Er wirkte zerbrechlich und konnte seinen Arm immer noch nicht richtig bewegen, war jedoch sehr entgegenkommend.

»Ich werde mich um Ihre Schiffe kümmern«, versprach er. »Der Frachter von Zaire SEP und ONATRA?«

Ein paar Stunden später ging ich wieder hin, um zu hören, was er herausgefunden hatte.

»Der Frachter ist am Samstag gefahren«, sagte er. Was? Ohne mich? Und ONATRA? »Ist noch nicht in Sicht.«

Ich konnte es nicht fassen. Nach der ganzen Warterei war das eine Boot ohne mich gefahren, und das andere – mit dem anderen hatte ich überhaupt nie gerechnet. Wie lange würde ich noch hier festsitzen? Wie sollte ich gegen den Z-Faktor ankommen?

Verzweifelt ließ ich mich in einen Stuhl sinken, da fuhr Makabi fort: »Ich habe ein Boot für Sie gefunden – am Mittwoch.«

Nächsten Mittwoch? In nur acht Tagen? Hurra.

»Es geht morgen«, sagte Mak.

Ich sprang auf und umarmte ihn. Endlich würde ich Kinshasa verlassen – nach zehn langen, zermürbenden Wochen.

Africa Moto!

Kinshasa – Kisangani, Zaire

Es war kurz vor Sonnenuntergang an meinem zweiten Tag auf dem Zaire-Fluss. Wir hatten Kinshasa am Vorabend verlassen.

»Plus ou moins vingt jours«, hatte Jean, der *commandant*, vage erklärt, als ich ihn fragte, wie lange die Reise dauern würde – ungefähr 20 Tage. Wir würden in Mbandaka, Lisala, Bumba und Isangi halten, bevor wir Kisangani erreichten. Die Orte waren alle in dem blauen Bogen des Zaire-Flusses eingezeichnet, aber ich wusste nicht, was mich dort erwartete, geschweige denn, wie aufwühlend dieses Erlebnis für mich sein würde.

Ich reiste auf einem Schubboot mit vier aneinander vertäuten Schuten. Das Schubboot war ein bulliges, funktionales Kraftpaket. Die Dieselmotoren bellten und stampften unter Deck und stießen hinten schäumende weiße Wasserschwälle aus. Ganz oben waren das Ruderhaus, die Kabine des *commandant* und ein überdachtes Achterdeck, auf dem zwei riesige Kühltruhen standen, während sich in Wasserhöhe die Maschinen befanden und eine einzige Sitztoilette für die Passagiere. Die vier Frachtboote waren rostige flache Kähne, ungefähr 30 Meter lang und zehn Meter breit. Drei davon lagen Heck an Bug hintereinander, während das vierte längsschiffs neben dem zweiten vertäut war. Die Laderäume enthielten Diesel, während die Oberfläche mit diversen Frachtgütern beladen war, darunter auch Fahrzeuge, und ungefähr 500 eng zusammengepferchten Passagieren.

Ich war die einzige Weiße auf dem Schiff und genoss dieselben Privilegien wie die vier oder fünf Militärs an Bord, was ich schamlos akzeptierte. Ich hatte zu viel gelitten, um nicht sofort zuzugreifen, wenn sich mir die Aussicht auf ein bisschen mehr Komfort bot. Ich durfte nicht nur auf dem Schubboot bleiben, sondern auch die Toilette und Dusche in der Kabine des *commandant* benutzen und mein Essen in einer der Kühltruhen lagern, und ich durfte mein Lager auf dem Dach errichten, dem einzig geräumigen Ort auf dem überfüllten Boot.

Ich hatte einen Mitreisenden auf dem Dach – Freddy, ein großer, schlaksiger Leutnant, der anfangs Armeekluft getragen hatte, aber jetzt, nachdem Kinshasa außer Sicht war, in hellgrünen Shorts und T-Shirt herumlief. Er hatte mir geholfen, Ibn an dem Elektrokasten auf dem Dach festzuschnallen und mein Zelt mit elastischen Bungee-Seilen an verschiedenen Haken und Riegeln zu verankern.

Es ging über meine Kräfte, die Leiter hinunterzusteigen, meinen schweren blauen Sack mit meinen kostbarsten Besitztümern hinter mir herzuschleifen und mich in das Gedränge auf den Kähnen zu stürzen, und so saß ich den ganzen Tag auf dem brutheißen Dach in der sengenden Sonne.

In der Nacht hatten wir die seenartige Landschaft von Stanley Pool verlassen – den Flussabschnitt, an dem Kinshasa lag. Seither fuhren wir auf einem schmaleren Flussteil, vielleicht 500 Meter breit, von niedrigen Hügeln gesäumt, die unmittelbar über dem Wasser aufstiegen und mit lichten smaragdgrünen Wäldern bedeckt waren. Ansonsten war nur Himmel zu sehen, eine drückende, unausweichliche graublaue Kuppel. Das Wasser war dunkel, kräuselte sich in der leichten Brise, und was immer darunter lag, war meinem Blick entzogen. Wasserpest, das wandernde Unkraut der afrikanischen Flüsse, glitt büschelweise vorbei.

Gegen ein Uhr zogen dunkle Wolken auf und fegten über die Republik Kongo, die zu unserer Linken lag; der Fluss markiert die Grenze. Als die Wolken auf uns zugestürmt kamen, liefen die Leute hektisch durcheinander, um ihre Besitztümer in Sicherheit zu bringen – ich schaffte meine ins Zelt. Bald goss es in Strömen, und dann, ohne Übergang, knallte die Sonne wieder herunter.

Die Kähne boten ein ständig wechselndes Mosaik des Bootsalltags. Am frühen Morgen angelten Männer mit leeren Blechdosen Wasser herauf. Die Dosen, die an Schnüren befestigt waren, wurden in die Strömung geworfen und wieder hochgezogen, und der Angler stillte seinen Durst damit oder putzte sich die Zähne. Tagsüber tauchten Frauen von ihren verborgenen Lagerplätzen auf, hockten oder saßen auf dreibeinigen Schemeln, hantierten mit Holzkohleöfen, spülten Geschirr ab oder wuschen Kleider. Ein schmaler Gang von ungefähr einem Meter war am Rand der Kähne freigelassen, damit die Leute durchgehen und ihre Arbeiten verrichten konnten.

Ein paar Pirogen tauchten von kleinen Dörfern am Ufer auf, warteten ein Stück weiter vorne auf uns und manövrierten sich geschickt längsseits. Die Dorfhändler verkauften Dörrfisch oder frischen Fisch, *pondu*-Bündel oder andere Produkte. Meistens riss einer unserer Passagiere gierig die Ware an sich, dann kletterte der Dorfhändler an Bord und schlurfte herum, auf der Suche nach einem Schnäppchen. Offenbar führten die Reisenden ebenfalls Waren mit sich und hielten Märkte in den für mich verborgenen Gängen am Bootsrand ab.

Alles andere auf diesem ersten Kahn lag hinter fünf khakigrünen MAN-Militärlastzügen versteckt. Vier waren nebeneinander geparkt; der fünfte stand in der Mitte am anderen Ende des Kahns. Die Fahrzeuge waren alt und bullig, ein bisschen wie aus MASH. Ursprünglich waren alle mit einer Plane abgedeckt, aber bald nach Kinshasa wurden die Planen zurückgeschoben, und die Kabinen wurden von jungen Männern in Beschlag genommen.

Einer der Lkws hatte ein schnittiges Schnellboot als Ladung. Sieben junge Männer in bunten Hawaiihemden und grellen T-Shirts waren in das Boot eingezogen und hatten es sich auf den beigen Plüschsitzen bequem gemacht, wo sie müßig herumsaßen und Zigaretten rauchten. Es war ein bizarrer Anblick – wie junge Mafiosi, die versehentlich auf einer alten Schaluppe gestrandet waren.

Das Leben auf den beiden Kähnen vor dem ersten war von meinem Dach aus weniger sichtbar. Auf einem lagerten ein paar Landrover und verschiedene Frachtgüter, die mit Planen abgedeckt waren. Auf der Schute daneben, die ich besser im Blick hatte, sah es wie im Hyde Park an einem Sommertag aus. Morgens richteten zwei Männer eine Reihe von Bambusstangen auf und rollten zwei große Planen auseinander. Mit vereinten Kräften wurden diese Planen an den Stangen befestigt, sodass ein schattiges Parkgelände entstand. Die Leute machten einen zufriedenen Eindruck. Manche saßen auf Korbstühlen und betrachteten die vorüberziehende Landschaft oder redeten mit ihren Nachbarn. Ich war sicher, dass es nicht ihre erste Bootsreise war.

Ich nahm mir vor, hinunterzugehen und einen Rundgang zu machen. Morgen.

Ich hatte monatelang in einfachsten Dorfunterkünften gehaust, aber das hier war trotzdem ein Kulturschock für mich. In Kinshasa hatte ich bei einer kanadischen Familie gewohnt und Kontakt mit Zairern und Mitgliedern aus Regierungs-, Geschäfts- und Botschaftskreisen gehabt. Meine Zeit war mit Dinnerpartys, Gesprächen, Interviews, Besuchen und anregenden Diskussionen ausgefüllt gewesen. Jetzt fühlte ich mich, was das Gesprächsniveau und den Lebensstandard anging, wieder in die Dörfer zurückversetzt. Die Leute starrten mich an und schrien: »*Mundele!*«, das Lingala-Wort für Weiße.

Freddy war nett, hatte aber nicht viel zu sagen.

»Ich bin für Veränderung«, verkündete er mir als Erstes, dann fügte er hinzu: »Solange ich da bin, sind Sie in Sicherheit.« Als ich ihn anschaute, wiederholte er seine Versicherungen und grinste dümmlich. Ich fragte mich einen Augenblick, ob er überhaupt alle beisammen hatte – beruhigt war ich jedenfalls nicht. Bei so vielen Männern an Bord sorgte ich lieber selber vor, indem ich jedem erzählte, ich sei Madame.

William war jetzt so fern, als gehörte er in ein anderes Leben; ich hatte mich in Kamerun endgültig von ihm losgesagt. Trotzdem telefonierten wir miteinander, wenn ich in größeren Städten war, und schrieben uns. In Kinshasa hatte ich einen Brief von ihm erhalten, in dem er mir mitteilte, ich entspräche leider nicht dem Idealbild, das er sich von seiner künftigen Partnerin machte. Was wollte er eigentlich? Ein Heimchen am Herd, das ihm Kinder schenkte und ihn rundum versorgte?

Gegen Mittag, als die Hitze am schlimmsten war, hatte ich mich auf das schattige Achterdeck hinuntergewagt. Eines der Crew-Mitglieder war zu mir heraufgekommen und hatte mit wichtiger Miene verkündet: »Die Seite dort ist Zaire, Madame, und die Seite dort ist Kongo.« Ach, wirklich?

Nachdem ich entdeckt hatte, dass der *commandant* die Nachtschicht übernahm und tagsüber in seiner Kabine schlief, war ich zu der Sitztoilette in Wasserhöhe gegangen. Eine lange Schlange hatte dort gewartet, und die Leute hatten gerufen: »Sind Sie verheiratet?« »*Ça va?*« »*Mundele!*« »Wie heißen Sie?« »Woher kommen Sie?« »*Ça va?*« »*Mundele!*« »Wo ist Ihr Mann?« Ich hatte ihre Fragen beantwortet, fühlte mich aber wieder isoliert und beobachtet. Wie sollte ich auf eine ganze Bootsladung von Fremden zugehen? Dann wies ich mich wegen meiner Arroganz zurecht. Warum waren Stadtgespräche »besser«? Hatte ich schon wieder vergessen, wie reich manche meiner Dorfgespräche und -beziehungen gewesen waren?

Ich kletterte die Leiter hinunter und traf den *commandant*, einen stämmigen, attraktiven Mann, der intelligent und zuverlässig wirkte, im Ruderhaus an. Der lustige Emile, der als Koch und Mädchen für alles fungierte, gab mir den Schlüssel, als ich meine Bitte vorbrachte. Ich holte den Badeeimer und ging zur Reling, wo ein Plastikbehälter, wie eine Milchflasche mit einer breiten Öffnung geformt, an einem Seil befestigt war. Ich hatte gesehen, wie andere Leute den Behälter in das Wasser an der Seite warfen und ihn dann wieder an Bord zogen. Ich schleuderte den Eimer hinaus. Er hüpfte auf den Wellen herum und blieb völlig leer.

»*Oh, mundele!*«, riefen die Leute vom Unterdeck, die nach oben geschaut hatten, um zu sehen, wer der ungeschickte Werfer war.

»Hier, so«, sagte Emile, nahm mir den Behälter ab und zeigte mir mit einer schnellen Bewegung, wie er gefüllt wurde. Soweit ich sehen konnte, bestand der Trick darin, dass man das Seil lockerte, ein bisschen Wasser in dem Behälter einfing und den Rest der Schwerkraft überließ.

Ich übte und übte. Schließlich schaffte ich es, den Eimer zu füllen, aber es war wohl eher Glückssache, wie meistens beim Angeln. Ich kippte das Wasser in den Badeeimer und wiederholte die Prozedur.

Die Toilette und Dusche waren in einer feuchten, heißen Blechzelle vor der Kabine des *commandant*. Es gab nur einen Haken für Kleider und Handtücher, und natürlich fielen sie auf den nassen, schimmligen, haarübersäten Boden. Die Zelle lag direkt über dem Maschinenraum und der Lärm war ohrenbetäubend. Und das sollte ein Privileg sein? Es war ein brutheißes Höllenloch, sonst nichts.

Gegen Abend, als es kühler wurde, bekam ich allmählich Hunger. In der Kühltruhe hatte ich gefrorene Baguettes und Jogurt, und in einer Kiste in der Kabine des *commandant* einen Karton mit Dosengerichten und einen Eimer Trinkwasser.

Während ich an der Reling lehnte, um mich nach der Dusche abzukühlen, kam Lefé, ein anderes Crew-Mitglied, herauf. Er war ein kleiner, freundlicher Mann, der alle anfallenden Arbeiten erledigte und mir geholfen hatte, Ibn und mein Gepäck an Bord zu schaffen. Ich hatte mich mit ihm und ein paar anderen Besatzungsmitgliedern ein bisschen angefreundet – mit Papy, einem hinreißenden jungen Typ in Jeans, weißem T-Shirt und roter Baseball-Mütze, und Willy, der etwas älter war, Shorts trug und sehr sexy Beine hatte.

»Sie haben sehr gutes Essen, Madame«, sagte Lefé. Und in der Toilettenschlange vorher hatten mir ein paar Passagiere zugeflüstert: »*J'ai faim, madame.*« Ich bin hungrig.

Ich war am Boden zerstört. Wie konnte ich nur so gedankenlos sein? Für mich war es ein Spaß gewesen, in Kinshasa auf Dosenjagd zu gehen, den Kampf gegen die geschlossenen Läden und den sinkenden Geldwert aufzunehmen. Ich wusste natürlich, wie sehr die Einheimischen, die keine Dollars hatten, unter der Wirtschaftskrise litten, aber offensichtlich hatte ich jedes Gespür dafür verloren, was es bedeutet, hungern zu müssen. Das Leben auf dem Boot führte mir diese Dinge schnell wieder vor Augen.

Wie dumm und herzlos von mir. Ich fühlte mich so schlecht, dass ich ohne Baguette und Dosengericht auf das Dach zurückging und mich mit einem kärglichen Mahl begnügte.

Bis zum vierten Tag hatte sich bereits eine gewisse Alltagsroutine herausgebildet. Na ja, fast … Im ersten Frühlicht zog ich mein Zelt auf, um nach einer schlaflosen Nacht den neuen Tag zu begrüßen. Auf dem Dach war ein großer Scheinwerfer postiert, der in der Dunkelheit immer wieder eingeschaltet wurde, um unsere Fahrrinne auszuleuchten. Er entpuppte sich als magischer Anziehungspunkt für Nachtfalter, die in Schwärmen gegen meine Zeltwände stießen. Die Schatten erinnerten mich an Hitchcocks »Vögel«. Zum Glück war mein Zelt hermetisch abgedichtet. Als ich jetzt den Kopf hinausstreckte, sah ich, dass der ganze Boden mit toten weißen Faltern übersät war.

»Sehen Sie?«, sagte Freddy. »Es gibt hier keine Berge.« Er redete von der Landschaft. Tatsächlich fuhren wir durch eine weite, flache Ebene; der Fluss vor uns war mit niedrigen, mangrovenbedeckten Inseln gesprenkelt. Fischerhütten, auf Pfählen erbaut, standen an den Ufern. Ein paar Wolken segelten am Himmel. Sie sahen wunderbar hell aus, wie Seide, und das braungrüne Wasser war glatt wie Glas – die Dächer spiegelten sich darin. »Wir sind jetzt in Equateur-Province«, erklärte Freddy.

Das war sicher interessant, aber im Moment hatte ich andere Sorgen. Was war mit den Faltern? Freddy konnte mir auch nur sagen, dass sie vom Licht angelockt worden seien. Er rief Lefé, der uns einen Besen brachte, und dann fegten wir die Nachtfalter zu einem riesigen Haufen zusammen und schaufelten sie über Bord.

Während ich meinen Kaffee trank und ein Stück hartes Baguette verspeiste, betrachtete ich das morgendliche Szenarium. Auf den Kähnen war es relativ ruhig, die ersten Holzkohlenfeuer des Tages wurden angezündet, und die Leute schöpften Wasser. Einer der jungen Männer in dem Schnellboot spähte in einen winzigen Spiegel und stutzte seinen Bart zurecht. Er sah, dass ich ihn beobachtete, und winkte mir zu, und ich winkte zurück.

Am aufregendsten war immer die Ankunft der Pirogen. Jede Fischerhütte, jedes verborgene Dorf schickte uns Pirogen entgegen. Weiter vorne am Horizont konnte ich Pirogen in der Mitte des Flusses schaukeln sehen, die auf ihre Chance warteten, längsseits zu kommen. Für die Bewohner der abgelegenen Dörfer waren die vorüberkommenden Boote die einzige Gelegenheit, Geschäfte zu machen. Je weiter wir uns von Kinshasa entfernten, desto zahlreicher wurden die Pirogen, und es war ein spannendes Schauspiel, wie sie unsere Schuten abzufangen versuchten.

Jetzt näherte sich eine Piroge, in der zwei Dorfbewohner saßen und wie verrückt paddelten, um unsere Richtung und unser Tempo beizubehalten. Im allerletzten, atemberaubenden Moment warf der Vordere sein Paddel weg und griff herüber, um sich an einem Kahn anzuklammern. Er verfehlte uns, und die Piroge glitt längsseits zurück. Ein Lianenseil wurde schnell aus den Tiefen des Bootsrumpfs hervorgeholt und einem Passagier zugeworfen. Drei junge Männer zogen lachend am Seil und wurden ein paar Schritte mitgeschleift, ehe sie den Kampf mit der starken Strömung gewannen.

Die Neuankömmlinge brachten Maniok und frischen oder gedörrten Fisch an Bord und verschwanden schnell im Marktgewimmel. Zu dieser kühleren Morgenstunde war alles auf den Beinen. Ich staunte, wie gering die Warenmenge war, für die sich derart mühsame und gefährliche Paddelmanöver offenbar lohnten. Vielleicht würden diese beiden Männer ein Stück Seife oder ein Päckchen Salz kaufen und dann zu ihrer Piroge zurückkehren. Geschäfte machen war das Zauberwort auf diesem Boot, so viel hatte ich inzwischen begriffen.

Zwei andere Dorfbewohner gingen bereits wieder von Bord, von hilfsbereiten Passagieren hinübergehievt. Ich schaute zu, wie sie mit aller Kraft lospaddelten, um aus unserem Kielwasser herauszukommen, ehe sie ihr Boot wenden konnten und in weniger anstrengendem Tempo flussabwärts fuhren, zurück in ihr Dorf, das irgendwo im Wald verborgen war.

Nach dem Frühstück raffte ich mich zu einem Rundgang über die Schuten auf, bevor es zu heiß wurde. Als ich vom Schubboot auf den ersten Kahn kletterte, fiel mir ein Fischständer auf den Kopf.

»*Mundele!*«, schrie jemand anklagend, als ob es meine Schuld gewesen wäre. Ich rieb mir benommen den Kopf. Der Mann, der den Ständer hatte fallen lassen, rief wieder: »*Mundele!*«, und andere stimmten in sein Geschrei und Gelächter mit ein. Ich wusste, dass die Pirogenhändler Fisch an unsere unerschütterlichen Passagiere verkauften. Die Fischleiber wurden so präpariert, dass sie ihre Form behielten, und an Bambusgestellen festgebunden. An jedem erhöhten Punkt des Schiffs hingen solche Gestelle, um die Fische im Luftstrom trocken zu halten. Es waren hässliche Kreaturen, diese toten, rauchgeschwärzten Fische, und vor allen Dingen schwer! Ich arbeitete mich aus dem Wirrwarr von Holzkohleöfen, Plastikeimern, Säcken und Füßen heraus und ging weiter.

»*Mundele, mundele!*«, riefen die Leute mir aus allen Richtungen zu. »Wie heißen Sie, *mundele*?« Und manchmal waren auch vertraulichere Rufe dazwischen: »*Bonjour*, Pamela!«, »Setzen Sie sich zu uns, Pamela.«

Ich war nicht mehr so eingeschüchtert: Gestern hatte ich meine erste Runde gemacht und kannte schon ein paar Leute, vom Sehen jedenfalls. Ich winkte, sagte »*bonjour*« und ging an der Steuerbordseite der Schute entlang, an dem ersten MAN-Laster vorbei. Der Gang war jetzt kaum mehr einen Meter breit, denn die Passagiere, die unter dem Lastwagen saßen oder sich irgendwo dazwischen gequetscht hatten, nahmen jedes verfügbare Plätzchen in Beschlag, um Holzkohleöfen aufzustellen und Matten auszubreiten, auf denen sie ihre Waren feilboten. Zu meiner Rechten fiel der Kahn steil ab, ohne Geländer, auf ungefähr einen Meter über dem Wasser. Der Boden war nass vom Flusswasser und glitschig von Fischschuppen und Palmöl, und ich arbeitete mich langsam und vorsichtig zwischen den Abfällen durch. Um mich herum wurde rücksichtslos – gedrängelt und geschoben – es war wie im Berufsverkehr in der U-Bahn –, und ich hatte Angst, an der Seite hinunterzurutschen.

Im Vorbeigehen begutachtete ich die Waren und hielt nach nützlichen Dingen Ausschau: Mini-Dosen mit Blue-Band-Margarine; winzige Plastiktüten mit Salz und Zucker; Zigaretten, einzeln verkauft; ein einzelnes Paar Zehenriemensandalen; zwei oder drei

Stoff-*pagnes*; Secondhand-T-Shirts und Kleider in unordentlichen Haufen; ein paar Batterien; frisch geröstete Erdnüsse. Die Verkäufer, die hoffnungsvoll aufschauten, waren umringt von Säcken, Tüten, Kochutensilien und Familienangehörigen.

»*Mundele!* Pamela!« Die Leute winkten, riefen, lächelten, während ich, umjubelt wie eine Königin, durch die Menge schritt. Dann entdeckte ich eine Piroge mit einer Ananas im Rumpf. Früchte waren mir immer willkommen, und ich ging jetzt zielstrebig weiter. Bis ich jedoch zu der Stelle kam, an der die Piroge festgemacht hatte, war es zu spät – die Ananas war bereits verkauft.

Unter dem Sonnendach des zweiten Kahns hielten sich Familien und einzelne Frauen auf, die ihren Bereich mit Strohmatten, Besitztümern und Einkäufen abgegrenzt hatten. Es ging entsetzlich eng zu, die Leute krümmten sich in Embryohaltung zusammen oder hockten eingekeilt in einer Ecke, Kinder lagen in den Armen ihrer Mütter. Von Behaglichkeit konnte hier keine Rede sein, die Luft war zum Schneiden, und dennoch herrschte überall reger Betrieb – Geschäfte wurden gemacht, Essen gekocht, Haare geflochten, Karten gespielt, gelacht und geredet. Eine junge Frau, die ihre kurzen Locken zu drei frechen Knubbeln gezwirbelt hatte, lächelte scheu und hielt einen schwarzen Dörrfisch hoch, den sie zum Verkauf anbot. Der Fisch war ausgenommen und auseinander geklappt und erinnerte mich an einen Yeti-Fußabdruck. Alt genug sah er jedenfalls aus! Hinter der Frau waren hohe Dörrfischständer aufgestapelt. Die scharfen Zähne eines piranhaähnlichen Fischs grinsten mich gespenstisch an. Die Fische sahen abgrundtief hässlich aus, aber sie stanken nicht. Vor der Frau stand ein niedriger Holzkohleofen, auf dem ein großer Berg Fische zum Dörren aufgetürmt war.

»In Kisangani werden sie viel Geld einbringen«, sagte sie.

Neben ihr stand eine Emailschüssel mit dem frisch gekauften Fisch: ein langer, glänzender Aal und ein riesiger Kabeljau, die Haut gepunktet, glitschig und grau lagen obenauf. So viele verschiedene Formen, so viele Arten. Das also lag unter der Oberfläche des Zaire. Ich fragte nach den Namen der Fische.

»Ich weiß nicht, aber sie schmecken alle gut«, erwiderte die Frau. Sie hatte Recht. Es war das Einzige, was zählte – und dass sie die Fische mit Gewinn verkaufen konnte.

Eine ältere Frau, die neben ihr saß, nahm ihren Topf mit *pondu* vom Feuer und hielt ihn hoch, damit ich hineinschauen konnte. Sie dachte, ich sei auf der Suche nach Essen, während ich mich lediglich fragte, wie abgehärtet ihre Haut sein musste, dass sie den kochenden Topf anfassen konnte.

»*Paméla! Viens ici!*« Komm her! Der Ruf kam von Odette und Chantal, die ich am Tag zuvor kennen gelernt hatte. Ihr Platz war direkt unter einer Dachplane, ein Bereich von fünf mal drei Metern, durch Matten und Säcke abgegrenzt, den sie mit fünf oder sechs anderen Frauen und zahlreichen kleinen Kindern teilten. Chantal war Stewardess bei Air Zaire, eine schöne, hoch gewachsene junge Frau, die in frechen Carnaby-Street-Klamotten herumlief – schwarze Flatterhosen, ein abgeschnittenes T-Shirt und eine weiße Sonnenbrille. Sie hatte mir erzählt, dass sie Verwandte in Lisala besuchen wolle. Heute flocht sie einem Kind die Haare und passte auf die Marktmatte einer ihrer Mitreisenden auf – eine Nylonstrumpfhose, zwei *pagnes*, ein paar Baumwollfäden zum Haareflechten und drei Paar Zehenriemensandalen lagen darauf.

»Hast du die Leute hier vorher schon gekannt?«, fragte ich sie, während ich mich neben ihr auf einem Sack niederließ.

»*Non*«, erwiderte sie, »aber jetzt sind sie meine Schwestern.«

Odette, eine ernste, stämmige junge Frau bereitete ein Essen zu. Gekocht wurde zu jeder Tageszeit. Sie richtete kleine Fische mit Tomatenmark und gehackten Zwiebeln an. Dann nahm sie ein paar Bananenblattstreifen und arrangierte sie über Kreuz.

»Wie kochst du den Fisch?«, fragte ich.

»Er wird gedünstet«, erwiderte sie. »Im Wasserbad. Ich wickle den Fisch in die Blätter, binde sie fest zu und lege sie in den Topf dort.« Sie nahm den Deckel von einem kleinen Topf, der auf dem Holzkohleofen bereitstand. Der Topfboden war mit etwas Wasser bedeckt. Es sah alles sehr routiniert und gekonnt aus. Ich selber lebte von Brot und Marmelade, weil ich mich immer noch nicht traute, eine Dose Thunfisch oder Gemüse aufzumachen oder mir auch nur meine üblichen Spagetti mit Tomatensauce zu kochen. Heute Abend, nahm ich mir vor, würde ich auch ein richtiges Essen kochen.

Ich wusste, dass Odette ebenfalls nach Lisala wollte, und fragte sie, was sie dort vorhatte.

»Ich kaufe Mais ein, dann fahre ich zurück und verkaufe ihn in Kinshasa weiter«, sagte sie.

»Ich auch«, sagte Chantal. Ich hätte es wissen müssen. Auf diesem Boot war niemand, der nicht irgendwelche Geschäfte im Sinn hatte. Die Situation verlangte es, und die Zairer waren offenbar die geborenen Unternehmer.

»Ich möchte diesen Sommer nach Europa reisen«, fuhr Odette fort. »Und deshalb muss ich viel Geld verdienen.« Sie erzählte mir, dass ein Posten Mais im Wert von 2000 Dollar, den sie in Lisala kaufte, auf den Märkten von Kinshasa 20000 Dollar einbringen würde.

»In Zaire ist es leicht, Geld zu machen«, sagte Chantal. »Wenn du das Kapital hast, kannst du massenhaft Geld machen.«

Ich lud sie zu mir zum Frühstückskaffee auf dem Dach ein, dann ging ich zur vorderen Schute weiter, auf der sich junge Männer und Soldaten mit ihren Familien häuslich niedergelassen hatten. Ich verweilte einen Augenblick, ehe ich an der Backbordseite der Kähne zurückging.

Unterwegs rief mich Jimmy, den ich ebenfalls bei der gestrigen Tour kennen gelernt hatte, zu sich herüber. Jimmy kam aus dem englischsprachigen Liberia, war ein überaus witziger Typ, und ich hatte mich auf Anhieb gut mit ihm verstanden. Er trug einen Schnurrbart, der ihm über die roten Lippen hing und bis zu dem kleinen Kinnbärtchen hinunterreichte, was sehr verwegen aussah. Jimmy war, wie er sagte, Diamantenhändler, ein »Geschäftsmann«, der viel auf Reisen war und interessante Dinge zu erzählen hatte. Als ich heute mit ihm an seinem stickigen Platz in der zweiten Schute saß, erläuterte er mir seine Geschäftspraktiken.

»Man kann hier eine Menge Geld machen. Es ist *very fine* hier. Nicht wie anderswo. Hier gibt es keine Kontrollen«, vertraute er mir an. »Aber man muss sich an *le système* halten.« Ich fragte ihn, was das sei.

»Ach, du weißt schon – *le système*«, wiederholte er irritiert. Wie konnte ich nur so dämlich fragen? »Wenn ich zum Beispiel in Kisangani ankomme, gehe ich zum *commandant* der Stadt. Hallo, ich bin Jimmy, sage ich zu ihm und schüttle ihm die Hand.« Er schüttelte mir die Hand und führte mir vor, wie dabei unbemerkt ein Geldschein von einer Hand in die andere wanderte. »Ich brauche ein bisschen Schutz, damit ich mich an den *commandant* wenden kann, wenn ich Probleme habe.« *Le système* war allgegenwärtig in Zaire, wie ich im Lauf der Zeit noch feststellen sollte.

Nachdem ich auf das Schubboot zurückgekehrt war, lehnte ich eine Weile über der Reling beim Ruderhaus. Es wurde still auf dem Boot, und die Leute dösten in der schlimmsten Hitze des Tages.

Auf einer Bank vor dem Ruderhaus saß Bob, der ranghöchste Offizier, ein Zwei-Streifen-Leutnant, was immer das heißen mochte. Er war groß und kräftig, mit Bauchansatz, hatte ein dünnes Oberlippenbärtchen, einen sinnlichen Mund, und seine Augen blitzten vor Intelligenz und Vitalität. Ich mochte Bob, weil er Humor hatte und gern lachte. Der Nächste im Rang war Guy, ein drahtiger, scheuer Typ, der mit seiner Frau und seinen Kindern reiste. Sie hatten einen Platz auf dem vorderen Kahn. Dann war da noch Philippe, Mitglied einer Spezialeinheit, ein finsterer Typ, der nur im Kampfanzug herumlief, mit einer ganzen Feldausrüstung – Seil, Messer und Flasche – an der Hüfte. »Ich bin bei der Präsidentenwache in Kinshasa«, erzählte er mir. Ein abgebrühter Elitesoldat. Eigentlich hätte er mir zuwider sein müssen, aber ich war fasziniert von seinem wunderbaren, geschmeidigen Körper.

An diesem Nachmittag dröhnte laute zairische *soukous*-Musik aus Papys großem Kassettenrekorder. Wann immer Papy am Ruder stand, gab es Musik. Papy, etwa Mitte 20, war nicht nur groß, muskulös und gut aussehend, sondern auch ein super Tänzer – was er sogar am Ruder unter Beweis stellte. Er und sein Kumpel Willy tanzten rhythmisch, während sie die Kähne durch unsichtbare Sandbänke steuerten. Auch ich bewegte mich im Rhythmus der schnellen, aufpeitschenden Musik. Ich hing über der Reling und schaute in den Fluss, der unter mir vorbeizog, beobachtete die Pirogen, die auf uns zugepaddelt kamen, und die Geier, die sich auf die Fischabfälle stürzten, die über Bord geworfen wurden.

Im Lauf des Nachmittags wanderte ich zum Ruderhaus und warf einen Blick in das Kartenbuch. Es lag auf dem einzigen Tisch im Ruderhaus und war auf der Seite unseres momentanen Standorts aufgeschlagen. Das Buch war 1973 gedruckt worden, und auf dem Einband war zu sehen, dass die Entfernung von Kinshasa nach Kisangani 1753 Kilometer betrug. Eine gewaltige Strecke, obwohl es nichts war im Vergleich zu den 11500 Kilometern, die ich bereits auf dem Fahrrad zurückgelegt hatte. Ich blätterte die Seiten durch, von denen jede 20 Flusskilometer abdeckte, nicht gerade viel. Mir genügte es jedoch fürs Erste, dass ich vorwärts kam, ohne in die Pedale treten zu müssen – wenn auch nicht ohne Schwitzen!

Gestern hatten wir den Zusammenfluss mit dem Kasai passiert, der selber ein großer Fluss war, aber im Vergleich zum Zaire nichts weiter als ein Bach. Heute würden wir den Ubangi an der Backbordseite passieren und Kongo hinter uns lassen – von diesem Punkt an verlief der Fluss nur noch innerhalb Zaires. Übermorgen würden wir in Mbandaka ankommen. Mbandaka liegt am Äquator – der Zaire macht hier einen großen Bogen nach Nordosten, sodass wir bei Lisala wieder 2 Grad nördlich erreichen würden, ehe der Fluss südöstlich in Richtung Kisangani strömt, das wiederum am Äquator liegt. Unsere Route war mit Bleistift markiert und schlängelte sich durch tiefe Fahrrinnen. Manchmal war eine alte Route ausradiert oder gestrichelt, mit einem »*Non!*« neben dem Ausradierten – ein Hinweis auf vergangene Unfälle und Sandbänke.

»Der Fluss ist jetzt hoch«, sagte Willy, der Papy am Ruder abgelöst hatte, als er merkte, dass ich bei einer Seite mit vielen Ausradierungen verweilte. »Wir werden bestimmt keine Unfälle haben.«
Fein.

Bei Sonnenuntergang zog ich mich auf mein Dach zurück. Ich hatte jetzt eine Strohmatte, auf die ich mich setzen konnte. (Freddy hatte sie als mein Mittelsmann bei einem Pirogenhändler erworben.) Das Leben war viel angenehmer, seit ich einen klar abgegrenzten Bereich hatte.

Während ich darauf wartete, dass das Wasser auf meinem Gaskocher heiß wurde, kam Bob daher. Er hatte mich abends schon öfter besucht und kannte meine Gewohnheiten. Er brachte seine Tasse mit, und ich machte Tee für ihn und Freddy. In der Abendkühle wurde es auf dem Boot wieder lebendiger. Die Leute gingen herum und machten sich für die Nacht fertig; sie drängelten sich in den Gängen, und es kamen immer noch Pirogen an.

»Das ist wie ein Angriff«, sagte ich zu Bob, als sechs Pirogen wütend auf uns zugepaddelt kamen. Bob hatte sich zu mir auf die Matte gesetzt, und ich war froh über seine Gesellschaft. Er hatte mir erzählt, er sei in der Zeit der Plünderungen in Muanda an der Atlantikküste stationiert gewesen, behauptete aber, dass er nicht beteiligt gewesen sei. Ich glaubte ihm.

»Ja, und es ist sehr gefährlich«, antwortete er jetzt fröhlich und hielt mir erneut seine Tasse hin.

Die älteren Männer waren am kaltblütigsten und geschicktesten: Sie warteten ab, bis die höheren Bugwellen verebbt waren, dann schoben sie sich mit ein paar Paddelschlägen und einer kurzen Drehung längsseits. Die jungen Männer waren viel waghalsiger, und es sah immer so aus, als ob sie im nächsten Moment kentern würden.

Das galt auch für die Frau, die sich jetzt mit ihrem kleinen Sohn auf Steuerbordseite näherte. Die Frau saß im Heck, in der Steuerposition, und brachte die Nase der Piroge an die Kähne heran, während der Sohn sich anzuklammern versuchte, aber seine kleinen Hände rutschten an dem Metall ab. Die Frau gab jedoch nicht so leicht auf: Sie sprang aus dem Heck in eine bereits vertäute Piroge und zurrte ihre eigene fest. Ihr Sohn, der eine andere Piroge angepeilt und verfehlt hatte, machte ein triumphierendes Gesicht, als hätte er allein den Sieg errungen.

Plötzlich zeichnete sich ein Drama ab. Eine andere Frau war aus ihrer Piroge in den Fluss gefallen, und die Zuschauer auf der Backbordseite schrien auf. Ich drehte mich um und sah zunächst die leere Piroge, die rasch am Schubboot vorbeitrieb. Ich stand auf – Bob und andere Leute ebenso – und spähte hinunter. Mein Herz klopfte vor Angst um die Frau. Ich sah, wie sie an den Kähnen vorbeitrudelte, jetzt etwas langsamer, und vergeblich nach den vertäuten Pirogen griff. Beim letzten Boot konnte sie sich am Rand anklammern. Ein geistesgegenwärtiger Halbwüchsiger griff hinunter und zog sie herein. Die Frau stand da, zog verschämt ihr heruntergerutschtes *pagne* hoch und band es wieder fest.

Wieder platschte es. Ein kleiner Junge war hineingesprungen, vielleicht ihr Sohn. Er paddelte wie ein Hund flussabwärts und wurde rasch auf die herrenlose Piroge zugetrieben. Bald war er nur noch ein kleiner schwarzer Punkt in dem riesigen Strom, aber es sah aus, als würde er sich dem Boot nähern. Ich hoffte es für ihn.

»Ja, es ist gefährlich«, wiederholte Bob grinsend. Inzwischen war es fast dunkel, und ich konnte kaum sein Gesicht erkennen, aber ich sah, dass er mir zuzwinkerte. »*Mais ils sont habitués.*« Aber sie sind daran gewöhnt. Ich sog die Luft ein und fragte mich, ob er Recht hatte – und ob er morgen wieder zum Frühstückskaffee kommen würde.

Nach einem weiteren Reisetag erreichten wir am späten Morgen Mbandaka. Als wir näher kamen, konnten wir vom Fluss aus die Anlegestellen mit den rostigen Büros und Lagerhäusern sehen. Wir passierten unzählige verrostete Kähne und Schubboote, einige vertäut, andere halb abgesoffen.

»Das war mal eine gute Stadt, die sie da vor die Hunde gehen lassen haben«, sagte Jean, der *commandant*. Er war ein schweigsamer Mann, und ich fragte mich, was für eine Geschichte sich hinter diesem Kommentar verbarg. Wir dockten mit dem Bug voraus am Ufer an, dann wurden Planken von den vorderen Kähnen zum Strand hinüber gelegt. Die Leute strömten bereits von Bord, aber ich blieb beim Ruderhaus. Ich wollte Ibn mitnehmen, hatte jedoch keine Ahnung, wie ich ihn an Land bekommen sollte. Bob wusste eine Lösung.

»Dieser Mann bringt dich ans Ufer«, sagte er und zeigte auf einen jungen Mann, der mit zwei anderen in einer Piroge stand, die am Schubboot vertäut war. Bob hatte für mich einen Landgang via Piroge ausgehandelt! Im Handumdrehen wurde Ibn in die Piroge gehievt, dann kletterte ich ebenfalls hinein. Ein junger Bursche trug meinen Akubra und hielt Ibn aufrecht. Der Boden war mit Wasser voll gesogen, und so blieb ich stehen, während die beiden anderen Männer uns zum Ufer stakten.

»Pamela, verlässt du uns?«, riefen mehrere Leute von den Kähnen herunter, aber ich versicherte ihnen, dass ich zurückkommen würde.

Ich hatte zwei Aufgaben zu erledigen. Als Erstes musste ich irgendwo Filme auftreiben. Ich war mit einer einzigen Rolle losgefahren, obwohl ich zehn Wochen Zeit zum Einkaufen gehabt hatte, ich Idiot! Ich erhoffte mir allerdings nicht viel, als ich die ruhigen Boulevards von Mbandaka hinunterradelte. Mbandaka war eine ansehnliche Stadt gewesen, doch die Plünderungen hatten überall ihre Spuren hinterlassen. Fenster und Türen waren verbarrikadiert, die meisten Einrichtungen geschlossen, einige Gebäude verfallen, und von einem regen Geschäftsleben war hier wenig zu spüren. Das Einkaufszentrum, das an einer wichtigen Kreuzung lag, einst ein großer Gemischtwarenladen, war leer und verbarrikadiert, und die Apotheke in der Nähe eine verfallene, gähnende Ruine.

Ich ging in einen kleinen Laden, der aufhatte. Ein Pakistani stand hinter der Theke, und in den Regalen waren ein paar armselige Kartons zu sehen, die noch nicht einmal ausgepackt waren.

»Jetzt ist keine Touristenzeit«, sagte der Pakistani, als ich nach einem Film fragte. Er erzählte mir, dass sein Laden bei beiden Plünderungen völlig leer geräumt worden sei, dann fragte er mich, was man tun müsse, um ein australisches Visum zu bekommen. »Ich will auswandern.«

Erstaunlicherweise fand ich doch noch einen Film bei einem Fotohändler, sodass ich meine nächste Aufgabe in Angriff nehmen konnte – Trinkwasser auftreiben. Ich war mit einem vollen Eimer an Bord gegangen, der jedoch fast aufgebraucht war – kein Wunder bei dem vielen Tee und Kaffee! Emile hatte mir die Katholische Mission empfohlen, und so radelte ich auf palmengesäumten, löchrigen Boulevards zur Uferstraße zurück, an der verfallenen Tankstelle und ruhigen Regierungsgebäuden vorbei, und landete tatsächlich dort, wo ich hinwollte. Ich hatte meinen blauen Deckeleimer dabei und fragte einen Pater, ob ich ihn an der Pumpe füllen durfte. Während ich den Eimer im Hof der Mission auffüllte, redeten wir über die Folgen der Plünderungen.

»Beten Sie für uns hier in diesem Land«, sagte der Pater.

Ich schnallte den schweren Eimer auf den Gepäckträger hinten und radelte zum Boot zurück. Ich kehrte via Piroge auf das Schubboot zurück und wurde von meinen Mitreisenden mit hochgereckten Daumen und Freudenrufen empfangen: »Pamela, du bist zurückgekommen!«

Um vier legten wir von Mbandaka ab, und bei Sonnenuntergang war ich wieder auf dem Dach, schaute auf die Pirogen hinunter und machte Tee für Bob. Jean war draußen vor dem Ruderhaus und befahl seinen Männern, die Pirogen fortzujagen. Wir hatten ganze Heerscharen angelockt – 40 bis 50 auf jeder Seite –, während wir in Mbandaka vor Anker gelegen hatten. Viele Boote ließen sich von uns mitschleppen, und inzwischen waren sie so zahlreich, dass sie mit ihrem Gewicht unsere Fahrt bremsten.

Bob hatte mir ein Fotoalbum angeschleppt und zeigte mir Fotos von sich und seiner Frau, seinen Kindern, Eltern und Geschwistern. Auf einem Foto sah er sehr jung und schmal aus, trug seine Haare im Afrolook und hatte Schlaghosen und ein Hippyhemd an – grässlich.

»Ich spiele Gitarre«, erzählte er mir, als würde das alles erklären. »Und ich singe auch – kennst du Bob Marley?«

»Noch ein Bob«, sagte ich, und während die Nacht auf uns herabsank, sang er: »One Love«, »No Woman No Cry«, »Buffalo Soldier« und »Get Up, Stand Up.« Er hatte eine sehr weiche Stimme, und ich lauschte hingebungsvoll. Er bekam eine dritte Tasse Tee, wir aßen Dosenmakkaroni, auf meinem Kocher aufgewärmt, und teilten uns eine Ananas, die ich in Mbandaka gekauft hatte. Obwohl er selber verheiratet war, bereute ich es, dass ich mich als »Madame« ausgegeben hatte. Bob war ein äußerst anziehender Mann.

Über uns erstrahlte jetzt die Milchstraße, vor uns lag das hellgraue Band des riesigen Stroms, während die Ufer rechts und links sich in dunklerem Grau abzeichneten, und jenseits davon, wo die Wälder begannen, war nichts als Schwärze.

Von den Schuten, die im Dunkel lagen, drangen zairische Musik und Stimmengemurmel herauf, und auch auf den vertäuten Pirogen waren Stimmen zu hören, während die Leute sich für die Nacht zurechtmachten.

»Anfangs sind alle früh schlafen gegangen«, sagte ich zu Bob. In den ersten Tagen hatten wir uns alle um acht niedergelegt, jetzt war es bereits halb zehn. »Und jetzt sind alle noch wach und reden.«

»Ja«, sagte Bob langsam. »*Nous sommes habitués.*«

Meine Dosengerichte fanden doch noch Verwendung, weil ich jetzt öfter Partys veranstaltete. Bob nannte das Dach meinen »Salon«. Er hatte Recht – das Zelt war mein Schlafzimmer, der windgeschützte Bereich innerhalb der Zeltklappe meine Küche und die Strohmatte mein Wohnzimmer. Die Leute kamen zum Morgenkaffee, zum Brunch, zum Sonnenuntergangs-Tee und zum Nachtessen. Zu den Stammgästen gehörten Bob (natürlich!), Guy, Philippe, Jimmy, Chantal und Odette und manchmal auch Emile und Lefé. Freddy nicht. Er hatte so viel Palmwein von einem Pirogenhändler gekauft, dass er die meiste Zeit stockbetrunken war.

Jimmy und Chantal kamen ein paar Tage nach dem Halt in Mbandaka zum *petit déjeuner* auf das Dach – es war Tag acht unserer Reise. Sie hatten ihre Tassen und Wasser mitgebracht, und wir saßen auf meiner Strohmatte, während ich Wasser auf dem Kocher heiß machte und Marmelade auf hartes Baguettebrot schmierte. Als zweiten Gang gab es Dosenobst mit Joghurt. Die Sonne brannte bereits herunter, als alles fertig war. Chantal hatte heute ein geometrisch gemustertes Shirt und eine schwarze Pumphose an, und ihre Lippen waren knallrosa geschminkt, aber die Sonnenbrille fehlte. »Gestern Nacht hat sich jemand draufgesetzt«, klagte sie. Sie wollte vor dem Essen beten, und das brachte uns auf das Thema Religion.

»Ich war nicht immer so«, sagte Chantal und erzählte mir, wie sie zu Jesus gefunden hatte. »Vor ungefähr drei Jahren kam mein Onkel, der Pastor ist, zu mir nach Hause und wollte mich in die Kirche mitnehmen. Ich habe nein gesagt, aber er kam immer wieder, jeden Tag. Ich hatte jedes Mal eine andere Ausrede. Ich war zu müde, ich hatte meine Haare nicht gewaschen, ich hatte zu viel gegessen. Ich wusste es damals nicht, aber es war der Teufel, der mir das eingeflüstert hat. Irgendwann ging ich dann doch hin, vielleicht weil ich ihm eine Freude machen wollte ...« Sie biss in ihr Baguette und trank einen Schluck Kaffee, bevor sie weiterredete. »Als mein Onkel mit seiner Predigt anfing, hat mich das sehr berührt, aber als wir dann gebetet haben ... ich weiß nicht, was da passiert ist. Ich war ganz von Gott erfüllt. Ich dachte an all das Schlechte, das ich in meinem Leben machte. Damals war ich nicht wie jetzt. Ich habe gelogen und ging mit Männern ... Ich habe mit ihnen geschlafen, obwohl ich nicht verheiratet war, und dann, in der Kirche, musste ich weinen. Mein Onkel kam zu mir, und ich erzählte ihm, was los war. Das ist der Herr, hat er gesagt, und ich wusste, dass es stimmte. Von dem Tag an habe ich mich geändert.«

Jimmy hatte die ganze Zeit genickt, und ich fragte ihn, ob er in derselben Weise gläubig sei.

»Sicher. Und jetzt, wo du Chantal kennen gelernt hast, wirst du auch vom Herrn erfüllt sein, wenn du nach Europa zurückkommst.«

Ich fragte ihn, zu welcher Kirche er gehörte.

»Die Charismatic Church.«

»Und du, Chantal?«

»Auch die Charismatic Church.«

»Wenn so viele Leute in Zaire zu Gott beten, warum ist das Land dann so verwüstet?«, fragte ich beide, aber die Antwort kam hauptsächlich von Jimmy, der mindestens zehn Minuten lang redete. Nach seiner Meinung war der Fetischglaube die Wurzel allen Übels.

»Gott ist eifersüchtig! Er sagt, ihr dürft nur an mich glauben«, sagte Jimmy. »Aber hier in Zaire glauben die Leute an Fetische und gehen zum Medizinmann. Angenommen, ich wäre in Chantal verliebt, aber sie will nichts von mir wissen, dann würde ich zum Fetischmann gehen und mir eine Salbe holen. Ich würde sie auf meine Hände reiben und dann zu Chantal gehen. Ich würde ihr die Hand schütteln, *et voilà*. Sie würde nicht wissen, warum, aber auf einmal würde sie mich wollen. Sie würde mir nachstellen, und ich würde mich verstecken, um zu sehen, ob es funktioniert hat.« Ich war überrascht von seinem religiösen Eifer. Chantal nickte zustimmend.

»Ja«, sagte sie, »und wenn er dasselbe bei dir machen würde, würdest du Jimmy wollen, ohne zu wissen, warum.« Hmm, dachte ich, während ich meinen Kaffee schlürfte – hört sich gut an.

»Oder wenn Chantal gern schöner sein möchte«, fuhr Jimmy fort, »dann würde sie den Fetischmann um ein Parfüm bitten, und das würde sie auftragen, und schwupp – schon wäre sie schöner.« Wieder lächelte und nickte Chantal.

»Und wo ist das Problem?«, fragte ich.

»Deshalb ist Gott eifersüchtig«, sagte Jimmy. »Er lässt uns spielen, unseren Spaß haben.«

»Früher war Zaire ein wunderbares Land, so reich wie keines«, sagte Chantal. »Wir haben die ganze Zeit nur getanzt. Dann hat ER alles stillstehen lassen – das Wasser ist nicht mehr aus dem Hahn gekommen, der Strom ist weggeblieben, aber wir haben einfach weitergetanzt. Und jetzt ist es so.« Sie machte eine wegwerfende Handbewegung zu den brechend vollen Kähnen hinüber.

So konnte man es auch erklären. Die Hexerei hatte Zaire ins Verderben getrieben, ebenso wie das restliche Afrika. Gott hatte seinen Kindern eine Lektion erteilt – mit Missmanagement, Inkompetenz, ausländischer Einmischung, Ausbeutung und Korruption hatte das alles nichts zu tun.

»Ich glaube das nicht – warum sollte Gott Zaire so schwer bestrafen?«, sagte ich. »Die normalen Leute hier arbeiten hart. Und in England und Australien gehen viele überhaupt nicht in die Kirche und glauben nicht mehr an Gott. Warum werden sie nicht bestraft?«

Ich wurde mit weiteren Gründen bombardiert, warum ich mich zum Herrn bekehren sollte, aber bald war es zu heiß auf dem Dach, und das Frühstück war vorüber. Wir einigten uns darauf, dass wir uns nicht einig waren. Uff – ich war gerade noch einmal der Gefahr entronnen, gerettet zu werden. Die Frage war nur, wie ich an diesen fantastischen Liebesbalsam und das Schönheitsparfüm herankommen sollte.

Wieder ein neuer Tag. Die Flusslandschaft war dieselbe – der weite, träge, braungrüne Strom, ein paar Büschel Wasserpest, niedrige Wälder, smaragdgrün und dunkelgrün, mit ein paar Mangobäumen dazwischen, die in herbstlichem Orangerot leuchteten. Von dem Kartenbuch im Ruderhaus wusste ich, dass wir in einer Fahrrinne zwischen mangrovenbedeckten Inseln fuhren, weshalb nur ein kleiner Abschnitt des Flusses zu sehen war. An manchen Stellen war der gesamte Fluss fünf Kilometer breit! Ich brachte Stunden damit zu, die langsam vorüberziehende, langsam sich ändernde Landschaft zu betrachten. Alles an diesem Leben faszinierte mich, jedes noch so kleine Detail. Das war jetzt das Abenteuer für mich.

Eines Morgens, bevor die sengende Hitze einsetzte, hing ich über der Reling und schaute einer Frau auf einer Piroge bei der Arbeit zu. Sie hatte ihr Boot an unserem Schiff vertäut und ließ sich wie viele andere bis zum nächsten Dorf stromaufwärts schleppen. Die Piroge lag längsseits des Schubboots, mit der Nase am letzten Kahn festgemacht. Die Frau, die in mittlerem Alter war und verblichene *pagnes* trug, saß auf einem kleinen Holzschemel in Hecknähe und wusch Reis mit Hilfe von zwei Emailschüsseln. Sie tauchte die eine mit dem rohen Reis in das braune Flusswasser, goss es in die andere ab, bis nur noch ein kleiner Rückstand übrig war, wahrscheinlich Schalen, Schmutz und Steine, dann wusch sie die Schale im Fluss aus und wiederholte die Prozedur. Sie war völlig in ihre Arbeit vertieft, so wie ich ins Zuschauen. Ich war gebannt von dieser kleinen Alltagshandlung – es erschien mir wichtig.

Ich betrachtete ihre Hände, die stark und sehnig waren, genau wie ihre Füße. Neben ihr stand ein gehämmerter Eisentopf auf dem Holzkohleofen, in dem bereits Wasser erhitzt wurde. Zu ihrer Linken hatte sie einen kleinen Stapel verschiedener Email- und Plastikschüsseln, ein paar Löffel und eine Emailtasse. Im Bug der Piroge lagen ein Spiegel, ein Kamm, zwei Zahnbürsten und eine Plastiktüte, die wahrscheinlich ein Stück Seife und ein Rubbeltuch enthielt. In der Mitte des Bootes waren ihre Waren und spärlichen Besitztümer untergebracht – ein Fass und ein paar Tüten und Säcke, deren Inhalt verborgen und von einer Grasmatte und einer schmutzigen Decke geschützt war.

Als die Frau den Reis fertig gewaschen hatte, schöpfte sie ihn mit der Hand in den Topf, dann säuberte sie die Schüssel. Sie setzte den Deckel auf, wusch die andere Schüssel, nahm das Schöpfgefäß und schürfte wässrigen grauen Schlick, der sich auf dem Boden der Piroge angesammelt hatte, heraus. Einmal blitzte ein kleiner Goldohrring auf, ein begehrtes Schmuckstück bei afrikanischen Frauen.

Zum Schluss schöpfte sie noch ein paar Schalen Flusswasser, um sich die Füße zu waschen. Als sie sich auf einem kleinen Stuhl niederließ, konnte ich ihr Ächzen durch den Maschinenlärm hindurch hören. Sie wickelte ihr *fula* ab und entblößte ihr Haar, das zu vier langen Troddeln geflochten war. Sie wollte sich zurücklehnen, doch plötzlich schaute sie auf ihre Hand und tauchte sie schnell ins Wasser, um sie zu säubern.

Jetzt endlich konnte sie sich zurücklehnen, die Füße auf den Rand des Kanus aufgestützt, und warten, bis der Reis kochte.

So beobachtete ich die Leute, und die Leute beobachteten mich. Waren sie auch fasziniert von meiner Alltagswelt? Erschien es ihnen wichtig?

Jimmy erzählte mir, dass die Leute auf den Kähnen darüber diskutierten, ob ich seine oder Bobs Frau sei. Ich ärgerte mich ein bisschen, dass mir überhaupt ein Mann angedichtet wurde, aber ich muss gestehen, dass ich beide Männer sehr attraktiv fand, besonders Bob. Das konnte ich Jimmy allerdings kaum sagen.

»Ich bin meine eigene Frau«, sagte ich zu Jimmy, aber er lachte nur.

Es wurde Zeit, einen Waschtag einzulegen. Ich borgte mir den Eimer aus Jeans Dusche, hievte Wasser herauf, was ich inzwischen gut beherrschte, und suchte mir eine Ecke, wo ich meine Kleider waschen konnte. Ich seifte sie mit einem Eimer voll Wasser ein, dann hievte ich noch einen Eimer voll zum Ausspülen herauf.

Als ich mit dem Waschen fertig war, setzte ich mich neben Philippe auf die Bank vor dem Ruderhaus. Er hatte acht Kinder, wie ich inzwischen wusste; seine älteste Tochter – sie war 28 – hatte zwei Kinder, und er war 45. Ich war überrascht, denn ich hatte ihn für gut zehn Jahre jünger gehalten. Bei den Frauen ging es mir umgekehrt – ich schätzte sie meistens zehn (oder 20) Jahre älter, als sie tatsächlich waren.

Philippe hatte ein kleines Affenweibchen von einem Händler gekauft und spielte mit ihr. Es machte ihn menschlicher und verletzlicher, zumal er mir versicherte, dass er sie als Haustier behalten und nicht aufessen würde.

»Du gibst dich wie ein Mann«, sagte er plötzlich. »Du bist offen und direkt. Die Leute auf dem Boot hier sehen das. Wenn dir jemand etwas antun wollte, würden sie dich beschützen. Verstehst du?« Er schwieg einen Augenblick, dann fügte er hinzu: »Du machst einen vernünftigen und ruhigen Eindruck.« Woher wollte er das wissen? Er hatte mich noch nie erlebt, bevor ich morgens meinen ersten Schluck Kaffee trank. »Deine Eltern sind bestimmt auch sehr vernünftig.« Das kam der Wahrheit schon näher.

Trotzdem freute ich mich über sein Kompliment. Ich spielte mit dem Äffchen, und er gab mir einen Schluck Raffia-Wein aus seiner Wasserflasche und ein paar geröstete Maden. Ich hatte einen weiten Weg zurückgelegt.

Eines Morgens – Tag neun, wenn ich mich nicht irre (ich verlor allmählich den Überblick) – kamen Friseure aufs Dach und machten ihren Laden in der Nähe meines Zeltes auf. Ich bewunderte ihren Unternehmergeist und schaute zu, wie die männlichen Kunden sich ihre kurzen krausen Haare schneiden und neu stylen ließen. Ich fand es hochinteressant. Bis ich irgendwann eine Mango verspeiste und lauter krause schwarze Härchen auf meiner Frucht oder meinem Messer landeten oder in dem Saft an meinen Fingern klebten – der Wind blies diese Fussel direkt in mein Zelt und über mich. Vielleicht hatte ich sogar ein paar verschluckt. Würg!

Ich gab eine Kostprobe davon, wie offen und direkt ich sein konnte. »Fort hier – los, verschwindet!«

An einem anderen Tag sah ich bei meinem Morgenspaziergang über die Schuten, wie ein kleiner Frischling an Bord gebracht wurde. Er war fett und braun und erinnerte mich an Asterix und Obelix. Als ich auf das Schubboot zurückkam, fragte mich Emile, ob ich das Schwein gesehen hätte. »Es ist da drüben«, sagte er und zeigte über die Achterreling. Ich schaute hinunter und stellte fest, dass das arme Tierchen in blutige Fleischstücke verwandelt worden war. Schluck. Ich wusste wieder einmal, warum ich lieber abgepacktes Supermarktfleisch aß!

Am Abend kam Bob zum Essen, wie üblich, aber diesmal mit einem Geschenk.

»Hier ist Schweinefleisch!«, sagte er strahlend.

Was sollte ich machen? Wir brieten das Fleisch in meinem Topf, und es schmeckte vorzüglich.

Als die Nacht über unser Boot herabsank, eine ungewöhnlich kühle Nacht, fragte ich Bob, wo er in Kisangani wohnen würde.

»Das Truppenlager ist an der *rive gauche*«, sagte er. Dort würde er mit Guy zusammen zu seiner neuen Einheit stoßen. »Die Ausbildung ist nicht mehr wie früher«, sagte er. »Als ich eingetreten bin, haben wir Waffen und Trainingskurse von Amerika bekommen, aber damit ist Schluss. Wir haben seit 1987 keine neuen Uniformen mehr gesehen.« Interessanterweise war 1987 das Jahr, in dem der Kalte Krieg zu Ende ging und Amerika keine Verwendung mehr für antikommunistische Regierungen in Afrika hatte.

Bob sagte, nach dem Training würde er zu einem Militärposten in Ost-Zaire geschickt werden, entweder nordöstlich von Kisangani oder an der ruandischen Grenze bei Goma – er zeigte mir die Orte auf der Karte. »Hier wird Gold geschürft. Hier gibt es Diamanten, und bei diesem Posten, in der Nähe von Ruanda, kommen viele sehr reiche *commerçants* durch ...«

Was in aller Welt hatte das mit dem Militär zu tun?

»Wir werden einfach dorthin geschickt«, sagte er. »Wir werden schlecht oder gar nicht bezahlt. Wenn ich dort bin, muss ich sehen, wie ich zurechtkomme.« Ich fragte ihn, womit er Geld verdienen wolle. »Wenn ich bei der ruandischen Grenze postiert werde, geben mir die ruandischen commerçants vielleicht einen Lastwagen, damit sie ungestört zollfrei importieren können«, gestand er ohne Umschweife.

»Ist das nicht Korruption?«, fragte ich lächelnd.

»Nein, das ist *le système*.« Ich zuckte mit den Schultern. Er hatte Recht – es war keine Korruption, sondern die Art und Weise, wie Zaire funktionierte. Wie sollte ein einzelner Mensch dagegen ankommen?

»Und wenn du in dem Diamantengebiet postiert wirst? Wie willst du dein Geld dort verdienen?«

»Also angenommen, da sind zwei Männer, die Diamanten gefunden haben, und sie streiten sich, wie viel jeder bekommen soll. Dann rufen sie mich dazu, damit ich mein Urteil abgebe, und vielleicht biete ich ihnen an, dass ich die Diamanten für sie verkaufe und jedem die Hälfte gebe. Hinterher kommt einer der beiden zu mir und bietet mir Geld an – wenn ich ihm mehr gebe. So funktioniert das.«

Ich nickte. Soldaten und Regierungsbeamte wurden, wenn überhaupt, mit monatelangem Rückstand bezahlt, was bei der hohen Inflation eine beträchtliche Wertminderung ihres Gehalts bedeutete. Sie mussten nicht nur ihr Bestes tun, um ihre Pflicht zu erfüllen, sondern gleichzeitig ihren Lebensunterhalt damit verdienen. Ich konnte Bobs Standpunkt verstehen. Es gab keine klaren Unterscheidungen zwischen Recht und Unrecht in Zaire. In dieser wilden Welt war alles eine Frage des Überlebens.

Am nächsten Abend kamen wir in dem kleinen Städtchen Lisala an, Mobutus Geburtsort, wie Bob behauptete. Als wir anlegten, sah ich tatsächlich ein großes weißes Herrenhaus, das hoch oben auf einem Hügel über Lisala lag, und auf meiner Karte entdeckte ich, dass es eine Straße von Lisala nach Gbadolite gibt – Mobutus Heimatdorf im Norden und sein Hauptwohnsitz. Das Frachtschiff, das ohne mich gefahren war, lag ebenfalls im Hafen – aufgehalten durch eine Reparatur, wie ich mit Genugtuung feststellte.

»Es sind Weiße auf dem Zaire-SEP-Boot«, sagte Lefé aufgeregt. Er wollte mich sofort hinführen, aber ich wimmelte ihn ab und spielte die Coole.

In Wahrheit war ich ziemlich aufgeregt. Das waren meine ersten europäischen Reisenden seit dem Lastwagen auf der Straße von Mamfé im letzten Juli. Trotzdem musste ich nicht wie ein Hund mit hängender Zunge hinüberstürzen, sobald wir angelegt hatten. Ich blieb schön an der Reling stehen und schaute zu, wie unser Boot entladen wurde, dann erst schlenderte ich – mit hängender Zunge – zu ihnen hinüber.

Die beiden hießen Lisa und John, kamen aus Australien und reisten als Rucksacktouristen durch Afrika. Wir tauschten ein paar Geschichten aus, besonders über die kulinarischen Leckerbissen, die wir in Zaire probiert hatten. »Habt ihr schon Raupen gegessen?«

»Nein«, sagte Lisa, die Gesprächigere der beiden. »Ich bin vorsichtig, aber John isst alles. Neulich hat er sogar einen gegrillten Kanarienvogel gegessen!« Eklig.

Wir redeten noch eine Weile, aber die beiden gingen ganz in ihrer eigenen Welt auf, so wie ich auch, und wir verabschiedeten uns wieder.

Für Chantal und Odette war die Reise zu Ende, und ich half ihnen, ihre Sachen herunterzuhieven, dann ging ich mit ihnen in die Stadt. Ich war mit Ibn und meinem leeren Eimer unterwegs, und nachdem ich mich schweren Herzens von den beiden Mädchen verabschiedet hatte, machte ich mich auf die Suche nach Wasser. Es gab ein paar Verwaltungsgebäude in Lisala, aber eigentlich war es nur ein großes

Dorf, und die einzige Wasserquelle, die ich entdeckte, war ein Brunnen, an dem die Dorfbewohner Schlange standen, um ebenfalls ihre Eimer zu füllen.

Am nächsten Morgen – Tag elf – waren wir wieder unterwegs, und ich spürte das Dröhnen der Maschinen unter mir. Ich war ziemlich verkatert. Die Jungs (das halbe Boot) und ich waren in der *boîte de nuit* von Lisala gewesen. Es war nur ein kleiner Schuppen, aber da es Samstagnacht war, lief der Generator, und die Post ging ab! Wir tranken Primusbier und tanzten (ich am meisten mit Bob und Jimmy) und wankten erst lange nach Mitternacht zurück. Um auf das Schubboot und in mein Zelt zu kommen, musste ich die dunklen Kähne überqueren. Betrunken wie ich war, stolperte ich über schlafende Leute, Holzkohleöfen und Waren aller Art. Einmal trat ich auf einen »Stamm«, der sofort wild zu zappeln anfing – ein Krokodilbaby! (Zum Glück hatte ihm jemand die Kiefer mit einem Lianenseil zugebunden.) Irgendwie war ich schließlich in mein Zelt gekommen, aber heute Morgen brauchte ich einen zweiten Kaffee, um richtig wach zu werden. Von meinen Freunden ließ sich keiner blicken.

Hinter mir brutzelte etwas, und es roch verbrannt. Was war das? Freddy konnte es nicht sein – der lag noch im Palmwein-Delirium. Ich drehte mich um und sah einen jungen Mann auf meinem Dach, der einen Affen am Schwanz hielt. Es war ein toter Affe, halb verkohlt, der nicht viel anders aussah als Philippes Schoßäffchen. Der Mann hielt das Tier gegen die Auspuffrohre und sengte ihm das Fell ab. Ich glaube, ich habe Haltung bewahrt.

Am Abend kam Bob zum Tee und zum Nachtessen zu mir. Ein Sturm zog auf – es war kalt in Equateur Province. Ich hatte zwei Paar Leggins und zwei T-Shirts an. Bob und ich hatten eine Weile geredet – es war jetzt dunkel, und die Leute richteten sich für die Nacht ein. Bob war nett, attraktiv und ein guter Freund, und wir wurden mit jedem Tag vertrauter. Er wollte mich verführen, doch ich blieb unschlüssig. Ich mochte ihn, aber wollte ich eine Affäre mit ihm? Eine Freundschaft war unkomplizierter, andererseits war es verdammt hart, so lange ohne Sex auszukommen!

»Es muss sehr unbequem auf den Kähnen dort unten sein«, sagte ich. Ich wusste, dass Bob einen komfortableren Schlafplatz als die anderen in einem der MAN-Lastwagen hatte. »Es ist so wenig Platz da.«

»Immer noch besser als in der anderen Richtung«, meinte Bob. »Von Kisangani aus ist viel mehr Fracht drauf.« Ich konnte es mir nur schwer vorstellen.

Plötzlich ging der Scheinwerfer an, und lautes Gejohle ertönte von unserem Boot. Ich schaute auf und sah, dass die Crew den Scheinwerfer auf ein Schiff gerichtet hatte, das stromabwärts auf uns zukam. Es war schwer beladen, doch ich erhaschte nur einen kurzen Blick auf die hoch aufgetürmte Ware und die Passagiere obendrauf. Nach dem zweiten und dritten Scheinwerferschwenk sah ich, dass es ein Schubboot mit vier Kähnen war. Dasselbe wie unseres, aber die Fracht war mehrere Stockwerke hoch gestapelt. Bob hatte Recht!

Der Scheinwerfer des anderen Bootes strich über uns hinweg, und das Gejohle der Passagiere drang über die ganze Breite des Flusses, die uns trennte, herüber.

»Ah ... Zaire«, sinnierte Bob voll Wärme. »Ah ... Zaire.«

Am nächsten Morgen, Tag zwölf, erreichten wir Bumba, einen größeren Ort als Lisala, an dem ein paar neue Passagiere an Bord kamen, darunter ein Militär, Baudouin, der Mais für die Garde Civil in Kisangani eingekauft hatte, und vier Weiße.

Die Weißen fuhren bis Kisangani mit und nisteten sich auf meinem Dach ein.

Anfangs war ich etwas eingeschüchtert, aber das legte sich bald, als ich merkte, wes Geistes Kind meine neuen Mitreisenden waren – Gary, ein Amerikaner, der sich als ihr Anführer aufspielte und immer alles besser wusste; die Kanadierin Lucy, Garys treue Vasallin, der blauäugige Walter, ebenfalls aus Kanada, und Hillary, eine blonde Amerikanerin, die in Afrika völlig fehl am Platz war und sich ganz in sich selber verkrochen hatte.

Gary und seine Gang waren mit 20 anderen Leuten auf einem Lastwagen aus London gekommen. Sie waren drei Monate lang herumgefahren und hatten so gut wie nichts von Afrika gesehen – außer den miserablen Straßen. Deshalb hatten sie sich an der Grenze zwischen der Zentralafrikanischen Republik und Zaire von den anderen getrennt, waren im Buschtaxi nach Bumba gefahren und auf unser Boot gekommen. Von Kisangani aus wollten sie mit einem Güterlastzug nach Goma in Ostzaire fahren, um wieder zu ihrer Gruppe zu stoßen. Sie hatten drei Wochen dafür einkalkuliert und lebten jetzt in der ständigen Angst, dass sie ihre Gruppe in Goma verpassen könnten. Mir hingen die endlosen Diskussionen schnell zum Hals heraus, und ich hätte sie am liebsten angebrüllt: »Könnt ihr die Dinge nicht einfach nehmen, wie sie kommen?« Es ließ sich ohnehin nichts mehr ändern – von jetzt an würden sie nicht schneller reisen, als der Zaire es wollte.

Dann jammerte Walter herum, dass Lucy zu viel Wasser genommen hätte – sie hatten nur eine Wasserflasche zu zweit. »Du bist so rücksichtslos, Lucy ...« Schließlich gab ich ihnen von meinem Wasser ab, doch das Gezeter ging weiter, diesmal wegen einer Packung Erdnüsse. Wie alt war dieser Walter eigentlich? Als ob ein paar Erdnüsse in Afrika die Welt kosteten! Ich fand meine neuen Mitreisenden zugleich abstoßend und faszinierend und fragte mich, ob es den Afrikanern mit mir genauso erging. Die vier wuschen sich nie, und ihre Kleider waren völlig verdreckt. Eine Dorffrau von einem der Kähne hatte mich gefragt, warum Lucy ihre schmutzigen Hände und Füße nicht sauber machte. Ich hatte keine Antwort darauf, war aber entsetzt, dass sie dachte, ich müsste es wissen. Es bedeutete, dass ich jetzt mit ihnen in einen Topf geworfen wurde – wir, die Weißen –, was mich zutiefst erbitterte.

Natürlich spielte auch ein bisschen Eifersucht mit. Ich war nicht mehr der Mittelpunkt der Aufmerksamkeit. Ich hielt zwar weiterhin meine Frühstückspartys und Abendessen ab, und Jimmy und Bob kamen immer noch, aber es war nicht mehr dasselbe. Bob und ich konnten nicht länger ungestört reden und träumen, und Jimmy scherzte mit den anderen. Und wenn ich Tee oder Kaffee kochte, Palmwein kaufte und Dosen aufmachte, stürzten sich die Weißen darauf! Anfangs lud ich sie ein, aber dann sagte ich mir, dass es keinen Grund gab, warum ich sie unterstützen sollte. Ich hatte meine Dosen bisher an die Schiffscrew und die Leute auf den Kähnen verschenkt und einheimisches Essen gekauft, das ich mit Freunden oder Kindern teilte. Diese Weißen hatten genug Geld, um sich selber etwas zu kaufen, und wenn sie zu geizig dazu waren, war das ihr Problem.

Eines Abends diskutierten sie des Langen und Breiten über eine Sauce, die sie gern verfeinert hätten. Ich bot ihnen eine Dose Pilze zu 200 Zaire (ungefähr 1,60 US-Dollar) an – der Preis, den ich dafür bezahlt hatte. Sie lehnten ab.

»Warum bleibt Hillary immer so allein?«, fragte Jimmy mich einmal. »Sie kommt nicht auf die Kähne zu den anderen Leuten herunter. Eines Tages braucht sie vielleicht Hilfe, und dann kennt sie niemanden.« Dass jemand sich zurückzieht ist etwas, was Afrikaner nur schwer nachvollziehen können – und Hillary hatte wohl noch nie zu spüren bekommen, wie unerträglich Einsamkeit sein kann. Hillary war im Übrigen die Einzige der vier, die ich sympathisch fand, weil sie zumindest ehrlich war und sich selber treu blieb.

Natürlich war ich auch froh, dass ich andere Weiße um mich hatte, mit denen ich über Afrika reden und Erfahrungen austauschen konnte. Und wenn es mir zu viel wurde, fand ich Mittel und Wege, wie ich mit meinen afrikanischen Freunden allein sein konnte. In der zweiten Nacht, nachdem wir Bumba verlassen hatten, kaufte ich Palmwein (das heißt, ich gab Jimmy das Geld und die leere Flasche, und er kaufte ihn einem Pirogenhändler ab), flüchtete mich damit zu Jimmys ruhigem Plätzchen auf der Schute und spielte Karten – *huit américains*, versteht sich – mit Jimmy und seinen Kumpeln.

Am nächsten Abend, dem Tag, bevor wir Isangi erreichten, saß ich mit Bob auf der Bank vor dem Ruderhaus. Auf den Kähnen war es still, die Leute waren offenbar schon schlafen gegangen, es war sehr dunkel, und ich küsste Bob. Hmm ... schön – und endlich hörte ich auf, meine Gefühle zu analysieren. Ich ließ es einfach geschehen.

Nach einem langen Kuss eröffnete mir Bob, dass ich nicht wie eine Weiße riechen würde.

»Weiße riechen für uns wie Tote«, sagte er. Wir überlegten, woran das liegen konnte. Vielleicht hatte sich mein Geruch geändert, weil ich seit fünfzehn Monaten afrikanisches Essen zu mir nahm – viel Stärke, in Palmöl gekocht, und wenig Fleisch oder Gemüse. Aber wie auch immer, ich war glücklich, dass ich wie eine Schwarze roch. Es gab mir das Gefühl, dazuzugehören.

Am fünfzehnten Tag erreichten wir Isangi, den letzten Halt vor Kisangani. Gary und seine Gang hofften, dass wir in höchstens zwei, drei Tagen dort sein würden. Mir war es egal; ich war gern auf dem Boot und hatte es nicht eilig, wieder auf die Straße zu kommen.

Dann ereilte uns eine unerwartete Nachricht: Das Schubboot und die Kähne würden uns verlassen, um auf dem Isangi, einem ansehnlichen Nebenfluss des Zaire, zu der GAP-Palmölfabrik zu fahren. Dort würde die Dieselfracht der Kähne gelöscht werden, und dann würden sie zu uns zurückkehren und uns wieder auflesen. Mit anderen Worten, wir mussten alle von Bord gehen und unsere Besitztümer herunterschaffen. Mir taten die Leute Leid, die ihre ganze Habe abladen mussten.

Einige wollten in kleine Hotels umsiedeln, die meisten schleppten jedoch ihre Besitztümer zum Flussufer und kampierten dort. Da niemand sagen konnte, wie lange wir in Isangi festsitzen würden, schloss ich mich meinen Armee-Freunden an. Bob, Guy, Philippe und Baudouin wollten sich in einem kleinen Hotel in der Nähe einmieten und hatten mich aufgefordert, mit ihnen zu kommen. Gary und seine Clique scheuten die Kosten und blieben am Flussufer. Ich war froh, dass ich sie hinter mir lassen konnte.

Natürlich wurde jetzt noch mehr über Bob und mich getratscht. Das ganze Boot wusste bereits, dass ich Bob im Dunkeln geküsst hatte – wahrscheinlich von Jimmy, der eifersüchtig auf ihn war. Für die Passagiere und die Mannschaft war ich jetzt eindeutig Bobs Frau, und obwohl mir diese Vorstellung gegen den Strich ging, hatten sie in gewisser Weise Recht. Ich fand es wunderbar, dass ich jemanden hatte, der mir Komplimente machte, der mich im Arm hielt. Ich konnte mich also nicht über den Klatsch beschweren.

Trotzdem war ich skeptisch, ob die Sache mit Bob und mir gutgehen konnte. Das Boot hier war eine Welt für sich, außerdem war Bob verheiratet und würde in Ost-Zaire stationiert werden, welche Zukunft sollten wir also haben? Und was war mit William? Von William fühlte ich mich behandelt wie eine Aussätzige, während Bob mit seiner Bemerkung über meinen Geruch (und anderen Nettigkeiten) das Gegenteil bewirkte.

Ein Tag verging, dann zwei. Wo blieb unser Boot? Ich spazierte zum Flussufer hinunter, um mich zu erkundigen, ob es etwas Neues gab, und war entsetzt über die Zustände dort. Das Gedränge war unbeschreiblich. Die Slums der Kähne hatten sich auf das Flussufer verlagert.

»Warum bleibt ihr hier alle zusammen?«, fragte ich einen jungen Mann, den ich von den Kähnen kannte. »Ihr habt doch Platz und könnt euch ausbreiten, nicht wie auf dem Schiff.«

»Ah, aber wenn die Leute so eng beisammen sind«, meinte er, »das gibt Stimmung.« Sehr wahr.

Niemand wusste etwas Neues.

Am dritten Tag beschloss ich, zur GAP-Fabrik hinauszuradeln, die nur 30 Kilometer entfernt war. Ich hoffte, dass ich vielleicht etwas Neues erfahren würde, aber es war auch eine Flucht. Ich hatte genug von dem Gejammer der Weißen, genug von Jimmys Eifersucht und genug von Bob, der mich dauernd bedrängte, mit ihm zu schlafen. (So weit war ich noch nicht.)

Am späten Nachmittag fuhr ich los und fand unser Boot und die schwer arbeitende Mannschaft an der einsamen Anlegestelle vor. Papy, Lefé und Emile johlten mir zu, als ich das Rad zum Ufer hinunterschob. Sogar der ernste Jean, der *commandant*, schenkte mir ein Lächeln. Zum Glück war die Dieselfracht nahezu gelöscht, und wir legten am selben Abend ab und fuhren flussabwärts nach Isangi zurück.

Das Boot und die Kähne wirkten völlig verändert ohne Passagiere und Pirogen – es war unglaublich still und friedlich. Nicht einmal die Maschine störte unsere Ruhe, als wir unter einem sternfunkelnden Himmel auf der Mitte des schwarzen Isangi-Flusses dahinglitten. Es war schön, erhebend für meinen Geist.

Papy holte seinen Kassettenrecorder hervor. Er hatte hart gearbeitet, so wie die anderen auch, und der *commandant* ließ sie alle ausruhen während dieser kurzen Fahrt. Papy baute seinen Recorder auf einem der leeren Kähne auf, und wir tanzten, vorsichtig, denn der Boden war mit Diesel voll getropft. Zairische Musik dröhnte in die Schwärze um uns hinaus, und wir tanzten für die Nacht, für den Wald und für uns selber. Es war berauschend!

Ein Refrain kehrte immer wieder: »Africa Moto, Poto Mulele!« Ich nahm Papy beiseite und fragte ihn, was es bedeutete.

»Es bedeutet, Afrika ist heiß, heiß, heiß, brennt lichterloh – moto! Das Leben ist hart, aber das Leben ist heiß!« Dann grinste er. »Und poto bedeutet Europa. Poto ist cool – das ist mulele. Europa ist kalt, aber es ist auch alles cool dort. Das Leben ist gut.«

»Africa moto! Poto Mulele!« Afrika ist heiß, Europa cool. Es lag ein Doppelsinn in beiden Ausdrücken, aber heute Abend fand ich das afrikanische Leben wirklich heiß, aufregend heiß! Und Europa war zu cool für mich. Wir sangen jetzt alle, und unsere wildesten Begeisterungsausbrüche, das strahlendste Lächeln galten Afrika.

Plötzlich lichtete sich die Schwärze. Wir näherten uns dem Zusammenfluss mit dem Zaire. Isangi und unsere Leute lagen um die nächste Biegung. Die Musik wurde aufgedreht, und wir sangen noch lauter: »Africa Moto, Moto, MOTO!« Afrika heiß, heiß, HEISS!«

Wir kamen um die Biegung, und unser Scheinwerfer streifte über 500 tapfere, eigenständige Menschen, die dort am Flussufer kampierten. Ein gewaltiges Hurragebrüll stieg von ihnen auf. Wir waren zurück. Ich wünschte mir, diese Reise durch das geheimnisvolle Herz Afrikas würde niemals zu Ende gehen.

Zwei Abende später, am Tag achtzehn, legten wir an der Isle of Belgica an, ungefähr 50 Kilometer vor Kisangani. Angeblich durften keine Schiffe nach fünf Uhr in Kisangani ankommen, und so waren wir hier vor Anker gegangen, um das Tageslicht abzuwarten und das letzte Stück unserer Reise am nächsten Tag zurückzulegen.

Kurz vor Morgengrauen wurde ich von einem heftigen Regenguss geweckt.

»Oh, shit«, hörte ich Hillary rufen, während sie ihren Schlafsack zusammenraffte und davonstürzte. Gary und seine Gang hatten draußen unter Moskitonetzen geschlafen. Auf den Kähnen wurde es ebenfalls lebendig, und ich verkroch mich wieder in mein Zelt.

Sobald es hell wurde, ging der nächste Regenguss nieder, und es stürmte heftig. Ich streckte den Kopf aus dem Zelt, um zu verhindern, dass die Schlafmatten meiner weißen Mitreisenden über Bord gefegt wurden.

»Hillary! Gary!«, rief ich, und sie kamen und halfen mir, ihre Habe auf dem Dach festzuhalten.

»Schlechte Nachrichten«, sagte Hillary düster. »Ein Mann ist über Bord gefallen, verschwunden, mit Sicherheit ertrunken ... Jetzt sitzen wir vielleicht zwei Tage hier fest. Sie sagen, wir müssen warten, bis die Leiche an die Oberfläche kommt.«

Ich ging ins Ruderhaus hinunter, um Näheres zu erfahren. Schrecklich, so ein Todesfall, aber nicht überraschend – die Decks waren jetzt glitschig. Was die Sache noch schlimmer machte, war der Gedanke, dass wir nicht nach Kisangani weiterfahren konnten. Wir fieberten alle dem Ende der Reise entgegen, Krankheiten machten sich breit, und es war kaum mehr etwas zu essen übrig.

Bob kam irgendwann vorbei und bestätigte die Nachricht. Ein junger Malier, der mit seinem Bruder reiste, war über Bord gefallen und verschwunden. Jetzt fand eine Untersuchung in der Kabine des *commandant* statt, und Bob als ranghöchster Offizier hatte das Kommando. Normalerweise musste das Schiff anhalten und mindestens 24, meist sogar 48 Stunden warten, oder bis die Leiche heraufkam. In dieser Strömung? dachte ich. Die Leiche war bestimmt längst flussabwärts getrieben worden.

Ich ging zur Sitztoilette auf dem Unterdeck des Schubboots hinunter und stellte mich in der Schlange an. Die düsteren Gesichter sagten deutlich, wie frustriert die Leute waren.

»Wann fahren wir weiter?«, fragte eine Frau in der Schlange. Ich galt als verlässliche Informationsquelle, weil ich einen guten Draht zum *commandant* und dem Leutnant hatte. Ich sagte ihr, dass sich die Abfahrt verzögern würde. »Wir leiden, die Leute sind krank«, sagte sie.

Ich gab ihr Recht, und als ich hinaufging und Bob antraf, sagte ich wütend: »Wir müssen abfahren. Es sind 500 Leute auf dem Schiff. Einer ist gestorben, und das ist traurig, aber die Leute hier und leiden. Wir können nicht zwei Tage lang so herumsitzen! Heute ist der 19. Tag, die Frauen und Kinder sind krank, der Regen bringt Malaria. Wir müssen fort.«

»Woher weißt du, dass sie krank sind?«, fragte er höhnisch. »Bist du von UNICEF oder Médecins sans Frontières?«

Ich war wütend und in meiner Empörung wahrscheinlich zu selbstgerecht, und er schmetterte meine Einwände ab.

»Und die Männer? Sind die vielleicht nicht krank?«, konterte er. Am Tag zuvor hatten wir eine unerquickliche Diskussion über die Lage der Frauen in der afrikanischen Gesellschaft geführt. Heute war mit Bob nicht zu reden, und ich hörte gar nicht mehr hin. Entscheidungen wurden von Männern getroffen.

Ich blieb den ganzen Morgen auf dem Dach. Alle waren in trüber Stimmung. Der Regen hatte aufgehört, aber niemand konnte sagen, was in der Kabine des *commandant* beschlossen worden war.

Lefé und Emile kamen herauf, um mir die neuesten Gerüchte mitzuteilen. »Als der Regen aufgehört hat, ging der Malier nach vorne, wahrscheinlich zum Beten. Er ist aufgestanden, an seinem Bruder vorbeigegangen und reingefallen, einfach so«, sagte Lefé feierlich. »Die Leute haben geschrien, aber er ist nur einmal hochgekommen und dann verschwunden – einfach so.« Er hielt inne, als sei die Tatsache, dass der Malier nur einmal hochgekommen war, von großer Wichtigkeit. »Er hat in einem Hotel in Isangi gewohnt«, fuhr er schließlich fort, »und der Spiegel ist zerbrochen, ohne dass er ihn berührt hat.« Er zuckte mit den Schultern, und ich nickte wissend. Das war eine Erklärung.

Emile fügte hinzu: »Ja, es ist klar, dass ein böser Geist am Werk war.«

Wir warteten weiter, dann fuhr das Frachtboot, das ich in Lisala gesehen hatte, an uns vorüber. Lisa und John winkten mir heftig zu, und ich winkte zurück. Gary und Walter kamen aufs Dach. »Wenn wir doch bloß auf dem Boot dort drüben wären«, stöhnte Gary.

»Ja, genau – dann würden wir heute noch nach Kisangani kommen«, jammerte Walter. Zum Glück gingen sie bald wieder nach unten.

Dann kam plötzlich Bob herauf. Vielleicht war die Sitzung beim *commandant* beendet, aber ich ignorierte ihn. Doch Bob war nicht nachtragend und berichtete mir, was bei der Untersuchung zu Tage gekommen war. »Die Frau, die in einer Piroge in der Nähe war, hat gesagt, es sei nicht normal, wie der Malier über Bord gesegelt ist, es hätte keinen Grund dafür gegeben, und dass er so schnell verschwunden ist, war auch nicht normal«, verkündete Bob mit wichtiger Miene. »Sein Bruder hat gesagt, er konnte schwimmen. Hast du das mit dem Spiegel gehört …?« Er verstummte. Ich nickte, und er fuhr fort: »Diese Malier haben viele Fetische.« Es waren wieder einmal die Geister gewesen. Nachdem er seine Neuigkeiten losgeworden war, verschwand Bob wieder – es war zu keiner Entscheidung gekommen, wie lange wir noch warten mussten.

Kurz darauf hörte ich, wie der *commandant* im Ruderhaus unten Anweisungen gab. Die Maschine wurde angeworfen, und die Kähne losgemacht. Was ging hier vor? Im nächsten Moment kam Gary mit seinem Anhang aufs Dach heraufgepoltert.

»Wir fahren zum Zaire-SEP-Boot! Wir können bei ihnen mitfahren!«, rief er triumphierend. Sie hatten unten herumgejammert, und der *commandant* gab den Weißen die Gelegenheit, von Bord zu gehen.

Ohne die Kähne schoss das Schubboot durch das Wasser wie ein Schnellboot, und wir holten das andere Schiff bald ein, das jetzt um die Biegung im Fluss herum war.

»Schnell, pack dein Zelt zusammen!«, rief Gary mir zu, während er und sein Anhang ihre Sachen zusammenrafften.

Es ging mir alles zu schnell. Ich war weiß, man gab mir die Gelegenheit, von Bord zu gehen, aber ich war hin und her gerissen. Meine Augen brannten, ich hatte eine Halsentzündung und Fieber, wie die meisten an Bord. Es war höchste Zeit, dass ich nach Kisangani kam, aber wollte ich wirklich mit den Weißen gehen?

Ungefähr zehn Minuten später kehrte das Schubboot zu den wartenden Kähnen zurück, und ich stand allein auf dem Dach. Bob und Jimmy konnten ruppig und besitzergreifend und nervtötend sein, aber ich fühlte mich bei ihnen zu Hause. Ich wollte bei ihnen bleiben. Die Weißen hatte ich ziehen lassen. Ein paar Leute auf den Kähnen erspähten mich, dann wurden auch andere aufmerksam. Sie standen auf und zeigten zu mir herüber, dann johlten sie und winkten mir zu, und ich wusste, dass ich mich richtig entschieden hatte. Ich war glücklich, ich war zufrieden, ich grinste wie ein Idiot! Ich war wieder bei meinen Freunden, in dem Leben, das ich bisweilen als mein eigenes verstand und akzeptierte. Ich fühlte einen tiefen Frieden in mir. Ich war angekommen.

Wie sonst nirgends

Kisangani – Bukavu, Zaire

Wir blieben bis zum frühen Nachmittag an der Isla de Belgica vertäut, dann wurden die Motoren wieder gestartet, und wir fuhren nach Kisangani ab. Was war aus der Regelung geworden, dass wir ein oder zwei Tage warten mussten? Bob kam zu mir und sagte, die Leute seien krank, und deshalb habe er den Befehl zum Weiterfahren gegeben. Hmm...

Bei Sonnenuntergang kamen die ersten Ansiedlungen in Sicht, die sich kilometerlang an der *rive droite* hinzogen, dem rechten Ufer, das absurderweise zu unserer Linken lag – und es war fast dunkel, als die imposantere Silhouette von Kisangani vor uns auftauchte. Was war aus der Bestimmung geworden, dass wir nicht nach fünf Uhr in Kisangani ankommen durften? Ich nahm an, dass *le système* sich darum kümmerte.

Ein paar verstreute Hochhäuser waren zu sehen, vielleicht vier bis sechs Stockwerke, und ein Gewirr von Kränen in knalligen Farben ragte in den rosig angehauchten kobaltblauen Himmel hinein. Kisangani war mit über 600 000 Einwohnern eine der größten Städte Zaires und Hauptstadt der Provinz Haute Zaire. Ich wusste das natürlich, und dennoch kam mir diese riesige moderne Stadtlandschaft nach Tausenden von Flusskilometern durch abgelegene, undurchdringliche Wälder höchst seltsam vor.

Auf dem Dach war es wieder ruhig geworden, und nur Bob und Baudouin saßen bei mir, während wir nach Kisangani hineinfuhren. Für Bob und mich war es ein neuer Ort, während Baudouin hier zu Hause war. Die Leute auf den Kähnen waren alle aufgestanden und reckten die Hälse, und als wir den Hafen erreichten, säumten Menschenmassen das Ufer und jubelten uns zu.

»Ist das so eine große Sache für Kisangani, wenn ein Schiff ankommt?«, fragte ich Baudouin.

»Ja, sehr wichtig«, sagte er. »Wir bringen Essen, Vorräte, Waren mit. Wir bringen Nachrichten, und vor allem bringen wir Geld.«

Baudouin lud Bob und mich ein, mit ihm zu kommen. Unser Gepäck könnten wir in der Kabine des *commandant* lassen und am nächsten Morgen abholen, meinte er. »Ihr könnt im Haus meines Bruders übernachten – er wohnt ganz nah beim Hafen!« Ich war gespannt, was der Bruder dazu sagen würde.

Wir gingen am Flussufer in der Nähe des Hafens vor Anker, und es wurden Planken ausgelegt. Das also war Henry Morton Stanleys Stanleyville. Das war das »Herz der Finsternis«, Mr. Kurtz' Urwaldstation. Es war aufregend, aber andererseits war ich traurig, dass ich das Boot verlassen musste, dass die Reise vorüber war.

Wir gingen schweigend durch die dunklen Straßen – es gab keine Straßenlampen, obwohl manche Häuser Strom hatten. Große Häuser im belgischen Kolonialstil ragten im hellen Mondlicht auf, mit kleinen Fenstern, deren Läden geschlossen waren, überdachten Eingängen, hohen Giebeln und spitzen Dächern, die hier am Äquator ein bisschen fehl am Platz wirkten.

»Das ist das Verwaltungsviertel«, erklärte Baudouin. »Die Belgier haben während der Kolonialzeit hier gelebt. Jetzt wohnen Regierungsbeamte hier.« Baudouins Bruder arbeitete also bei der Regierung.

Bei genauerem Hinsehen machten sich Anzeichen des Verfalls bemerkbar. Besonders die Gärten waren völlig verwildert.

»Das ist das Problem hier in Afrika«, sagte Bob, der die Umgebung ebenso in sich aufsaugte wie ich. »Die Leute kümmern sich nicht um die Dinge.«

»Es wächst aber auch alles so schnell«, lachte Baudouin. »Wenn du das Gras morgens mähst, kannst du buchstäblich zusehen, wie es in die Höhe schießt.«

Bald saßen wir in bequemen Sesseln unter einem kühlenden Ventilator in Tonys Haus und tauschten Nachrichten aus. Er nahm es gelassen auf, dass wir die Nacht bei ihm verbringen würden.

»Der Dollar ist jetzt bei 125 Zaire«, bemerkte er.

»Ah, das war schon so, als wir in Kinshasa abgefahren sind«, sagte Bob. Es war eine gute Nachricht, dass die Währung sich stabilisiert hatte. (Im Juli 1998 wurde der neue Zaire durch den kongolesischen Franc ersetzt. Während ich dies hier schreibe, steht der Dollar bei 3,40 kongolesischen Franc, was 340 000 neuen Zaire entspricht.)

Tonys Frau bereitete *fufu* aus Maniokmehl mit einer Fleischsauce zu, und ein junger Bursche brachte uns ein paar Primus-Bier. Ich lehnte mich unter dem Ventilator zurück, lauschte dem Gespräch der anderen und spürte, wie die Schiffsreise, die doch so aufwühlend und faszinierend gewesen war, langsam von mir abfiel und zur Erinnerung an eine fremde Welt wurde.

Am nächsten Morgen ging ich zu dem immer noch überfüllten Boot zurück, um Ibn und mein Gepäck zu holen, und der Empfang, der mir dort zuteil wurde, brachte mich ziemlich aus der Fassung.

»*Paméla, donne-moi un cadeau!*« Gib mir ein Geschenk! Immer und immer wieder.

Ich schenkte Bob meinen Eimer und die meisten Plastikbehälter vom Marché Central in Kinshasa, die er sich schon während der Reise reserviert hatte. Meine restlichen Dosen und diversen Pins und Stickers verteilte ich an die Mannschaft und an einige Mitreisende, mit denen ich regelmäßig Grüße getauscht hatte. Trotzdem gab es böses Blut, und ich musste mir heftige Vorwürfe anhören.

»Warum hast du ihm das gegeben, und nicht mir?«
»*Tu n'es pas gentille, Paméla.*« Du bist nicht nett.
»*Tu es méchante.*« Du bist böse.
»Hast du noch einen anderen Sticker mit einem Koalabären?«
»Ich will den Nescafé. Warum hast du ihn Emile gegeben? *Tu n'es pas gentille!*«

So ging es unablässig weiter. Ich war nett, wenn ich ihnen etwas schenkte, und ich war nicht nett, wenn ich etwas, das ich bereits weggegeben hatte, nicht aus dem Hut zaubern konnte. War das alles, was sie an mir interessierte – wie viele Dosen oder Stickers ich beschaffen konnte? Als ich das Boot verließ, war ich tief enttäuscht. Waren die Freundschaften, die ich auf der Reise geschlossen hatte, jemals echt gewesen? Selbst Bob hatte mir eine Szene gemacht, weil ich Freddy die Strohmatte gegeben hatte. Am Ende überließ ich Bob einen Schemel, den ich eigentlich Philippe geben wollte. Als wir uns verabschiedeten, versprach ich, dass ich ihn bald besuchen würde. Wirklich? Ich war mir nicht sicher.

Eine Woche später saß ich vor einem Bier auf der offenen Veranda des verlotterten Hotels Kisangani. Ich war der einzige Gast. Drei junge Erdnussverkäuferinnen hingen an einem Tisch in der Nähe herum, vor sich die runden Aluminiumtabletts, auf denen ein paar kleine Plastiktüten mit geschälten und gerösteten Nüssen lagen. Sie ließen einfach die Zeit verrinnen. So wie ich.

Der Barmann kam herausgesprungen, stand einen Augenblick auf der Veranda, schaute die verlassene Straße hinauf und hinunter, summte ein bisschen und ging wieder hinein.

Blitze erhellten den Nachthimmel, keine Zickzacklinien, sondern breite Lichtexplosionen, die sich tief unten entluden. Der Sturm war bereits vor einer Weile vorübergetobt, und was wir jetzt zu sehen bekamen, war seine Abschiedsvorstellung.

Ich war mit Lethargie geschlagen – die Zeit verging, und ich konnte mich nicht aufraffen, weiterzufahren. Hatte die Schiffsreise meine Sinne überwältigt, mich ausgelaugt, sodass ich jetzt eine Erholungspause brauchte? Konnte ich den Gedanken nicht ertragen, nach einer Pause von über drei Monaten wieder allein auf miserablen Straßen durch die Wälder von Ost-Zaire zu fahren? Oder war ich bereits angesteckt von dem langsamen, trägen Lebensrhythmus in Kisangani?

Wahrscheinlich ein bisschen von allem. Kisangani, das Zentrum des riesigen Energiewirbels Zaire, hatte mich zweifelsfrei in seinen Bann geschlagen. Der Ort war von Urwald umschlossen, und es existierte keine Post und keine Telefonverbindung mit der Außenwelt. Nachrichten kamen mit den Booten von Kinshasa, den Lastwagenfahrern aus dem Norden und Osten und von den Missionaren und Diamantenhändlern, die mit kleinen Flugzeugen ein- und ausflogen. Ich hatte ein paar Erkundungsfahrten auf Ibn gemacht und festgestellt, dass Kisangani von den Plünderungen verwüstet war. Es gab breite Avenuen, die von besseren Zeiten zeugten, aber die meisten waren übel zugerichtet, voller Löcher, und der holprige Schotter war schon seit Jahren nicht mehr geglättet worden. Hohes Gras wuchs an den Straßenrändern und auf den Mittelstreifen. Nur wenige Autos fuhren auf den Straßen, da das Benzin immer noch knapp war. Der Markt, eine weitläufige Ansammlung von Verkaufstischen und Holzbuden, war der geschäftigste Ort in Kisangani, obwohl es wenig Auswahl an frischen Lebensmitteln oder Handelswaren gab. Blue-Band-Margarine, Nescafé, Nido-Milchpulver, Mayonnaise, Marmelade, Bratöl, Zuckertüten, Seifenstücke, Füller und Batterien wurden an allen Ständen angeboten. Viel mehr gab es nicht. Kein Wunder, dass meine Dosen so begehrt waren. Ich hätte mehr Verständnis für die *cadeau*-Forderungen aufbringen sollen. Wer hier überleben wollte, musste opportunistisch sein.

Viele Büros waren geschlossen, viele Gebäude ohne Strom und von den Spuren der Plünderungen gezeichnet – fehlende Glasscheiben, herunterhängende Leitungen, zugenagelte Fenster und Türen. Ganz in der Nähe des Hotels Kisangani standen die Ruinen der Coca-Cola-Fabrik, verlassen nach der letzten Plünderung vor zwölf Monaten und bereits von Gras und Schlingpflanzen überwuchert.

Ich kam jeden Tag in denselben Laden, der einst ein großes Feinkostgeschäft mit Bäckerei gewesen war. Jetzt waren die Kühltruhen leer, die Regale enthielten eine kleine Musterkollektion der gängigen Dosen und Gläser, und es waren immer fünf Männer da, die mir – als oft einziger Kundin – eine seltene und unverhoffte Köstlichkeit servierten: Softeis.

Ich schloss Bekanntschaften im Hotel oder auf der Straße. Hier ging alles so gemächlich, dass die Leute ihren Wagen anhielten, wenn sie einen Fremden auf der Straße sahen. Ich wurde von Zairern und Weißen zum Mittag- und Abendessen eingeladen. Das war nett von ihnen, und meistens fand ich sie sympathisch, aber die Kontakte blieben kurz und oberflächlich. Ich konnte mich des Eindrucks nicht erwehren, dass sie mich lediglich als Nachmittags- oder Abendunterhaltung betrachteten. Vielleicht hatte ich Unrecht. Vielleicht war das die übliche Art und Weise, wie hier Freundschaften gepflegt wurden.

Baudouin lud mich zum Mittagessen zu sich nach Hause ein.

»In Zaire ist es wie sonst nirgends«, sagte er lachend, als wir auf dem kühlen Terrazzo-Boden seiner Veranda saßen und *fufu* mit Fleischeintopf, gekochten *pondu* und gebratene Bananen aßen. Ein kleiner Junge wurde abkommandiert, um Bier zu holen. Ich bezahlte für alle, auch für mehrere Nachbarn, die ganz zufällig vorbeikamen. Es war eine sehr angenehme Art, den Nachmittag zu verbringen.

Bei meinen Streifzügen durch die Stadt hatte ich einen 23-jährigen Libanesen auf einem Motorrad kennen gelernt. Ali, so hieß er, war ein äußerst gut aussehender Diamantenhändler. Ich spürte, dass er einsam war und Sex wollte. Ich war entsetzt, dass ich schon wieder einen Kerl am Hals hatte. Was für Signale schickte ich bloß aus? Waren wir alle so sexhungrig? Ich ließ mich trotzdem von ihm zum Essen einladen, um einen Abend lang in männlicher Gesellschaft zu sein und die Videos anzusehen, die er mir versprochen hatte. Dann machte ich ihm einen Strich durch die Rechnung, indem ich nein sagte und nach Hause ging.

Fast jeden Tag ging ich zum Hafen hinunter, um mit den Leuten vom Boot zu sprechen. Die Crew führte ein müßiges Leben an Bord der jetzt leeren Kähne, aber meine tatkräftigen Mitreisenden hatten einen improvisierten Markt am nahen Flussufer errichtet.

»Hast du ein Geschenk für mich, Pamela?« Immer noch dasselbe.

»*Tu es méchante*«, antwortete ich jetzt.

An diesem Abend – ich war seit einer Woche in der Stadt – tauchte Jimmy in der Bar des Hotels Kisangani auf. Ich wohnte nicht dort, aber die Leute wussten offenbar, wo ich mich aufhielt und was ich machte, und sie fanden mich, wenn sie wollten. Er hatte gehört, dass ich mit Ali, dem Diamantenhändler, befreundet war, und er wollte, dass ich ihn mit ihm bekannt machte.

»Wann kannst du das arrangieren, Pamela?«, drängte er, bis ich schließlich böse wurde. Ich fühlte mich ausgenützt. Jimmy hatte mir, wie so viele andere, zum Abschied die kalte Schulter gezeigt, weil er mit meinen Geschenken nicht zufrieden war, und seither hatte ich nichts mehr von ihm gehört.

Mit Bob war ich zu Beginn der Woche einmal in einem Restaurant beim Essen gewesen. Jetzt mied ich ihn, und er hatte in seinem Militärlager nicht so viel freie Zeit, dass er in Kisangani herumwandern und mich suchen konnte. Er hatte mir eine Nachricht im Hotel hinterlassen, dass er mich liebte und vermisste, aber ich glaubte ihm nicht so recht.

Warum war ich überhaupt noch hier? Was war los mit mir? War ich krank oder was? Warum fuhr ich nicht los oder machte zumindest Pläne für meine Abreise? Ich war völlig konfus und verstand mich selber nicht mehr. Die Zeit verging, und ich lebte einfach in den Tag hinein. Ich hatte Gary und die anderen kurz gesehen. Sie waren immer noch von der Angst besessen, dass sie zu spät kommen könnten, und nach ein paar weiteren qualvollen Tagen des Wartens fanden sie einen Lastwagen, der sie nach Goma mitnahm. Ach ja, seufzte ich. Eines Tages wird es mir gehen wie ihnen, eines Tages will ich nur noch weg.

Zu Beginn der zweiten Woche ging ich mit Frank und Ed, zwei Reisenden, die ich in der Stadt kennen gelernt hatte, zu den Wagenia-Fällen, der großen Touristenattraktion von Kisangani. Die Stanley Falls, wie sie ursprünglich hießen, bis Mobutu sie in den frühen Siebzigerjahren umbenannte, markieren das Ende des schiffbaren Abschnitts des Zaire.

Frank und Ed waren vor kurzem von Uganda eingereist und hatten den abenteuerlichen Plan gefasst, eine Piroge zu kaufen und flussabwärts nach Kinshasa zu fahren. Ich hatte ihnen zu vermitteln versucht, wie groß und unwirtlich dieser Fluss war, wie leicht man eine Piroge zum Kentern bringen konnte, aber sie ließen sich nicht abschrecken.

Frank war ein junger Ostdeutscher aus Leipzig, der noch in der kommunistischen Ära aufgewachsen war und jetzt begeistert die Welt erkundete. Er trug ein Palästinensertuch (in Ägypten gekauft) und einen schmutzigen Safarianzug (in Kampala, der Hauptstadt von Uganda, gemacht). Ed war ein liebenswerter, exzentrischer Holländer mit einem ungepflegten roten Bart und schütteren Haaren.

»Ich hab mein Haus vor drei Jahren verkauft, und seither reise ich«, erzählte er. Seine Ex-Frau und seine beiden Kinder hielten ihn offenbar für verrückt. Er hatte Ed im Südsudan getroffen, und sie waren die letzten paar Monate zusammen gereist.

Ich hatte die Wagenia-Fälle bereits in meiner ersten Woche in Kisangani besichtigt. Ich hatte einen jungen Führer bezahlt, der mich dorthin gebracht hatte, weil ich mir ein leichtes Leben machen wollte und gerade in Verschwenderlaune war. Die Wasserfälle waren mehr wie breite Stromschnellen, von Granitblöcken übersät. Das Interessante daran waren die Holzkonstruktionen, die die Wagenia-Fischer über die Stromschnellen errichtet hatten. Lianenseile waren daran befestigt, mit deren Hilfe die kegelförmigen Bambusfischkörbe voll riesiger, köstlicher *capitaines* (Flussbarsche) heraufgezogen wurden.

Frank und Ed hatten kein Interesse an den Wasserfällen – sie wollten den Wagenia-Fischern eine Piroge abhandeln. Wir hielten am Rand ihres Dorfes an. Ein Mann begrüßte uns und sagte eilfertig: »Sie müssen 5 US-Dollar bezahlen, wenn Sie die Fälle sehen wollen.«

Ed erklärte sein Vorhaben, aber der Mann wollte uns nicht ohne Bezahlung hineinlassen.

»Der Häuptling sagt, jeder muss zahlen.« Das hörte sich nach *le système* an. Der Mann wurde so aufgeregt, dass wir keinen Vorsuch machten, an ihm vorbeizukommen, sondern umdrehten und in die Stadt zurückgingen.

(Frank und Ed kamen doch noch zu ihrer Pirogenfahrt. Bevor sie Mbandaka erreichten – eine gewaltige Leistung –, bekam Ed Typhus. Frank wurde ebenfalls sehr krank, und schließlich mussten sie beide von Mbandaka nach Kinshasa ausgeflogen werden.)

Ich traf Michel, einen belgischen Geschäftsmann im Eisladen. Er war seit vielen Jahren in Kisangani und hatte beide Plünderungen überstanden. Jetzt saß ich bei ihm im Büro, und wir plauderten ein bisschen, bevor wir zum Abendessen gingen.

»Die Zairer sind die geborenen Unternehmer«, sagte er. In seiner Stimme schwang zugleich Bewunderung und Bitterkeit mit. »Wenn ich einen Türwächter für mein Büro einstellen würde, dann würde er das sofort ausnützen und Eintritt verlangen. Wenn du bezahlst, kommst du immer rein. Zum Teil ist *le système* dafür verantwortlich, aber es liegt auch an der Mentalität. Egal wie herzlich sie dich aufnehmen, es hat immer seinen Preis. Sie wollen etwas von dir. Und untereinander machen sie es genauso.«

Er zeigte mir sein Hauptbuch. Die *cadeaux* waren unter der Rubrik »Allgemeine Ausgaben« aufgeführt.

Michel war ein ruhiger, sanfter, nachdenklicher und intelligenter Mann, aber was er sagte, klang traurig und desillusioniert. Vielleicht war er schon zu lange hier.

»Freundschaft in unserem Sinn gibt es hier nicht«, fuhr er fort. »Solange du ihnen etwas gibst, sind sie deine Freunde. Aber sobald du damit aufhörst, ist es vorbei. Anfangs habe ich geglaubt, ich könnte echte Freundschaften mit Zairern schließen, aber das ist lange her.« Er machte ein nachdenkliches Gesicht. »Bei Freundschaften mit Zairern muss man vorsichtig sein. Das habe ich gelernt.«

War es Rassismus, wenn man ein derartiges Urteil auf eine ganze Nation ausdehnte? Und ging es nicht in jeder Freundschaft auch um Geben und Nehmen? Lag das nicht einfach in der menschlichen Natur? Warum sollte es ein speziell zairischer Charakterzug sein? Und doch sagte Michel nur Dinge, die ich selber so empfunden hatte. Traten diese menschlichen Züge hier einfach stärker hervor als anderswo? Wie so vieles? Wahrscheinlich war ich auch schon zu lange hier.

Endlich, nach fast zwei Wochen, besuchte ich Bob an der *rive gauche*. Er erwartete mich. Am Tag davor hatten wir uns am Hafen getroffen, und er hatte mich zum Mittagessen eingeladen. Wir gingen erst zum Strand, dann führte er mich zu seinem Quartier. Wir spazierten auf Lehmpfaden zwischen hohem Gras entlang, bevor wir das Militärlager betraten. Im Camp drinnen waren noch mehr Kinder als außerhalb, und sie kreischten, als sie mich sahen. Bobs Unterkunft war ein Beton-Bungalow mit einer Veranda, einem großen Wohnzimmer, einer Küche und einem Hinterzimmer. Die Wände waren verputzt, aber löchrig und voller Schimmel.

»Gefällt es dir?«, fragte Bob. Er hatte sich große Mühe gegeben: Seine Sachen waren säuberlich aufgestapelt, er hatte richtige Kerzenständer (es gab keinen Strom) und frische Blumen in einer Flasche aufgestellt, und auf der Veranda stand ein zweiter Schemel bereit – neben meinem.

»Sehr schön«, sagte ich. »Sehr luftig – aber du solltest mal die Wände streichen.«

»Lohnt sich nicht«, erwiderte er.

»Warum nicht?«

»Es ist nicht mein Haus – es gehört der Armee. Es ist ihre Sache, die Häuser in Stand zu halten, aber sie haben kein Geld dafür. Ich bin nur eine Weile hier.« Schon wahr, aber …

Bald waren wir – oder vielmehr Bob – auf der Veranda mit Kochen beschäftigt. Er hatte Fleisch, Zwiebeln, Tomaten, Gewürze, Palmöl, *fufu*-Mehl und Primus-Bier gekauft und einen Holzkohleofen vom Nachbarn geborgt. Jetzt erhitzte er das Palmöl in einer rußgeschwärzten alten Pfanne und briet die Zwiebeln an, bevor er die Tomaten, das Fleisch und die Gewürze hinzufügte, um das Ganze köcheln zu lassen. Das *fufu* wurde mit kochendem Wasser angerührt und dann kräftig gestampft. Das war meine Arbeit. Wir tranken beide Bier.

Es war sehr heimelig, aber ich fragte mich, was Bob sich von dem Abend erhoffte. Ich mochte ihn sehr, er war nett zu mir, wir konnten über viele Dinge miteinander reden. Ich fand ihn immer noch anziehend, doch unsere Wege würden sich bald trennen. Beim Essen kam Bob dann zur Sache.

»Ich will dich heiraten«, sagte er.

»Aber du bist doch schon verheiratet und hast sogar Kinder.«

Er zuckte nur mit den Schultern. »Ich komme mit dir nach Australien.«

»Und was willst du dort machen?«

»Als Farmer arbeiten.«

Ich musste ihm sagen, dass ich bald abreiste, dass sein Traum nicht in Erfüllung gehen würde.

»Du liebst mich nicht«, war seine Antwort, und es klang sehr verletzt.

Männer. Überall dasselbe. Wie ernst meinte er, was er sagte? Und wie viel bedeutete er mir? Oder hatte ich Angst, dass er die Aussicht auf ein Visum mehr liebte als mich?

Armer Bob. Die Freundschaft mit ihm hat mir viel gegeben. Und ich hoffe, ich konnte ihm auch ein bisschen mehr geben als nur die paar Plastikschüsseln und den Schemel. An diesem Abend verließ ich ihn, und obwohl ich ihm einen Brief schrieb, in dem ich ihm meinen Entschluss erklärte, hörte ich nie wieder etwas von ihm.

Dann war es Zeit, weiterzufahren. Ich hatte Frank und Ed verabschiedet, ich hatte meine emotionalen Bindungen gelöst (oder gekappt), ich hatte den Leuten vom Boot Lebwohl gesagt, und ich hatte sogar einen Arzt gefunden, der bereit war, meine Briefe mit dem Flugzeug nach Uganda mitzunehmen und dort aufzugeben. Meine Entschlusskraft war zurückgekehrt – so als sei ich aus einem tiefen Schlaf erwacht.

Alles in allem waren es rund 2600 Kilometer bis nach Daressalam – ungefähr zwei Monate, wenn ich Glück hatte und mich ein bisschen beeilte. Ich wollte es jetzt so schnell wie möglich hinter mich bringen.

Es war die zweite Februarwoche, 15 Wochen seit ich in Kinshasa angekommen war, und der Gedanke an die vielen Radkilometer, die noch vor mir lagen, war erschreckend.

Endlich fuhr ich aus Kisangani hinaus.

Die Straße war einigermaßen eben und gepflastert – nur ein schmaler Streifen löchriger Asphalt, aber was wollte ich mehr? –, und ich wurde von ein paar Lastwagen und Buschtaxis überholt. Etwa 50 Kilometer außerhalb von Kisangani war eine Brücke eingestürzt, und die Fahrzeuge konnten nicht auf die andere Seite hinüberkommen. Die Lastwagenfahrer, die rauchend neben ihren abgestellten Vehikeln saßen, erzählten mir, dass die Brücke schon seit mehreren Tagen zerstört sei und dass sie nicht wüssten, wie lange es dauern würde, bis sie repariert würde. Ich schob Ibn die steile Böschung hinunter, watete durch den Bach und setzte meinen Weg auf der anderen Seite fort. Danach war die Straße ruhig – es waren nur Radfahrer und Fußgänger unterwegs.

Meinen ersten 70-Kilometer-Tag auf der Straße überstand ich viel besser, als ich erwartet hatte, und ich fühlte mich stark und frisch. Ich genoss auch den Abend in einem kleinen Dorf, wo ich lange mit dem Schullehrer redete, der mir von den Problemen erzählte, mit denen er zu kämpfen hatte – dass die Eltern nicht genug Geld hatten, um die Schulgebühren, Bücher und Schreibgeräte zu bezahlen.

Am dritten Abend war ich schon weniger frisch und nicht mehr so zuversichtlich, was meine Kondition anging. Kisangani lag jetzt in weiter Ferne, und als ich bei Sonnenuntergang in einem abgelegenen Dorf mitten im Wald anhielt, sorgte ich wieder für Aufruhr.

Es war eine schmale Lichtung, die sich jedoch zwei Kilometer an der Straße entlangzog. Während ich an den Holzhütten vorbeiradelte und nach dem Markt, einer kleinen Imbissbude oder einem größeren Gebäude Ausschau hielt, das die Hütte des Häuptlings sein könnte, schleppte ich eine wachsende Schar von lachenden, aufgeregten Kindern hinter mir her. Bald wurde eine kreischende Horde daraus.

Schließlich sah ich einen alten Mann und hielt an, weil ich hoffte, dass er die Kinder wegscheuchen würde.

»*Bonjour*«, sagte ich.

»*Bonjour*«, erwiderte er überrascht.

»Kann ich den Häuptling sprechen?«, fragte ich, aber im selben Moment ging mir auf, dass er kein Französisch verstand. Ich deutete auf die Sonne, mimte Schlafen und wiederholte das Wort »*chef*«, bis er begriff, was ich wollte. Ein kleiner Junge wurde abkommandiert, der mich mit den kreischenden Kindern im Schlepptau zur Hütte des Häuptlings führte.

Der *chef*, ein runzliger kleiner alter Mann, kam heraus, sprach aber auch kein Französisch. Er rief seinen ältesten Sohn zu sich her, einen etwa zwölfjährigen Jungen, der ein paar Worte Französisch konnte, genug, um zu verstehen, was ich wollte, und es seinem Vater zu übersetzen, der zustimmend nickte. Wie ich ihm allerdings vermitteln sollte, dass ich im Zelt draußen kampieren wollte, war mir ein Rätsel. Schließlich zeigte ich auf einen offenen Platz in der Nähe der Hütte, lud das Rad ab und fing an, mein Zelt aufzubauen. Inzwischen hatte sich das ganze Dorf versammelt, und alle – Kinder und Erwachsene – standen da wie vom Donner gerührt. Ich machte die Sache so unterhaltsam wie nur möglich: Ich wollte ein guter Gast sein, auch wenn ich wieder ziemlich eingeschüchtert von der gaffenden Menge war. Dann fragte ich nach einer Bademöglichkeit. Ich erfuhr, dass es einen Fluss gab, und eine junge Frau, die kein

Französisch konnte, führte mich hin. Wir gingen aus dem Dorf hinaus und gut einen Kilometer die Straße entlang, mit dem größeren Teil meines Publikums im Schlepptau. Erst am Fluss schwenkten die jungen Männer ab, doch ich musste mich vor ungefähr 30 Frauen und drei Mal so vielen Kindern waschen. Es war sehr einschüchternd, zumal ich kein Gespräch in Gang bringen konnte, um die Situation zu entschärfen.

Als die Dunkelheit kam, wurde meine Einsamkeit nahezu unerträglich. Ich war nicht allein – selbst jetzt noch, in der pechschwarzen Nacht, bevor der Mond aufging, war ich von Kindern und Erwachsenen umringt–, aber es gab keine Berührungspunkte zwischen meinem Publikum und mir. Ich war ein Schauspiel für sie, eine Monstrosität, und das verschärfte noch das Gefühl der Fremdheit.

Ich richtete meine Taschenlampe auf mein Radio, damit ich die Skala sehen konnte, dann auf das Publikum. Ich hoffte, dass ich auf ein paar freundliche Gesichter, ein Lächeln stoßen würde, oder dass vielleicht doch jemand da war, der Französisch sprach. Stattdessen löste ich eine wilde Massenflucht aus. Kinder und Erwachsene rannten kreischend in alle Richtungen davon – ein Kind fiel hin, und sein Schreien löste ein allgemeines Gebrüll aus. Sie hatten panische Angst vor mir, und ich war tief betroffen.

Meine Taschenlampe wurde immer schwächer, dann gaben die Batterien vollends den Geist auf.

»*Madame, madame*«, rief eine ängstliche Stimme. Es war der älteste Sohn des Häuptlings, der mir eine Kerosinlampe brachte. »Für Sie, *madame*. Von meinem Vater.«

Die Familie hatte nur diese eine Lampe. Ich hatte gesehen, wie sie sie beim Kochfeuer hinter ihrer Hütte benützt hatten. Kerosin war eine Kostbarkeit und sehr teuer. Ich schüttelte den Kopf, aber er wollte die Lampe nicht wieder mitnehmen, und so akzeptierte ich sie widerstrebend, und der Junge rannte schnell zu seinen Eltern zurück.

Ich musste irgendwie Kontakt zu diesen Menschen bekommen, und so ging ich mit der Lampe zum Feuer hinüber. Ich wollte sie dalassen, bevor ich schlafen ging. Ich trat in den Familienkreis, und der Schein meiner Lampe holte die Gesichter aus dem Dunkel hervor. Alle erstarrten und schauten mich mit aufgerissenen Augen an. Es war wie ein Schnappschuss von einer typischen Dorffamilie in einer abgelegenen Urwaldsiedlung.

Auf Mamas Schoß ruhte ein schlafendes Kleinkind; an ihrer nackten Brust hing ein Säugling. Die Frau, die sichtlich nicht mehr jung war, stampfte Maniok, und das Baby hüpfte im Takt dazu und nuckelte selig an ihrer Brust. Der Häuptling, der etwas abseits vom Feuer im Schatten saß, murmelte leise mit einem anderen Mann. Ein sieben- oder achtjähriges Mädchen döste vor sich hin. Der älteste Sohn war nicht da, und folglich konnte ich auch kein Gespräch anfangen. Aber das spielte jetzt ohnehin keine Rolle mehr – meine Augen klebten förmlich an dem jüngeren Sohn, etwa zehn Jahre alt, der dicht beim Feuer kauerte.

Der Junge hatte eine Ratte der Länge nach auf einen Zweig aufgespießt und hielt sie wie eine Grillwurst über die Glut. Ich starrte ihn an, so wie die Kinder vorher mich angestarrt hatten, während er das tote Tier über der Glut drehte, es an die Nase führte und beschnupperte, als wollte er testen, ob es schon gar war, um es dann wieder über das Feuer zu halten. Er schaute zu mir hoch und lächelte scheu. Vielleicht irritierte ihn mein Starren.

»*Petit déjeuner*«, brachte er auf Französisch hervor. »*Très bon!*« Und er leckte sich die Lippen.

Ich lächelte zurück, beruhigend, wie ich hoffte, aber die Kluft zwischen uns war einfach zu tief, um mehr als diesen flüchtigen Kontakt zuzulassen. Ich ließ die Lampe da, nickte dankend, wandte mich ab und hatte das Gefühl, das Herz müsse mir im Leib zerspringen.

Wie hatte ich nur an den Freundschaften zweifeln können, die ich während der Schiffsreise und in Kisangani geschlossen hatte? Ich vermisste Bob und Jimmy und die Leute von unserem Boot – mit ihnen hatte ich mich über alle kulturellen Schranken hinweg verständigen können, und das war schließlich der Sinn meiner Reise. Trotzdem hatte ich ihnen den Rücken gekehrt. Es war Zeit, dass ich meine Unternehmung zu Ende brachte und nach Hause fuhr.

Die Strecke von dem kleinen Städtchen Lubutu bis ungefähr 80 Kilometer vor Walikale, der nächsten Stadt, bot eine angenehme Überraschung – 120 Kilometer vierspuriger Super-Autobahn! Die eingestürzte Brücke bei Kisangani hielt offenbar immer noch die Lastwagen aus dem Westen fern, und auch von Osten kamen keine Autos. Es war ein seltsames Gefühl, auf dieser brandneuen, komfortablen Schnellstraße dahinzurollen und höchstens ein paar anderen Radfahrern zu begegnen oder hin und wieder einem Fußgänger.

In dem winzigen Ort Walikale blieb ich ein paar Tage bei drei Priestern in einer katholischen Mission. Sie nahmen mich herzlich auf, versorgten mich mit Käse, Kartoffeln und Milchkaffee, alles seltene Köstlichkeiten, und boten mir die Möglichkeit, einen ganzen Nachmittag zu verschlafen.

»Sie werden nicht mehr lange auf Asphalt fahren – höchstens noch einen Tag«, eröffnete mir Pater Mietek beim Abendessen. Eine deutsche Firma hatte die Straße vor fünf Jahren gebaut, aber seit die EU-Fördermittel versiegt waren, hatten sie die Arbeit eingestellt. »In den Bergen oben wird die Straße schlechter«, fuhr Pater Mietek fort. »Dort ist die Straße gesperrt, weil sie zu schlammig ist.« Deshalb kamen keine Fahrzeuge von Osten. Es wäre wahrhaftig besser gewesen, wenn die Deutschen die gesamte Strecke von Bukavu nach Kisangani in Stand gesetzt hätten, anstatt auf dieser kurzen Strecke eine Super-Autobahn zu bauen!

»Glauben Sie, dass es in Zaire bergab geht?«, fragte ich Pater François nach dem Abendessen. Er war Holländer, um die 70 und lebte seit 1948 in Zaire. Er hatte seit Jahren kein Englisch mehr gesprochen, wie er mir sagte, aber er hörte jeden Morgen und Abend den BBC World Service – nicht den holländischen Rundfunk, weil sie dort »nur übers Wetter reden«.

»Dass es bergab geht, ist klar«, antwortete er jetzt in seinem präzisen Englisch. »Und zwar in jeder Hinsicht – in der Wirtschaft ebenso wie im Erziehungs- und Gesundheitswesen, alles.«

»Ich bin ganz zermürbt von dem Elend hier«, sagte ich. In den Dörfern *en route* von Kisangani hatte ich immer wieder gehört, dass die hohen Preise viele Waren unerschwinglich machten. Einmal sprach mich eine Frau auf der Straße an und bat um eine Seife. Ich hatte gesehen, dass auf den Märkten oft Viertelstücke verkauft wurden, was aber immer noch zu teuer war. Manche Dorfmärkte waren wie leer gefegt – es gab nicht einmal Zucker zu kaufen –, und man sagte mir, dass sie von Elefantenwilderern, die im Wald hausten, geplündert worden seien. Ich traf auf Hunger und Unterernährung, etwas, das mir in diesen reichen, fruchtbaren Wäldern unverständlich war, aber wie ich hörte, lag es daran, dass die Mütter zu wenig über Kinderernährung wussten. Ich traf Akademiker und Highschool-Absolventen, die in ihre Dörfer zurückgekehrt waren, weil sie keine Jobs fanden und sich das Leben in den Städten nicht leisten konnten. Dennoch waren die Leute überall rührend zuversichtlich und vertrauten darauf, dass alles besser werden würde, sobald Mobutu fort war.

»In Zaire muss man optimistisch sein«, meinte Pater François, »sonst ist man verloren.«

Bald nach Walikale führte die Straße bergauf, und ich ließ den dichten, feuchten Regenwald hinter mir. Die schlimmste Strecke, die 36 Kilometer durch die Berge führte, war nur für Radfahrer befahrbar. Als ich mein Rad durch den Schlamm schob, der zum Glück nicht so glitschig war wie in Kamerun, begegnete ich Radfahrern, die von Bukavu kamen. Der Kiwu-See ist sehr fruchtbar, und die Priester hatten mir erzählt, dass dort in der Kolonialzeit viele Nahrungsmittel produziert und über Kisangani nach Kinshasa transportiert worden seien. Selbst jetzt noch war es eine wichtige Handelsroute. Da keine Lastwagen durchkamen, wurden Fahrräder als Packpferde benützt. Ich habe noch nie so schwer beladene Räder gesehen, und bei einer solchen Last konnten sie natürlich nur geschoben werden!

Zum Glück fing die alte, schmale Asphaltspur etwa 110 Kilometer hinter Walikale wieder an, aber ich kam trotzdem langsamer voran. Die Straße führte in den nächsten Tagen stetig bergauf, was sehr strapaziös war, obwohl ich inzwischen wieder mehr Kraft hatte. Die Nächte wurden jetzt sehr kalt, und es war schwierig, Essen aufzutreiben. Ich lebte von gebratenem Maniok, gegrilltem Mais und gesüßtem Kaffee.

»*Ça donne de la force!*«, grinsten die Zairer. Das gibt Kraft. Was den Maniok anging, hatten sie Recht. Ein Stück gebratener Maniok lieferte mir die Energie für weitere 20 Kilometer kraftvollen Schiebens oder Tretens!

Eines Abends, kurz vor der Dämmerung, kam ich auf dem Gipfel einer steilen Bergstraße an – ich hatte fünf Stunden gebraucht, um das Rad die 21 Kilometer hinaufzuschieben! Ich befand mich am Eingang zum Kahuzi-Biega-Nationalpark, einem Schutzgebiet für Gorillas und andere Tiere. Ich beschloss, die 18 Kilometer durch den Park zum anderen Tor vor Einbruch der Nacht zurückzulegen, sodass mir noch eine Tagesfahrt in das Kiwu-See-Tal hinunter bis

Bukavu blieb. Es war eine herrliche Fahrt durch eine neblige Bergwildnis, die mit Moosen und dicken Bambusbüscheln durchsetzt war. Unterwegs begegnete ich zahlreichen Pavianen und Affen mit einem weißen Streifen auf der Nase, aber zum Glück keinen – wegen ihrer Größe – Furcht erregenden Gorillas. An der Schranke am anderen Ende durfte ich mein Zelt bei den Parkführern und -wächtern aufschlagen. Sie liehen mir sogar einen warmen Schlafsack, was eine Wohltat war. Ich hatte nachts immer gefroren, weil ich keinen Pulli und nur mein seidenes Schlaflaken hatte.

Beim Lagerfeuer erzählten mir die Parkleute Gorillageschichten und versuchten mich zu überreden, mit auf Streife zu gehen.

»Meistens dauert es nur ein, zwei Stunden, bis man eine Familie findet«, sagte Hervé, der Gesprächigste von ihnen. »An manchen Tagen finden wir sie allerdings gar nicht!« Es waren vier Familien, die die Parkwächter jeden Tag ausfindig machten, und die Besucher wurden zu der Gruppe geführt, die sich am nächsten beim Camp aufhielt. Eine Tour kostete 120 US-Dollar, und ich lehnte dankend ab.

»Das ist viel, sicher«, sagte Hervé. »Es wäre schön, wenn das ganze Geld in den Park fließen würde, aber das ist leider nicht der Fall.« Ungefähr 75 Prozent gingen an die Regierung und 25 Prozent an die Parkverwaltung. Wahrscheinlich kam auch *le système* dabei ins Spiel. Aber einiges von dem Geldstrom kam dennoch durch, denn die Parkwächter hatten anständige Uniformen und Gewehre, waren sichtlich gut ausgebildet und motiviert, und sie hatten sogar Schlafsäcke!

Die Geschichten über die Gorillafamilien und die 200 Kilo schweren Silberrücken, die dominanten Männchen der Gruppe, ließen mich nicht mehr los. Am nächsten Morgen sagte ich den Parkleuten, dass ich mitgehen würde.

Wir waren zu viert – ein Guide namens Lambert, zwei bewaffnete Wächter, Jacques und Thomas, und ich. Kurz bevor wir loszogen (um acht), kamen noch zwei andere Besucher, zwei schwedische Ärzte aus dem Hospital der Pfingstkirche in der Nähe von Bukavu. Es war bereits ihr zweiter Versuch – beim ersten Mal waren sie unverrichteter Dinge zurückgekehrt.

Was für ein Tag! Es war sehr anstrengend, auf den steilen, schlüpfrigen Pfaden, die mit Lianen und stachligen Pflanzen überwuchert waren, durch die Bambuswälder zu klettern und dann durch schilfigen Morast zu waten. Wir folgten stundenlang einem bestimmten Pfad, nur um dann kehrtzumachen, weil Elefanten in Sicht waren.

»Die sind am gefährlichsten«, wisperte Lambert ängstlich.

Am Nachmittag fühlten sich meine Beine wie Pudding an. Sie waren überstrapaziert von den Bergstrecken der letzten Tage, und jetzt wurden wieder andere Muskeln aktiviert. Außerdem hatte ich Fahrradschuhe an, keine Wanderstiefel, und bewegte mich deshalb am unbeholfensten. Fahrrad-Abenteurerin in Safari-Park verunglückt! Wie peinlich!

Als wir gerade aufgeben wollten – wir stolperten seit sechs Stunden im Wald herum –, fanden wir endlich eine Gorillafamilie. Es war fasziniernd, die Tiere zu beobachten (aus nur wenigen Metern Entfernung), wie sie im dichten Unterholz Bambusschösslinge fraßen. Die Familie bestand aus mehreren jungen Männchen, kleineren Weibchen und Jungtieren, die in den Bäumen herumtollten, aber der riesige Silberrücken hatte nicht die Absicht, uns näher heranzulassen. Wir standen da und fotografierten, und solange wir die richtige Distanz einhielten – etwa fünf Meter –, saß er ruhig da und kaute Bamubsschösslinge. Hin und wieder funkelte es listig in seinen klugen braunen Augen, als hätte er sich vorgenommen, uns einen kleinen Schrecken einzujagen. Auf die beiden Schweden hatte er es besonders abgesehen. Immer wenn sie vortraten, um ein Foto zu schießen, stürzte er auf sie zu, schlug auf den Boden, dann setzte er sich auf den Hintern zurück und trommelte sich auf die Brust. Er erhob ein Furcht erregendes Gebrüll, und wenn man ihn genügend gereizt hätte, hätte er vermutlich auch angegriffen. Doch zunächst sagte er mit seiner Körpersprache: Lasst mich in Ruhe, ich will in Frieden essen – und das konnte ich ihm nicht verdenken.

Wir beobachteten die Gorillas ungefähr eine Stunde, dann traten wir den Rückweg an.

Am schlimmsten war der Hunger an diesem Tag. Lambert und die zwei Wächter hatten so lange durchgehalten, weil es bei den Schweden bereits der zweite Versuch war und ich keine weitere Chance bekommen würde. Aber die drei Zairer und ich hatten kein Essen dabei. Es hatte nirgends eine Möglichkeit gegeben, Proviant einzukaufen. Wir hatten starken, gesüßten Tee zum Frühstück getrunken, und seither nichts mehr zu uns genommen.

Die Schweden hatten Lunchpakete und Zigaretten dabei. Bei jedem Halt verschwanden sie hinter einem Baum. Wir hörten, wie sie mit Papier raschelten, und wir sahen den Rauch, der von ihren Zigaretten aufstieg. Sie dachten nicht daran, uns etwas abzugeben. Ihre Heimlichtuerei war lächerlich.

Ich musste an die Großzügigkeit der Afrikaner denken. Selbst im ärmsten Dorf wurde mir Essen und Unterkunft gewährt. Und in jener abgelegenen Urwaldsiedlung hatte ich sogar die einzige Lampe angeboten bekommen.

Wie hatte ich nur an meinen Boots-Freundschaften zweifeln können, fragte ich mich zum x-ten Mal. Ich war jetzt seit zwei Wochen unterwegs, und ich vermisste mein Leben dort genauso schmerzlich, wie ich anfangs meinem Leben in London nachgetrauert hatte.

Zaire war wie sonst nirgendwo – eine ganz eigene, bizarre Welt, die ihre eigenen, befremdlichen Gesetze hatte. Aber nette Menschen gibt es überall auf der Welt – und auch weniger nette, so wie die beiden Schweden.

Dritter Teil

Konterkariert und zum Scheitern verurteilt

»Ich habe viel von meinem Lebensglück verloren durch diese Wanderungen (in Afrika). Es ist, als sei ich dazu geboren, in der Verbannung zu leben – aber Gott hat es so gewollt ... Ich bin fern der ewigen Hast und Eile der Zivilisation, und ich glaube, ich sehe weit und klar, was kommen wird; und dann ist mir, als verstünde ich, warum es mich fortgezogen hat, hierhin und dorthin, stets aufs Neue konterkariert und zum Scheitern verurteilt, meine Jahre und meine Gesundheit nicht achtend.«

David Livingstone, zitiert in »The Devil Drives«
von Fawn M. Brodie

Die Straße zur Hölle

Bukavu, Zaire – Bujumbura, Burundi

Es waren nur 34 Kilometer vom Kahuzi-Biega-Nationalpark nach Bukavu am Ufer des Kiwu-Sees hinunter, und doch fühlte ich mich in eine andere Welt versetzt. Ich kurvte in breiten Serpentinen in ein sanftes, grünes, bewirtschaftetes Land hinunter, wo die Straßen gepflastert und gut in Stand gehalten waren, wo viele Lastwagen und Buschtaxis unterwegs waren. Die Buden am Straßenrand quollen über von Früchten und Gemüse. Nach zwei kargen Wochen kamen mir Tomaten, Ananas, Gurken, Kartoffeln geradezu exotisch vor, ein Symbol für Fruchtbarkeit und Wohlstand. Es waren auch viele Menschen unterwegs. Sie sahen wohlhabend und gut genährt aus und eilten zielstrebig in ihrem besten Sonntagsstaat dahin – zur Kirche oder zum Markt.

Die ganze Szenerie wirkte weniger wild – domestizierter – als weiter westlich in den Wäldern und Bergen, durch die ich in den letzten beiden Wochen gekommen war. Ich hatte seit Tagen weder meine Kleider noch meine Haare gewaschen, weil es viel zu kalt gewesen war, mein Akubra war verbeult und löchrig, die Fahrradtaschen abgewetzt und voller Staub und Schlamm, und insgesamt sahen Ibn und ich reichlich schmutzig und abgerissen aus. Ich fühlte mich völlig fehl am Platz in dieser beinahe vorstädtischen Sonntagsidylle.

Endlich, in einer Kurve, kam ein langer Arm des Kiwu-Sees in Sicht. Der Kiwu-See ist einer von mehreren Seen, die in Nord-Süd-Richtung durch dieses fruchtbare Vulkangebiet von Ostafrika verlaufen. Ja, Ostafrika! Ich war aus den Regenwäldern von Zentralafrika herausgekommen, und von jetzt an würde die Landschaft trockener werden, bis ich schließlich die Ebenen und Savannen Tansanias erreichen würde, die mir von früheren Reisen vertraut waren.

Ich hielt nicht lange an, da ich es bis Bukavu schaffen, dann einen Tag Rast einlegen und Zaire den Rücken kehren wollte. Pater François in Walikale hatte zu mir gesagt: »Man kann Zaire studieren, aber man wird es nie verstehen.« Fürs Erste hatte ich genug von dieser Welt, die man nur studieren konnte. Ich wollte heraus aus dem Chaos der Gefühle, in Länder, die ich verstehen konnte. (Im Nachhinein erscheint mir das geradezu grotesk, wenn man bedenkt, dass ich auf dem Weg nach Ruanda war, sechs Wochen bevor der Bürgerkrieg dort ausbrach!)

Mein Aufenthalt in Ruanda würde nur kurz sein – eine Tagesfahrt bis Burundi. Ich wollte die Grenze bei Bukavu überqueren und bei Cyangugu nach Ruanda einreisen, dann auf einer Straße weiterfahren, die in meiner Michelinkarte rot eingezeichnet war – eine gute Straße also –, die Grenze nach Burundi passieren und bis zum Einbruch der Nacht in Cibitoke, der ersten kleinen Stadt, ankommen. Die Entfernung bis zu meinem anvisierten Ziel ging aus meiner Karte nicht eindeutig hervor – ungefähr 50 Kilometer nach Ruanda hinein und weitere 30 oder 40 Kilometer bis Cibitoke –, ebenso wenig die Beschaffenheit des Geländes. Ich wusste, dass die politische Lage angespannt war und dass es Kämpfe in Kigali gegeben hatte, der Hauptstadt, die im Norden und fernab von meiner Route lag. Die alternative Route nach Burundi, innerhalb von Zaire, war ungepflastert. Ich zog die gespannte politische Lage den schlechten Straßen vor. Was sollte mir auf meinem Kurztrip durch dieses Land schon passieren? Aber das war ein Irrtum, wie sich bald herausstellen sollte.

Das Erste, was mir auffiel, als ich nach Ruanda kam, war die Feindseligkeit in den Blicken der Leute. Sie starrten mich an, ohne eine Miene zu verziehen, was mich so nervös machte wie schon lange nicht mehr. Ich fühlte mich gänzlich unwillkommen und radelte weiter, was das Zeug hielt.

Die Straße stieg in breiten, schwungvollen Kurven durch eine Landschaft hinauf, die wie ein Flickenteppich aus lauter Schrebergärtchen aussah, in winzige terrassierte Parzellen hineingebaut – ein Anblick, der mich an die Reisfelder Asiens erinnerte. Auch die Menschenmassen erinnerten an Asien; es waren hier noch mehr Leute unterwegs als auf der Seite von Bukavu. Überall waren sie anzutreffen, in den Dörfern, auf den Feldern und am Straßenrand entlang gehend. Das Land sah fruchtbar aus, aber wie konnten die Leute von derart winzigen Gärtchen leben?

Ruanda und Burundi sind in der Tat sehr fruchtbar, sowohl was die Ernten als auch die Bevölkerung angeht. Ruanda hat über sieben Millionen Einwohner und Burundi ungefähr sechs Millionen. Beide Länder sind etwa halb so groß wie England, ein bisschen größer als Wales, aber es gibt wenig Industrie, und das Land gehört zu den am dichtesten besiedelten und am intensivsten bewirtschafteten der Welt. Beide Länder haben ein gemäßigtes, feuchtes Klima und bergiges Terrain. Ruanda ist als das »Land der tausend Hügel« bekannt – was die terrassierten Felder erklärt, fast 400 pro kultivierbarem Quadratkilometer! Die Leute hier waren keine Bauern, sondern Gärtner!

Unterwegs fielen mir starke Unterschiede im Aussehen der Menschen auf – die einen groß, dünn, hellhäutig, mit langer Nase und hoher Stirn, der klassische Tutsi-Typ, und die anderen, der Hutu-Typ, klein, stämmig, dunkelhäutig, mit breiter Nase. Natürlich passten längst nicht alle in dieses Schema, aber dass in diesem Land Menschen sehr unterschiedlicher ethnischer Herkunft lebten, war augenfällig.

Die Feindseligkeit, der ich auf meiner Fahrt durch Ruanda begegnete, war jedoch bei allen gleich – und sie war gegen mich gerichtet. Die Leute erdolchten mich mit ihren Blicken, die Kinder jagten mich und warfen mir Steine nach. Auch gut, sagte ich mir, wenn ich hier nicht willkommen bin, dann nichts wie raus!

Gleich im Süden lag der Tanganjika-See. Bujumbura, die Hauptstadt von Burundi, ungefähr 160 Kilometer von Bukavu am Nordostufer des Sees, sollte mein heutiges Tagesziel sein, aber um dorthin zu kommen, musste ich aus der Wasserscheide des Kiwu-Sees heraus, die Berge überqueren und dann in die Wasserscheide des Tanganjika-Sees hinunterfahren. Die Entfernung mochte kurz sein, aber es würde ein langer Tag werden.

Gegen Mittag kämpfte ich mich einen Hügel hinauf, zu beiden Seiten von strohgedeckten Lehmhütten eingeschlossen, die gefährlich am Hang klebten. Die Leute waren in ihren Höfen, aber ich achtete wenig darauf. Stattdessen starrte ich auf meinen Tacho (meine Rekordzeit lag momentan bei armseligen sechs Stundenkilometern), als ich plötzlich merkte, dass jemand auf der Straße war und mir den Weg versperrte.

Ich schaute auf, und ein paar Meter von mir entfernt stand ein Mann in einem schmutzigen Lendentuch. Er starrte mich mit irren Augen an, dann sprang er vorwärts und packte meine Lenkstange, um mich aufzuhalten. Er brabbelte etwas, eine Mischung aus Französisch und seiner einheimischen Sprache, aber ich wusste, dass er Geld wollte. Entsetzt schrie ich um Hilfe und versuchte das Rad zu wenden, um den Hang hinunter zu fliehen, aber er war stark und hielt das Rad unerbittlich fest. Plötzlich entdeckte er das Obstmesser, das ich idiotischerweise in meiner Lenkertasche hatte. Er packte es und fuchtelte drohend damit herum, dann brüllte er, diesmal in verständlichen Worten: »Ihr Weißen habt alles! Wir Schwarzen haben nichts!«

Im nächsten Moment stürzten Männer und Frauen von allen Seiten herbei. Mehrere Männer packten meinen Angreifer und entwaffneten ihn. Einer meiner Retter, ein junger Mann in einem löchrigen roten T-Shirt, gab mir mein Messer zurück und beruhigte mich. »Haben Sie keine Angst«, sagte er. »Das ist nur ein Verrückter.«

Ich stand eine Weile da, mein Fahrrad in der Hand, und wartete, bis das Zittern nachließ. So viel lag schon hinter mir, und jetzt war ich zum ersten Mal angegriffen worden. Ich war schockiert, wie schnell eine solche Situation auftauchen konnte. Wachsam sein und ein lächelndes Gesicht zeigen, damit war ich immer gut gefahren – aber heute hatte es so wenig Grund zum Lächeln gegeben. Ich bedankte mich bei dem jungen Mann, aber die Menge um mich herum blieb stumm und mürrisch. Ich fuhr weiter.

Als ich meinen letzten Bergpass überquert hatte, sauste ich zur Grenze hinunter, in halsbrecherischem Tempo jetzt, um den allgegenwärtigen Kindern zu entkommen, die mich verfolgten und mit Steinen bewarfen.

»Sind Sie heute von Bukavu gekommen?« Der burundische Grenzposten zeigte sich gesprächiger als sein Kollege auf der ruandischen Seite. »Da haben Sie Glück gehabt – die Grenze zu Zaire ist jetzt geschlossen.«

»Warum?«, fragte ich.

»Heute Morgen wurde ein Oppositionsführer in Cyangugu aus seinem Wagen gezerrt und gelyncht.« Heute Morgen in Cyangugu? Es musste passiert sein, kurz nachdem ich durchgekommen war. »Es war ein Racheakt«, fuhr er fort, »weil gestern ein Minister in Kigali umgebracht wurde.« Er schwieg einen Augenblick und sagte dann nachdenklich: »Ah, in Ruanda sieht es nicht gut aus.«

Plötzlich sah ich die ängstlichen Augen von Fatimata und Ibrahim in Mali vor mir. Zu spät erkannte ich, dass die Feindseligkeit, die ich in den Blicken der Ruander zu sehen geglaubt hatte, in Wahrheit Angst war.

Ich kam am Vorabend des ruandischen Bürgerkriegs an der Grenze an, als all die schrecklichen Ereignisse sich abzuzeichnen begannen. Die Zeitbombe tickte.

Gegen Abend radelte ich immer noch nach Cibitoke. Die Leute, denen ich unterwegs begegnet war, hatten mir gesagt, es gebe ein Motel dort.

»Ein sehr schönes Motel, Madame«, versicherte mir ein Junge, den ich angesprochen hatte. »Es kostet 1500 burundische Franc.« Das waren damals 7,50 US-Dollar.

Es war sehr viel verglichen mit dem, was ich bisher bezahlt hatte, und bei diesem Preis konnte ich vielleicht auf eine Dusche mit fließendem Wasser hoffen. Ich war erschöpft, nachdem ich zwei Bergpässe überquert hatte, und eine richtige Dusche würde eine Wohltat für mich sein – etwas, das ich seit Kinshasa nicht mehr gehabt hatte. Ich träumte sogar schon von einem Bett mit einem richtigen Laken.

Endlich, nach einigen unerfreulichen Begegnungen mit mürrischen, arroganten Tutsi-Militärs, die meinen Ausweis sehen wollten, kam ich nach Cibitoke, einer bescheidenen, ruhigen Stadt, und fand ein modernes Backstein-Motel, das etwas von der Straße zurückversetzt war. Ich ließ Ibn auf der Veranda, streifte meine verschwitzten Handschuhe herunter und ging in die Bar.

Eisige Stille herrschte im Raum, und betrunkene, blutunterlaufene Augen starrten mir entgegen. Die Bar war mit Tutsi-Soldaten in dunkelblauer Uniform und blauem Käppi bevölkert; ihre Gewehre hatten sie über die Schulter gehängt, auf den Tischen abgelegt oder gegen die Wand gestellt. Betrunkene Soldaten sind nie angenehm, aber diese Armee stand in dem Ruf, besonders brutal zu sein.

Burundi repräsentierte die Kehrseite des ruandischen Horrors. Trotz sehr ähnlicher Demografien wurde die Hutu-Mehrheit in Burundi von der Tutsi-Minderheit brutal unterdrückt. 1966 war die

Monarchie gestürzt worden, und eine Tutsi-Militärregierung hatte die Macht ergriffen. Der Aufstand der Hutu-Mehrheit wurde mit einem ethnischen Massaker beantwortet, das 1972 seinen Höhepunkt erreichte, als alle gebildeten und wohlhabenden Hutus umgebracht wurden. In den internationalen Medien wurde nicht darüber berichtet.

Im Juni 1993 wurde Melchior Ndadaye, ein Hutu, zum Präsidenten gewählt, aber im Oktober 1993 putschte die Tutsi-Armee und ermordete ihn. In den darauf folgenden Monaten wurden zwischen 50 000 und 100 000 Menschen, hauptsächlich Hutus, getötet. Endlich setzte sich die Regierung wieder durch, und Cyprien Ntaryamira, abermals ein Hutu, wurde Präsident. Doch die Tutsi-Armee terrorisierte nach wie vor Hutu-Gemeinden, ohne dass in den Medien groß darüber berichtet wurde.

Ich hatte die Geschichten gehört und war entsprechend nervös. Ein paar lauernde »Ça va?«-Rufe tönten mir entgegen, und ich spürte, wie meine Nackenhärchen sich aufstellten. Ich würde mir nichts von Leuten gefallen lassen, vor denen ich keine Achtung hatte.

»Kann ich ein Zimmer haben, bitte?«, fragte ich den Barmann, der als Einziger in Zivil war. Er stand unter dem Schild »Bar/Rezeption«. Bevor er mich überhaupt zur Kenntnis nahm, servierte er mehrere Drinks und dann noch einige, bis er mir endlich mein Zimmer zu zeigen geruhte.

Er suchte noch eine Weile nach dem Schlüssel herum, dann führte er mich in einen getrennten Block und schloss das Zimmer auf. Der Boden und die Wände waren schmutzig, das Waschbecken verdreckt, das Bettzeug eindeutig benützt – und als ich den Hahn aufdrehte, kam kein Wasser. Das war schlimm genug, doch als ich nach Wasser fragte ...

»Es gibt kein Wasser, Madame.« Was? Selbst in den Dörfern gab es immer eine Pumpe oder einen Brunnen.

»Die Leitung ist gesperrt, Madame.«

Und der Preis für dieses Luxusgemach?

»2000 Francs, Madame.« Fast 10 US-Dollar.

Ich verlangte den Besitzer zu sprechen. Der Preis war völlig überzogen, es war das teuerste Zimmer seit wer weiß wie lange – und das für ein Dreckloch ohne Wasser.

Ich wurde zum *commandant* geführt, einem Tutsi mittleren Alters mit hagerem Gesicht und harten Augen, der an einem Tisch in der Bar sein Bier trank.

Ich kochte bereits vor Wut, doch als er mir herablassend erklärte, das sei der Preis, basta, explodierte ich. Ich schrie ihn an und sagte ihm, der Preis sei völlig überhöht und das Hotel in einem schändlichen Zustand. Dieser Halsabschneider sollte mich kennen lernen! Ich war richtig froh, dass ich meine Wut an ihm auslassen konnte.

Er antwortete nicht, starrte mich nur geringschätzig an. Trotzdem machte ich weiter. Ich ließ ihn meine Ansichten über Burundi wissen, über die Tutsi-Mörder und und und ...

Je mehr ich mich aufregte, desto stiller wurde es in der Bar.

Endlich machte der *commandant* den Mund auf. »Es ist die Politik – wir haben kein Geld.«

»Oh«, sagte ich sarkastisch. »Und wie sind Sie in den Besitz dieses Hotels gekommen?« Halt den Mund, Pamela, dachte ich erschrocken. Willst du dich abknallen lassen?

Jetzt verlor auch er die Geduld und sagte hämisch, dass ich ja woanders hingehen könne. Ich wusste, dass ich mich in Gefahr begeben würde, wenn ich wegging. Hier konnte ich für den Wucherpreis zumindest in einem abschließbaren Zimmer übernachten. Ich hörte auf meine innere Stimme, nahm den Schlüssel, aber nicht ohne dem *commandant* noch einmal meine Meinung zu sagen.

»Wenn das Ihr Hotel ist, warum kümmern Sie sich dann nicht darum? Sie könnten mal ein paar Wände streichen, anstatt Bier zu trinken und die Leute zu erschießen!« Dann stürzte ich mit meinem Rad in mein Zimmer, schloss die Tür ab und wagte mich vor Tagesanbruch nicht mehr hinaus.

Es war kindisch und leichtfertig, wie ich mich benommen hatte, und ich wusste selber nicht, woher meine Wut gekommen war. Wahrscheinlich hatte er alles abgekriegt, was sich im Lauf des Tages in mir aufgestaut hatte.

Das Geschrei des Verrückten, der mich in Ruanda mit meinem eigenen Messer bedroht hatte, gellte mir immer noch in den Ohren.

Später erfuhr ich, dass die Tutsi-Militärs in Cibitoke vor kurzem ein Massaker unter den Hutus angerichtet hatten. Es war immer noch Kriegsgebiet, in dem die Häuser niedergebrannt und verlassen, die Felder aufgegeben wurden. Die Hutus, die hier ansässig waren, lebten in ständiger Angst vor dem Militär oder waren in das benachbarte Zaire geflüchtet. Das Militär hatte das Motel übernommen und benützte es als Stützpunkt.

Ich war froh, dass ich den *commandant* beschimpft hatte.

Dann kam mir ein beunruhigender Gedanke. Wenn ich mich wegen einer Lappalie so aufregte, wie sollten dann Menschen, die mit ansehen mussten, wie ihre Angehörigen abgeschlachtet worden waren, jemals vergeben und mit den Tätern Seite an Seite leben können?

Von Cibitoke war es nur eine Tagesfahrt nach Bujumbura, der kleinen, luftigen Hauptstadt von Burundi, die am Nordostufer des Tanganjika-Sees gegenüber den fernen Ufern Zaires liegt. Es war eine hübsche Stadt, in der die Elite des Landes ein angenehmes Leben führte, was aber nichts an den düsteren Zukunftsaussichten änderte.

Ich fragte mich zu Shell durch und wurde vom *directeur général* in Empfang genommen, der mir ein Hotelzimmer beschaffte und mich über das Wochenende mit ein paar Einheimischen und Ausländern zusammenbrachte. Natürlich drehte sich alles um die Politik, aber die meisten Leute verloren kein Wort über die Gräuel, die weiterhin verübt wurden, sondern waren lediglich besorgt, dass sich die schlimme Situation nachteilig auf ihr Luxusleben auswirken könnte.

Nachdem ich einen Vormittag mit Windsurfen auf dem Tanganjika-See und Volleyball am Strand zugebracht hatte, fuhr Matthuis, der gut aussehende Sohn eines deutschen Industriellen, mit mir auf seinem Schnellboot auf den See hinaus, um nach Nilpferden Ausschau zu halten. »Die Tutsis haben wieder Angst«, sagte er. »Nach den Massakern in den Siebzigerjahren ist jetzt eine neue Generation von gebildeten Hutus herangewachsen, die an die Macht wollen. Aber die Tutsis kontrollieren die Armee – das ist das große Problem.« Dann fuhr er fort: »Wir können nicht mehr in unser Haus in den Hügeln gehen – es gibt kein Wasser und keinen Strom, und es ist zu gefährlich. Und wir halten die ganze Zeit unser Boot in Bereitschaft. Wenn es hier losgeht, können wir nach Zaire abhauen.«

Später, bei einem Barbecue am See, plauderte ich mit Christine, einer jungen Belgierin mit Designer-Shorts, T-Shirt, Sonnenbrille und knallrot geschminkten Lippen. »Ich arbeite für den Catholic Relief Service«, sagte sie – den katholischen Hilfsdienst. »Ich organisiere Lebensmittel-Lieferungen für Flüchtlingslager im Norden. Ich bin nur am Wochenende in Buju.« Sie sah nicht wie eine Hilfsdienst-Mitarbeiterin aus, und ich äußerte mein Erstaunen. »Ach, ich bin nur auf Urlaub nach Burundi gekommen, aber es hat mir so gut gefallen, die Sonne, der Lebensstil, also musste ich irgendwas finden«, sagte sie. »Es ist super hier.« Ich traute meinen Ohren nicht. Was war mit den Massakern, der Instabilität? »Ach«, seufzte sie, »*c'est un peu pénible*« – das ist ein bisschen unangenehm ...

Hutus waren in den Kreisen, in denen ich während meines kurzen Aufenthalts verkehrte, nicht anzutreffen. Die administrative und wirtschaftliche Macht lag nach wie vor in den Händen der Tutsis, doch keiner von diesen Führungskräften fühlte sich für die Massaker verantwortlich. »Das waren die anderen«, hieß es immer, womit sie die Hutu-Miliz und das Tutsi-Militär meinten. Clementine, eine Tutsi-Sekretärin, erzählte mir, wie Präsident Ndadaye im vorigen Jahr ermordet wurde: »Er war radikal, und die Hutus wollten an die Macht. Sie sagen, sie sind die Mehrheit, also sei es an der Zeit, na ja, vielleicht ...« Es klang zweifelnd. »Es heißt, sie haben Pläne gefunden, dass die Hutus die Tutsis umbringen wollen, sogar die kleinen Babys. Sie haben Waffen und Macheten.« Und die Tutsi-Armee hatte keine Waffen? »Ja, natürlich, sie hätten sie nicht umbringen dürfen.« Sie sagte es ohne jede innere Überzeugung.

An meinem letzten Abend in Bujumbura zerriss Gewehrlärm die Stille. Bevor ich am nächsten Morgen abfuhr, hörte ich zwei unterschiedliche Berichte über die Schießerei in einem Hutu-Vorort.

Die Tutsi-Version: »Die Hutus wollen die Tutsis umbringen. Eine Bande von Hutus ist auf einen Militärlaster gesprungen, und deshalb ist es zu der Schießerei gekommen.«

Die Hutu-Version: »Wir sind die Mehrheit – 86 Prozent der Bevölkerung. Es ist Zeit, dass wir an die Macht kommen. Sie (die Tutsis) haben Angst, und deshalb sind die Soldaten in das Hutu-Gebiet gekommen. Sie wollten Ärger machen, und den haben sie auch bekommen.«

Als ich Bujumbura verlassen hatte, auf dem Weg nach Süden in Richtung Tansania, traf ich einen gebildeten, weltgewandten Hutu in einer schönen, aber verlassenen Ferienanlage am Tanganjika-See. Ich diskutierte lange mit ihm, und schließlich sagte er feierlich: »Ich denke, die Hutus und Tutsis werden in getrennten Staaten leben müssen. Ich glaube nicht, dass wir noch zusammenleben können.«

War das die einzige Lösung?

Wie die Weißen in Bujumbura hatte ich keine Antwort darauf, sondern lediglich den Wunsch, mich so schnell wie möglich in Sicherheit zu bringen. Ich radelte zügig in Richtung Grenze und vermied jeden weiteren Kontakt mit hochnäsigen und aggressiven Militärs. Ich konnte nicht ahnen, welche Auswirkungen das Schicksal des Präsidenten auch auf mich haben würde.

Der Weg nach Hause

Kigoma – Daressalam, Tansania

Zum Glück dauerte es nicht lange, bis ich die Grenze überquert und Kigoma erreicht hatte – nur eine kurze Fahrt landeinwärts über die Berge nach Manyovu an der Grenze zu Tansania, meinem 17. und letzten Land auf dieser Reise, dann eine Tagesfahrt zu den Ufern des Tanganjika-Sees zurück. Ich war froh, dass ich den Schlachtfeldern entronnen war.

Kigoma war eine ruhige, staubige Stadt, etwas vom See zurückversetzt, aber nahe genug, um herrliche Ausblicke zu bieten. Ich blieb mehrere Tage da, weil ich Zeit brauchte, um meine Fassung wiederzugewinnen. Ich installierte mein Zelt auf dem Gelände eines Strand-Hotels. Ein richtiges Hotel, nicht von Militärs geführt, sondern von einer freundlichen indischen Familie, mit Strom und Wasser! Ich gönnte mir ein paar Nächte in einem einfachen Zimmer mit einem Bett, frischen Laken, einem Ventilator und einer Dusche mit fließendem Wasser! Als mein Geld immer mehr dahinschmolz, entschied ich mich für die billigere Alternative und zog in den verwilderten Garten am Seeufer um.

Jeden Abend saß ich auf einem Plastikstuhl in dem hohen Gras im Biergarten, schaute gen Westen auf das silbrig schwappende Wasser des Sees hinaus und wartete auf den Sonnenuntergang. Zaire tauchte schemenhaft vor dem weißen, glühenden Himmel auf. Berge, bis zu 1700 Meter hoch, zeichneten sich als bloße, dunkle Wellen am Horizont ab. Im Geist sah ich das undurchdringliche Gewirr des Urwalds vor mir, Nährboden all der Dramen, die sich unter seiner dunklen Kuppel abspielten.

Ich hatte Sehnsucht nach Zaire und meinem Leben dort, auch wenn mir das Land manchmal verwirrend und bizarr erschienen war. Es war viel schwerer, mit der Angst und dem Hass anderer Menschen zu leben.

Dann kam die Dämmerung, und mit ihr ein atemberaubendes Lichtspektakel. Gewitterwolken türmten sich drohend über den zairischen Wäldern auf, von zuckenden Blitzen erhellt. Es gab keine musikalische Begleitung, kein Posaunengeschmetter und Donnergrollen – das Schauspiel war zu weit weg. Ich saß da wie gebannt.

Mein Geist flog nach Zaire zurück und landete in einer Urwaldlichtung. Es war Abend. Die Frauen waren von den Feldern gekommen und zündeten die Kochfeuer an, züngelnde Flammen spielten über die verstreuten Höfe. Kinder kamen vom Brunnen zurück, gefüllte Wassereimer auf den Köpfen. Das dumpfe Geräusch des Maniok-Stampfens hallte von den grünen Mauern des Urwalds wider. Es wurde schnell dunkel, Stimmen erschallten, Gelächter. Wieder ein Tag überstanden. Die Muskeln schmerzten, die Leiber streckten sich. Frauen sorgten sich um ihre Kinder. Es gab viele Seufzer. Ich war die Beobachterin, die Fremde in ihrer Mitte.

Ich sah die Szene lebhaft vor mir. Ich glaube nicht, dass ich vor meiner Reise so viel Fantasie aufgebracht, so warme Gefühle gegenüber Fremden, dem Urwald gehegt hätte. Ja, mir war sogar, als hätten die Geister mir das stumme Wolkenspektakel geschickt. Sie hatten mich beschützt, aber jetzt entfernte ich mich aus ihrem Machtbereich; ich kehrte dem Urwald und meinem afrikanischen Leben dort den Rücken – ich fuhr nach Hause.

Am Bahnhof von Kigoma hing ein Schild mit der Aufschrift: »Daressalam – 780 Meilen.« 1200 Kilometer also. Mein Tacho zeigte über 13000 Kilometer – der Rest war ein Sonntagsspazierung.

Oft verweilten meine Gedanken bei der Frage, was nach der Reise kommen würde, wenn ich Afrika verlassen hatte: Was dann? Was hatte die Reise für mich bedeutet? Würde meine Beziehung mit William überleben, wollte ich das überhaupt? Er hatte mir einen Brief nach Bujumbura geschickt, in dem er den Vorschlag machte, mich hier in Tansania ein Stück weit zu begleiten. Es klang, als würde er von einem kleinen Sonntagsausflug reden. Ich fand es deprimierend, wie wenig er begriffen hatte, was ich hier durchmachte – und dass ich ihn gar nicht mehr dabeihaben wollte.

Was für eine Arbeit sollte ich machen, wie konnte ich mehr Zeit mit meiner Familie in Australien verbringen, wie den Dorfbewohnern meinen Dank für ihre Gastfreundschaft abstatten? Ich träumte auch oft davon, wieder richtig sauber zu sein, den ganzen Tag, nicht erst am Abend nach einer Eimerdusche. Ich wollte neue Kleider – einen engen, kurzen Rock, um meine muskulösen braunen Beine vorzuzeigen, und eine sexy Bluse statt Shorts und T-Shirt, Sandalen statt Fahrradschuhen, und keinen Akubra! Seit Monaten benützte ich unparfümierte Seifen und Toilettenartikel, und ich träumte von Parfüms und duftenden Feuchtigkeitscremes und Shampoos und Haarfestigern. Ich stellte mir vor, wie ich meine Zehennägel blutrot lackierte ...

Immer langsam, bremste ich mich, der Botschaft der Geister gewärtig. Du hast noch über 1200 Kilometer und einen ganzen Monat Dorfleben vor dir.

Bald kam ein weiterer Grund hinzu, warum ich so schnell wie möglich an die Küste kommen wollte.

In Kigoma rief ich Mr. Pereira an, den Generaldirektor in Daressalam.

»Ihre Eltern kommen nächste Woche«, erzählte er mir. Au weia. Meine Eltern wollten mich in Daressalam in Empfang nehmen und hatten mich gebeten, meine ungefähre Ankunftszeit mitzuteilen, was ich in einem Brief von Kisangani getan hatte. Jetzt mussten sie in Daressalam mindestens zwei oder drei Wochen warten.

Mindestens! Ich musste erst nachprüfen, ob die Route, die ich geplant hatte, überhaupt machbar war. In London hatte ich gesehen, dass die Straße zur Küste nordwärts durch den Serengeti-Wildpark führte. Fahrräder und Löwen, das ging nicht zusammen, sagte ich mir, und hatte stattdessen eine kürzere Route anvisiert, die an der Eisenbahnlinie entlang von Kigoma über Tabora bis Dodoma führte, bevor sie wieder in die Straße nach Daressalam einmündete. Theoretisch einwandfrei, aber es war keine Fahrspur neben der »Central Line« eingezeichnet. Auch als ich eine detailgetreue Karte von Tansania auf dem Markt von Kigoma kaufte, fand ich keine Straße neben der Bahnlinie bis Urambo, das in der Nähe von Tabora lag und mindestens 400 Kilometer von Kigoma entfernt war.

Ich musste zweimal beim Bahnhofsvorsteher vorsprechen, bis ich empfangen wurde, aber die Mühe hatte sich gelohnt. Etwas zaghaft erzählte ich ihm von meinem Plan und fragte ihn nach einem Radweg.

»Oh, ja!«, rief er begeistert. »Als junger Mann bin ich auch auf dem Weg gefahren!« Der Stationsvorsteher war fantastisch. Er liebte seine Bahn – ein Eisenbahner vom alten Schlag – und wollte mir die Strecke in allen Einzelheiten erklären. Er sagte mir, ich möge am nächsten Tag wiederkommen, bis dahin würde er mir eine Wegbeschreibung anfertigen. Als ich wieder hinkam, reichte er mir ein sauberes Blatt, auf dem alle Bahnhöfe und ihre Entfernung von Kigoma eingezeichnet waren. Als Erstes fielen mir jedoch seine Anmerkungen ins Auge: Vorsicht, wilde Tiere! war an verschiedenen Punkten zu lesen.

Vielleicht waren meine Abenteuer doch noch nicht zu Ende.

Am 11. März fuhr ich schließlich entlang der Bahnlinie aus Kigoma hinaus, nachdem ich vom Stationsvorsteher Massare begeistert verabschiedet worden war.

»Ich wünsche Ihnen eine gute Reise, und mögen Sie heil bei Ihren Eltern ankommen«, sagte er und schüttelte mir auf traditionelle Art die Hand – Hände, Daumen, Hände.

Dann drängte er mir 1000 tansanische Shilling auf – ungefähr 2 US-Dollar. »Damit Sie sich unterwegs etwas kaufen können«, sagte er. Ich fand es sehr nett von ihm.

Die letzte Etappe hatte begonnen. Anfangs waren viele Fußgänger unterwegs, und ich ließ meine neu erworbene Fahrradklingel scheppern, um mir einen Weg zu bahnen. Zudem gab es Rangiergleise auf diesem ersten Abschnitt, und ich musste anhalten und das Rad hinüberhieven, um dann auf der anderen Seite weiterzufahren. Harte Arbeit, aber es würde bald vorüber sein. Dachte ich jedenfalls.

Dann stellte ich fest, dass der Weg immer wieder ins Nichts mündete. Wenn er wieder auftauchte, war er sehr schmal und mit Geröll und Splitt übersät. Teilweise war er auch extrem schlammig. Ungefähr alle 1000 Meter kam ein überwölbter Abflussgraben, und die Spur hörte auf. Ich musste Ibn samt Gepäck über einen Berg von Geröll hieven, über die Gleise hinüber, dann die Böschung hinunter, und nachdem ich den Graben überquert hatte, musste ich die ganze Prozedur auf der anderen Seite hinauf wiederholen. Die Sonne knallte herunter, und ich war längst nicht mehr so fröhlich wie am Morgen. Dann verschwand die Spur in einem engen Abzugskanal, sodass meine Taschen, Pedale und Knöchel gegen scharfe Felsvorsprünge stießen. Autsch! Schlimmer noch, der Abzug ging manchmal in einen steilen Absturz über. Wenn ich stolperte, würde ich entweder auf scharfem Splitt landen oder mich im hohen Gras auf einem versteckten rostigen Gleis aufspießen!

»*Poly, poly*«, ermahnte ich mich in dem spärlichen Suaheli, das ich beherrschte – langsam, langsam –, und die meiste Zeit des Tages war ich auch vernünftig genug, mein Rad zu schieben.

Gegen Abend traf ich auf eine Bahnarbeiter-Crew. Sie sprachen wenig Englisch – Suaheli, die Landessprache, die die einzelnen Stämme vereinte, war ein stolzes Erbe aus den Tagen des »Teachers« Julius Nyerere, ihres ersten Präsidenten, der bis 1985 an der Macht gewesen war. Als Teenie war ich begeistert von Nyerere und seiner Kampagne gewesen, die afrikanischen Probleme auf afrikanische Weise zu lösen, und ich hatte ihn bewundert, weil er so unerschütterlich an seinen Überzeugungen festhielt. Einer der Arbeiter riet mir, die Straße nach Kalenge zu nehmen, anstatt der Bahnlinie zu folgen. Er verwendete das magische Wort »Autos«, während er auf eine nahe Schotterstraße zeigte. Ich hatte die Straße gesehen, wusste aber nicht, wohin sie führte. Dann zeigte der Mann an der Bahnlinie entlang und sagte: »Splitt!« Alles klar. Ich nahm die Straße.

Die letzten acht Kilometer waren wunderschön: die Straße stieg zwischen prächtigen eiförmigen, grasbewachsenen Hügeln hinauf, die im Licht des späten Abends schimmerten. Eine Schönheit, die mich für diesen harten Tag entschädigte – ich hatte kaum 50 Kilometer von Kigoma zurückgelegt, nicht mehr als einen Katzensprung.

In Kalenge fragte ich nach dem »chairman«, dem Vorsitzenden, statt nach dem »chief« oder Häuptling. In den sozialistischen *ujamaa*-Dörfern war das Oberhaupt der Vorsitzende des CCM – Chama Cha Mapinduzi (Revolutionspartei). Das war ebenfalls eine Hinterlassenschaft von Julius Nyerere. Nyerere war 1961 Präsident von Tanganjika geworden und 1963 von Tansania, nach dem Zusammenschluss des Festlands mit der Insel Sansibar vor der Küste. Der neue Staat war von den Engländern im Stich gelassen worden, da sie lieber im nahen Kenia und Uganda investierten, und Nyerere wollte sein Land nach sozialistischem Modell aufbauen. Mit der »Arusha Declaration« von 1967 wurde die Landwirtschaft nach chinesischem Vorbild kollektiviert, und die *ujamaa*-Dörfer entstanden. Es bedeutete Umsiedlung der Dorfbewohner, gemeinsame Nutzung der Arbeitsgeräte, Pflichtarbeit auf gemeinsam bewirtschaftetem Land. In seiner Rede in Arusha beschwor Nyerere die Männer in den Dörfern und die Menschen in den Städten, härter zu arbeiten. »Die Frauen, das muss gesagt werden, leisten bereits jetzt Schwerstarbeit. Sie schuften bis zu 12 und 14 Stunden am Tag ... Wenn Millionen Männer in den Dörfern und Tausende Frauen in den Städten ihre Kraft, die bisher mit Reden, Tanzen und Trinken vergeudet wird, in die Entwicklung unseres Landes investieren, dann ist das mehr, als wir jemals von den reichen Ländern bekommen werden.« Mit vielen seiner Ansichten war Nyerere seiner Zeit voraus, aber seine Appelle an den guten Willen der Menschen waren vergeblich. Auch die Kollektivierung erwies sich als Fehlschlag: Die landwirtschaftlichen Erträge gingen steil nach unten, und der Westen gewährte dem sozialistischen Regime keine Unterstützung. Doch all das hatte offenbar die Stammesgefolgschaften zerschlagen, denn von allen afrikanischen Ländern, durch die ich kam, war der Nationalstolz in Tansania am stärksten ausgeprägt.

»Auf der Strecke nach Uvinza liegt noch mehr Splitt«, sagte der ältliche Vorsitzende, nachdem er mir den Fahrzeughof des *ujamaa*-Dorfes gezeigt hatte, in dem ich mein Zelt aufstellen durfte. »Die Strecke ist vor kurzem neu bekiest worden.« Super. Die gute Nachricht war, dass die Straße bis Uvinza führte, meinem morgigen Tagesziel. Bevor er mir eine gute Nacht wünschte, sagte der Vorsitzende noch: »Nehmen Sie sich vor den Löwen in Acht.«

Der nächste Tag verlief ereignislos, außer dass der Weg durch dichtes Gebüsch führte und ich Pfotenabdrücke im Sand entdeckte.

»Ja, das hört sich nach *simba* – Löwe – an«, sagte der Stationsvorsteher in Uvinza, meinem nächsten Halt, »aber keine Angst. Jetzt ist Regenzeit, das Gras ist lang, und es gibt reichlich zu fressen. Die Löwen werden nicht an Sie gehen – Sie sind ihnen zu zäh, haha.«

Sehr witzig, dieser Bahnhofsvorsteher.

Nach einer Weile fügte er noch hinzu: »Passen Sie auf Löwen auf, wenn Sie morgen auf der Straße nach Malagarasi fahren!«

Am nächsten Morgen hielt ich zum Frühstück an einer chai-Bude an. In Tansania bestand das Frühstück immer aus gesüßtem Tee und Chapati – der Einfluss der indischen Händler war groß.

»Haben Sie keine Angst vor den Löwen?«, fragte das Mädchen, das mich bediente.

Bisher nicht.

Bevor ich entlang der Bahnlinie nach Malagarasi fuhr – die Straße hatte aufgehört –, legte ich mein Obstmesser vorne in meine Lenkertasche. Ich hatte es nach dem Überfall in Ruanda in der hinteren Tasche versteckt, aber jetzt wollte ich es lieber griffbereit haben.

Bald war ich allein auf der Straße, die durch grünes, mit Felsausbissen gesprenkeltes Buschland führte. Ich hielt nach Löwen Ausschau, aber der Weg war immer noch mit Splitt übersät. Ich war so auf die Straßenoberfläche konzentriert, dass ich erst im letzten Moment die Pavianfamilie entdeckte, die über die Gleise hoppelte. Unheimlich! Aber während ich noch über imaginäre Feinde nachsann, wurde ich von realen Bestien attackiert – denen, die ich (nach den Hunden) am meisten hasste und fürchtete: Tsetse-Fliegen! Einer der Gründe, warum die Engländer nicht in Tansania investierten, war die Tatsache, dass die Tsetse-Fliege ihren Leuten nicht nur die Schlafkrankheit bescherte, sondern ihr Vieh umbrachte und die Viehwirtschaft ruinierte.

Mein Gott. Es war entsetzlich. Die Biester waren überall und stachen mich pausenlos. Trotz der glühenden Hitze zog ich mich dicker an, um mich zu schützen. Ich trug jetzt Socken, eine lange Hose, zwei T-Shirts, meine Goretex-Regenjacke, und ich wickelte meinen Schal nach Tuareg-Manier um den Kopf, sodass nur die

Augen frei blieben. Ich steckte sogar einen Zweig als Fliegenwedel durch mein Haarband und schmierte jedes Fleckchen sichtbarer Haut und die dünneren Kleidungsschichten mit Antimückenmittel ein. Die Wirkung war bescheiden.

Ich kam fast um vor Hitze und wurde trotzdem noch gestochen. Die Biester drangen in meinen Schal ein und summten mir um die Ohren. Sie stachen mich in die Hände und in den Hintern und schafften es sogar, in meine Regenjacke hineinzukommen. Ich war völlig abgelenkt – wenn ein Löwe mich angegriffen hätte, hätte ich es wahrscheinlich kaum gemerkt.

Gegen Mittag kam ich zu einer Bahnstation.

»*Karibu!*« Willkommen. Die Kinder, die im Sand spielten, schüttelten sich vor Lachen.

»*Karibu*«, sagte ihr Vater, der jetzt aus dem Gebäude kam. Ich sah aus wie ein durchgeknallter Lawrence von Arabien, doch der Mann nahm es gelassen. Die Tansanier, sagte ich mir, sind nicht so leicht zu erschüttern. Ich gönnte mir zur Beruhigung einen Kohlenhydrat-Imbiss – Pfannkuchen à la Pamela mit Chapati, Orangensaft und Zucker –, dann setzte ich meinen Weg fort.

Am Nachmittag wurde es noch heißer, die Fliegenattacken noch schlimmer – und nachdem ich diese Hölle ein paar weitere Stunden ertragen hatte, verlor ich völlig die Beherrschung. Als ich eine Gleisarbeiter-Siedlung entdeckte, radelte ich wie besessen zu den Blechbaracken hinüber. Ein paar junge Frauen, die Ehefrauen der Gleisarbeiter, saßen im Schatten eines mageren Dornbaums.

Sobald ich den Busch und die Fliegen hinter mir gelassen hatte, knallte ich Ibn auf den Boden, riss mir die äußere Kleidungsschicht herunter, hopste wie verrückt auf und ab und schrie vor Verzweiflung.

Die Mädchen kreischten, sprangen auf und flüchteten in ihre Hütten. Von wegen unerschrockene Tansanier!

Sie merkten jedoch schnell, dass ich harmlos war, und luden mich ein, mit ihnen im Schatten zu sitzen und zu essen. Manche Dinge waren überall in Afrika gleich. Anna, die älteste und mutigste der jungen Frauen, redete in Suaheli auf mich ein, ich antwortete in Englisch, und wir amüsierten uns prächtig. Ich verständigte mich mit Zeichensprache und Lächeln und fragte mich, warum ich das nicht schon früher gemacht hatte. Ich dachte daran, dass mir die Frauen anfangs wie flüchtige Geister erschienen waren, die irgendwo im Hintergrund des Dorflebens herumschwirrten. Ich musste mich seit damals ziemlich verändert haben. Aber wie? Und worin? Es war schwer, Veränderungen zu registrieren, wenn man mittendrin steckte.

Nachdem ich mich einigermaßen erholt hatte, brach ich gegen vier Uhr nach Malagarasi auf, das jetzt noch etwa 20 Kilometer entfernt war. Ein paar freundliche junge Burschen auf chinesischen Fahrrädern, die ebenfalls kein Englisch sprachen, gesellten sich zu mir.

»Malagarasi?«, fragte der eine, ein schlaksiger Halbwüchsiger mit traurigen Augen.

»Malagarasi«, sagte ich und nickte, dann fragte ich: »Malagarasi?«

»Malagarasi«, erwiderte der Junge.

Nachdem wir uns auf diese Weise vergewissert hatten, dass wir dasselbe Ziel anstrebten, arbeiteten wir uns die nächsten zwei Stunden gemeinsam vorwärts. In der Kühle des Spätnachmittags waren nicht mehr so viele Tsetse-Fliegen unterwegs, und in Gesellschaft erschienen sie mir weniger bedrohlich, auch wenn es eine sehr schweigsame Gesellschaft war. Die letzten paar Kilometer waren wunderschön. Es war kurz vor Sonnenuntergang, und ein orangeroter Schimmer legte sich über die weiten, niedrigen Sumpfflächen, die sich zu beiden Seiten des Wegs bis zum Horizont erstreckten.

Die majestätischen dunkelgrauen und weißen Wolken erstrahlten im Licht der untergehenden Sonne. Wir konnten die Bahnstation von Malagarasi in der Ferne am anderen Ende eines morastigen Sees sehen, aber wir kamen nur langsam vorwärts. Auf der Eisenbahnbrücke über den See gab es keine Vorrichtung für Fußgänger oder Radfahrer, und wir mussten unsere Räder auf den Stahlträgern balancieren und uns vorsichtig vorantasten. Zum Glück kamen keine Züge.

In Malagarasi nahm mich Bahnwärter Matthuis in Empfang, ein Muslim wie sein Kollege Massare in Kigoma. Er kannte Massare und begrüßte mich wie einen alten Freund.

»Bitte stellen Sie Ihr Zelt hier auf«, sagte er. Der Platz neben dem Bahnhof, den er mir anbot, roch ziemlich penetrant, sodass ich einen luftigen Fleck auf den Beton-Fundamenten eines mittlerweile geschleiften Bahngebäudes vorzog. Es war *very fine*. Bis ungefähr um zehn. Dann brach ein heftiges Unwetter los, fegte von den Sumpfflächen herein, und ich entdeckte, dass mein luftiger Fleck direkt in der Sturmschneise lag. Ich holte meine Taschen mit ins Zelt, damit ich nicht wegflog, dann lag ich da, alle viere von mir gestreckt, mit aufgerissenen Augen, und rechnete damit, dass ich jeden Moment abheben würde.

Gegen zwei Uhr fuhr der Zug von Daressalam ein. Ich war froh darüber, denn es verringerte die Chance, dass ich morgen von einem verspäteten Zug überfahren wurde. (Laut Fahrplan sollten während der Nacht Züge in beiden Richtungen durchkommen – aber afrikanische Fahrpläne sind nicht unbedingt zuverlässig.) Außerdem war ich hungrig. Ich stieg also in den Zug ein, wanderte durch die Waggons, auf der Suche nach einem Speisewagen, und fragte die Crew, ob ich etwas zu essen haben könnte. Sie waren erstaunt über mein Auftauchen, verkauften mir aber ein paar hart gekochte Eier und Brot.

»Woher kommen Sie?«, fragte Peter, ein sehr gut aussehender Security Guard, der gerade zu Abend gegessen hatte.

»Malagarasi«, erwiderte ich.

»Und wohin wollen Sie?«, fragte er verwundert.

»Malagarasi.«

Peter war verwirrt und konnte sich nicht vorstellen, dass ich in einem so kleinen Ort übernachtete – bis ich ausstieg und ihm nachwinkte, während der Zug in die stürmische Nacht davonbrauste. Ich freute mich diebisch über seine Verwirrung.

Doch das Lachen sollte mir schnell genug wieder vergehen.

Am nächsten Morgen war der Himmel hell und klar, und ich hoffte auf bessere Bedingungen, optimistisch, wie ich nun einmal bin.

Bahnwärter Matthuis kam zu mir her, als ich zusammenpackte. Er hielt einen scharfen gekrümmten *panga* – eine Machete – in der Hand.

»Nehmen Sie das«, sagte er. »Für *simba*.« Hmm.

»Danke.«

Die Fahrspur neben den Gleisen war ein bisschen schwammig von den nächtlichen Regengüssen, was aber eine alte Kämpferin wie mich, die die Berge von Kamerun überwunden hatte, nicht erschüttern konnte. Vor mir, jenseits des Wegs, lag ein schlammiger Abschnitt, etwas anders als der Rest, von blassgrauer Farbe und von Menschen- und Affenspuren zerfurcht. Ich radelte hinein. Im nächsten Moment flog ich über die Lenkstange und machte eine Bauchlandung im Schlamm.

Igitt! Als ich mich aufrappelte, sah ich, dass der Schlamm in dicken Schichten an den Reifen und der Kette klebte. Ich versuchte ihn mit Wasser aus meiner Flasche zu entfernen – aber er war wie Zement. Dick, hart, klebrig, unzerstörbar. Zementschlamm. Ratlos und benommen setzte ich mich auf das Gleis, starrte auf den ganzen Schlamm, der an Ibn und mir klebte, und schluchzte.

Von wegen optimistisch. Meine Widerstandskraft ließ sichtlich nach.

Plötzlich tauchte an dieser ruhigen Linie, wo ich selten jemandem begegnete, ein älterer Mann im Muslimgewand und *tarbusch* aus dem Gebüsch in der Nähe auf. Er blieb bei mir stehen.

»*Jambo*«, sagte er auf Suaheli – guten Tag.

»*Jambo*«, grüßte ich zurück.

Er schaute ernst auf das Fahrrad, dann musterte er mich von oben bis unten. »Möchten Sie sich nicht umziehen?«, fragte er teilnahmsvoll.

»Nein«, sagte ich. Er nickte, machte ein wissendes Gesicht und raschelte im Unterholz herum. Schließlich kam er mit ein paar Zweigen zurück und kratzte den Schlamm von der Kette ab. Er sah, dass eine Verstrebung am hinteren Gepäcktrager zerbrochen war.

»Haben Sie ein Stück Schnur?« Ich fand seine ruhigen Bewegungen und seine schweigsame Art sehr wohltuend. Ich holte dickes Leinengarn aus meiner Werkzeugtasche, und er reparierte den Schaden. »Das ist der Weg, den Livingstone und Burton und Speke genommen haben«, sagte er, als er fertig war, und zeigte auf den Fußpfad, auf dem er hergekommen war. Ich nickte, fasziniert von dieser Information, und er fuhr fort: »Es war die alte Sklavenroute.«

Dann verschwand er so still, wie er gekommen war, und ging langsam zwischen den Gleisen in Richtung Malagarasi davon.

Ich raffte mich auf und zerrte das Rad ungefähr einen Meter durch den Schlamm – und wieder war die Kette samt Gangschaltung von oben bis unten verklebt.

Ich schluchzte wieder, nahm ein paar Aspirin zur Beruhigung, dann suchte ich nach Zweigen herum.

Es wurde kein leichter Tag. Immer wieder kamen lange Stellen mit zähem Schlamm, und ich musste sie umgehen, indem ich Ibn auf die Gleise hievte und auf den Schwellen entlangholperte. Ich hatte seit meiner Abreise um 8.30 Uhr 22 Kilometer zurückgelegt und kam um 2.30 Uhr in Nguruka, meinem nächsten Bahnhof, an. Inzwischen war ich so dünnhäutig geworden, dass ich bei jeder Gelegenheit in Tränen ausbrach.

Der Bahnhof von Nguruka bestand aus einem deutschen Kolonialbau (die Deutschen haben die Central Line vor dem Ersten Weltkrieg gebaut, als Tanganjika noch deutsche Kolonie war) und ein paar verstreuten Hütten. Die Dörfer, die von den Bahnhöfen beschickt wurden, lagen meist ein oder zwei Kilometer entfernt, aber ich machte mir selten die Mühe, den Umweg dorthin zu fahren. Der Bahnvorsteher sagte mir jedoch, es gebe ein Resthouse in Nguruka, und so fuhr ich hin, machte für heute Schluss und verschlief den Nachmittag. Das hätte mich wieder aufmöbeln müssen, aber am Abend machte ich einen Spaziergang über den kleinen Markt dieser abgelegenen Eisenbahnstadt – und wurde von einer Schar Kindern terrorisiert, und ein schmutziger alter Mann streifte an meinem Busen vorbei. Alle Umstehenden lachten, und anstatt ihn anzubrüllen, wurde ich hysterisch und lief weinend zum Resthouse zurück.

»Sind Sie ausgeraubt worden?«, fragte der freundliche Manager.

Wie sollte ich ihm erklären, warum ich so durcheinander war? Ich verstand mich ja selber nicht und war wütend über meine Reaktion. Es war mir jetzt einfach alles zu viel. Nicht gerade die große Abenteurerin heute. Aber ich wusste, dass ich einfach erschöpft war – nach über 17 Monaten Afrika hatte ich keinen Sinn mehr für neue Abenteuer und Strapazen. Ich wollte nur noch nach Hause, ich hatte genug ertragen! Ich versenkte mich in ein Buch, das ich in Kigoma gekauft hatte – einen Schmachtfetzen, der mich aber in eine andere Welt entführte, weit weg von Afrika, wo ein Teil von mir jetzt offenbar sein wollte.

Am nächsten Tag war ich ruhiger. Eine Zeit lang jedenfalls. Auf der Strecke von Nguruka bis Usinge, die jetzt vor mir lag, verlief die

Bahnlinie durch mehrere Kilometer Sumpfgelände. Sie war auf Pfählen gebaut, die nur etwa einen Meter über das flache Wasser hinausragten, ohne Träger an der Seite, ohne Fahrspur für ein Fahrrad. Ich musste über die Schwellen holpern und auf Züge lauschen. Ich dachte an die elektrischen Reparaturwagen, die sich schnell und lautlos näherten, und meine größte Angst war, dass ausgerechnet jetzt einer kommen würde.

Wenn ja, würde ich zerquetscht werden wie eine Kröte.

Dann tauchte ein unmittelbareres Problem auf. Manchmal fehlten ein paar Schwellen, und ich musste Ibn auf dem einen Gleis balancieren und mich gegen ihn stemmen, während ich mich auf dem anderen vorwärtstastete. Es war wie ein Hindernisspiel mit den bösen Geistern, die mir ständig neue Knüppel in den Weg warfen. Ich biss die Zähne zusammen, und ein bisschen von meinem alten Kampfgeist kehrte zurück. Ich schaffte es, den Sumpf zu überqueren. Aber die Geister waren noch nicht fertig mit mir. Als Nächstes kamen 30 Kilometer nasser Sand und weite Strecken Tsetse-Fliegen-Land, die meine Willenskräfte aushöhlten. Oh, Gott!

Als ich abends am Bahnhof von Kombe ankam, wo ich mein Zelt auf einem Bahnsteig aufstellte, hatte ich das Gefühl, ich sei durch die Hölle gegangen.

Ob ich je daran gedacht habe, aufzugeben? Das wurde ich oft gefragt. Es war sogar eine der Standardfragen. Ich wusste, was ich das nächste Mal antworten würde: Ja, jeden Tag, jede Minute, jede Sekunde – auf der Central Line in Tansania!

Nach ein paar weiteren Höllentagen erreichte ich Tabora, eine große, weitläufige, staubige Stadt. Zivilisation. Erst jetzt, an einem Ort, wo es elektrischen Strom, Autos, Läden, Schokolade und Ananas gab, wurde mir bewusst, wie abgelegen die Gebiete waren, durch die ich gekommen war.

Ibn und ich waren beide krank.

Ibns Gangschaltung war auseinander gefallen – wahrscheinlich hatte sich bei der Holperei auf den Bahnschwellen eine Schraube gelöst. Zum Glück hielt der Schmutz alles zusammen, bis ich Ibn in Tabora sauber machte. Ich war inzwischen eine recht gute Mechanikerin geworden, aber dafür brauchte ich ein paar Federn und Schrauben, und so ging ich zu einem *fundy*, einem Mechaniker.

Der *fundy*, der am Straßenrand arbeitete, vollbrachte ein Wunder. Er reparierte nicht nur die Gangschaltung, sondern nahm sich auch die hintere Radnabe vor, sodass endlich Schluss mit dem nervtötenden Geratter war.

Meine Krankheit ließ sich nicht so leicht heilen.

Ich war krank am Herzen. Eines Abends in Tabora saß ich auf meinem Bett unter dem Moskitonetz und schrieb wie eine Wahnsinnige in mein Tagebuch.

»Ich will Vielfalt und Sauberkeit. Ich will Obst und Gemüse, keine Cafés mit zerkratzten Plastiktellern und unappetitlichen, schmierigen Gerichten und grässlichem gesüßtem Tee. Ich will keine Erdnüsse und Bananen und Bier mehr als einzige Belohnung. Ich will keinen Dreck und keinen Schlamm mehr, keinen Schweiß und keine Strapazen, keinen Regen und Sand und knirschende, ausgeleierte Schuhe und ausgebleichte T-Shirts. Ich will keine Eimerduschen mehr, keine Stehklos, keine Moskitostiche, keine ausgetrocknete Haut, aufgesprungenen Lippen und schmutzigen Zehennägel. Ich will Rock & Roll, Filme und Fernsehen, keine zairische Musik, keine Bücher und nichts, was *very fine* ist!«

Tansania war eine echte Prüfung für mich, umso mehr, als ich gar nicht mehr wirklich hier sein wollte: Ich stand jetzt so kurz vor dem Ende aller Leiden – nach eineinhalb Jahren und 13 600 Kilometern –, dass ich es kaum noch erwarten konnte und mir endlich eingestand, wie ausgelaugt und erschöpft ich war.

Außerdem war ich auch körperlich krank. In den Tagen vor Tabora tat mir pötzlich alles weh – Muskeln, Knochen, Zähne, Finger, Nieren –, sogar das Atmen war eine Qual. Meine Augen tränten pausenlos, jede Bewegung kostete Mühe. Ich hielt mich nur noch mit Aspirin und Zucker aufrecht. Nachdem der Fahrrad-*fundy* solche Wunder gewirkt hatte, ging ich zu einem chinesischen Menschenfundy. Vielleicht würde er etwas finden – etwas, das leicht zu heilen war.

Die Ärzte fanden eine ganze Menge – Fadenwürmer, Hinweise auf überstandene Malariaanfälle, Augeninfektion, Harnröhreninfektion, Grippe –, aber nichts wirklich Schlimmes. Ich war einfach erschöpft, was viel schwieriger zu heilen war.

Aber jetzt hatte ich nur noch einen Gedanken – nach Hause! Hier herumsitzen würde auch nichts helfen. Ich war 450 Kilometer von Kigoma und 900 Kilometer von Daressalam entfernt. Solche Distanzen hätten mich früher nicht geschreckt, aber jetzt kam es mir nahezu unüberwindlich vor.

»Der Weg ist mit Splitt übersät«, sagte mir der Stationsvorsteher in Tabora. »Es gibt eine Straße bis Melongwe.« 100 Kilometer näher an Dar. Ich nahm die Straße.

Am ersten Tag nach meiner Abreise aus Tabora schaffte ich die 13 Kilometer bis zu dem kleinen Dorf Inara. Dann fühlte ich mich sterbenselend und musste anhalten. In der vorigen Nacht hatte ich die Wurmmedizin genommen, die mir die Ärzte verschrieben hatten: acht große Pillen!

Mir wurde speiübel. Ich hielt an einem kleinen Straßenstand und trank eine Cola, um die Übelkeit zu bekämpfen, dann legte ich mich in den Schatten und wartete, dass es vorübergehen würde. Die Dorfbewohner wunderten sich vermutlich, aber das war mir inzwischen egal. Am späten Nachmittag erbrach ich mich (nachdem ich zuvor in aller Eile nach einer Latrine fragen musste) und fühlte mich etwas besser, aber meine Glieder waren schwach– nichts für die sandige Route, die ich vor mir hatte. Ich lag immer noch auf dem Rücken, den Hut über dem Gesicht, als sich Schritte näherten.

»Jambo«, sagte eine Frauenstimme. »Jambo.«

Ich nahm meinen Hut vom Gesicht und setzte mich auf.

»Ich heiße Esther«, sagte sie. Esther war eine ältere Frau, rundlich, mit einem freundlichen Gesicht. Sie hatte Elefantiasis an den Unterschenkeln. Arme Frau. Und ich stellte mich an wegen dem bisschen Übelkeit! »Es ist schon spät, Sie können heute nicht mehr weiterfahren. Sie können bei mir übernachten.« Konnte sie Gedanken lesen?

Wir gingen langsam zu ihrem Gehöft, einer Lehmhütte, wo sie Tee servierte, und einem Hinterhof, der von einer Hecke eingeschlossen war. Hühner pickten in dem trockenen Sand herum, und ich stellte mein Zelt in einer Ecke auf. Die Umgebung und Esthers Gastfreundlichkeit waren mir sehr vertraut, und ihre Geschichte von dem harten Leben, das sie führte, seit ihr Mann gestorben war und sie mit zehn kleinen Kindern allein gelassen hatte, erinnerte mich an so viele andere, die ich gehört hatte. Vielleicht träumte ich deshalb in jener Nacht von einer anderen Frau, die ich bewunderte. Ich träumte sonst selten, denn nach meinen anstrengenden Tagesfahrten schlief ich wie ein Stein. Vielleicht hatte ich tagsüber zu viel geschlafen. Wie auch immer, in der Stille der Nacht kehrte mein Geist nach Beayop zurück, in das kleine Dorf tief in den Regenwäldern von Äquatorialguinea, wo ich Marie Carmen begegnet war. Ich sah sie deutlich vor mir: »Wir tun, was wir können – aber die Kinder sind immer krank.« Ich schreckte hoch, weil ich ganz deutlich ihre Stimme vernommen hatte.

Ich sollte noch öfter von solchen Visionen heimgesucht werden. Die Erinnerung an die Frauen, die ich in den Dörfern kennen gelernt hatte, ließ mich nicht mehr los.

Bevor ich am nächsten Morgen weiterfuhr, seelisch und körperlich wieder aufgerichtet dank Esthers Hilfe, erzählte ich ihr, wie weit ich gekommen war, wie mutlos und ausgelaugt ich mich fühlte, dass ich aber entschlossen sei, die Sache zu Ende zu führen.

»Ah, Sie sind eine Frau!«, sagte sie, und das war ein großes Kompliment für mich.

Als ich Inara verließ, wurde mir gesagt, ich müsse durch Rubaga fahren, um nach Kisengi und Melongwe zu kommen. Ich radelte auf einer ruhigen Buschstraße, die mit Löchern, zähem Schlamm und umgestürzten Stämmen übersät war. Letztere ließen mir nur zwei Möglichkeiten: Ibn drüberhieven oder mich durch dichtes Gestrüpp arbeiten. Nirgends waren Dörfer, Felder oder Menschen zu sehen, dafür umso mehr Tierspuren: Affen, Vögel … und Löwen. Ich legte Kilometer um Kilometer zurück, und eigentlich hätte Rubaga längst kommen müssen – wo zum Teufel blieb es?

Endlich, es war schon spät am Tag, stieß ich auf menschliche Spuren – Fußabdrücke, dann Maisfelder, ein paar Hütten, dann ein paar verfallene Gebäude aus der Kolonialzeit. Rubaga?

Zwei Hunde kamen auf mich zugerast, fletschten die Zähne und knurrten. Ich sprang von Ibn ab und hielt ihn zwischen mich und die wilden Bestien. Ich war inzwischen Profi darin … Ein paar Männer, die unter einem Schattenbaum gelegen hatten, rappelten sich auf und kamen zu mir her. Sie waren alle betrunken. Auch wilde Bestien.

»Rubaga?«, fragte ich, nachdem wir uns begrüßt hatten.

»Kisengi«, sagte einer der Männer, der ein bisschen Englisch sprach. Ich hatte Rubaga völlig verfehlt.

»Wo ist Rubaga?«, fragte ich.

Die Männer, die nicht nur betrunken waren, sondern wenig vertrauenswürdig aussahen, schauten ratlos drein. Dann kam eine dünne, ältere Frau in einem zerlumpten *pagne* und T-Shirt. Sie war nicht betrunken und sprach besser Englisch.

»Das ist Rubaga«, sagte sie und zeigte mit den Händen in den Busch.

Rubaga war kein Ort – es bedeutete »wildes Buschland für Feuerholz«!

Die Frau sagte mir, dass die Straße nach Tura weiterführte, einer Bahnstation hinter Melongwe. Sie riet mir jedoch, von der Straße herunterzugehen und eine Abkürzung durch die Felder zu nehmen.

»Da vorne sind zu viele *tembo*«, sagte sie. Tembo waren Elefanten.

Ich fragte, wie weit die Abkürzung war. Es war schon Abend und Zeit, nach einer Unterkunft Ausschau zu halten, aber das Dorf mit den betrunkenen Männern war mir nicht geheuer.

»Eine halbe Stunde«, sagte sie, und ich fuhr in die Richtung, die sie mir angegeben hatte.

Nach ungefähr zehn Minuten – ich hatte Kisengi weit hinter mir gelassen – merkte ich, dass mir jemand folgte.

Einer der Trunkenbolde, die mich begrüßt hatten, kam dicht hinter mir hergeradelt und fluchte in einer Mischung aus Englisch und Suaheli. Es erschreckte mich nach meinem einsamen Tag auf den Buschpfaden – und weil es mich an die Situation im Sudan erinnerte, als ich von einem Betrunkenen verfolgt und überfallen worden war. Ich hielt auf dem schmalen Weg an, um ihn vorbeizulassen. Er fuhr vorbei, bremste jedoch sofort ab, sodass ich gezwungen war, ihn zu überholen. Als ich an ihm vorbei war, beschleunigte er wieder und blieb dicht hinter mir, und sein Gebrüll wurde immer aggressiver. Das Licht schwand dahin, und wir waren auf einer engen, löchrigen und schlammigen Strecke, die durch hohe Maisfelder führte. Was sollte ich tun? Mein Herz raste, und alle meine Antennen signalisierten Gefahr. Ich ließ ihn vorbeifahren, er bremste ab, und ich musste ihn wieder überholen – ein nervtötendes Katz-und-Maus-Spiel. Der Mann hatte ein irres Funkeln in den Augen, das mich das Schlimmste befürchten ließ. Als ich ihn zum vierten Mal an mir vorbeilassen musste, verwandelte sich meine Angst in Wut.

»Fuck off!«, brüllte ich.

Verdammt – so viel Englisch verstand er.

Er legte mitten auf dem Weg vor mir eine Vollbremsung ein, riss den *panga* heraus, der an seiner Hüfte hing, und fuchtelte drohend damit herum. Jetzt konnte er auf einmal Englisch.

»Das hier ist Tansania! Ich bin Tansanier! Du nicht! Sag so was nie wieder zu einem Tansanier!«

Oh, Mist! Ich hielt an, ließ ihn toben und behielt ihn scharf im Auge. Ich war hin und her gerissen zwischen Angst und Wut: Ich konnte mich nicht auf einen Kampf einlassen, denn es war weit und breit keine Hilfe in Sicht, aber wenn ich kehrtmachte, würde ich ihm zeigen, dass ich Angst hatte, und er würde mich verfolgen. Ich war jedenfalls schneller als er. Ich musste an ihm vorbei, und zwar mit Karacho – Angriff war sicher die beste Verteidigung bei diesem feigen Suffkopf.

Ich radelte auf ihn zu und überschüttete ihn mit Beleidigungen.

Es funktionierte. Er fluchte, stieß den *panga* in die Luft, aber er ging nicht auf mich los.

Ich atmete auf, als ich an ihm vorbei war, und fuhr wie der Teufel. Er kam hinter mir her, unablässig weiterfluchend.

Ich zitterte vor Anstrengung, als endlich eine Lichtung, eine Schule und ein paar weitere Männer auftauchten, die unter einem Baum saßen – vielleicht Lehrer, die Englisch sprachen. Hier war ich in Sicherheit, dachte ich. Ich radelte zu den Männern hinüber, immer noch mit dem krakeelenden Betrunkenen im Schlepptau.

»Bitte, spricht hier jemand Englisch?«, rief ich den Männern zu. »Der Mann hier hat mich mit seinem *panga* bedroht!«

Keiner der Männer rührte sich, keiner ließ erkennen, ob er mich gehört und verstanden hatte. Stattdessen redeten sie auf Suaheli mit dem Betrunkenen, ohne mich eines Blickes zu würdigen.

Von ihnen war eindeutig keine Hilfe zu erwarten.

Ich war erschüttert, dass mir keiner beistand, etwas, das ich in Afrika selten erlebt hatte. Ohne den guten Willen und den Schutz der Dorfbewohner war ich sehr verletzlich. Ich wusste, dass Melongwe nicht mehr weit war, und so fuhr ich zitternd weiter, nachdem ich mich kurz vergewissert hatte, dass der Betrunkene dablieb. Die unmittelbare Gefahr war vorüber.

»Warten Sie, warten Sie!«, rief eine Männerstimme hinter mir her. Ich drehte mich um, und ein magerer junger Mann in einer sauberen Hose und einem langärmeligen weißen Hemd stand vor mir. Es war derselbe, den ich vorher vergeblich angesprochen hatte. Ich hatte keine Lust, jetzt mit ihm zu reden. »Warten Sie! Ich habe Sie dort mit dem Mann gesehen. Ich spreche Englisch. Ich will Ihnen helfen!« Ich fuhr langsamer, damit er mich einholen konnte, war aber wütend auf ihn, weil er vorher, als ich ihn gebraucht hätte, den Mund gehalten hatte. »Manche Tansanier sind so – sie sind ungebildet«, fügte er hinzu. Er war jetzt neben mir. »Sie glauben, ihr whiteys – äh, ihr Weißen seid Tiere.«

Ich hielt mir vor Augen, dass der Mann mit dem *panga* einfach betrunken war, dass er mich vielleicht verfolgt hatte, weil ich eine Frau war oder weil ich ihn beleidigt hatte – meine Hautfarbe hatte wahrscheinlich wenig damit zu tun. Aber ich kam nicht gegen meine Gefühle an. Er hatte mich beschimpft, und ich fühlte mich gedemütigt und diskriminiert, was viel schlimmer war als der Angriff selber – es hatte mir wieder einmal gezeigt, was es bedeutet, einer Minderheit anzugehören.

Ich ließ mich von dem Mann zur Bahnstation Melongwe bringen, wo ich den Gleisinspektor Jumaane kennen lernte. Er war ein sanfter, freundlicher Mann, der mir vorschlug, sicherheitshalber drinnen zu schlafen statt auf dem Bahnsteig. Ausnahmsweise folgte ich seinem Rat.

Als ich am nächsten Morgen weiterfuhr, wieder an der Bahnlinie entlang, kehrten meine Gedanken zu dem Angriff zurück. Es war bereits der zweite nach dem Zwischenfall in Ruanda. Würde es einen dritten geben? Warum gleich zweimal hintereinander, so kurz vor dem Ende meiner Reise? Waren die Leute in Tansania besonders feindselig gegenüber Weißen? Oder lag es mehr an mir, an der Ausstrahlung, die ich hatte? Weil ich weiterfuhr, auch wenn ich zu erschöpft war, und dann weniger Geduld hatte? Hatten meine Schutzgeister geschlafen, oder waren sie in den Wäldern von Zaire geblieben?

Dann wurde ich von einem Schwarm Tsetse-Fliegen aus meinen fruchtlosen Überlegungen gerissen. Oh, Gott.

Die Gefahr, von Männern überfallen zu werden, war in Afrika relativ gering, sagte ich mir, und wenn ich in einigermaßen guter Verfassung war, konnte ich damit fertig werden. Viel schlimmer waren die endlosen Torturen, die mir die Natur und die Elemente bescherten – und am allerschlimmsten waren die Tsetse-Fliegen.

Heute blieb mir nichts erspart: Bald goss es in Strömen, und ich watete durch knietiefes Wasser. Mist.

Dann, als das Wasser allmählich versickerte, kamen die Tsetse-Fliegen wieder.

Nach dieser Tortur musste ich in Tura einen Tag Rast machen, aber am nächsten Tag ging es von neuem los. Nachdem es morgens geregnet hatte, knallte jetzt die Sonne herunter, und der Himmel war mit wunderbar hohen, weißen Gewitterwolken bedeckt, wie sie für die ostafrikanische Savanne typisch sind. Es hätte schön sein können, wenn nicht die mörderischen Tsetsefliegen-Attacken gewesen wären, gefolgt von kilometerlangem Zementschlamm, der von vorüberziehenden Rinderherden zu tiefen, scharfen, kreuz und quer verlaufenden Furchen zertrampelt war. Die spärlichen Reserven, die ich noch hatte, schmolzen dahin. Meine Widerstandskraft war gebrochen.

Ich warf Ibn auf den Boden, hockte mich hin, zog mir die Regenjacke über den Kopf und fing an zu brüllen. »Was wollt ihr von mir?«, schrie ich zu den bösen Geistern hinauf, die sich – da war ich ganz sicher – hinter den Wolken versteckten und mich weiterhin auf die Probe stellten, indem sie unablässig neue Hindernisse ersannen. »Was habe ich euch getan? Lasst mich in Ruhe!«

Tsetsefliegen stachen mich in die Lippe, in die Nase, in die Ohren.

Ich heulte los, schaukelte mich hin und her, immer wieder, und mein Inneres war ein einziger stummer Schrei.

Meine psychische Labilität war alarmierend, aber nach ein paar Minuten rappelte ich mich wieder auf, stählte mich gegen neue Attacken und machte weiter, Kilometer um Kilometer.

Gegen Sonnenuntergang erreichte ich den Bahnhof von Kitaraka. Ich kam jetzt so langsam voran – seit Tabora hatte ich in fünf Tagen kaum 200 Kilometer zurückgelegt.

Ein Mann kam auf einem Fahrrad auf mich zu und grüßte mich: »Willkommen bei uns.«

»Danke«, sagte ich und lächelte schwach zurück, etwas überrascht, dass er meine Ankunft so gelassen nahm.

»Willkommen, Pamela«, sagte der Stationsvorsteher, als ich das Fahrrad bei seinem Büro abstellte. Woher wusste er meinen Namen? »Joseph hat mich angerufen und mir Ihre Ankunft angekündigt.« Aha! Joseph war der Stationsvorsteher von Kazikazi, wo ich zum Mittagessen angehalten hatte.

»Ich heiße Georgie«, sagte der Bahnhofsvorsteher. »Joseph und ich sind die Ältesten auf der Linie – Joseph ist seit 30 Jahren im

Dienst und ich seit 31.« Es erinnerte mich an meinen Großvater und meine Onkel, die alle Ingenieure bei der Eisenbahn in Westaustralien waren – sie zählten einem auch immer ihre Dienstjahre vor und waren stolze Eisenbahner.

Georgie erlaubte mir, die Nacht in einer der Arbeiterhütten beim Bahnhof zu verbringen, und nach Sonnenuntergang, als ich mich dort eingerichtet hatte, ging ich zu ihm, um mit ihm zu plaudern. Ich war kaum eingetroffen, als es klingelte.

»Das ist Joseph«, rief Georgie und stürzte an die Wechselsprechanlage. »Der Zug ist in Kazikazi.« Als er zwei Minuten später zurückkam, bestätigte er, dass der Zug von Kigoma unterwegs sei. Er ging in die Dunkelheit hinaus, um die Weichen und Signale zu stellen. Ich hatte den Zug jetzt schon oft vorbeifahren sehen, und die verschiedenen Crews kannten mich allmählich. Ich war gespannt, wer diesmal dabei war.

Peter, der attraktive junge Wachposten, den ich in Malagarasi zum ersten Mal gesehen hatte!

Der Zug hielt nur so lange an, dass ich Grüße austauschen und ein paar Brötchen, Marmelade und Schlagsahne (!) im Speisewagen kaufen konnte. Dann war der Zug verschwunden, und Georgie und ich blieben allein in der Stille zurück. Wir stellten Stühle auf den Bahnsteig hinaus, saßen friedlich beisammen und schauten zum Vollmond auf.

»Stimmt es, dass die Frauen in Europa jüngere Männer heiraten?«, fragte er plötzlich. Vielleicht hatte er mich mit Peter herumflirten sehen.

»Ja«, sagte ich, »und ich finde es gut – man muss sie nehmen, solange sie jung und stark sind.«

»Ah, nein!«, rief Georgie mit gespieltem Entsetzen. »Hier könnte man das niemals machen. Obwohl, wenn die Frau reich genug wäre …« Er erzählte mir, dass er und seine Frau 10 Kinder und 15 Enkel hatten. »Die Frauen heutzutage. Sie sind gar nicht gut zu uns«, jammerte er – im Scherz, glaube ich. »Früher haben die Frauen alles gemacht – auf dem Feld arbeiten, die Kinder versorgen, das Wasser hochziehen, Kochen –, aber jetzt wollen sie, dass wir das Feuerholz und das Wasser holen.«

»Gut!«, sagte ich. »Und was ist mit dem Kochen?«

»Kochen nicht. Das ist Frauenarbeit!« Ich bot ihm ein Brötchen an, aber er konnte nichts daran finden. »Sie müssen was Richtiges essen – *fufu*!«, sagte er. »Vielleicht brauchen Sie einen Mann, der für Sie kocht!«

»Und wo finde ich so einen?«, rief ich.

Wir blödelten weiter, und der Abend verging schnell. Georgie half mir mit seinem Humor über meine Kümmernisse hinweg, so wie vor ihm schon viele andere freundliche Menschen in Afrika.

Am nächsten Tag fuhr ich nach Manyoni weiter. Von dort aus nahm ich eine Straße, die ins Rift Valley hinunterführte. Die Bahnlinie mit ihren Strapazen lag jetzt hinter mir, und auch die Tsetsefliegen – dem Himmel sei Dank – hatten von mir abgelassen. Das Rift Valley markiert eine Verwerfungslinie, an der Ostafrika vom Rest des Kontinents abgeschnitten ist – ein interessantes Phänomen, ein Tal mit ganz eigenem Klima und Vegetation. Der Weg war immer noch nicht leicht. Lange Straßenabschnitte bestanden aus aufgewühltem Zementschlamm, trockenem und nassem. Die Hitze im Tal war niederknüppelnd. Zum Glück konnte ich ohne den Tsetsefliegen-Horror meine Aufwallungen einigermaßen in Schach halten und fuhr einfach stur weiter.

Am Abend kam ich in Bahi an, einem kleinen Dorf mitten im Rift Valley. Ich konnte das Rad kaum noch schieben, geschweige denn fahren. Ich sah einen alten Mann, der langsam und vornübergebeugt ging, und hielt an, um nach einer Unterkunft zu fragen.

»*Habari?*«, sagte er. Wie geht es Ihnen?

»*Choko sana*«, sagte ich, den Tränen nahe – sehr müde. Dann erkundigte ich mich in dem bisschen Suaheli, das ich beherrschte, ob es hier ein Resthouse gebe.

»Hapana Resthouse«, erwiderte er. Kein Resthouse. Er erklärte mir, dass der Vorsitzende ungefähr vier Kilometer entfernt wohnte. So weit würde ich nicht mehr kommen.

»*Choko*«, murmelte ich, dann auf Englisch: »Ich kann nicht mehr.« Er muss wohl gesehen haben, wie erschöpft ich war, denn er zeigte auf einen Weg in der Nähe.

»Mission«, sagte er. Mission. Danke, lieber Gott, ihr Geister oder wer auch immer!

Die Nonnen luden mich etwas zögerlich zum Bleiben ein, aber ich war nur froh, dass der Tag vorüber war. Eine jüngere Nonne, Schwester Fides, führte mich in einen kleinen, einfach eingerichteten Raum und ließ mich allein. Meine Tagebucheintragung an diesem Abend war ein nahezu unleserliches Gekritzel: »Elektrischer Strom. Sauber. Bad. Kaltes Wasser aus dem Hahn. Eimer voll warmem Wasser für ein Bad. Abendessen aufs Zimmer serviert. Keine Fragen. Kein Bedürfnis zu reden. Alles in meinem komfortablen Zimmer. Danke. Und nur 60 Kilometer bis Dodoma. Die Straße ist schlecht, sagt Schwester Fides. Verdammt. Ich denke, ich werde morgen hinkommen. Dann gepflasterte Straße. Halt noch einen Tag durch. Bitte. Bitte.«

Ich schaffte es tatsächlich am nächsten Tag bis Dodoma, indem ich in die Pedale trat wie eine Besessene. Trotzdem brauchte ich fast sieben Stunden, um die letzten 70 Kilometer Sand zurückzulegen, die aus dem Rift Valley hinaufführten. Dodoma war die Hauptstadt von Tansania, eigens zu diesem Zweck erbaut – eine Idee von Nyerere –, aber die Versuche, den Regierungssitz von Daressalam dorthin zu verlegen, waren bisher im Sand verlaufen. Der Ort hatte immer noch staubige Straßen und das Ambiente einer kleinen Provinzstadt. Für mich jedoch war es die Rückkehr in die Zivilisation, und ich gönnte mir ein komfortables Hotel. Von meinem Zimmer aus, einem himmlischen Zufluchtsort, telefonierte ich mit Mr. Pereira von Shell in Dar – und erfuhr, dass meine Eltern bereits eingetroffen waren. Jetzt musste ich nur noch selber dorthin kommen – und zwar möglichst unversehrt.

Hier in Dodoma stellte sich heraus, dass Ibn – anders als in Tabora – noch kränker war als ich. Der nasse Sand hatte die Gangschaltung ruiniert, und durch den klebrigen Schlamm war die Kette überdehnt worden. Beim Schieben war das kein Problem gewesen, aber nachdem ich Ibn geputzt hatte und durch die Stadt radelte, stellte ich fest, dass nur der erste Gang funktionierte. Bei allen anderen Gängen sprang die Kette ab.

Ich ging zu einem *fundy*.

»In Daressalam bekommen Sie Ersatzteile«, sagte er.

Super.

Es gab nur zwei Möglichkeiten – entweder ich wartete auf Ersatzteile aus Dar oder via DHL aus England, oder ich fuhr weiter. Die Entscheidung fiel mir nicht schwer. Am Ostersonntagmorgen rief ich Mr. Pereira an und bestätigte ihm meine Ankunft in sechs Tagen am Donnerstagnachmittag. Ich hatte nur noch 450 Kilometer bis Daressalam, und selbst auf schlechten Straßen müsste es in dieser Zeit zu schaffen sein, trotz meiner Fahrradprobleme. Ich wollte weiter, komme was wolle. Daressalam bedeutet »himmlischer Friede«, wie man mir gesagt hatte. Und himmlischen Frieden hatte ich bitter nötig!

Die letzte Straße war frisch geteerter Asphalt ohne Schlaglöcher, und es ging stetig bergab in die Küstenebene! Eine wahre Wonne, nach der ich mich unterwegs vergeblich gesehnt hatte. Es hätte ein wunderbarer, leichter, schneller Weg nach Hause sein müssen.

Doch leider stellte sich schnell heraus, dass ich im ersten Gang nicht mehr als 15 Stundenkilometer schaffte, auch wenn ich mich noch so sehr abstrampelte. Mit einer neuen Gangschaltung wäre ich doppelt so schnell gewesen. Es war ein Albtraum. Und wenn ich meine Verabredung in Daressalam einhalten wollte, musste ich sieben bis acht Stunden pro Tag in die Pedale treten, wie ich mir rasch ausrechnete.

Mist, dachte ich seufzend. Dann biss ich die Zähne zusammen. Ich würde es schaffen, komme, was wolle. Nichts konnte mich jetzt mehr aufhalten.

Hatte ich denn alles vergessen, was ich gelernt hatte?

Die Geister sorgten dafür, dass ich unsanft daran erinnert wurde, und es sollte mir noch Leid tun, dass ich nicht langsamer gereist war, in einem Tempo, das mir und meinem afrikanischen Leben besser entsprach.

Die ersten drei Tage bis Morogoro, der einzigen größeren Stadt auf dem Weg nach Dar, stellten meine Ausdauer auf eine harte Probe. Die Straße führte durch weite Grasebenen, die Massai-Steppe, Heimat der Massai-Hirten, und ich radelte in starkem Gegenwind, sodass meine Beine noch wilder strampeln mussten. Bis zum dritten Tag nach Dodoma zögerte ich es hinaus, den abgefahrenen Hinterreifen zu wechseln, der mir Probleme machte – es war der Reifen, der mich durch Zaire gebracht hatte. Doch für Sentimentalitäten war jetzt keine Zeit. Ich musste mich an meinen Zeitplan halten. Ich warf den Reifen zu dem anderen Müll am Straßenrand.

Komisch, wie ich mich anfangs über den Müll aufgeregt hatte. Jetzt war ich nicht nur der Meinung, dass es wichtigere Probleme im afrikanischen Alltag gab, sondern ich wusste auch, dass ein abgefahrener Reifen noch vielfältige Verwendung finden würde – er würde nicht lange an der Straße liegen bleiben.

Am vierten Tag, nach Morogoro, einer geschäftigen, großen Stadt, wurde die Straße verkehrsreicher und die Landschaft hügeliger, aber es ging immer noch stetig bergab. Die Landschaft flog unbemerkt an mir vorbei – ich war nur aufs Kilometermachen aus. Ich radelte weiter, immer weiter, auch als Gewitterwolken aufzogen und die Sonne aussperrten, selbst dann noch, als das Gewitter losbrach und Blitze um mich zuckten und die Straße sich in einen Wildbach verwandelte. Weiter, weiter – ich war entschlossen, bis zum Abend nach Chalinze zu kommen, meiner vorletzten Nacht.

Ein Ladenbesitzer rief mir von der regenüberfluteten Straße zu: »Halt, halt! Vor ein paar Tagen ist ein Radfahrer in einem solchen Gewitter umgekommen!«

Endlich nahm ich Vernunft an und blieb für den Rest des Tages bei ihm in Ubenazomozi, ungefähr 20 Kilometer vor Chalinze, aber ich war kein gesprächiger Gast, rannte hin und her wie ein Tiger im Käfig und verfluchte die bösen Geister, die mir dieses Hindernis in den Weg gelegt hatten.

Am fünften Tag, dem Mittwoch, kam ich durch Chalinze und fuhr in Richtung Kibaha weiter, einer Stadt ungefähr 45 Kilometer vor Dar. Ich wollte es bis Kibaha schaffen, damit ich auch wirklich am Donnerstagnachmittag in Dar ankommen würde.

Gegen fünf Uhr erreichte ich Malenzi, einen kleinen Lastwagenhalt, an dem zu dieser Stunde viele Leute auf eine Mitfahrgelegenheit warteten. Von einem Buschtaxifahrer erfuhr ich, dass es noch 20 Kilometer bis Kibaha waren. Es war mir nicht geheuer, weiterzufahren – die Dämmerung nahte –, aber es war machbar. Nichts konnte mich aufhalten. Nichts. Ich radelte wieder los, und nach weiteren 10 Kilometern kam ich durch ein kleines Dorf.

»*Jambo!*«, rief ich ein paar Kindern zu. Die Palmen und Hütten sahen hübsch aus im Abendlicht. In einer Stunde würde ich in Kibaha sein, wahrscheinlich kurz vor Einbruch der Dunkelheit.

»*Jambo!*«, riefen sie zurück.

Vor dem Dorf draußen bretterten Autos und Lastwagen stoßweise vorbei – dann war ich wieder für ein paar Minuten allein auf der Straße. Die Strecke ging jetzt bergauf, und die Fahrzeuge sausten vorüber, aber ich kroch im Schneckentempo vorwärts.

Plötzlich wurden meine schlimmsten Befürchtungen wahr.

Um mich herum entstand Bewegung. Ein Mann versperrte mir den Weg nach vorne, ein anderer stellte sich hinter mich.

»Geld! Gib uns Geld!«, grunzte einer der zerlumpten Männer auf Englisch.

Ich konnte mich nicht rühren vor Entsetzen, aber mein Verstand arbeitete auf Hochtouren. Ich hörte ein Fahrzeug auf der anderen Seite des Berges heraufkommen – vielleicht war Hilfe nahe. Ich muss sie hinhalten, sagte ich mir.

»Ihr seid ja betrunken«, rief ich, um sie abzulenken.

Das Fahrzeug kam in Sicht, ein Armeelastwagen voll bewaffneter Soldaten. Ich ließ sofort Ibn fallen und stürzte zu dem Lastwagen hin.

»Hilfe! Halt! Hilfe!«, schrie ich und fuchtelte mit den Armen. Die tapferen Soldaten drosselten nicht einmal ihr Tempo.

Meine Schreie verebbten, und ich war wieder allein auf der leeren Straße mit den Männern, die jetzt ungeduldig und wütend waren. Einer packte Ibn und rannte mit ihm und meinem ganzen Gepäck bergab. Meine Angst war verflogen – ich war wie vom Donner gerührt.

60 Kilometer bis Dar. Sollte meine Reise wirklich so enden? Wie es mir alle vorausgesagt hatten? Dass ich ausgeraubt wurde? Oder sogar getötet?

Der andere Mann stieß mich rückwärts ins Gebüsch, und ich stürzte zu Boden. Er schlug mich hart ins Gesicht. Ich war benommen, und seine Arme nagelten mich auf dem Boden fest. Er war schwer wie ein Klotz, ich konnte nichts gegen ihn ausrichten. Er war betrunken und unberechenbar. Ich hörte auf zu schreien und packte ihn am T-Shirt. Es zerriss in meiner Hand. Er hielt mir drohend seine Faust vors Gesicht.

»Willst du noch mehr?«, knurrte er.

Ich schüttelte den Kopf, ließ sein Hemd los und ergab mich in mein Schicksal.

Er wollte erneut zuschlagen, doch plötzlich sprang er auf die Füße und rannte davon. Ich rappelte mich ebenfalls auf und stolperte auf die Straße hinaus.

Ich sah gerade noch, wie die zwei Männer mit Ibn bergab rannten.

60 Kilometer von Dar entfernt – das gibt es einfach nicht, dachte ich wieder. Ein paar Autos fuhren vorbei, und ich winkte und schrie, aber keiner hielt an. Dann sprang ich vor einen Jeep, der den Hügel heraufkam. Der Fahrer musste mich entweder überfahren oder anhalten. Er hielt an. Im nächsten Moment kamen ein paar Dorfbewohner angerannt, die aus dem Busch auftauchten.

Ich lief den Hügel hinunter, sah Ibn auf der Straße liegen und rannte zu ihm hin. Die Banditen waren fort, aber sie hatten die Lenkertasche abgeschnitten. Ich warf mich neben Ibn auf den Boden und schluchzte.

Plötzlich ertönte ein Schrei, lauter als meiner, und zwei Männer kamen aus dem Busch, wobei der eine den anderen stützte, der seinen blutenden Kopf hielt – und meine Lenkertasche. Ich dachte, der verletzte Mann sei einer der Banditen, stürzte mich auf ihn und packte meine Tasche. Mein Pass, meine Kamera, meine Sonnenbrille und mein Geldgürtel fehlten, wie ich rasch feststellte. Idiotischerweise hatte ich in den letzten paar Tagen meinen Geldgürtel nicht mehr angezogen.

Der Mann mit dem blutenden Kopf wurde weggeführt, und die Leute umringten mich. Die Straße war jetzt ein Chaos, Dorfbewohner strömten herbei, und Autos und Lastwagen verstopften beide Richtungen. Die Leute zerrten an mir, wollten mich aufhalten, als ich in das Gebüsch hineinlief, um nachzusehen, ob vielleicht etwas heruntergefallen war. Ich stolperte durchs Gras, und plötzlich erspähte ich meine Brille, dann meine anderen Sachen. Die Diebe hatten nichts gewonnen. In ihrer Angst hatten sie alles weggeworfen.

Ich wankte auf die Straße zurück, immer noch benommen, und hörte, wie sich ein paar Europäer über den verletzten Mann unterhielten.

»Es war ein *panga*. Sie haben ihm den *panga* über den Kopf gehauen, als er sie festhalten wollte.«

Ich blinzelte verwirrt. »War das kein Bandit?«, fragte ich bestürzt.

»Nein«, war die Antwort. »Er war in einem Lastwagen.«

Entsetzt stürzte ich dem verletzten Mann hinterher, um mich bei ihm zu bedanken und ihm irgendwie zu helfen. Aber er war bereits fort. Sein Gefährte hatte ihn in den Lastwagen gepackt und war mit ihm in ihrer ursprünglichen Richtung davongefahren, weg von Dar, aber hoffentlich ins nächste Krankenhaus. (Leider konnte ich ihn auch von Dar aus nicht ausfindig machen.)

Dann reichte mir eine Dorffrau den Grabstock, den mir die Frauen in Ghana geschenkt hatten. Er musste bei dem Kampf heruntergefallen sein. Ich fühlte mich jetzt wieder etwas sicherer. Ich umarmte die Frau und schluchzte an ihrer Schulter – aus Erleichterung, aus Dankbarkeit gegenüber all den Frauen und Männern, die mir geholfen hatten, aus Verzweiflung über das Elend der Welt und was auch immer.

Sie trug es gelassen.

Es war jetzt fast dunkel, und ich ließ mich von den Europäern samt Ibn nach Kibaha fahren. Es bedeutete eine Lücke von 10 Kilometern in meiner Radreise, aber das nahm ich in Kauf.

Am nächsten Morgen, am Donnerstag den 7. April 1994, 18 Monate nachdem ich in Dakar aufgebrochen war, rief ich vom Hotel aus Mr. Pereira von Shell an, um ihm von dem Überfall zu erzählen und meine voraussichtliche Ankunftszeit in Dar durchzugeben.

»Letzte Nacht ist die Maschine mit den Präsidenten von Ruanda und Burundi in Kigali abgeschossen worden«, berichtete Pereira. »Sie sind beide tot. Unser Präsident hat einen Staatstrauertag angeordnet.«

Die bösen Geister hatten nicht nur mich in jener Nacht aufzuhalten versucht, sie hatten ein unheilvolles Geschehen in Zentralafrika in Gang gesetzt – den ruandischen Bürgerkrieg.

»Wir können keine Publicity um Ihre Ankunft machen«, sagte er. »Nicht einmal die Medien dürfen heute arbeiten.« Also hatte mich das blutige Schicksal von Ruanda und Burundi doch noch eingeholt. »Bitte bleiben Sie noch einen Tag in Kibaha.« Aber ich würde nicht auf Afrika warten, nicht einen einzigen Tag. Ich musste mich in Sicherheit bringen, musste wissen, dass es vorbei war. Ich radelte nach Dar.

Auf diesen letzten Kilometern war ich wie benommen. Ich fuhr in die Vororte von Daressalam hinein, sah Häuser und Werbetafeln und Tankstellen und Läden ... aber es war schwer, meine Gefühle zu sortieren. Ich empfand Freude, gewiss – meine Leute warteten in Dar auf mich, bald war meine Reise zu Ende, und ich würde in Sicherheit sein –, aber auch Trauer: wozu der ganze Kampf? Was konnte ich tun für Marie Carmen, für all die Menschen, die mir geholfen hatten, meinen Traum zu verwirklichen? Ich fühlte mich jetzt schon hilflos, zu privilegiert.

Als ich näher kam, hörte ich auf zu grübeln, und mein Körper wurde leichter. Ich hielt an, um etwas Kaltes zu trinken, mein Gesicht abzuwischen und ein paar Luftballons zu kaufen, die ich aufblies und an Ibn festband. Jetzt zitterte ich vor Aufregung.

Dar war mir von früheren Besuchen vertraut, und ich konnte mir meine Ankunft im Geist ausmalen. Mein offizieller Zielpunkt war das Hotel Kilimanjaro an der palmengesäumten Uferpromenade im friedlichen Hafen von Dar. Ich konnte mir die Gerüche vorstellen, den Lärm der rauchenden, ratternden Fahrzeuge auf der Hafenstraße, das geschäftige Treiben auf dem Muschelmarkt und das Gewimmel der Straßenverkäufer. Ich sah die arabischen Dhaus vor mir – anmutige Boote mit Lateinsegeln –, die neben modernen Frachtschiffen und rostigen Schaluppen auf den blauen Wassern des Indischen Ozeans lagen, dem Ozean, an dem ich aufgewachsen war, meinem Ozean.

Mr. Pereira nahm mich am Stadtrand in Empfang, und er war ebenso aufgeregt wie ich. Dann fuhr er mich in seinem Wagen ins Hotel.

Meine Eltern warteten, und mein Herz zersprang fast vor Freude. Das war das Beste an der Reise – dass es Menschen gab, zu denen ich zurückkehren konnte, Menschen, die mich liebten. Wir bogen in die Einfahrt des Hotels ein. Da stand meine Mutter und sah aus wie immer, die Kamera um ihr Handgelenk geschlungen. Sie strahlte wie verrückt und breitete die Arme aus. Ich boxte nicht in die Luft wie ein siegreicher Athlet. Ich streckte einfach die Arme aus und drückte meine Mum an mich.

»Lass dir ja nie wieder so was einfallen«, sagte sie, und ich nickte und versprach es ihr von ganzem Herzen. (Fürs Erste jedenfalls.) Dann wandte ich mich meinem Vater zu.

»Du bist fett geworden«, sagte er. Unverblümt wie immer, aber hochzufrieden.

Danke, Dad. Ich umarmte ihn. Was für ein gutes Gefühl, wieder im Schoß der Familie zu sein.

Ich schaute mich in der kleinen Menge nach William um. Trotz allem hatte ich gehofft, dass er da sein würde. Nicht, dass er es versprochen hatte, aber ... Wie sich herausstellte, war er am Vortag in Dar gewesen, um mich ein zweites Mal zu überraschen, aber dann hatte er nicht länger bleiben können. Seine Arbeit rief ihn nach London zurück. Die Geister wollten nicht, dass wir zusammenkamen. Ich verbarg meine Enttäuschung und wandte mich wieder den Leuten zu, die da waren.

Jetzt erst schoss die Freude in mir hoch. Ich hatte es geschafft! Unglaublich! Und ich fühlte mich so lebendig, so energiegeladen – ich strahlte wie ein Honigkuchen.

Ich strahlte weiter, auch dann noch, als Mr. Pereira verkündete, dass ich morgen noch einmal ankommen musste, für die Kameras und zu einem offiziellen Empfang beim Sport- und Tourismus-Minister. Ein schrecklicher Gedanke, wieder in meine schmutzigen Kleider schlüpfen zu müssen und in den regenüberfluteten Straßen von Daressalam mit Schlamm und Wasser voll gespritzt zu werden. Ich strahlte trotzdem, auch als ich die Prozedur ein drittes Mal für eine Filmcrew über mich ergehen lassen musste und dann noch einmal für die Zeitungen. Nicht einmal die Schlagzeile: »Austrian pedals for Women's Cause!« (Österreicherin radelt für die Sache der Frauen!) konnte mir die Laune verderben.

Ich hatte in 18 Monaten 17 Länder durchquert, 1750 Kilometer per Schiff, 14527 Kilometer per Rad. Ich war allein durch Afrika gereist – unterstützt von vielen, vielen lieben Menschen in den Dörfern und Städten. Und ich war heil und unversehrt zurückgekommen. Mein Vater hatte mir eine Dose Stangenspargel gekauft und meine Mutter ein paar neue Unterhosen, einen BH, Kleider, Sandalen, Wimperntusche und Parfüm. Und roten Nagellack für meine Zehennägel. Was sollte eine Frau sich anderes wünschen?

Epilog

Ich war wieder in London, immer noch im Freudenrausch und überwältigt von meiner eigenen Leistung. Was will man auch anderes machen, wenn man einen Traum verwirklicht hat? Ich war voller Energie, redete nonstop und hatte nur den Wunsch, das Leben in vollen Zügen zu genießen. Ich konnte mich gehen lassen. Ich war zu Hause und in Sicherheit, oder?

Der einzige Wermutstropfen war, dass es mit William und mir nicht gut lief. Er zeigte kein großes Interesse an meiner Reise und wollte lediglich, dass alles wieder wie vorher war. Ich hingegen erkannte, dass mein früheres Leben in London tatsächlich der Vergangenheit angehörte. Ich lernte bald andere Freunde kennen – Radfahrer und Abenteurer wie ich –, und ich hatte weder das Geld noch die Lust, mein voriges City-Leben wieder aufzunehmen. Ich würde mir ein paar Consulting-Aufträge auf freiberuflicher Basis suchen müssen, aber nur vorübergehend. Was danach kam, wusste ich noch nicht. Vielleicht würde William in mein neues Leben gehören, vielleicht auch nicht – ich brauchte Zeit.

Aber ich bekam sie nicht.

Eines Sonntagmorgens, sechs Wochen nachdem ich aus Afrika zurückgekehrt war, radelte ich auf Ibn durch die Streatham Highstreet in Südlondon. Plötzlich schoss ein rotes Auto aus einer Seitenstraße heraus, schnitt mir den Weg ab und drängte mich an den Randstein.

»Fuck off!«, brüllte ich erschrocken und ballte die Faust.

Wieder diese unseligen Worte.

Das Auto kam zurückgefahren und bremste hart, sodass ich auf die hintere Stoßstange knallte. Eine junge weiße Frau sprang heraus. Sie hatte irre, bekiffte Augen, wie ich sie an den afrikanischen Männern so gefürchtet hatte. Fluchend und spuckend kam sie auf mich zugerannt und boxte mich gegen die Schulter. Ich war wie gelähmt vor Schreck – ein Angriff mitten in London! Meine Passivität schürte noch ihre Wut. Als ich endlich aus meiner Erstarrung erwachte und schnell wegradeln wollte, stieß sie mich auf die Straße.

Ich hatte Glück, dass kein Auto kam.

Ich rappelte mich auf, kochend vor Wut. Zähl bis zehn, sagte ich mir – bleib ruhig. Die Frau ist unberechenbar.

»Es tut mir Leid«, sagte ich ruhig. »Ich glaube, Sie sollten lieber nicht Auto fahren – Sie sind entweder betrunken oder bekifft.«

Wieder falsch, Pamela. Nicht sehr klug.

Die Frau explodierte. Sie hob das Handy hoch, das sie in ihrer Hand hielt, ein altes Modell, massiv wie ein Backstein, und schlug es mir ins Gesicht. Meine linke Wange platzte auf, eine klaffende Wunde, die bis auf den Knochen ging. Sie fuhr davon. Ich blieb zurück, fassungslos, das Blut strömte aus der Wunde und bildete dicke Lachen auf dem Boden. Eine Frau, die den Zwischenfall von ihrem Balkon mitangesehen hatte, rief die Polizei an.

Ich hatte Bekanntschaft mit einer Krankheit der Großstadtwildnis gemacht – dem Straßenkoller.

Die Frau wurde vor Gericht gestellt und zu einem Monat Gefängnis verurteilt. Doch in dem Sommer vor der Verhandlung, während meine Wunde verheilte – es blieb jedoch eine tiefe Narbe zurück –, vereinsamte ich immer mehr in meiner Wohnung. Meine Beziehung mit William hielt dieser zusätzlichen Belastung nicht stand. Meine Lebhaftigkeit und mein Optimismus waren dahin, und ich litt unter Panikattacken. Ich war quer durch Afrika gereist, und jetzt traute ich mich nicht, in London auf die Straße zu gehen!

Ich war aus den höchsten Höhen in einen tiefen Abgrund gestürzt.

Der Dschungel von London jagte mir zu viel Angst ein, und wieder einmal beschloss ich, »nach Hause« zu gehen. Diesmal nach Australien.

Hatten mich die bösen Geister aus Ostafrika bis hierher verfolgt? Oder war es, wie meine Freundin Françoise gesagt hätte, ein guter Geist, der diese junge Frau dazu gebracht hatte, mich zu attackieren? Hatte er mich vor einem bösen Geist gerettet, der mir etwas viel Schlimmeres angetan hätte?

Wie auch immer, die Geister der Menschen, die ich kennen gelernt hatte, ließen mir keine Ruhe, und meine Erinnerungen an sie führten zu diesem Buch. Der Gruß, den ich in Kamerun lernte – *aysha* – ich achte deine Mühe –, wird immer bei mir bleiben. Er sagt alles, was ich für die Dorfbewohner empfinde, an deren Leben ich für kurze Zeit teilhaben durfte. Männer wie Frauen haben mir viel über mich selber beigebracht, und durch meinen eigenen Kampf, die Strapazen, die ich auf mich nehmen musste, habe ich eine Ahnung davon bekommen, wie hart ihr Leben tatsächlich ist.

Und was ist mit mir? Würde ich das alles noch einmal machen? Die Frage ist müßig: Ich habe diese Reise gemacht, weil ich es musste, weil es eine innere Notwendigkeit war. Wenn es mich wieder dazu drängen würde, würde ich erneut aufbrechen. So wie das Ergebnis meiner Reise nichts Abgeschlossenes ist – sie hat mich lediglich auf einen anderen Lebensweg gelenkt.

Nach zwei Jahren Australien kehrte ich nach England zurück, auf der Suche nach einer Möglichkeit, in Europa und Afrika zu arbeiten – und landete schließlich bei Shell. Ich erhielt die Aufgabe, mit einem Team von Mitarbeitern die Unternehmenskultur des

Konzerns zu verändern. Nach dem Shell-Skandal in Nigeria war es eines der obersten Ziele der neuen Unternehmenskultur, dass die Angestellten lernten, offener und sensibler mit den Bedürfnissen der einheimischen Bevölkerung umzugehen. Plötzlich bot sich mir die Chance, den Dorfbewohnern Afrikas etwas von dem, was ich bekommen hatte, zurückzugeben.

Natürlich brachte mich dieses Angebot auch in ein Dilemma. Der Shell-Konzern war wegen seiner Afrika-Transaktionen heftig kritisiert worden. Wie konnte jemand, dem die Dorfbewohner so sehr am Herzen lagen wie mir, bei Shell arbeiten? Ich beschloss, der Sache auf den Grund zu gehen, indem ich auf eigene Faust recherchierte, zusätzlich zu dem Wissen, das ich mir in meinen 18 Monaten Afrika aus erster Hand erworben hatte, und ich kam zu dem Ergebnis, dass Shell nicht allein für das Desaster in Nigeria verantwortlich gemacht werden konnte, sondern dass vieles auch auf das Konto der korrupten nigerianischen Politik ging. Ein Artikel im »Economist« überzeugte mich, dass es dem Unternehmen ernst war mit seinem Wunsch nach Veränderung. Ich bekam also die Möglichkeit, Shell zu verändern, und die Shell-Leute sicherten mir zu, dass sie die Veränderung wollten. Ich ließ mir die Chance nicht entgehen – und bis jetzt ist es *very fine* – ein neues Abenteuer.

Seltsam, welche Umwege das Leben manchmal geht.

So wie ich zuweilen auf meiner Reise das Gefühl hatte, dass meine beiden Ziele – ein echtes Abenteuer zu erleben und den afrikanischen Dorffrauen zu helfen – im Widerspruch zueinander stünden. Das ist jetzt nicht mehr so. Mit diesem Buch und indem ich WOMANKIND Worldwide unterstütze, möchte ich den Dorffrauen, die ich kennen und schätzen lernte, etwas zurückgeben. Ich hoffe, dass unter anderem die Frauen von Bawku in Nord-Ghana davon profitieren werden – Leaye soll ihre Fässer bekommen und Lydia ihren Staudamm.

Jetzt muss ich mir nur noch überlegen, wie ich wieder nach Afrika komme – das mich immer noch nicht loslässt.

Ich rufe mir Lydias entschlossene Worte in Erinnerung: »Wenn man hinter etwas her ist, muss man zupacken. Sonst kann man nicht sagen, dass man zu müde ist.«

Aber andererseits – wer weiß, was die Geister im Sinn haben?

Danksagung

»Ich glaube, dass es uns bestimmt ist, Menschen zu begegnen, die uns auf unserer Lebensreise unterstützen, lenken und fördern, wobei jeder von ihnen zum richtigen Zeitpunkt erscheint und uns zumindest ein Stück weit begleitet.«

Alice Walker

Viele Menschen haben mir während meiner Reise in Afrika und bei der Realisierung dieses Buches geholfen, und immer kamen sie zum richtigen Zeitpunkt und haben mich ein Stück weit oder den ganzen Weg über begleitet.

Mein tief empfundener Dank geht an die Afrikaner in den Dörfern und Städten, die mich in ihrem Haus und ihrem Leben willkommen geheißen haben und mir großzügig ihre Gastfreundschaft schenkten, die mir Sicherheit und Freude gaben. Viele dieser Männer und Frauen und ihre Familien bleiben unerwähnt, und doch denke ich mit großer Wärme, Dankbarkeit und Achtung an sie. Ihr offenes, herzliches, mitreißendes Lächeln – obwohl ich so gemein zu ihren Kindern war! – hat mich in den schlimmsten Momenten meiner Reise aufgerichtet und getröstet. Ihre Geschichten, besonders die der hart arbeitenden, verantwortungsvollen afrikanischen Frauen, haben mich zu diesem Buchprojekt inspiriert und mir die Kraft verliehen, es zu Ende zu führen. Diese Menschen werden immer bei mir sein und mich auch in Zukunft anspornen.

Zahlreiche Europäer haben mir vor und während meiner Reise geholfen, unter anderem natürlich meine Sponsoren. Mein Dank geht an Gerry Bridge vom Bridge The World Travel Centre, der als erster Geschäftsmann genügend Vertrauen in meine Abenteurer-Fähigkeiten setzte, um mir den Flug nach Dakar zu verschaffen; an den Vorstand von GEMINI Consulting für die finanzielle Unterstützung; an den verstorbenen Professor Dean Berry, ebenfalls von GEMINI, für seine Beratung und praktische Hilfe; an Michael Hirst von der Hilton-Hotel-Gesellschaft für einige komfortable Nächte; und nicht zuletzt an Barbara Cassani von British Airways für den Rückflug von Daressalam und die unterhaltsamen Krimis, die sie mir mit auf den Weg gab! Ein großes Dankeschön auch an Andy Booth von DHL und den Mitarbeiterstab der DHL-Büros in Afrika, die meine Reise so hilfreich unterstützten und mir die unentbehrlichen Nachschub-Pakete und Ersatzteile zukommen ließen.

Mein besonderer Dank geht selbstverständlich an alle Shell-Mitarbeiter, die mich betreuten und mir ihre Freundschaft schenkten. Ohne Catherine Shovlin, die mir in letzter Minute beisprang und die Unterstützung von Shell und DHL verschaffte, wäre meine Reise wohl gänzlich anders verlaufen und vielleicht mit einem anderen Ausgang. Die Überzeugungskraft, mit der sie skeptische Shell- und DHL-Manager dazu brachte, meine »gefährliche« Unternehmung zu unterstützen, war bewundernswert, ganz zu schweigen von ihrer Bereitschaft, 18 Monate lang die besorgten Anrufe meiner Familie und meiner Freunde über sich ergehen zu lassen! Vielen Dank, Catherine. Ein herzliches Dankeschön auch an alle meine Freunde der Shell-Vertriebsgesellschaften in Afrika. Was ich mir ursprünglich erhofft hatte, waren ein paar Poste-restante-Adressen und die Möglichkeit, nach Hause zu telefonieren. Stattdessen habt ihr mich mit großer Herzlichkeit und mitreißendem Enthusiasmus aufgenommen und dafür gesorgt, dass meine ermatteten Lebensgeister neu erwachten; dank eurer Vermittlung konnte ich wichtige Einblicke in das Alltagsleben eurer Länder gewinnen.

Des Weiteren geht mein Dank an Kate Young und alle Mitarbeiterinnen und freiwilligen Helferinnen von WOMANKIND Worldwide für eure Unterstützung und euer Interesse an meiner Reise und meinem Buch; an Hallam Murray, die mich von Anfang an ermuntert hat; und an Ninon Asuni und Tom Bord vom Bicycle Workshop für ein super Fahrrad und ihre freundschaftliche Unterstützung; Dank auch an meinen Freund William, der mich zumindest ein Stück weit begleitet hat.

Auch von zahlreichen Freunden und Ex-Kollegen habe ich Verständnis und Hilfe erfahren, nicht nur während der Fahrradreise, sondern ebenso während meines anderen Abenteuers – der Entstehung dieses Buches. Mein besonderer Dank geht an Lorna Ness, Julie und John Frearson, Anne Kordic, Earl Foran, Doug Tigert, Bronwyn Scheuerer, Mary Ann McCabe, Tony Annis, Al Paul, Susannah Talbot, Adam Baines, Andrew Jamieson, Des Mouratides, Kate Rowley, Charles Morgan, David Parish und Ibrahim Seushi. Außerdem danke ich Christine Bielby und meinem Bruder, Andrew Watson, für ihre Aufmunterung und die Großzügigkeit, mit der sie mir ihre Wohnung zur Verfügung stellten. Ich danke allen, die mir mit Worten oder Taten geholfen haben, meine wildesten Träume zu verwirklichen.

Natürlich wäre dieses Buch niemals zu Stande gekommen ohne die tatkräftige Unterstützung von Sandy Grant und Fiona Hardie von Hardie Grant Books und die klar formulierten Gedanken, die professionelle Hilfe und den Enthusiasmus von Anica Alvarez, meiner Lektorin bei Aurum Press. Mein Dank geht an alle Mitarbeiter von Aurum und Hardie Grant für eure Einsatzbereitschaft und eure Hilfe. Es war spannend und hat Spaß gemacht!

Überraschenderweise – angesichts der Tatsache, dass ich vor meiner Reise keinerlei Kontakte zu der Firma hatte und auch während meiner Reise nur am Rande involviert war – bin ich als Mitarbeiterin bei Shell gelandet. Ich schulde meinem gegenwärtigen Boss, Mac McDonald, großen Dank, dass er bereit war, mir nur wenige Monate nach Antritt meiner Stelle unbezahlten Urlaub zu gewähren, um dieses Buch zu überarbeiten (wieder einmal!). Mein Dank gebührt ihm auch für die Flexibilität, die er weiterhin beweist, da das Buch noch immer meine Aufmerksamkeit verlangt. Ich danke Michael Megarry, noch einmal Catherine Shovlin, Déti Amegee und anderen Freunden und Kollegen bei Shell, die mir geholfen haben, dieses Buch publik zu machen und Gelder für WOMANKIND Worldwide einzutreiben.

Last but not least geht mein unendlicher Dank an meine Eltern, Gwen und Frank Watson. Meine Träume mögen ihnen manchmal befremdlich erschienen sein, aber sie haben mich immer bedingungslos in allem unterstützt, was ich gemacht habe – sei es moralisch oder praktisch. Neben vielen anderen Dingen – dass sie sich um meine Katze und meine Wohnung kümmerten, mich in Afrika in Empfang nahmen, mir nach der Reise ein Zuhause boten, in das ich mich zurückziehen konnte – haben sie immer das Vertrauen in mich gehabt, dass ich fähig war, zu Ende zu führen, was ich begonnen hatte, auch wenn mir selber manchmal Zweifel kamen! Ich danke euch, dass ihr mich auf meiner ganzen Lebensreise unterstützt, gelenkt und gefördert habt.